刑事诉讼的构——造

刑事訴訟の構造

[日] 田口守一／著
张 凌 于秀峰／译

法律出版社 LAW PRESS · CHINA
北京

著作权合同登记号

图字：01-2023-3491

田口守一

1944年生于日本岐阜县，日本著名法学家，当代日本刑事诉讼法学界具有影响力的学者之一。1967年毕业于早稻田大学法学部，1980年以博士论文《刑事裁判的约束力》获得早稻田大学法学博士学位。毕业后在爱知学院大学先后任讲师、副教授、教授，1995年任早稻田大学教授，2014年被授予早稻田大学名誉教授。从1990年开始十余年担任日本司法考试委员会委员（刑事诉讼法）。早年师从日本著名法学家、早稻田大学原校长西原春夫先生。曾多次到中国参加学术活动和讲学，并受聘担任中国政法大学客座教授。

主要学术成果包括：《刑事裁判的约束力》（成文堂1980年版）、《基本论点刑事诉讼法》（法学书院1989年版）、《刑事诉讼法》（弘文堂1996年初版）、《资料刑事诉讼法》（成文堂1995年版，2000年改订版）、《刑事诉讼的目的》（成文堂2007年版）等。

张 凌

1956年生，黑龙江省齐齐哈尔市人。中国政法大学刑事司法学院教授、博士研究生导师，吉林大学法学博士、日本早稻田大学法学博士。中国犯罪学学会常务副会长，北京德恒律师事务所兼职律师。北京市人民检察院第三分院、第四分院专家咨询委员，陕西省人民检察院专家咨询委员。

主要学术成果包括：专著《注释中华人民共和国新刑法》（日文版）、《日中比较有组织犯罪论》（日文版）等，译著《日本刑事诉讼法》《刑事诉讼的目的》《刑事辩护的技术与伦理：刑事辩护的心境、技巧和体魄》《日本刑法及特别刑法总览》《日本刑事诉讼法律法规总览》《日本司法制度法律总览》等。

于秀峰

吉林省人。北京德恒（深圳）律师事务所主任，吉林大学法学院法学博士、吉林大学商学院经济学博士后，曾留学日本早稻田大学法学部。深圳市第四届、第五届、第六届人大代表，深圳市第四届、第五届、第六届人大法制委员会委员，深圳市决策咨询委员会委员，深圳市人大常委会立法咨询专家，深圳市（法制办）专家咨询委员会委员，中国国际经济贸易仲裁委员会仲裁员、深圳国际仲裁院仲裁员、上海国际经济贸易仲裁委员会仲裁员，北京大学法学院等多所院校硕士研究生导师、研究员、客座教授。

主要学术成果包括：发表《市场经济与刑事执法观》《证券犯罪的刑罚适用与司法强化》《论日本经济犯罪国际化问题》等近20篇较有影响的学术论文。独著《证券犯罪经济学分析》，译著《刑事诉讼法》《刑事诉讼的目的》《刑事辩护的技术与伦理：刑事辩护的心境、技巧和体魄》《日本刑法及特别刑法总览》《日本刑事诉讼法律法规总览》《日本司法制度法律总览》。

本书作者田口守一教授（中）与译者张凌教授（左）、于秀峰博士（右）

中文版序言

拙著《刑事诉讼的构造》中文版由法律出版社出版了，我感到无比喜悦，也倍感荣幸。

刑事诉讼构造论作为刑事诉讼的基础理论，探讨的问题是什么样的诉讼构造才能实现刑事诉讼的目的。因此，在理论上，刑事诉讼的目的论是先行的。传统的理论认为，刑事诉讼的目的是获得有罪判决，但这种狭隘的观念已经逐渐消失了，而绝大多数人认为刑事诉讼的目的是通过正当程序快速解决刑事案件，恢复法秩序和社会秩序{参见[日]田口守一:《刑事诉讼的目的》(增补版)，张凌、于秀峰译，中国政法大学出版社 2011 年版}。但是，即使规定了上述刑事诉讼的目的，与之相适应的诉讼构造也有多种形态。就像以登上日本最高的富士山为目标，可以选择吉田路线、御殿场路线等好几条登山路线一样，以同样的诉讼目的为目标，也可以考虑多种多样的诉讼构造。

首先，一个国家的诉讼构造，往往是由其具体的刑事法律制度的特色或司法文化的特殊性所决定的。日本的诉讼构造论也与迄今为止日本刑事法制的形成有密切关系。明治维新后，最初制定的刑事诉讼法是以法国法律(《治罪法》)为基础的，但当时并没有引入与日本司法文化不相适应的陪审制度。此后，日本制定了以德国法律为蓝本的刑事诉讼法(大正《刑事诉讼法》)，但并没有采纳德国刑事诉讼法的核心——起诉法定主义,而是采用了与日本司法文化十分亲近的起诉裁定主义。太平洋战争战败后,现行的《刑事诉讼法》引进了诉因制度等英美法的诸项制度,但作为英美刑事诉讼法基础的有罪答辩制度被搁置了下来。就这样,长达150年的日本刑事法制的形成过程,正是摸索适合日本的诉讼构造的历史。现在,日本刑事诉讼的基本构造被理解为所谓的当事人主义的诉讼构造,但摸索更好的诉讼构造的努力在今后仍会持续下去。

其次,诉讼构造论中,既有反映一个国家鲜明特色的要素,也包含各国共同的普遍课题。例如,探讨适合轻微案件的程序和适合重大案件的程序,建立多元化的诉讼制度,也可以说是各国共通的课题。关于这一点,日本也有略式手续和即决程序等。而且,为了使刑事案件得以解决,最重要的是被告人也能接受对自己作出的判决,从这一观点出发,就应当尽可能保障被告人在刑事程序中的主体地位。在日本,被告人供述自由的保障体系等就是为了解决这个问题而确立的。此外,刑事裁判中适用的法律规范,只有在国民充分理解的情况下才能发挥其作为规范的功能,因此有必要建立不仅有法律专业人士而且有普通市民参加的刑事程序的制度。推进国民参与刑事裁判,也是当今国际社会的普遍趋势,在审判体制方面,日本也采用了裁判员制度。

再次,刑事诉讼的构造论需要从两个方面进行讨论:各国的特殊性和植根于刑事诉讼本身的普遍性。本书在日本刑事诉讼构造论的总论方面,提出当事人主义和职权主义在日本有机融合的个人观点,在此基础上探讨了如上所述的多元化刑事司法制度和程序参与者的主体地位等问题;在各论方面,笔者选择了有关难以查明案件的合意制度以及应对企业犯罪的多机关协作机制。各论涉及的这些问题,与其说是日本法探讨的特殊问题,不如说是当今世界各国讨论的带有普遍性的问题。总之,诉讼构造论这一基础理论,与时代的前沿问题相比,还不能完全触及实务上的深层次问题,但应当认识到这些基础理论是刑事诉讼的根基,它支撑刑事诉讼法学,我们将不断努力探讨这些基础理论。本书从这一视角出发,以日本法为基础,对刑事诉讼的构造进行了论述,如果能对中国的研究者有些许参考价值,对笔者来说是意外之喜。

最后,衷心感谢翻译本书的张凌教授和于秀峰律师。他们至今已经翻译了我的多部刑事诉讼法著作,为推进日本法与中国法的比较研究作出了很大贡献。我对他们的学术贡献深表敬意。另外,我的刑事诉讼法教科书{[日]田口守一:《刑事诉讼法》(第7版),张凌、于秀峰译,法律出版社2019年版}翻译出版之后,资深出版人杨大康先生又协助促成出版本书,他对中日学术交流有深刻理解,对此,我再次表示感谢和敬意。借此机会,对陈光中教授和中国刑事法研究者表示感谢,在中国政法大学刑事司法学院同仁的努力下,举办了《刑事诉讼法》(第7版)中文版发行仪式,中国政法大学终身教授陈光中先生在会上对拙著作了详细评论,我衷心感谢陈光中先生对我的恩情,也感谢参加发行仪式的各位中国刑事法研究者。日本出版社成文堂社长阿部成一先生爽快地同意了本书中文版的出版,再次表示衷心感谢。

2023年6月吉日

在绿意渐浓的东京小金井寓所

田口守一

序

当今,日本的刑事司法制度正经历一场变革。从21世纪初,刑事司法制度进入了根本性改革时代,其中包括创建裁判员制度,这一改革一直持续到今天。这种改革不仅是刑事司法制度的表层变化,而且对其制度的深层产生了影响。日本的刑事司法制度可能即将从旧的传统制度转变为反映当今时代的新的刑事司法制度。本书正是从刑事诉讼法基本理论的视角探讨未来的刑事司法制度。

本书中,笔者意识到的问题包括一系列重大理论问题,在此之前,这些理论问题作为刑事诉讼法的基础理论被广泛研究,但笔者认为,其中最基本和最重要的问题有两个:“刑事诉讼目的是什么”的所谓诉讼目的论和“什么诉讼构造才能实现这一诉讼目的”的所谓诉讼构造论。从这个思路出发,笔者在10年前出版了一本专著《刑事诉讼的目的》。笔者在这本论文集中提出了所谓的“案件解决说”。对于刑事诉讼的目的,以往通说的核心观点是实体的真实主义,但现在看来把发现实体真实放在最优先地位存在诸多弊端。发现真实固然重要,但这种发现真实应当限定在解决个别刑事案件方面,在此基础上笔者主张应当把“案件解决说”作为刑事诉讼的目的论。

诉讼构造论是以诉讼目的论为前提的,因此自然产生的问题就是,以解决案件为诉讼目的的情况下,诉讼构造论到底应当是什么样子,这就是新的诉讼构造论要探讨的问题。当然,这里还要探讨一下现有的当事人诉讼构造论这一核心问题。新的当事人主义主张，应当保障犯罪嫌疑人/被告人作为解决案件的当事人的主体地位。此外，辩护人作为国家机关以外的程序参与者，在解决案件时的作用重大。另外，犯罪的被害人、裁判员等普通市民也发挥了重要作用。因此我们需要构建一个新的以当事人为基础的辐射这些诸多诉讼参与者的当事人主义诉讼构造。

然而，对于笔者来说，这些基本问题在理论上仍具有挑战性。但是，随着司法制度改革的进一步深入，这些问题也将成为一个更现实的问题。换言之，实施裁判员制度这项重大变革刚刚开始不久，2016年日本就对《刑事诉讼法》进行了重大修改，这次修改法律正是朝着强化当事人主义方向发展的。而且，这次立法的动向完全有可能对当事人的诉讼构造这一基本理论产生直接的影响。因此，在原有的对诉讼目的论和诉讼构造论之间关系的理论认识上，又增加了“司法制度改革对诉讼构造论产生的影响”这一十分现实的问题。这里先归纳一下笔者对新的当事人主义诉讼构造论的基本思路。

本书由两部分组成：第一部分收录了当事人主义诉讼构造论总论方面的文章。第二部分是当事人主义的各论，收录了合意制度和企业犯罪论方面的论文。在此之前，人们并没有从当事人主义的角度探讨这些问题，但笔者认为，这些问题应该结合当事人主义的诉讼构造进行讨论，只有这样才能妥善解决这些问题。理由如下：合意制度是一种辩诉交易，犯罪嫌疑人/被告人通过在侦查和审判中的配合换取一定的利益，但是必须充分保障作出这种重要决定的犯罪嫌疑人/被告人作为判断主体的程序地位，使他们能够作出独立决定。为此，合意程序也应遵循当事人主义原则，基于这种理由，笔者在讨论当事人主义诉讼构造的各论时，增加了合意制度。关于企业犯罪论，有以下研究背景：日本文部科学省的 COE 计划批准了早稻田大学的

“企业社会的转型和法律制度的创建”项目，其中的子课题是刑事法团队的“企业犯罪的刑事责任与合规计划”，笔者也参与其中。

这个项目早稻田大学与几个外国研究机构进行了联合研究，并组织了国际研讨会。笔者也有机会撰写了一份研究报告，提交给2019年举行的国际刑法学会第20届大会，这次大会的主题是“刑事司法与企业经营”。当时笔者深刻地意识到，对企业犯罪的阐释和抑制是一个十分复杂而困难的问题，不是司法机构自己能够解决的，如果没有多个机构的互相配合是不可想象的，这个问题不仅需要行政机关，还需要有包括企业在内的多个机构的合作。这就意味着，在诉讼构造方面，应对这类犯罪的刑事司法制度的基本原则必须是当事人主义。相应地，企业犯罪论也被定位为当事人主义诉讼构造论中的各种理论。这种新的当事人主义诉讼构造论，也对以普通犯罪为对象的传统诉讼构造产生了较大影响。

在本书编辑过程中，笔者觉得有必要更加清晰地阐述笔者对当事人主义的核心观点，因此在总论的前面增加了新撰写的文章。另外，为了填补当事人主义理论整体逻辑关系的空白又增加了4篇文章。但是，所收录的一些论文比较陈旧，笔者试图通过各章开头的摘要加以说明，另外收录论文的范围较大，对此，在术语索引某些项目后增加的括号内添加了外语。尽管第二部分收录的企业犯罪论方面的论文主要从国际刑法学会的角度进行了比较法思考，但没有深入研究企业犯罪所对应的具体程序问题。今后将对这些具体程序问题另行进行研究。但是，本书的主题已对刑事诉讼中当事人主义的诉讼构造展示了一条新的路径。通过这些研究能够给刑事诉讼法的基本理论领域带来哪怕一些微小变化，笔者也深感自豪。

本书出版时，笔者已从大学退休多年了，小岛淳教授（名古屋大学）、小川佳树教授（早稻田大学）、原田和往教授（冈山大学）、松田正照副教授（东洋大学）提供了新的学术信息和参考资料，对此深表感谢。早稻田大学研究综合支持办公室的田中完弥先生和原研究促进部的本桥谦一先生在科研经费方面给予大力的支持，在此表示谢意。此外要感谢同意将笔者以前发表的论文收录进本书的各出版商。感谢意大利国际刑法学会秘书处和德国的出版社允许笔者转载英文和德文的论文，还要特别感谢马克斯·普朗克外国和国际刑法研究所时任所长乌尔里希·齐白（Ulrich Sieber）教授（该所于2020年3月更名为：Max – Planck – Institut zur Erforschung von Kriminalität, Sicherheit und Rech，即马克斯·普朗克犯罪、安全和法律研究所）。最后，对出版本书的成文堂社长阿部成一先生以及本书的责任编辑田中伸治先生再次表示感谢。

2021年7月

于新冠病毒肆虐下的东京小金井寓所

田口守一

论文首次发表一览表

第一部分　刑事诉讼的构造

第一章　新时代的当事人主义

第一节　重构当事人主义诉讼构造论(新稿)

第二节　日本当事人主义的变迁和挑战

原标题:《刑事诉讼中当事人主义的问题》,载《早稻田法学》第89卷第4号(2014年),第213页及以下(有改动)。

第二章　职权主义的转变

第一节　"核心司法"与职权主义

原标题:《核心司法与职权主义》,载井上正仁、酒卷匡编:《三井诚先生古稀祝贺论文集》,有斐阁2012年版,第475页以下。

第二节　诉因与法院审判的范围

原标题:《诉因与审判的对象》,载井上正仁、酒卷匡编:《刑事诉讼的争议点》,有斐阁2013年版,第130页以下(有删改)。

第三节　法院的要求解释说明义务(新稿)

第三章　刑事司法的多元化结构

第一节　诉讼主体的多元化

原标题:《诉讼主体论序说》,载三井诚、中森喜彦、吉冈一男、井上正仁、掘江慎司编:《铃木茂嗣先生古稀祝贺论文集》(下卷),成文堂2007年版,第79页以下(有删改)。

第二节 事实认定的多元化

原标题:《事实认定的多元性》,载《刑事法评论》第 4 号(2006 年),第 2 页及以下。

第三节 刑事程序的多元化

原标题:《未来侦查和审判的新方式》,载《法学家》第 1429 号(2011 年),第 66 页以下(有删改)。

第四章 刑事诉讼的参与者

第一节 公费刑事辩护制度的意义和功能

原标题:《公费辩护的意义和理想的辩护活动》,载《现代刑事法》第 6 卷第 8 号(2004 年),第 41 页以下(有删改)。

第二节 市民参与刑事裁判

原标题:《市民参与和刑事司法》,载《法学家》第 1414 号(2011 年),第 152 页以下(有删改)。

第三节 市民参与刑事司法和诉讼理论

原标题:《市民参与刑事司法和诉讼理论》,载《刑法杂志》第 39 卷第 1 号(1999 年),第 42 页以下(有删改)。

第四节 犯罪被害人参与诉讼程序

原标题:《刑事司法中对犯罪被害人的新对策》,载《早稻田法学》第 85 卷第 1 号(2009 年),第 321 页以下(有删改)。

第二部分 合意制度与企业犯罪

第五章 合意制度的理论和程序

第一节 合意制度的比较法特征及其研究课题

原标题:Morikazu Taguchi, Absprachen in der japanischen Strafprozessordnung – Eine rechtsvergleichende Betrachtung, in: Marc Engelhart / Hans Kudlich / Benjamin Vogel(Hrsg.), Digitalisierung, Globalisierung und Risikoprävention, Festschrift für Ulrich Sieber zum 70.

Geburtstag, Teilband Ⅰ, S. 609 – 633 (2021), Duncker & Humblot, Berlin(有删改)。

第二节 合意程序的适当性(新稿)

第三节 合意程序的透明度:德国合意制度的适用

原标题:《德国刑事诉讼中合意制度的运行》,载《信州大学经法论集》第1号(2017年),第251页以下(有删改)。

第六章 企业犯罪与刑事司法的国际趋势

第一节 日本法律对企业犯罪的反应

原标题:Morikazu Taguchi, *New Development in Investigation Proceedings and Sanction Systems for Corporate Crime in Japan*, in U. Sieber ed., Prevention, Investigation, and Sanctioning of Economic Crime – National Perspectives, RIDP (Revue Internationale de Droit Pénal), Vol. 90 issue 1, p. 241 – 274 (2019)(有删改)。

第二节 德国的企业犯罪与违反秩序法

原标题:《德国的企业犯罪和违反秩序法》,载甲斐克则、田口守一编:《企业活动和刑事规制的国际动向》,信山社2008年版,第157页以下。

第三节 企业犯罪的刑事对策和非刑事对策

原标题:《企业犯罪的刑事和非刑事对策》,载《刑事法评论》第58号(2018年),第45页以下。

第四节 国际刑法学会关于企业犯罪的决议(新稿)

目　　录

第一部分

刑事诉讼的构造

第一章

新时代的当事人主义

摘　　要 3

第一章“新时代的当事人主义”。在刑事司法制度改革不断深入的背景下，有必要对刑事诉讼法基础理论之一的刑事诉讼构造重新进行审视，也有必要对当今作为刑事诉讼法的结构原理的当事人主义原则进行深入研究。特别是第一节这一新撰写的部分，简明清晰地归纳了笔者此前有关当事人主义的论点，因此把这一节作为全书的序言。

第一节“重构当事人主义诉讼构造论”研究的问题是，现在我们为什么还应该重新探讨当事人主义，以前人们对当事人主义的理解存在哪些问题。无论是司法判例还是刑事立法都对当事人主义和职权主义进行了许多的探索，但是笔者认为，在学术上，当事人主义理论并没有明显的突破。本书的基本观点是，当事人主义理论应该被视为反映时代潮流的原则。从这个角度出发，我们在试图重构当事人主义的原则时，增加了比较法的分析。但是，这些基本内容是对笔者以前的零散观点的汇总，本书的内容与笔者以前的观点没有差异。

第二节“日本当事人主义的变迁和挑战”，是对笔者在 2014 年从大学退休时所作的最后一次演讲的记录。虽然这段记录与第一节的内容有些重叠，而且是讲座的性质，其中提到了笔者个人的事情，但这次演讲比较详细地阐述了战后刑事诉讼法中的有关当事人主义争论的演变，探讨当事人主义的角度与第一节的内容有所区别，因此将演讲全文收录在本书中。

4 第一节　重构当事人主义诉讼构造论

一、引言

今天，日本的刑事司法制度正在经历一个变革时期。主要的制度改革包括2004年的刑事司法制度改革和2016年修改《刑事诉讼法》。在判例中，也可以看到当事人主义和职权主义这类有关刑事诉讼程序结构的重要判例。立法和判例法的这些新动向对如何理解刑事诉讼法基本原则的当事人主义产生了什么影响？这对于确认日本刑事诉讼法的现状和刑事诉讼法的未来发展方向，是不可或缺的。

这里可以列举三个主要论点。第一，刑事诉讼中的当事人主义与职权主义的关系问题。这个问题是从现行法律制定之初直到今日一直存在的一个经典问题。我们面临的新问题，不是当事人主义和职权主义二选其一，而是如何协调这两项原则——无论当事人主义还是职权主义都很重要。目前学术界和实务界已经达成共识，认为现行《刑事诉讼法》是以当事人主义为基础的，但探讨与当事人主义相协调的职权主义时出现的新问题是必须先探究当事人主义。第二，最近的许多刑事立法强化了犯罪嫌疑人、被告人或辩护人的地位，这可以理解为强化了当事人主义。然而，这是在何种意义上强化了当事人主义？正如有学者提出的，当事人主义的含义"就像一个神奇的词一样具有多义性"①。这种观点今天仍然适用。特别是，被认为是当事人主义最重要内容的当事人追行主义对于被告人来说是

① 田宫裕：《日本的刑事追诉》，有斐阁1998年版，第320页。

具有何种意义的原则，这个基本问题依然没有得到充分的阐述。笔
者认为，当事人主义的最大课题就是当事人主义的含义本身。第三， 5
当事人主义不是仅仅适用于审判程序这一狭窄领域的原则，而是应当适用于整个刑事司法制度的概念。换言之，只有当事人主义的理念涵盖整个刑事司法制度，审判程序中的当事人主义才能完全发挥其原有的作用。

从上述问题意识出发，笔者试图对当事人主义的诉讼构造进行重新探究，但实际上这里所说的诉讼构造论的语义内容也是多方面的。平野龙一博士曾把关于什么样的程序结构最能实现刑事诉讼目的的论点，称为“诉讼构造论”。[①] 然而，如前所述，关于刑事诉讼目的的含义在理论上存在对立的观点，有的观点认为发现实体真实是刑事诉讼的根本目的，有的观点认为解决刑事案件才是刑事诉讼的目的。[②] 即使目的相同，就像攀登富士山有几条路，不同的路可以达到相同的目的，同样，诉讼构造也可以有各种不同的结构。这样一来，诉讼构造可以被视为丰富多彩的司法形态，如果我们从诉讼构造论这一理论框架进行梳理，可以区分以下三种情况。[③]

第一，与刑事诉讼构造有关的组织结构论。历史上的纠问主义时代，只存在由国家和被告人组成的程序结构，而今天在大多数国家，已经建立了由法官、检察官和被告人三方组成的弹劾主义的诉讼
结构。 6

第二，以弹劾主义诉讼构造为前提，谁来推动诉讼，这就是人的

① 参见平野龙一:《刑事诉讼法的基本理论》，日本评论社 1961 年版，第 1 页。

② 参见田口守一:《刑事诉讼的目的》(增补版)，成文堂 2010 年版，第 33 页以下。

③ 参见平野龙一:《刑事诉讼法》(法律学全集 43)，有斐阁 1958 年版，第 2 页以下。平野龙一认为，纠问主义和弹劾主义是“诉讼的形式问题”，因为也是“诉讼的形式性原理”，职权主义和当事人主义涉及的问题是法院或者当事人谁在诉讼中起主要作用，因此可以说是“诉讼的实质性原理”。本书中的“组织的结构论”和“人的结构论”大致对应“诉讼的形式性原理”，而“功能的构造论”对应“诉讼的实质性原理”。

结构论。在现行法律框架下,除了法官、检察官和辩护人等专业人士以外,还有裁判员、检察审查员等市民可以参与诉讼。由这些法律专家和非法律专业人士参与的诉讼,或者由国家机关人员与非国家机关人员组成的程序构造,就是诉讼构造论要探讨的问题。

第三,这种诉讼构造的实际运行方式,就是功能的构造论。因为制度的好坏与运行的好坏是两个不同的问题。以前的诉讼构造论研究的核心问题是,大陆法系采用职权主义,法官是程序的主要运行者,英美法系采用当事人主义,法官是程序主导者,这两个结构哪个更合适。这种职权主义或当事人主义哪个更合适的争论,实际上是在探讨功能的构造论问题。

诉讼构造论包括对许多不同情况的讨论。据此,传统的当事人主义诉讼构造论是一种功能的构造论,但功能的构造论也是以组织的结构论和人的结构论为前提的。因此,在研究当事人主义的诉讼构造论时,也必须从两方面进行考察:功能的构造论角度和组织的结构论及人员的结构论角度。下面的诉讼构造论观点,就是在这种分析的前提下展开的。

二、当事人主义和职权主义的融合

(一)问题所在

自第二次世界大战结束以来,当事人主义和职权主义之间的关系一直是激烈争论的主题,但两者关系的实质内容是诉讼目的论,而不是诉讼构造论。在当时的争论中,职权主义被认为是实体真实主义作为诉讼目的的必然归宿,实体真实主义被认为是刑事诉讼的根本性命题,所以职权主义也被认为是难以撼动的原则。但问题不在于什么样的诉讼构造是最好的,而在于实体的真实主义是不是诉讼的目的。从这个角度理解,战后引入了诉因制度和当事人请求调取证据权等当事人主义制度，但这只意味着“技术性的当事人构成”，并没有改变刑事诉讼的构造。[①] 然而，此后的理论和司法实务逐渐与这 7
种传统理论拉开距离。特别是在学说中开始提倡诉讼对象论中的诉因对象说，[②]并被学界广泛认可。但是，由于实定法中仍然存在职权主义的条款规定，在解释学上依然存在需要解决的问题。

在此期间，判例中出现了引人注目的新动向。这里可以列举三个判例。一是1983年（昭和五十八年）的判例：该判例就法院的诉因变更命令的义务指出，“应该说法院通过解释说明督促检察官变更事实上诉因，已经履行了诉讼法规定的义务，进一步说，法院也没有义务积极促使或者命令检察官改变诉因”[③]，这个判例实际上是用实质的当事人主义解释说明义务替代了作为职权主义核心内容的诉因变更命令的义务，从而降低了职权主义的角色地位。二是2009年（平成二十一年）引人注目的关于法院解释说明义务的著名判例：关于法院在庭审前整理程序中是否有解释说明义务，该判例在强调刑事裁判中的当事人追行主义的同时，认为“对于检察官没有明确提出证明目的的事项，第一审法院没有采取解释说明等措施的义务”[④]，对法院的解释说明义务进行了限定性解释。三是2015年（平成二十七 8

---

① 参见团藤重光：《逐条解说：刑事诉讼法》（上），弘文堂1950年版，第9页；平场安治：《实体的真实主义与当事人主义》，载日本刑法学会编：《刑事诉讼法讲座第1卷》，有斐阁1963年版，第1页以下。

② 参见平野龙一：《刑事诉讼法》（法律学全集43），有斐阁1958年版，第16页、第131页以下。平野的理论已经在新《刑事诉讼法》生效后不久发表的论文中确立下来了，这些论文包括，平野龙一《诉因概说》，载《法曹时报》第2卷第9号和第11号，第3卷第4号（1950～1951年）[后收录在刑事判例研究会编《有关诉因的研究》（1952年《判例泰晤士》第1页）；平野龙一：《诉因与证据》，有斐阁1981年版，第65页以下]。

③ 最高法院（第三小法庭）判决昭和58.9.6（1983年9月6日），载《刑集》第37卷第7期，第930页（日本大学殴斗案）。参见本书第二章第一节。

④ 最高法院（第二小法庭）判决平成21.10.16（2009年10月16日），载《刑集》第63卷第8号，第937页（广岛女孩被杀案）。参见本书第二章第一节。

年）的判例也就法院在庭审前整理程序的解释说明义务问题，在判断被告人及辩护人将要提出的不在场证明的状况是否充分时指出，将要明确提出的这种不在现场的状况包含“要求法院予以解释说明的状况”①。可以认为，这个判例肯定了明确提出不在场证明时，法院有解释说明义务。这些判例的动向表明，职权主义是以行使作为诉讼指挥权的解释说明权的形式实现的，是从法院为了发现真相这一实体原则的角度调整或补充当事人的不适当或不充分的诉讼行为，这可能意味着这种原则已经发生了变化。换言之，判例已经表明，对于职权主义的条文规定的解释是可以与当事人主义相融合的。

此外，值得注意的是，当事人主义和职权主义之间融合的主题，是日本法本身存在的问题。因为日本法在采用诉因制度这一点与大陆法存在根本区别，同时在采用诉因变更制度这一点又与英美法完全不同。简单地说，日本法比大陆法更倾向采用当事人主义，比英美法更倾向于采用职权主义。鉴于日本法的这些特点，构建一个新的诉讼构造，在日本法律制定过程中就存在潜在的挑战。可以说，在判例的动向和最近司法改革的立法活动的触发下，这些具有时代意义的课题进入了我们的视野。②

（二）司法机构的组织和运作

1. 当事人主义和职权主义相融合的课题，对于回归研究担负职
9 权主义使命的法官制度这个原点，是有益处的。关于这一点，可以参

① 最高法院（第二小法庭）裁定平成 27. 5. 25（2015 年 5 月 25 日），载《刑集》第 69 卷第 4 号，第 636 页（有不在场证明的案件）。参见本书第二章第三节。

② 职权主义与当事人主义融合的问题不是日本法所独有的问题，在有欧洲大陆法系传统的国家中都有被论及，特别是在引入所谓的辩诉交易制度方面涉及得更多（如意大利、西班牙、波兰等）。

考达马斯卡(Mirjan R. Damaška)教授的比较司法制度理论的方法论。[①] 达马斯卡教授用两种新的理念对英美法和大陆法进行了详细分析。第一个分析理念是从“权力结构”(organization of authority)的视角,区分了“等级权力”(hierarchical authority)和“平等权力”(coordinate authority)。[②] 前者的法官是等级制官僚机构的专业法律专家,他们从国家的角度重视如何统一解释法律,相比之下,后者的法官是由非专业人士组成的地位相同的普通官僚,他们从市民的角度出发重视对诉讼当事人的诉求进行协调。[③] 第二个分析理念是根据诉讼程序的目的,区分了“政策执行型司法”(policy - complementing justice)和“解决冲突型司法”(conflict - solving justice)。这种区分与各个国家的观念不同有关,前者是国家主动积极地发挥作用而实现国家理想[“主动国家”(active state)],司法机关也是为了实现国家的理想而执行政策,而后者的国家是被动的[“被动国家”(reactive state)],国家的作用是调整个人的利益,司法的目的是致力于解决利

---

① Mirjan R. Damaška, *The Faces of Justice and State Authority: A Comparative Approach to the Legal Process*, Yale University Press, 1986. 关于该论文的书评,参见山本和彦:《美国法1988》,第 36 页以下。详细介绍该论文的有,中野目义则:《裁判与国家权威的诸形态——法形成过程比较》,载《二重危险的理论》,中央大学出版部 2015 年版,第 29 页以下。另外,本书的一些构想早就有学者提出了初步想法,如 Mirjan R. Damaška, *Structures of Authority and Comparative Criminal Procedure*(刑事诉讼法的基本结构——诉讼主体理论介绍),84 Yale L. J. 480(1975)。对 1975 年这篇论文的详细介绍,参见铃木茂嗣:《刑事诉讼法的基本构造——诉讼对象论序说》,成文堂 1979 年版,第 133 页以下。另外,关于米尔建·R. 达马斯卡(Mirjan R. Damaška)的日文翻译,沿用了美国人名称呼(笔者向早稻田大学宫川茂雄教授请教过,他曾在达马斯卡教授任教的耶鲁大学法学院留学)。

② 也被称为“等级官僚制”(hierarchical officialdom)和“平行官僚制”(coordinate officialdom)。Cf. , Damaška, supra note 11 at 16, 181. 至于“coordinate”,可以翻译成“同位”“对等”“平等”“协调”“协作”等,特别是,“协调”和“协作”的翻译考虑的是“从同型和平等中派生出来的功能”,因此这里是在与“等级”的含义相对应的意义上使用这个词。

③ See Mirjan R. Damaška, *The Faces of Justice and State Authority: A Comparative Approach to the Legal Process*, Yale University Press, 1986, p. 23.

10 益纠纷。①

对达马斯卡教授的这个理论,应该特别注意以下几点。达马斯卡教授把两个分析理念交叉成为四个组合。具体是:(1)等级官僚制和政策执行型司法;(2)等级官僚制和纠纷解决型司法;(3)同位官僚制和纠纷解决型司法;(4)同位官僚制和政策执行型司法。从历史上看,典型的大陆法对应的是(1)的组合,典型的英美法对应的是(3)的组合。这一理论分析特别重要的是,提出了还存在(2)和(4)的组合,也就是说(2)的组合"发挥着等级制法官履行解决争端的司法职能",(4)的组合"发挥着同位型法官履行执行政策的司法职能",这种制度也是值得研究的。对于日本法来说,特别有意义的是(2)的组合,但达马斯卡教授感兴趣的是与美国法关系密切的(4)的组合,他在(2)的组合方面并没有对德国法中的自诉制度等进行深入研究。②

对达马斯卡理论的比较法分析,似乎为解决日本法中当事人主义和职权主义的融合提供了启示。其中特别重要的是,为什么上述"等级制法官这种司法形态能够发挥解决纠纷的司法职能"。

2. 另外,一个国家的司法制度不能脱离该国的司法文化。因为,从上述分析可以看出,司法制度可能存在多种多样的形态,但一个特定的社会、特定的国家从多种可能性中形成了何种具体的司法形式,与该国的司法文化有关,这种司法文化反映了该国的历史发展过程。值得关注的是,在这方面,赫尔曼(Joachim Herrmann)教授和富特(Daniel H. Foote)教授都是研究日本法的专家,他们研究了日本的司法文化。

---

① See Mirjan R. Damaška, *The Faces of Justice and State Authority: A Comparative Approach to the Legal Process*, Yale University Press, 1986, p. 71, 88.

② See Mirjan R. Damaška, *The Faces of Justice and State Authority: A Comparative Approach to the Legal Process*, Yale University Press, 1986, p. 212.

赫尔曼教授①指出，日本的检察官在起诉时非常谨慎，而且他们通过“合作”(Kooperation)而不是“对抗”(Konfrontation)来解决纠纷。法官的地位介于美国的当事人主义和德国的职权主义“中间”的状态，他们“巧妙地把两国进行了日本化”(eine geschickte Japanisierung)。② 然而，赫尔曼教授还指出，“合作”的要素是在合作的名义下让那些不配合的犯罪嫌疑人/被告人与之合作，对那些不招供的犯罪嫌疑人/被告人给予“合作的压力”(Konformitätsdruck)。赫尔曼教授还指出，“顺应和服从(Einordnung und Unterordnung)是日本的美德，这一点在刑事诉讼中也发挥着重要作用”③，证据法中对证据的同意制度就是一例。但是，如果对侦查机关在审讯犯罪嫌疑人时施加的压力也要服从，那就不能称为“美德”(Tugend)了。即使是顺应也有正反两个方面：在积极方面是对公共事务给予配合，而不是从消极方面顺应违背社会潮流的现象。日本法应当努力发挥顺应的积极的一面，克服消极的一面。 11

随后，富特④教授也对日本的当事人主义进行了讨论，内容如下：

---

① Joachim Herrmann, Die Japanisierung des westlichen Rechts: Strafrecht und Strafprozeßrecht, in: Helmut Coing, Ryuichi Hirano, Zentaro Kitagawa, Junichi Murakami, Knut Wolfgang Nörr, Thomas Oppermann, Hiroshi Shiono eds., Die Japanisierung des westlichen Rechts – Japanisch – deutschesSymposion in Tübingen vom 26. bis 28. Juli 1988, 1990, S. 397 ff.

② Joachim Herrmann, Die Japanisierung des westlichen Rechts: Strafrecht und Strafprozeßrecht, in: Helmut Coing, Ryuichi Hirano, Zentaro Kitagawa, Junichi Murakami, Knut Wolfgang Nörr, Thomas Oppermann, Hiroshi Shiono eds., Die Japanisierung des westlichen Rechts – Japanisch – deutschesSymposion in Tübingen vom 26. bis 28. Juli 1988, 1990, S. 414.

③ Joachim Herrmann, Die Japanisierung des westlichen Rechts: Strafrecht und Strafprozeßrecht, in: Helmut Coing, Ryuichi Hirano, Zentaro Kitagawa, Junichi Murakami, Knut Wolfgang Nörr, Thomas Oppermann, Hiroshi Shiono eds., Die Japanisierung des westlichen Rechts – Japanisch – deutschesSymposion in Tübingen vom 26. bis 28. Juli 1988, 1990, S. 416.

④ See Daniel H. Foote, *Reflections on Japan's Cooperative Adversary Process*, in Malcolm M. Feeley, Setsuo Miyazawa ed., The Japanese Adversary System in Context Controversies and Comparisons, 2002, p. 29.

美国的带有攻击性的当事人主义的根源，是对权威的不信任和对滥用权力的恐惧，日本法与此不同，在日本法中，多数辩护人也信任慎重筛选和起诉案件的检察官。这是因为日本有一种共同体意识和协作意识这种“合作文化”（cooperative culture）。① 而且，尽管日本与美国有相似之处，但日本的当事人主义发挥完全不同的作用。换言之，日本的体系是一个协调的当事人主义（a cooperative “adversary”
12 system）。②德国和美国的研究人员都注意到了这一点，日本刑事司法中的“协调”因素③似乎就是日本法当前面临的当事人主义与职权主义相互融合的形态。

（三）当事人主义与职权主义的融合

1. 在探讨刑事诉讼的构造时，有必要首先梳理一下什么是审判对象，什么是审判判断的事项。这是因为当事人主义和职权主义对法庭审理的全部判断事项不能以同样思路予以考虑。特别重要的区别是，事实问题和程序问题的区别。涉及有罪或无罪的事实问题以及其他诉讼事实与包括法律解释在内的程序问题，在审理结构方面都存在差异。如果从实体方面和程序方面分析审判诉讼过程，那么实质方面侧重于法官心证的形成，程序方面则侧重于法院和当事人推进诉讼程序，特别是涉及有罪或无罪的事实问题，在追诉的程序构造方面无论是在理论上还是比较法上，既可以是当事人主义的诉讼

---

① See Daniel H. Foote, *Reflections on Japan's Cooperative Adversary Process*, in Malcolm M. Feeley, Setsuo Miyazawa ed., The Japanese Adversary System in Context Controversies and Comparisons, 2002, p. 36.

② See Daniel H. Foote, *Reflections on Japan's Cooperative Adversary Process*, in Malcolm M. Feeley, Setsuo Miyazawa ed., The Japanese Adversary System in Context Controversies and Comparisons, 2002, p. 39.

③ 两位教授的评论都是直接针对检察机关的，但这也可以理解为是对包括审判机关在内的整个司法官僚机构的评价。

构造也可以是职权主义的诉讼构造。另外，从司法制度的组织结构看，法院的任务就是负责处理诉讼实体方面的事实认定和量刑，因此从根本上说这并不是当事人主义抑或职权主义的问题。与此相对应，在刑事诉讼中最重要的问题是犯罪事实是否存在。换言之，重要的是诉讼方面的审理结构。

根据上述达马斯卡理论的分析，日本的法官是专业性的职业法官，属于所谓的等级制官僚。但是，无论是达马斯卡理论中指出的等级制法官以政策执行为目的的诉讼形式，还是同位型法官以解决案件为目的的诉讼形式，都不是相互排斥的“固有理念型”，达马斯卡理论的交叉分析中的“等级制法官以解决案件为目的的诉讼形式”和“同位型法官以执行政策为目的的诉讼形态”也可以是一种司法形态。“法官为政策执行目的的诉讼形式”也是可能的司法形式，可以说这是“缓和的理念型”的司法形态。 13

这是因为，这些理念类型是英美法系国家和大陆法系国家在历史发展过程中形成的诉讼形式，而不是由理论体系分析得出的模型。[①] 因此，“等级制”和“同位型”的组织原理不是完全对应的关系，“以政策执行为目的”和“以解决案件为目标”的功能原理也不是完全对应的。从这一分析可以看出，本来应当由同位型法官按其诉讼目的解决的案件，日本法的等级制法官也可能发挥协调功能。但是，应该注意的是，等级制法官只有在其判断的事项涉及事实问题的情况下才能发挥同位型法官的作用。关于程序性问题需要单独进行分析，这一点将在后面讨论。这样看来，“当事人主义”（adversary system）是事实审理的实质性原则，这种诉讼结构就是法官在犯罪事实

---

① 特别是关于英国的当事人主义的形成，参见长谷部恭男：《当事人对抗型刑事司法的形成》，载酒卷匡、大泽裕、川出敏裕编：《井上正仁先生古稀祝贺论文集》，有斐阁 2019 年版，第 1 页以下。文中指出，当事人主义是伴随辩护人制度而发展起来的。See John H. Langbein, *The Origins of the Adversary Criminal Trial*, 2003.

是否存在方面发挥调整当事人对立主张的职能。换言之,即使是等级制法官也可以发挥同位型法官的职能。其结果是,等级制法官本身所具有的职权主义职能,在遇到事实问题时就要被修正为服从当事人的追行行为。从理论结构看,似乎是一个法官扮演了两种角色,但它分别基于不同组织原则和功能原则,在理论上并不矛盾。最后,等级制法官之所以会发挥同位型法官的职能,可以从日本法的历史背景中找到原因。换言之,日本引进了诉因制度等当事人制度,日本法官在适用这些新制度的过程中,既注重当事人主义的技术层面,又
14 强调当事人主义的理念。①

2. 当事人主义适用于事实性问题,职权主义适用于程序性问题。程序性问题的审理方式和判断权限在理论上属于当事人主义的问题,但在日本法中,一直被认为是在等级制法官制度下由法官依职权进行判断的事项。从这个意义上说,等级制法官制度得以维持,主要是由于在战后修改法律的过程中,国民没有否定和排斥原有的司法机关。② 在这个意义上,正如上述外国研究人员所指出的那样,等级制法官制度得以延续的主要因素是协作文化这一日本司法合作文化。总之,传统的等级制法官制度在日本法中保留下来了,其结果是,法官为了从国家的角度实现统一适用法律的司法目的,也依职权对程序性问题进行判断,这种特有的司法形式已经在日本落地生根。这个意义的职权主义源于等级制的司法制度本身。

然而,尽管程序性问题也是依职权进行判断的事项,法律一般也

---

① 参见松尾浩也:《刑事诉讼法》(上)(新版),弘文堂 1999 年版,第 15 页。文章指出,“美国法有强烈的意识形态倾向,但几乎没有渗透到现实中”,但可以说,当事人主义经过长期的日积月累已经逐渐渗透到日本法之中。

② 相反,人们还记得,在战争期间政府对司法机关进行压制,在司法机关内部出现了抵抗运动。参见丁野晓春、根本松男、河本喜与之:《司法权独立运动史》,法律新闻社 1985 年版,第 62 页以下。

规定，对于是否适用简易审判等诉讼程序往往以当事人（犯罪嫌疑人、被告人）是否同意为条件，对于法院管辖这类纯粹的程序性问题也需要由被告人提出申请。[①] 此外，当事人在庭审前整理程序中享有确定争议点的权利，现在当事人对庭审前整理程序本身提出请求的权利也得以承认。[②] 由此看来，在程序方面建立了各种新制度，这些新制度旨在尊重具有诉讼主体地位的犯罪嫌疑人/被告人的意愿。换言之，由等级制法官处理程序性问题的职权主义，其中也包含同位型法官的因素，可以说，在这个方面，职权主义与当事人主义是可以 15
融合的。从这个角度看，值得注意的是，在《关于裁判员参加刑事裁判的法律》（以下简称《裁判员法》）这类实定法中，可以看到职权主义灵活适用于程序性问题。《裁判员法》规定，法令的解释和诉讼程序的判断等是职业法官评议的事项，但允许裁判员旁听职业法官的评议，也可以听取裁判员的意见。[③] 这个意义上，等级制法官在程序性问题上具有类似于同位型法官的协调功能——在这种情况下，协调职业法官和市民法官的意见。由此可见，这种等级制法官在程序性问题上行使职权的方式，一般是适用职权主义。

3. 简言之，事实问题是刑事诉讼的核心问题，由当事人推进诉讼的进程，而作为法官只有在需要对当事人的诉讼行为进行引导时，才行使其职权；对于程序性问题，从法官统一适用法律的角度，由法官依职权作出判断，这就是刑事诉讼的诉讼构造。这是一种职权主义

---

① 例如，简易审判程序（《刑事诉讼法》第 291 条之二）、即决裁判程序（《刑事诉讼法》第 350 条之二）、略式诉讼（《刑事诉讼法》第 461 条）。另外，关于地域管辖，如果没有被告人提出请求，不能宣告管辖错误（《刑事诉讼法》第 331 条第 1 款）。

② 参见《刑事诉讼法》第 316 条之二第 1 款。

③ 参见《裁判员法》第 6 条第 2 款、第 68 条第 3 款。

和当事人主义相融合的综合结构，[①]但由于刑事诉讼的核心是有关事实问题的程序，因此整体上的诉讼构造是当事人主义的。[②] 这种经过重建的新当事人主义的诉讼构造，在理论上避免了传统基础理论中的职权主义和当事人主义之争，而且从比较法的角度来看，这种适合
16 于日本的新诉讼构造论的定位更加清晰了。

三、当事人主义与犯罪嫌疑人/被告人的诉讼主体性

（一）当事人主义与正当程序论

尽管判例中的职权主义发生了转变，但学说中的当事人主义理论本身并没有重大发展。主要原因是学说在如何强化对犯罪嫌疑人/被告人的人权保障问题上，关注点不是当事人主义和职权主义的诉讼构造问题，而是关注查明真相与保障人权之间的正当程序，即刑事诉讼的目的问题。[③]

这里从田宫理论和松尾理论关于当事人主义的意义的差异来看这一变化过程。关于当事人主义的含义，田宫理论提到了三个概念：第一，“形式的当事人主义”（弹劾主义）无非就是职权主义；第二，“实质的当事人主义”（当事人追行主义）是“检察官具有设定审判对象的权力（彻底的不告不理原则），对调取证据当事人也有主动权，这

---

① 从学说史角度看，如后所述，松尾理论和田宫理论在当事人主义的定位上存在尖锐的对立，但笔者认为松尾理论注重传统，而田宫理论主张进取，两者的理论是相互融合的。正如达马斯卡教授所说的“司法的多面孔”（faces of justice），这是一种融合形式。

② 团藤博士将刑事诉讼描述为“当事人主义的形式装满了职权主义的内容”［团藤重光：《新刑事诉讼法纲要》（第 7 修订版），创文社 1967 年版，第 88 页］。但是，笔者认为也可以反过来说“刑事诉讼是职权主义的形式中装满了当事人主义的内容”。

③ 这一概念的出处是，日本刑法学会编《刑事法讲座第 5 卷》（有斐阁 1953 年版）中刊载的《职权主义与当事人主义》（团藤重光执笔）和日本刑法学会编《刑事诉讼法讲座第 1 卷》（有斐阁 1963 年版）中刊载的《实体的真实主义与当事人主义》（平场安治执笔），但在松尾浩也、田宫裕所著的《刑事诉讼法的基础知识》（有斐阁 1966 年版）中把这个题目替换为《什么是刑事程序的正当程序》和《什么是实体的真实主义》。

是名副其实的当事人主义”;第三,“当事人对等主义”(被告人的当事人主义),是“在上述第二条当事人主义的基础上,为了增强被告人的防御权,实现实质性的对等而在正当程序上增加了保障”①。日本的当事人主义是“把第二种和第三种意义相结合使用的——尽管后者的观点并不彻底”。田宫理论的第三种含义,只有在“当事人对等主义”(被告人的当事人主义)得以完善的情况下,才能确立“作为结构性原则的当事人主义”。② 但是,正如田宫裕博士坦率表述的那样,这些内容还“不够彻底”,作为诉讼构造的原理还有待深入研究。 17
正如下文将讨论的那样,田宫理论中的当事人主义的理论还与正当程序论交织在一起,这可能导致他的当事人主义理论在正当程序论中被埋没。

松尾的理论③利用这种当事人主义理论的间隙,提出了两个当事人主义概念:第一,“当事人主义就是当事人的追行主义,即主要是以当事人提出主张和举证为内容来推进诉讼”。这个意义上的“当事人主义意味着法院、检察官和被告人(辩护人)三方之间的角色分工,这只不过是技术性的当事人主义而已”。第二,“当事人主义是尊重犯罪嫌疑人/被告人的主体地位,强调权利保障,这无非就是所谓的正当程序”。把正当程序和当事人主义等同起来,却从当事人主义的角度提出控罪答辩制度,这是错误的,这种观点过度强调了当事人追行主义意义上的当事人主义,超出了技术性的限制,会导致不适当的结

① 田宫裕:《刑事诉讼法》(新版),有斐阁1996年版,第237页以下。

② 参见田宫裕:《刑事诉讼法》(第1版),有斐阁1992年版,“序言”。上口裕提出了“实质的当事人主义”,其主要思想是“通过扩大被告人的诉讼地位和权利来提高其防御能力,旨在强化当事人之间的进攻和防御能力的对等(武装对等)”,其理论价值是“应加强被告人的防御主体性和防御能力”。参见上口裕:《刑事诉讼法》(第5版),成文堂2021年版,第16页。值得注意的是,这种观点已经超越了传统的当事人追行主义的主张。

③ 参见松尾浩也:《刑事诉讼的原理》,东京大学出版会1974年版,第330页、第337页。

果——例如,拒绝开示证据的理论、控罪答辩论等,为了防止这种结果的出现,必须保障被告人和犯罪嫌疑人的权利。换言之,当事人主义的概念必须定位在正当程序上,这才是“真正的当事人主义”[①]。在这里,松尾理论把当事人主义等同于以保障犯罪嫌疑人/被告人权利为内容的正当程序。

事实上,“真正的当事人主义”就是要保障犯罪嫌疑人/被告人的
18 人权,这种观点说中了问题的要害,但把当事人主义与正当程序论等同起来,是值得商榷的。[②] 正如松尾浩也教授所指出的,[③]田宫理论确实强调了“当事人主义的正当程序侧面”,但田宫博士本人对当事人主义和正当程序之间的关系并不清楚,把正当程序保障和当事人主义重叠在一起,但“这一点被人们误解了,这种观点不是说当事人主义(被告人角度的当事人主义)和正当程序是同义词,而是意味着两者在保障被告人人权方面有重合”[④]。有人认为,这就是松尾理论和田宫理论的分歧之处。但是,这里所说的“重合”的意思并不明确,似乎可以进行如下理解:重合是指正当程序的圈和当事人主义的圈有部分重叠,这一重叠部分的内容是保障犯罪嫌疑人/被告人的当事人地位。例如,从正当程序和当事人主义的角度来看,“保障沉默权”和“保障聘请辩护人的权利”都是非常重要的。对于这个重叠部分,要求正当程序和当事人主义有重合,但两者的根据是不同的,因此不能说两者是同义词。

正当程序和当事人主义,两者的理论根据和作用是有很大差异

---

① 松尾浩也:《刑事诉讼的原理》,东京大学出版会 1974 年版,第 357 页。

② 铃木茂嗣博士批评说,“把当事人主义的概念和正当程序的概念等同起来,反而使真正的问题更加模糊不清了”(铃木茂嗣:《刑事诉讼法的基本构造——诉讼对象论序说》,第 247 页)。

③ 参见松尾浩也:《刑事诉讼的原理》,东京大学出版会 1974 年版,第 338 页。

④ 田宫裕:《刑事诉讼法》(新版),有斐阁 1996 年版,第 239 页。

的。正当程序作为平衡保障犯罪嫌疑人/被告人的人权与查明案件真相关系的原则,体现了刑事诉讼的目的或理念。相比之下,当事人主义的问题是,在这种正当程序的保障下,什么样的诉讼构造适合实现刑事诉讼的目的。因此,正当程序中的人权保障,主要目的是防止国家机关侵害犯罪嫌疑人/被告人的人权,可以说正当程序是从消极
方面保障人权的原则。与此相反,当事人主义虽然以这种消极的人 19
权保障为前提,但它更关注当事人作为诉讼主体如何积极地行使权利,这是当事人在诉讼活动中的地位问题。① 因此,正当程序论和当事人主义是刑事诉讼理论的两大支柱,两者的理论地位和实际作用都存在差异。②

(二)当事人追行主义与犯罪嫌疑人/被告人的诉讼主体性

人们普遍认为,当事人主义的核心含义是当事人追行主义。然而,即使是当事人追行主义,检察官和被告人的这种追行权限也有很大不同。当事人追行主义的核心内容是检察官有权根据起诉裁量主义进行追诉和设定诉因,这一点没有争议。当然,被告人为了进行防御活动而获得辩护人的援助、提出争议点、要求开示证据、在审判期间提出质问等,这些诉讼权利都应得到保障。然而,不可否认的是,在检察官的诉讼行为和被告人的诉讼行为之间仍然存在很大差距。例如,辩护人对犯罪嫌疑人/被告人的帮助仍受到很多限制,从犯罪嫌疑人/被告人处可获得的信息也不够充分。要想使当事人追行主

---

① 参见田口守一:《刑事诉讼法》(第7版),弘文堂2017年版,第20页。

② 例如,保障沉默权意味着要履行不得压制被告人行使沉默权利这一正当程序,同时正如米兰达案的背后所反映的那样,也意味着沉默权是可以“放弃”(waiver)的。参见田口守一、佐藤博史、白取祐司:《阅读版刑事诉讼法教材》(第3版第2次印刷修订版),有斐阁2010年版,第35页。这种放弃只要没有利益诱惑这种不正当程序的介入,只要是基于犯罪嫌疑人/被告人自己判断作出的,就属于当事人主义问题。犯罪嫌疑人/被告人也可以根据自己的独立判断选择供述或者不作供述。

义成为一个更加实质性的原则，需要在理论上和实践中更进一步研究。

然而，判例和刑事立法在当事人追行主义的实质化方面已经先行进行了探讨。例如，1983 年所谓的“日本航空公司淀号航班被劫持案”的判例提出了“争议点透明化”原则，这个判例是研究实质化问题的先驱。最高法院认为，原审法院认定共谋共同正犯中的谋议
20 日期和时间是诉因的事实，但认定了在审理时没有作为争议点的共谋日期和时间并以此认定有罪，对于这个问题，如果法庭想要认定争议点以外的事实，就必须将该争议点透明化，没有做到争议点的透明化就是“对被告人搞突然袭击，侵犯了被告人的防御权，因此是违法的”[①]。这是将被告人的防御活动实质化的重要判例。关于判例对争议点透明化的动向，田宫博士也表示，“既然当事人之间的攻防方式会影响诉讼进展的趋势，那么就有必要对当事人特别是被告人的防御利益多倾斜一些，保障他们的权利，由此激励被告人方面（辩护人）积极进行辩论，这才是当事人主义今后的发展方向”[②]。尽管这里没有分析对被告人权利保障的内容，但准确地评价了“争议点”的含义。这个判例的理论意义在于，指出了作为审判对象的诉因决定了被告防御活动的外在边界，而争议点就是确定被告人的具体防御对象，刑事司法需要的就是这样的当事人追行主义实质化。[③] 这种归纳争议点的方式在 2004 年建立裁判员制度时被庭审前整理程序制度中的争议点整理程序所继承。这样一来，当事人追行主义的实质化在判例和立法实践两个方面都取得了重大进展。如后所述，这一

---

① 最高法院（第三小法庭）判决昭和 58.12.13（1983 年 12 月 13 日），载《刑集》第 37 卷第 10 号，第 1581 页（日本航空公司淀号航班被劫持案）。关于该案的争议问题，参见田口守一：《刑事司法的目的》（增补版），成文堂 2010 年版，第 203 页以下。

② 田宫裕：《日本的刑事追诉》，有斐阁 1998 年版，第 336 页以下。

③ 参见田口守一：《刑事诉讼的目的》（增补版），成文堂 2010 年版，第 346 页。

趋势为后来刑事司法制度改革中加强当事人主义的改革奠定了基础。

这种当事人追行主义的实质化指出了当事人主义的起源在哪里，但当事人主义的核心到底是什么？对于这个问题，田宫博士指出，“重要的是由当事人充分地展开进攻和防御的活动，这就是当事人主义（adversary system）的精髓”[1]。当事人的控辩活动就是“检察官的进攻”和“被告人的防御”，这种抗辩活动得到充分展开才是“当 21
事人主义的精髓”。当然，这也是对英美法律中当事人主义的正确理解。然而，核心的问题是如何让被告人充分进行防御，进一步说，处于弱势地位的被告人面对来自国家的攻击时，他们如何能够进行对等防御。在这一点上，尽管检察官和被告人的诉讼追行能力存在差距，但为了使双方都能进行“对等的”攻击防御，尤其需要保障被告人的“主体地位”。只有被告人在诉讼中具有主体地位，他们才能成为与检察官一样的在法律上处于平等地位的当事人。搞清楚被告人的主体地位的内容才是激活当事人主义的关键。

在这方面，平野先生对被告人的主体地位进行了明确的阐述。他指出，“当事人主义的优点是，被告人人权能够得到保障，他的自由能够得到尊重。根据当事人主义，被告人不是被审讯的对象，而是诉讼的主体”[2]，当事人主义就是指国家在对个人给予刑罚制裁时应采取的基本态度。这意味着将被告人作为一个人的人格或一个主体来对待，因为要对他们采取刑罚制裁，就必须给他们可以进行适合其主体地位的行为的空间，并给予他们辩解的机会。[3] 国家之所以必须将被告人作为一个主体对待，是因为既然是对被告人处以刑罚，其前提

---

① 田宫裕：《日本的刑事追诉》，有斐阁 1998 年版，第 333 页。

② 平野龙一：《刑事诉讼法的基础理论》，日本评论社 1961 年版，第 16 页。

③ 参见平野龙一：《刑事诉讼法大纲》，东京大学出版社 1968 年版，第 11 页。

是国家的"基本态度"必须指向被告人这一主体,正因为被告人是一个主体,国家才能追究他们的责任。这可能是平野先生的主要观点。但是,这里首先要探讨"国家的视角",即国家应如何对待被告人。从被告人的视角看,他们的主体性的内容似乎并不明确,从所谓的弹劾
22 侦查观和诉因对象说的角度看也是如此。

因此,如果重新思考犯罪嫌疑人/被告人是基于什么样的诉讼地位进行活动,那么这种主体地位就是可以基于自由意思决定来表达自己的态度。即使犯罪嫌疑人/被告人被羁押,没有行动自由,他们作为人的内在自由也不能受任何人的限制,而且必须保障他们基于自由意思在一定范围内进行活动。因此,《刑事诉讼法》规定的基本前提(postulat)是,犯罪嫌疑人/被告人必须具有独立行动能力,尽管有时这种能力是潜在的。关于这一点,需要考虑的更重要的问题是,在刑事诉讼中构建一个以犯罪嫌疑人/被告人为主体的诉讼结构是否可能、是否必要。这个问题源自刑事诉讼的目的论。也就是说,刑事诉讼的目的不应该像过去那样完全是发现实体真实,而应是解决涉及被告人的刑事案件,这是笔者的理解。① 发现实体真实应该是基于解决刑事案件的必要程序而发现真实。从这个观点出发,解决刑事案件与被告人这个诉讼主体具有密不可分的关系,如果没有被告人主体的参与,就无法解决案件。当事人主义的理念就是以犯罪嫌疑人/被告人主体参与刑事诉讼为前提的。因此,应当说犯罪嫌疑人/被告人在诉讼中所具有的主体性是当事人主义的出发点。如果当事人主义的诉讼构造论没有基于这一出发点,那么这种理论结构就失去了灵魂。

---

① 参见田口守一:《刑事诉讼的目的》(增补版),成文堂 2010 年版,第 33 页以下。另外,田口守一指出"刑事诉讼法的目的就是通过正当程序迅速处理刑事案件",参见田口守一:《刑事诉讼法》(第 7 版),弘文堂 2017 年版,第 22 页。

然而，这种关于犯罪嫌疑人/被告人的诉讼主体性的理论也有两个基本问题：第一，为了实现犯罪嫌疑人/被告人的诉讼主体性，辩护人的援助是不可或缺的，其前提条件是要强化辩护制度。当事人主义形成的历史就是辩护制度形成的历史。① 由于犯罪嫌疑人/被告人 23
的诉讼主体性和辩护制度是一体的，②因此未来的当事人主义就必须进一步强化辩护制度。第二，更本质的问题是，犯罪嫌疑人/被告人的诉讼主体性理论也有局限性。换言之，当事人主义理论也是以诉讼目的论为前提的，而诉讼目的要求必须通过正当程序解决刑事案件。当事人主义理论也是以正当程序为内容的人权保障与真实主义框架内的平衡关系为前提的。因此，即使承认犯罪嫌疑人/被告人的诉讼主体性，基于这种诉讼主体性的处置权原则上也仅限于“程序性处置权”。③ 此外，真实主义要求的作为刑事诉讼基础的事实，必须是有证据支持的事实，应当排除“偏离真实”的合意程序。④ 因此，建立在犯罪嫌疑人/被告人主体性理论基础上的当事人主义行走在一条艰难的道路上：一方面，要通过完善辩护制度得以实现；另一方面，又要受到正当程序的限制，以防止走偏，当然也意味着日本的当事人主义刑事诉讼法已经奠定了坚实的基础。

（三）刑事司法制度改革与当事人主义

从上述当事人主义诉讼构造论的视角看近年来刑事司法制度改革，特别是2016年《刑事诉讼法》的修改，虽然是在2004年刑事司法制度改革的基础上进行的，但很多内容是为了强化犯罪嫌疑人/被告

① 参见长谷部恭男：《当事人对抗型刑事司法的形成》，载酒卷匡、大泽裕、川出敏裕编：《井上正仁先生古稀祝贺论文集》，有斐阁2019年版，第1页以下。

② 关于辩护人的作用，如代理人功能和司法机关的职能，参见本书第四章第一节。

③ 参见田口守一：《刑事诉讼的目的》（增补版），成文堂2010年版，第267页。

④ 关于合意程序中的真实主义要求，参见本书第五章第二节。

人的主体地位，进一步巩固了当事人主义诉讼构造。

首先，在侦查阶段，有以下两点值得关注：第一，引入录音录像制度（《刑事诉讼法》第301条之二）。该制度是为了事后可以对审讯过程进行核查，侦查机关在密室对犯罪嫌疑人进行讯问是否合适，不
24 仅需要辩护人确认，而且需要裁判员在公开法庭上进行判断。

也就是说，不仅法官，而且侦查机关以外的人员都能对讯问程序的正当性进行判断，在这个意义上，录音录像制度也包含了当事人主义的要素。[①] 但是，这种制度是事后验证犯罪嫌疑人/被告人在被讯问时是否自由地进行了供述。为了保障犯罪嫌疑人/被告人在被讯问时能够自由地供述，有效的方法是辩护人在场，这个问题需要在立法论方面进一步研究。但是，这个问题与犯罪嫌疑人/被告人的羁押问题密切相关，有辩护人在场很难获得他们的供述时，可以完善现在的羁押制度，借鉴和探讨欧美的制度。[②]

第二，扩大国选辩护制度。把犯罪嫌疑人的国选辩护制度扩大到所有的被逮捕案件（《刑事诉讼法》第37条之二、第37条之四、第203条第4款、第204条第3款、第207条第2款），完善聘请辩护人有关事项的提示义务（《刑事诉讼法》第76条第2款、第77条第2款、第203条第3款、第204条第2款、第207条第3款）。这些规定是在重视犯罪嫌疑人/被告人的主体性方面强化了当事人主义。

其次，在公诉阶段，还应该注意两点。第一，庭审前整理程序制度得到了扩展。检察官、被告人或辩护人都有权要求进行庭审前整理程序（《刑事诉讼法》第316条之二第1款、第316条之二十八第1款），这些规定也给被告人一方提供了设定争议点和开示证据的机

---

① 在这里，录音录像制度毕竟是讯问的合法性问题，至于录音录像的媒介载体是否被作为实质证据使用，这是另外一个问题。

② 参见本书第三章第三节。

会，以保障被告人一方积极进行防御活动。关于证据开示制度的运行，引入了证据清单交付程序（《刑事诉讼法》第316条之十四第2款、第5款），完善了被告人方提出的证据开示请求的对象范围（《刑事诉讼法》第316条之十五第1款第8项、第9项，第2款）。当然，这也强化了犯罪嫌疑人/被告人获得自己可以自由决策的信息的可能性。第二，引入了协助收集证据制度和追诉的合意制度（《刑事诉讼法》第350条之二以下）。这项制度一般被理解为是基于检察官追诉裁量权的对侦查追诉提供协助的合意制度。然而， 25
为了达成合意，要考虑“涉及犯罪的相关性”（《刑事诉讼法》第350条之二第1款），这意味着这种制度是所谓的自证有罪型的合意，因为这种制度的前提包括了协助者对自己罪行的供述。[1] 到目前为止，由于合意制度也是一种所谓的司法交易制度，因此人们容易强调美国法的司法交易中“脱离真相的交易”这一消极因素，但合意制度是犯罪嫌疑人/被告人作为诉讼主体参与诉讼，是建立在当事人主义的积极要素之上的。[2] 另外，关于合意制度的适用问题，这里需要注意两点：第一，辩护人在听证程序中也在场参加合意的协商，根据合意对犯罪嫌疑人讯问时，辩护人也应出席（或者在场）。[3] 第二，随着合意制度的引入，人们认为检察官有必要向辩护人提供一些有关侦查（证据收集）进展的信息。《刑事诉讼法》原则上不允许在侦查阶段开示证据，但在新的合意程序中至少应考虑这一点。[4] 通过这些措施，合意制度可能会成为一种尊重犯罪嫌疑人/被告人主体

① 参见本书第五章第一节。

② 参见加藤克佳：《刑事诉讼中的协议和合意——以德国法为中心》，载高桥则夫、川上拓一、寺崎嘉博、甲斐克则、松原芳博、小川佳树编：《曾根威彦先生、田口守一先生古稀祝贺论文集下卷》，成文堂2014年版，第377页、第398页。文章指出，这种合意程序模式可能就是犯罪嫌疑人/被告人作为程序主体参与处理案件的模式。

③ 参见本书第五章第二节。

④ 参见本书第五章第一节、第二节。

判断的制度。刑事司法制度改革的目的就是强化当事人主义,我们
26 期待今后对这个问题继续进行深入研究。[①]

四、当事人主义的范围

新的当事人主义诉讼构造,包括三个多层次的诉讼构造:一是当事人主义和新的职权主义之间的整合结构;二是保证被告人积极履行诉讼追行主义行为,保障其主体性的诉讼构造;三是从外部支撑上述诉讼构造的司法体系整体的诉讼构造。上述三种诉讼构造中的第一种和第二种情况已经讨论过了,下面将简要地讨论第三种诉讼构造。[②]

(一)多元化的刑事司法制度

新的当事人主义旨在解决有关刑事案件的诉讼构造,这意味着要重视有关案件的特殊性。因此也需要有从正式程序到简化程序的各种刑事司法制度。[③] 适合这种案件的特殊性的多元化制度,可以称为多元化的刑事司法制度。区分这种程序的标准不仅基于犯罪的轻重这一客观要素,还要考虑犯罪嫌疑人/被告人的意愿这一主观要素。认罪的案件和否认有罪的案件之间的区别不仅取决于对实体性

---

① 应当从立法的角度对控罪答辩制度和审判二分理论进行正面研究。另外,松尾浩也、田宫裕也指出了控罪答辩制度和审判二分理论的重要性,参见松尾浩也、田宫裕:《刑事诉讼法的基础知识》,有斐阁 1966 年版,第 170 页以下;田宫裕:《刑事诉讼法》(新版),有斐阁 1996 年版,第 14 页。关于从立法论研究的必要性,参见田口守一:《刑事诉讼法》(第 7 版),弘文堂 2017 年版,第 30 页、第 274 页。

② 详细内容参见本书第三章、第四章。

③ 参见田宫裕:《刑事诉讼法》(新版),有斐阁 1996 年版,第 14 页。他指出,"并不是所有的案件都需要这样(审判中的攻防或抗辩)交锋,被告人坦白的案件,可以用书面的形式快速推进案件的审理。根据各种不同的内容对审判的案件进行分类(如口头审理的案件、书面兼口头审理的案件、书面审理案件等)才是重要的",但应当根据案件的特殊性来确定审理程序。

罪责的判断，而且还需要考虑应当适用什么审判案件。对于否认有罪的案件，需要考虑保障犯罪嫌疑人/被告人的防御权，积极地保障他们的人权，如聘请辩护人权利、设定争论点权利、请求开示证据权利、询问权利等。相反，对于大多数承认有罪的案件，在程序上很少考虑保障他们这种争论方面的权利，很多程序往往是由侦查机关或公诉机关处理完成的。

但是，否认有罪的案件的程序和承认有罪的案件的程序，即使在
程序的简繁方面有差别，但其根本的共同点是都必须尊重犯罪嫌疑 27
人/被告人的主体地位。例如，对于承认有罪的案件可以选择简化程序，但犯罪嫌疑人/被告人是否同意选择这种程序，当然必须由他们自由作出决定。在新的合意制度下，犯罪嫌疑人/被告人决定配合侦查和起诉，当然也必须是出于他们自己的自由意思。然而，在多元化的刑事司法制度中，不仅是几项制度并存的问题，尊重犯罪嫌疑人/被告人的主体地位才是刑事司法制度不可或缺的共同基础。换言之，在所有制度中，这种程序必须以“真实”为基础，同时必须保障“犯罪嫌疑人/被告人的人权”。多元化的制度当然也是以正当程序为基础的。

（二）诉讼参与者的多元化

刑事司法制度变得多元化，刑事程序根据案件的特殊性而形成制度，每个程序的承办人员也变得多元化。除了犯罪嫌疑人/被告人作为诉讼主体的情况外，还有许多非国家人员也参与诉讼程序。在处理重大案件的裁判员裁判中，具有市民身份的裁判员将成为裁判组织的一部分，同样由市民组成的检察审查员也可以参与强制起诉的程序。此外，还有一个制度，就是在有被害人的案件中，被害人与检察官一起参与审判程序。刑事诉讼程序的人员构成要素形成了参

与者的多元化。

刑事司法制度中参与诉讼者的多元化现象，与当事人主义诉讼构造具有共同基础。也可以说，这种诉讼程序参与者的多元化支撑了当事人主义的诉讼构造。这是因为当事人主义的司法理念是以民主主义的精神为基础的。平野龙一博士曾指出："只有考虑不同意见后作出的决定，这个决定才是公平的，这是当事人主义的精神……相对于诉讼案件中狭义的当事人主义来说，如果我们把这种当事人主义称为广义的当事人主义，那么广义的当事人主义就是民主主义精神本身……这种民主主义精神体现在诉讼中，就是当事人主义。"①
28 这些论点现在已经得到了确认。不仅是犯罪嫌疑人、被告人和辩护人，还有裁判员、检察审查员、被害人等，因他们所处的地位，决定了他们可以提供与国家司法机关"不同的意见"。因此，如果我们回到民主主义的起点，国家机关以外的普通市民参与刑事诉讼程序的问题就是承认犯罪嫌疑人/被告人作为诉讼主体参与诉讼活动的问题，同样，刑事诉讼程序并不是国家机关单方面行使权力的程序，而是由多方的诉讼参与者共同运行的制度。这种刑事司法观是对传统刑事司法观的一种范式转变。这需要国家机关改变对刑事司法的传统看法，也需要公众改变那种刑事审判只由法律专家负责的观念。当事人主义的诉讼构造论也涉及更广泛的视角。

五、结语

为了弄清楚当事人主义的含义，充分发挥当事人主义的作用，就必须重构当事人主义诉讼构造论，对于这一点笔者探讨了三个问题：

---

① 平野龙一：《刑事诉讼法的基础理论》，日本评论社 1961 年版，第 8 页以下。这是最早把当事人主义作为民主主义要素进行的论述，但后来被逐渐遗忘了，这个过程参见本书第一章第二节。

第一,即使是当事人主义刑事诉讼法,职权主义特别是在程序问题方面仍然发挥作用,但在事实问题方面,当事人追行主义更为重要而职权主义在一定限度内发挥辅助作用。从这种形式可以看出,刑事诉讼法的当事人主义结构是与职权主义相融合形成的。第二,当事人追行主义是建立在保障犯罪嫌疑人/被告人的诉讼主体性这一当事人主义的原点之上的,这种诉讼构造是为了保障他们积极的诉讼活动。在当事人主义的诉讼构造中,犯罪嫌疑人/被告人不仅是针对他们的刑事案件进行裁决的“对象”,而且也是解决刑事案件的“主体”。第三,作为一种诉讼构造,未来的刑事司法制度将根据案件的 29
特殊性而呈现多元化,支撑这一制度的参与者也是多元的,但也需要有当事人主义的理念贯穿这一多元化刑事司法制度中的诉讼结构,这种理念支撑了上文所述的第一种和第二种诉讼构造。

因此,当事人主义的诉讼构造被重构成了三个诉讼构造的复合体,这三种诉讼构造是支撑当事人主义的三大支柱,而且三者之间是不能相互孤立的。当事人主义的诉讼构造是相对这种诉讼构造的整体而言的。

当然,构建当事人主义诉讼构造的问题并不是未来刑事诉讼法中唯一重要的基础理论问题。从宏观上看,关于刑事诉讼目的的正当程序论和关于刑事诉讼构造的当事人主义,才是未来基本理论的两大支柱。进一步完善追求发现真实与保障人权之间平衡的正当程序,同时也要进一步构建尊重犯罪嫌疑人/被告人主体性的当事人主义诉讼构造,这是刑事诉讼法的两个发展方向。然而,以往较多地注重探讨正当程序论,并没有充分研究当事人主义。但是,判例和刑事立法从实务的角度强化了当事人主义。需要从理论上进一步深化当事人的诉讼构造论,使当事人主义能够灵活适用,扩大当事人主义的适用范围。到目前为止,建立裁判员制度和庭审前整理程序制度是划时代的结构性改革,期待这些新制度今后能够得到顺利实施,也期待当事人主义诉讼构造论得到深入的发展。

30

第二节 日本当事人主义的变迁和挑战

笔者想感谢法学研究生院院长石田真科长的赞誉。非常感谢。尽管是工作日的上午,但有许多研讨会的校外校友以及远方的嘉宾参加本次活动,在此深表感谢。而且,不仅有交往密切的教授以及我们大学的教授,而且还有其他大学的各位教授参加会议,特别是还有幸见到司法实务界的同仁,笔者感到十分荣幸。此外,让笔者感到荣幸的是,还有刑事法领域以外的教授也前来参加。这里对各位表示感谢。能有机会做这样一个盛大的最后演讲,是笔者一生的荣誉。前几天在电视上,一位名叫阿尼尔八菜的日本年轻芭蕾舞女演员被问及在巴黎歌剧院舞台上表演时的感受时,她回答说:"这是最后的奖赏。"笔者想,她是回忆起了她至今为止所吃的苦。就笔者而言,无法与阿尼尔八菜女士的艰辛相比,但笔者以自己的方式从事研究和教育工作已近40年,能够顺利参加今天的活动,这也是对笔者"最后的奖赏",笔者非常感谢并十分珍惜这次难得的机会。

一、引言

(一)爱知学院大学任教20年和早稻田大学任教19年

提起40年的教师生涯,准确地说,笔者在爱知学院大学工作了20年,然后调转早稻田大学,在那里工作了19年。但是,笔者的学生时代都是在早稻田大学度过的,经历了本科、硕士研究生和博士研究生共计12年，这样计算下来，笔者在早稻田大学总共待了31年，在早稻田大学的时间是最长的。

那是1995年3月20日，笔者搬到东京，转到早稻田大学。早上，笔者在御茶水的一家酒店里醒来，发现到处都是救护车。笔者在想“东京就是东京啊”，就在这时听到霞关发生了“地铁沙林毒气袭击事件”。笔者在东京的第一天就这样开始了。但是，仔细回想起来， 31
到早稻田大学的头几年是平静的，但不久就出现了法学院问题，紧接着笔者参与了“早稻田大学21世纪COE计划”，早稻田大学的生活节奏开始动荡了，也许笔者到东京第一天发生的事件就已经暗示了。

（二）笔者与“当事人主义”的关系

今天笔者选择的题目是“当事人主义”，这个题目在今天也是一个很古典的课题。笔者注意到所研究的纵轴一直就是当事人主义，于是就选择了这个具体题目。但是，在笔者看来，这个主题也是一个极具时代意义的主题，确定“当事人主义的挑战”这个标题，似乎有点宽泛。

笔者读硕士研究生是在齐藤金作教授的刑法研究室，有一天笔者向齐藤金作教授提出想研究刑事诉讼法。齐藤金作先生指导说：“如果是这样，那么你应该读团藤先生的教科书，而不是读我的教科书。”①就这样，笔者对刑事诉讼法的研究是从学习团藤重光教授的刑事诉讼法开始的，但正如后面要介绍的那样，笔者后来的观点与团藤先生的刑事诉讼法不同。笔者想要研究刑事诉讼法的直接原因是阅读了田宫裕教授的论文《刑事诉讼中的一事不再理的效力》，该文

---

① 齐藤金作先生的教科书是指，齐藤金作：《刑事诉讼法》（上卷），有斐阁1961年版；齐藤金作：《刑事诉讼法》（下卷），有斐阁1968年版。团藤重光先生的教科书，是指团藤重光：《新刑事诉讼法纲要》（第7版），创文社1967年版。

对理论的阐述和对政策的见解给笔者留下了深刻印象。① 从那时开始，笔者就一直在思考在这种约束力理论里面，田宫裕教授的论文留下了什么值得继续探讨的问题，他所说的一事不再理是不是可以称为“约束力理论”。② 笔者在这一约束力理论中提出，约束力理论是为了维护被告人的稳定法律地位的制度，也就是“政策性的约束力理
32 论”，但笔者后来意识到，这个想法与当事人主义是有关系的。

笔者有意识地考虑当事人主义的课题，主要有两个机会。第一次是在笔者撰写刑事诉讼法教科书时，③这时处于必须确定理论体系的基本框架阶段。就在 1992 年的时候，田宫裕教授的《刑事诉讼法》④出版了。田宫裕教授在这本教科书中指出，日本的司法实务做法仍然是“披着当事人主义的外衣，行职权主义之实”，必须强化“被告人的检验作用”，这种当事人主义才是我们所追求的“吉祥鸟”。虽然笔者对“吉祥鸟”这样的浪漫词汇不敏感，但当笔者给法律杂志为这本书评论时，⑤如后面所介绍的，笔者意识到，突破田宫裕教授的正当程序理论的途径只能是当事人主义。笔者在书评中写道，犹如这只“吉祥鸟”，“正当程序的旗手又回到了当事人主义的原点”。当时，笔者曾暗地里想把田宫理论中关于当事人主义的部分抽出来，使其形成独立的理论并作为笔者的教科书的理论主线。无论是笔者的博士学位论文还是笔者的教科书，都是在探索田宫教授未解决的问题。笔者的论文和教科书就是这样完成的，可以说，笔者似乎是捡了

① 参见田宫裕：《刑事诉讼中的一事不再理的效力》，载《法学协会杂志》第 75 卷第 3 号（1958 年），第 298 页以下；第 4 号（1958 年），第 423 页以下；第 76 卷第 1 号（1959 年），第 17 页以下（该论文收录于田宫裕：《一事不再理的原则》，有斐阁 1978 年版，第 1 页以下）。

② 参见田口守一：《刑事裁判的效力》，成文堂 1980 年版。

③ 参见田口守一：《刑事诉讼法》，弘文堂 1996 年版。

④ 参见田宫裕：《刑事诉讼法》，有斐阁 1992 年版。

⑤ 参见田口守一：《书评　田宫裕的刑事诉讼法》，载《法学讲座》第 458 号（1993 年），第 136 页。

田宫裕教授的“漏”。

尽管如此，笔者再一次确信当事人主义的原则具有重要意义，受1989年时代变化的影响，笔者开始研究刑事诉讼目的论。这一点将在后面描述。刑事诉讼的目的是涉及刑事司法与市民之间的关系的重大课题，笔者意识到，只通过国家机关的单独活动实现的刑事诉讼的目的，与通过包括辩护人在内的市民参与共同实现的诉讼目的，两者是不同的。

这种诉讼目的理论主要参考了德国刑事诉讼法学中的被害人理论，[1]在酝酿理论框架的过程中，日本在1999年成立了司法制度改革审议会，该委员会于2001年发表了《司法制度改革审议会意见书：支撑日本21世纪司法制度》（以下简称《意见书》）。其中提出了一个 33
具有里程碑意义的建议，即建立裁判员制度。这更加坚定了笔者对当事人主义的观点。这个问题将在后面提及。

二、日本当事人主义刑事诉讼法的出现

今天，日本的刑事诉讼法被称为“当事人主义刑事诉讼法”，但这个含义并不明确。这里想简单谈一下它的演变。战前的刑事诉讼法学中也讨论过当事人主义的概念，但被理解为是与职权主义的刑事诉讼法互不相容的。

（一）职权主义和“技术性当事人主义结构”

毋庸讳言，当事人主义的原则是刑事诉讼法解释论的重要课题，在现行《刑事诉讼法》的立法过程中，由于采用了诉因制度、起诉状一本主义，同时引入了单一起诉原则，因此当事人主义是否为刑事诉讼法的解释原则，成为当时争议的问题。

---

① Vgl. Thomas Weigend，Deliktsopfer und Strafverfahren，1989.

团藤重光先生在1943年(昭和十八年)就已经完成了他的主要著作《刑事诉讼法纲要》,[1]经过与驻日美军司令部的协商,对现行《刑事诉讼法》进行修改,团藤重光先生在《刑事诉讼法》修改过程中发挥了核心作用。顺便说一下,今天在场参加活动的有井上正仁先生,他协助团藤重光先生出版了《我的心路历程》一书,[2]书中还有一张当时与驻日美军一起参加立法工作的照片,但这张照片是笔者的导师齐藤金作先生与团藤重光先生一起拍摄的,齐藤先生还把这张照片展示给我们这些学生。

当时人们非常关心的问题是,团藤先生如何解释新的诉因制度和起诉状一本主义。1948年7月10日国会通过了新的《刑事诉讼法》,两个多月之后的9月25日,团藤重光先生出版了《新刑事诉讼法纲要》。[3] 可以说这本书是日夜兼程完成的。这本书基本上维持
34 了战前的体系。团藤重光先生作了如下说明:“刑罚权的问题从本质上讲是国家整体上的问题…… 关于刑事裁判,本质上是职权主义。虽然新法强调了当事人主义,但其背后始终存在职权主义,必要时职权主义是会走到前台的…… 刑事诉讼程序中的当事人诉讼构造,可以说只是一种以保护被告人为目的的技术性当事人结构。”

因此,众所周知,在审判对象理论中诉因只不过是“显性的审判对象”,而公诉事实作为“隐性的审判对象”继续存在,必要时职权主义就会凸显出来。这就是当时的诉讼构造。从理论上讲,新《刑事诉讼法》基本上维系了旧《刑事诉讼法》构造的基本诉讼结构,并否定了原本的以当事人为主体的刑事诉讼程序。

---

① 参见团藤重光:《刑事诉讼法纲要》,创文社1943年版。

② 参见团藤重光:《我的心路历程》,有斐阁1986年版。

③ 参见团藤重光:《新刑事诉讼法纲要》,弘文堂1948年版,第61页。

(二)当事人主义刑事诉讼法的出现

相比之下,平野龙一先生的理解是,新《刑事诉讼法》采用了新的英美法的要素,与旧《刑事诉讼法》相比发生了质的转变。这一质变的核心就是摒弃了职权主义,采用了当事人主义。这就是经验科学的方法论,在这种方法论中建立"刑事诉讼法的政策基础"要"先于"刑事诉讼法的理论基础问题。[1] 这是一个全新的法学的开始。

平野龙一先生理解的当事人主义意味着一种诉讼构造,即"为了更加慎重、更加公正地认定有罪,必须把判断事实的人与查明事实的人明确地区分开来"[2]。法院应当被纯化为"判断者",如果不考虑辩护人的存在,"如果不考虑不同的观点,这种判断就不是公正的"[3]。这里他已经明确地意识到,要构建排斥职权主义的、以当事人为中心的刑事诉讼法。 35

就这样,在现行刑事诉讼法的解释论方面构造了"当事人主义刑事诉讼法",其基本结构可以归纳为以下 4 点:第一,侦查机关的怀疑与法院的怀疑完全切断、分开;第二,诉因是检察官提出的主张,而不是怀疑;第三,审判的对象不是公诉事实,而是诉因;第四,诉讼过程不是实体方面和程序方面的两方面结构,而是加入了追诉方面的三方面结构。

这种当事人主义的刑事诉讼法后来迅速在学术界传播,最终在日本的刑事诉讼法学中占据了通说的地位。然而,平野龙一先生的当事人主义理论,存在一些问题,在此笔者指出其中的 4 点。

第一点是当事人主义与实体的真实主义之间的关系。平野理论

---

① 参见平野龙一:《刑事诉讼法的基础理论》,日本评论社 1964 年版,第 3 页。文中指出,"一定的理论是为一定的政策目标服务的"。

② 平野龙一:《刑事诉讼法的基础理论》,日本评论社 1964 年版,第 4 页。

③ 平野龙一:《刑事诉讼法的基础理论》,日本评论社 1964 年版,第 8 页。

的诉讼目的是发现真实，但应当说直到那个时候，学界一直把实体真实主义作为理所当然的理论前提。尽管平野龙一先生对积极的实体真实主义和消极的实体真实主义进行了区分，①但无论如何，其理论根基还是实体真实主义。

第二点是与上述有关联的，即发现实体真实很重要，但在这种情况下，当事人发现真实是用什么可靠的方法发现的。② 当然，可以由当事人进行交叉询问，也可以从一个侧面发现真实，但不过是一种比较勉强的“一厢情愿”而已。2003 年，美国的兰博约（John H. Langbein）教授写了一本名为《当事人主义审判的起源》的书，他写道：“当事人主义阻碍了真实的发现，例如把重要的证人隐匿起来……”③这可能是对这种实际情况的观察。

第三点是松尾浩也指出的问题，④即当事人主义理论在提高侦查
36 程序的适当性方面并不有效。

当然，平野理论中有所谓的“侦查的弹劾观”，但这也是一种有些牵强的解释论，因此对司法实务的影响十分有限。突破平野龙一先生当事人主义理论弱点的应当是后面提到的正当程序的当事人主义理论。

第四点是平野龙一先生指出，当事人主义的“难题”是“与当时的日本社会之间存在的距离”。当事人主义的前提是“理性精神”，但问题是日本人是否能够满足这样的前提。平野龙一先生坦率地表达了对这一点的不安，同时也强调了“日本的职权主义比德国和法国

---

① 参见平野龙一：《刑事诉讼法》（法律学全集 43），有斐阁 1958 年版，第 8 页。

② 参见平野龙一：《刑事诉讼法》（法律学全集 43），有斐阁 1958 年版，第 17 页。

③ John H. Langbein, *The Origins of the Criminal Trial*, 2003, p. 1.

④ 参见松尾浩也：《论“当事人主义”》，载《中野次雄法官还历祝贺：刑事裁判的课题》，有斐阁 1972 年版，第 33 页以下（后来该论文被收录于松尾浩也：《刑事诉讼的原则》，东京大学出版会 1974 年版，第 330 页以下）。

都强势，仍然有很多地方需要向当事人主义学习”。①

我们可以感觉到，在那个时期人们对战后日本的新时代产生的热情，但同时也不能否认存在过于理想主义的倾向。在某种意义上可以说，平野理论是50年前的理论。但不可否认的是，恰恰是因为有了平野理论，战后日本的刑事诉讼法才得到了发展。

三、当事人主义的转变

平野龙一先生的当事人主义刑事诉讼法对战后的日本刑事诉讼法学界产生了强烈的影响，但在日本社会状况的变化和美国法的影响下，平野的当事人主义刑事诉讼理论很快就发生了转变。

（一）当事人主义与正当程序

平野龙一先生的《刑事诉讼法的基础理论》一书的目录中曾经出现过“当事人主义与职权主义”标题，并明确地阐述了问题所在。但是，与此相对应，两年后松尾浩也先生和田宫裕先生合著的《刑事诉讼法的基础知识》一书出版了，该书的目录中没有出现“当事人主义与职权主义”，取而代之的是“什么是刑事诉讼中的正当程序”和“什么是实体真实主义”②。这里能很明确地意识到一个问题，“建立和 37
推动我国刑事司法的现实的根本思想因素”是“实体真实主义与正当程序之间的冲突”，现在“职权主义与当事人主义”之间的冲突将要消失。

田宫裕先生在1972年出版的《刑事诉讼与正当程序》一书的序言中也表达了这种观点，他进一步明确地指出，“正当程序理论是一种政策主张，使人们强烈地意识到刑事诉讼中的人权保障要求是一

---

① 参见平野龙一：《刑事诉讼法》（法律学全集43），有斐阁1958年版，第19页。

② 松尾浩也、田宫裕：《刑事诉讼法的基础知识》，有斐阁1966年版。

个宪法问题,并快速提高这种要求”[①]。

松尾浩也先生也意识到了同样的问题。松尾浩也先生的论文从理论上解析了当事人主义的概念,其理论的根基不是当事人主义与正当程序的对立概念。[②] 根据松尾先生的观点,当事人主义有两层含义:一是指从提起公诉开始就适用的“当事人追行主义”;二是“在程序整体上尊重犯罪嫌疑人/被告人的主体性,重视权利保障的,所谓正当程序”,而与当事人主义相对应的概念是“实体真实主义或必罚主义”。而且,当事人追行主义是“技术性”的,“真正的当事人主义”只能是尊重犯罪嫌疑人/被告人主体地位、重视权利保障的“正当程序”。换言之,当事人主义和正当程序是“等值的”。

笔者认为,松尾理论和田宫理论有两个特点:第一个特点,如上所述,平野龙一的当事人主义对侦查程序没有作用,因此非常关注在侦查程序改革方面取得显著成效的美国法。众所周知,美国在20世纪60年代发生了沃伦法院的所谓“正当程序革命”(Due Process Revolution),最后形成了有关正当程序的判例法,松尾理论和田宫理论受其影响很大。
38
在当时(1964年),帕克(Herbert L. Packer)教授的“刑事诉讼的两种模式”吸引了学界的广泛关注,[③]这就是前面提到的“犯罪控制模式”(Crime Control Model)和“正当程序模式”(Due Process Model)。为了将讨论引向深入,在正当程序中吸收了当事人主义理论,并在正当程序的理论框架内展开讨论。总之,当事人主义理论并不能明显反映美国法的发展动向。

第二个特点,正如松尾先生自己指出的那样,这种正当程序理论强调宪法的自由主义和重视保障犯罪嫌疑人/被告人的人权。另外,

---

① 田宫裕:《刑事诉讼与正当程序》,有斐阁1972年版,“序言”。

② 参见松尾浩也:《刑事诉讼的原理》,有斐阁1974年版,第330页。

③ See Herbert L. Packer, *Two Models of the Criminal Process*, 113 U. Pa. L. Rev. 1 (1964).

在平野理论中，当事人主义不是诉讼的对象，而是诉讼的主体，因此被告人的权利需要得到有力的保障，同时“广义的当事人主义只不过是民主主义精神本身……民主主义精神在诉讼中的体现无非是当事人主义”①。应该指出的是，笔者认为，当事人主义的这一民主主义侧面在作为正当程序的当事人主义理论中“被淡化”了。因此，当事人主义理论被定位为“20 世纪四五十年代（昭和 20 年代）刑事诉讼法学的研究主题”②。换言之，它是一个“陈旧的课题”。

因此，正当程序理论“有了自己的生命”，取代了当事人主义理论。不用说，正当程序是关于国家机关的正当程序，因此就形成了被称为“精密司法”的日本独特的刑事司法实务，即侦查人员精密地探究真相和在审判时进行细致的确认工作。③ 美国的正当程序理论是以当事人主义为前提的，用田宫裕先生的话说，日本的正当程序理论是“披着当事人主义外衣的职权主义”，这就是两国的正当程序理论 39
的背景情况存在的差异。

（二）理念论与构造论

铃木茂嗣先生对上述当事人主义理论的新发展提出了尖锐的批评。他认为，把当事人主义和正当程序理论融合起来使真正的问题更加模糊不清了，“正当程序理论应当定位为诉讼理念论，而当事人主义理论应当定位为诉讼构造论，应当分别在这个框架内展开研究”④。当事人主义和正当程序是两个不同的问题。

---

① 平野龙一：《刑事诉讼法的基础理论》，日本评论社 1964 年版，第 8 页以下。

② 松尾浩也：《刑事诉讼的原理》，东京大学出版会 1974 年版，第 334 页。

③ 参见田口守一：《书评 田宫裕的刑事诉讼法》，载《法学讲座》第 458 号（1993 年），第 136 页。

④ 铃木茂嗣：《论“正当程序”和“当事人主义”的观念》，载《法学论丛》第 102 卷第 5～6 号（1978 年），第 77 页（后来收录在铃木茂嗣：《刑事诉讼的基本构造》，成文堂 1979 年版，第 1 页以下）。

根据铃木理论,在理论上当事人主义与正当程序之间的关系为:当事人主义是“受正当程序的理念支持的”,因此,当事人追行主义有其局限性,而“职权主义也是由正当程序支持的”,是对当事人追行主义的修正和补充。

笔者认为,铃木理论的解释是合适的。铃木先生所说的“诉讼理念论”在笔者看来就是“诉讼目的论”,但诉讼目的论和诉讼构造论都需要重新构建,也可以说笔者的观点是建立在铃木理论基础之上的。因此,松尾及田宫理论把正当程序和当事人主义融合在一起,被系统地分解为独立的问题时,还是要重新考虑当事人主义的含义内容。

但不应忽视的是,田宫先生和松尾先生对于把当事人主义和正当程序“等值”对待的观点,都持“保留”态度。田宫裕先生在1978年有一次演讲,题目是《当事人主义》,但讨论的内容却都是正当程序,他在演讲中说:“我认为必须记住,当事人主义和正当程序的原则不是一回事。”在演讲的最后,他说:“当事人主义最终还是要归结为正当程序论的,正当程序不仅仅是保障人权,而且是与当事人主义密不可分的。”[①]松尾浩也先生也在1978年做过一次演讲,在演讲的最
40 后他说了一句名言——“我们国家的精密司法是一种羸弱的美感。应当给当事人主义注入更多的活力”[②]。这里的“当事人主义”不再被认为是“正当程序”了。

然而,有关当事人主义的这些观点似乎依然隐藏在占据压倒性多数的“正当程序论”阴影之下,还没有成为诉讼理论的前沿理论。

---

① 田宫裕:《当事人主义诉讼的未来和课题》,载《书研所报》第28号(1987年),第105页(后来该文收录于田宫裕:《刑事程序及其运用》,有斐阁1990年版,第283页以下)。

② 松尾浩也:《刑事诉讼法的30年》,载《判例泰晤士》第365号(1978年),第38页以下(后来该文收录于松尾浩也:《刑事诉讼法讲演集》,有斐阁2004年版,第267页以下)。

四、时代的变迁与刑事诉讼理论

从当事人主义的角度回顾战后60年的刑事诉讼法，可以说20世纪50年代和60年代的20年是专制主义和当事人主义的冲突时期，而20世纪70年代和80年代的20年是真实性和正当程序的冲突时期。相比之下，在笔者看来，20世纪90年代和21世纪初的20年是一个需要以当事人主义为基础的新时期。笔者将在下面谈到这一点。

（一）1989年的世界和日本

首先，笔者想特别关注1989年的时局。这一年是标志着日本新时代开始的一年，年号从昭和改为平成，全世界也发生一系列重大事件。6月，欧洲相继发生了平民从东部逃往西部的事件，最后在11月“柏林墙”倒塌，似乎标志着东西方冷战时代的结束。

当然，这时笔者只是一个乡下的研究人员，但笔者感到有些孤独，认为21世纪已经提前10年到来了。日本也无法逃脱这种新的世界趋势，日本在变，亚洲在变，世界在变，变革的时代就要到来了。 41

说一点题外话。前几天，笔者在讲课时谈到了这些问题，笔者突然问学生，1989年你们是否出生了。这又使笔者感觉到了自己的年龄，笔者认为有必要向学生们讲一讲理论背后的时代。

综上所述，当时笔者正在撰写一本教科书，这个时代的动向对笔者的教科书构思产生了重大影响。学术界对司法实务中形成的精密司法有正面评价也有负面评价，两种观点之间存在尖锐的冲突，年轻学者们正在接受考验，看他们进入哪个阵营。然而，笔者坚持认为，新的时代需要一个新的理论框架。

这一年恰好是《刑事诉讼法》颁布40周年，《法学家》杂志要发表“刑事诉讼法 40 年的轨迹和展望”的专题论文。[①] 年轻的研究人员有发表自己看法的机会，笔者希望为处于停滞状态的日本刑事司法制度提供一个新的前景，提出了应当采用当事人主义刑事诉讼法的典型制度之一的控罪答辩制度（承认或否认有罪制度）。[②]

然而，在相同的《法学家》专辑中，团藤重光先生的一篇特邀论文成为开篇之作，令笔者惊讶的是，他写道：“我绝对不能接受在刑事诉讼中引入当事人处分主义的观点。”[③]作为一个年轻的研究者，笔者在同一期杂志上发表了与学界泰斗团藤重光先生截然相反的意见。笔者感到自己是有些责任的，需要进一步思考当事人主义。于是，笔者意识到，当事人主义诉讼构造的有效性归根结底还是如何理解诉讼目的这一根本问题。因此，为了解决这个根本问题，笔者于 1998 年写了一篇题为《刑事诉讼目的论序说》的论文，其中笔者认为传统
42 的诉讼目的论是为了发现实体真实，使刑法规范得以实现，以第二次世界大战前德国的埃伯哈德－施密特（Eberhard Schmidt）为代表的学者观点曾经成为通说，但在第二次世界大战结束后不久就被学界抛弃了，在日本有必要对诉讼目的采取灵活的态度。[④] 这成为笔者的当事人主义刑事诉讼法的基础理论之一，这一点后面还会提到。

（二）司法制度改革的时代

然而，笔者的有关当事人主义的论点还是自演自唱的“独角戏”。

---

① 参见《专辑：刑事诉讼法 40 年的轨迹与展望》，载《法学家》第 939 号（1989 年），第 1 页以下。

② 参见田口守一：《自白案件与否认有罪案件》，载《法学家》第 939 号（1989 年），第 159 页［该文后来被收录于田口守一：《刑事诉讼的目的》（增补版），成文堂 2010 年版，第 21 页以下］。

③ 团藤重光：《刑事诉讼法的 40 年》，载《法学》第 939 号（1989 年），第 2 页以下。

④ 参见田口守一：《刑事诉讼目的论序说》，载西原春夫先生古稀祝贺论文集编辑委员会编：《西原春夫先生古稀祝贺论文集》（第 4 卷），成文堂 1998 年版，第 51 页以下［该论文后收录于田口守一：《刑事诉讼的目的》（增补版），成文堂 2010 年版，第 33 页以下］。

但是,时代还在进步。1999 年发生的两件事对笔者产生了重大影响:一个决定性的事件是平野龙一先生发表了一篇题为《采用参审制实现“核心司法”——刑事司法改革的动向和方向》的文章。① 笔者当时也参加了平野龙一先生组织的“参审制度研究会”,有机会全程看到了这篇论文的写作过程,这是一篇具有转折点意义的论文。

另一个决定性的事件是在内阁中设立了“司法制度改革审议会”。审议会的情况被逐一报道,人们满怀期待感叹道:改革的时代真的来了。两年后的 2001 年,笔者发表了《意见书》。② 正如笔者在开始时简要提到的那样,这一系列变化使笔者确信,笔者曾诚惶诚恐地倡导的当事人主义刑事诉讼法的理论结构是“正确的”。同时笔者也感到,自己是这个“时代的儿子”。

“平成时代司法制度改革”的最大事件是建立了裁判员制度。2004 年制定了《裁判员法》,于 2009 年开始施行。③ 而平野龙一先生 43
是在《裁判员法》通过那一年 7 月去世的,听说平野龙一先生听到国会通过了《裁判员法》非常高兴。这确实是一件令人振奋的事情。如上所述,平野理论中的当事人主义刑事诉讼法是民主主义的体现,而司法制度改革审议会以“司法的国民基础”为题,在这个审议会的努力下承认了“国民参与司法”,这才是真正反映了“民主主义”。对当事人主义的民主主义要素的复兴,平野龙一先生一定非常满意。

因此,裁判员制度的建立也改变了以前的“精密司法”的刑事司法观念,迫使人们从根本上反思刑事诉讼中的实体真实主义观念。

---

① 参见平野龙一:《采用参审制实现“核心司法”——刑事司法改革的动向和方向》,载《法学家》第 1148 号(1999 年),第 2 页以下(该论文后来收录于平野龙一:《刑事法研究(末卷)》,有斐阁 2005 年版,第 182 页以下)。

② 参见司法制度改革审议会:《司法制度改革审议会意见书:支撑日本 21 世纪司法制度》(2001 年)。

③ 《关于裁判员参加刑事裁判的法律》(平成十六年法律第 63 号),简称《裁判员法》。

笔者写了一篇题为《实体真实主义的相对性》的文章，明确反对以前的“绝对的实体真实主义”①，并以此悼念 1999 年突然去世的田宫裕先生，笔者的这种观点与平野先生的“核心司法”比较接近。

（三）第二次司法制度改革

2009 年发生了检察官丑闻事件，以此为契机召开了“检察制度未来研讨会议”，会上提出了“避免过度进行追究式的讯问和对讯问笔录的过度依赖”的问题。② 司法制度改革审议会也提出了这个问题，但没有提出具体方案，因此被推迟了一段时间，但这是日本刑事司法制度迟早要面对的问题。

为此，2011 年 6 月成立了“法制审议会新时代的刑事司法制度特
别委员会”，直到现在这个委员会的审议工作仍在进行。该委员会的
44 立法课题不仅包括正当的讯问行为，还包括作为讯问替代手段的证
据保全方法的新的侦查方法、司法交易、有罪答辩、刑事免责等重要
课题。③

这些改革表明，“当事人主义”仍然是影响日本刑事诉讼法未来的关键之一。笔者认为，司法制度改革不应仅仅是防止检察官丑闻再次发生而采取的临时性措施，而是要确立刑事诉讼法的基础理论，建立适应“刑事司法新时代”的新制度。正好在 2011 年，笔者有机会在《法学家》杂志一期“检察制度的未来”专刊上发表了题为《未来侦

---

① 田口守一：《实体真实主义的相对性》，载广濑健二、多田辰也编：《悼念田宫裕博士论文集下卷》，信山社 2003 年版，第 89 页以下［后来该论文收录于田口守一：《刑事诉讼的目的》（增补版），成文堂 2010 年版，第 81 页以下］。

② 参见检察制度未来研讨会议：《检察制度的再生——检察制度未来研讨会议的建议书》（2011 年 3 月）。

③ 参见法制审议会新时代的刑事司法制度特别委员会第 19 次会议（2013 年 1 月 29 日举行）文件《新时代刑事司法制度的基本构想》（http://www.moj.go.jp/keiji1/ keiji14_00068.html）。

查和审判的新方法》的文章,表达了笔者对这项改革的期待。①

总之,构建当事人主义刑事诉讼法的新理论,是时代的要求。在这种情况下,笔者认为,对于刑事诉讼法学来说,重要的是构建一个坚实的当事人主义刑事诉讼法基础理论。因此,笔者在这里想谈谈重建当事人主义刑事诉讼法的基本构思。

五、当事人主义刑事诉讼法的重构

(一)构建新的当事人主义模式

笔者在前面讲过,过去 20 年是期盼新的当事人主义的时代。这里所谓的“新”的当事人主义到底是什么含义？早在 20 世纪 50 年代,平野龙一先生就担心当事人主义与日本社会之间存在“鸿沟”。但是,笔者认为,现在恰恰相反,是日本社会的现实与日本原有的司法形态之间存在“鸿沟”。 45

笔者曾说过,20 世纪 90 年代之前的 20 年,是正当程序与真实主义“交战”的时代,这种司法形态已经落后于日本社会的现状了。司法形态在正当程序和真实主义之间徘徊,这毕竟是国家的活动问题,市民参与司法这个问题还没有被纳入当时司法制度的框架。但是,国民的意识正在从这种国家主义转变为市民主义。

这种理解是毋庸置疑的,但用一个口号来描述一个时代的特征是很危险的。每个时代都有许多叠加的挑战。因此,现在刑事司法的自由主义化,即保障犯罪嫌疑人/被告人的人权已经成为重要的课题,这是理所当然的。我们有必要以更积极的态度面对这一新的课题。

如何把握这个时代的动向,是一个非常困难的问题。早在 1970

---

① 参见田口守一:《未来侦查和审判的新方式 》,载《法学家》第 1429 号(2011 年),第 66 页以下(参见本书第三章第三节)。

年，美国的达马斯卡教授就提出了“阶层模型”（hierarchical model）和“同位模型”（coordinate model），尽管这两种模型有些古老。① 这两种模型也可以意译为“权威模式”和“协作模式”。笔者认为，日本社会不是权威型的司法模式，而是协作型的司法模式。德国的赫尔曼教授指出，德国的合意程序（Absprache）不仅是司法的功能性问题，
46 而且是“国家与市民之间的关系”，②也是国家观的问题。

在这个变化的时代，首先，可以确认的成果就是前面提到的2001年司法制度改革审议会的《意见书》。这个《意见书》提出的重大课题是要避免国民出现“统治对象意识”即“过度依赖国家”，从这一观念出发创建了裁判员制度。③ 2009年以后开始实施裁判员制度，国民与其说是“上级”的“附庸”，不如说是在民主国家里他们参加裁判是理所当然的义务。④ 其次，笔者想引用最高法院2011年11月16日的裁决⑤。对于裁判员制度违宪性的观点，最高法院大法庭法官一

---

① See Mirjan Damaška, *Structures of Authority and Comparative Criminal Procedure*, 84 Yale L. J. 480(1975).

② Joachim Herrmann, Rechtliche Strukturen für Absprachen in der Hauptverhandlung – Die Richtlinienentscheidung des Bundesgerichtshofs – BGHSt 43, 195, Juristische Schulung 1999, 1162 f. 根据赫尔曼教授的原著《审判中的合意程序的法律结构——联邦普通法院的标准裁判：BGHSt 43, 195》，载田口守一、加藤克佳编译：《市民社会与刑事司法——赫尔曼教授80周岁纪念论文集》，成文堂2013年版，第71页以下。

③ 参见司法制度改革审议会：《司法制度改革审议会意见书：支撑日本21世纪司法制度》（2001年），第101页。

④ 例如，最高法院《对有过裁判员经历的人员进行问卷调查的结果报告（平成24年度）》（2013年3月）表明，有裁判员经历的人员回答“裁判员参加裁判的感想”问卷，“感觉非常好”或“感觉良好”的回答占总数的95.2%（http://www.saibanin.courts.go.jp/topics/pdf/09_12_05 – 10jissi_ jyoukyou/h24_h24_keikensya.pdf）。参见田口守一：《裁判员制度的意义》，载《警察学论集》第62卷第3号（2009年），第38页以下；田口守一、川上拓一：《裁判员裁判实施半年回顾》，载早稻田大学法务研究科临床法学研究会编：《LAW AND PRACTICE》第4号（2010年），第1页以下；田口守一：《市民参与和刑事司法》，载《法学家》第1414号（2011年），第152页以下（参见本书第四章第二节）。

⑤ 最高法院（大法庭）判决平成23.11.16（2011年11月16日），载《刑集》第65卷第8号，第1285页。

致裁定这种制度符合宪法。这个判例有两点值得注意。第一点是判例探讨了民主主义问题,在论及“现代民主主义国家”或“欧美的民主主义国家”之后,大法庭认为,“宪法在序言中载明了国民主权的原理,即人民主权的原则,国家的每一项行为都源自国民的庄严信托”。民主主义是裁判员制度的基础,这一点与司法制度改革审议会的意见完全一致。第二点是这个判例认识到,只有专业法律工作人员而没有国民参与的裁判,“有时会使市民难以理解,并可能偏离他们的感觉”。仅仅由法律专业人士参与的司法可能“脱离”市民这种认识,为司法的未来提供了一个全新的空间。因此,笔者认为,新的时代需要新的诉讼模式,为此,需要尽量扩大与传统职权主义相对立的 47
当事人主义概念,并重新构建一种新的当事人主义模式,其中也包括市民与国家机关进行互动的模式。

(二)诉讼目的论的重构

诉讼构造论是关于何种诉讼构造更适合于实现一定的诉讼目的的理论。因此,为了探讨诉讼构造,就必须首先确定诉讼目的。松尾浩也先生提出的著名论断“刑事诉讼法是为谁制定的?”[①]指的就是这个问题。

如前所述,在第二次世界大战前的德国,诉讼目的的通说是刑法实现说,即刑事诉讼法的目的是使刑法规范得以具体实现,因此大前提就是发现实体真实,这种观点也是日本以前的通说。然而,当时人们有一种信念,即使是强行的实体真实主义当然也能发现真实,但是这种缺乏理性的发现真实的程序存在很多危险。不仅如此,在实际

---

① 松尾浩也:《刑事诉讼法是为谁制定的》,载《书研所报》第26号(1976年),第47页以下;亦载《判例泰晤士》第337号(1976年),第32页以下(后来收录于松尾浩也:《刑事诉讼法讲演集》,有斐阁2004年版,第354页以下)。

的刑事诉讼过程中，应当比实体规范更加强调程序规范，如应当确认非法证据排除规则等。笔者认为，可以这样说，刑事诉讼实务中以发现真实为最高目标的所谓强行的实体真实主义，是不可取的。

针对刑事诉讼的这一现状，日本也开始对刑法实现说进行了反思，如铃木茂嗣先生提出了利益调整说，[1]光藤景皎先生提出了正确裁判说。[2] 笔者认为，还是应当考虑一下恢复实体法秩序的问题，因为解决刑事案件才是刑事诉讼法的目的。[3] 这个观点认为，恢复法秩
48 序可以优先于追求绝对的正义。

因此，刑事诉讼法的目的论，可以设定三个目标。[4] 一是相对的实体真实主义。摒弃僵硬的实体真实主义，把刑事诉讼法的目的确定为根据案件性质去发现相对的实体真实。例如，如果被告人对证据表示同意，就可以仅对当事人认可的证据进行事实认定，适用简易程序经过正式的审判程序认定事实，从理论上承认这种真实主义。[5] 这样，积极地承认多元化的刑事司法制度也是一种刑事司法形式。这是一个相对复杂的司法制度，但简单也并不一定最好。

二是正当程序的保障。不应仅仅是被动地保证犯罪嫌疑人/被告人的人权不受侦查机关的非法侵犯，还应该积极地保障人权，让他

---

① 参见铃木茂嗣：《刑事诉讼的基本构造》，成文堂 1979 年版，第 142 页以下。

② 参见光藤景皎：《口述刑事诉讼法》（中）（增补版），成文堂 2005 年版，第 6 页。

③ 参见田口守一：《刑事诉讼法》（第 6 版），弘文堂 2012 年版，第 23 页以下［参见田口守一：《刑事诉讼法》（第 7 版），弘文堂 2017 年版，第 22 页］。

④ 参见田口守一：《刑事诉讼的目的》（增补版），成文堂 2010 年版，第 382 页；田口守一：《刑事诉讼法》（第 6 版），弘文堂 2012 年版，第 25 页。

⑤ 应该指出的是，即使根据德国法律，检察官也可以对“不重要的余罪”（德国《刑事诉讼法》第 154 条）不予起诉，也可以“基于同意（Konsens）程序”作出“限定追诉”（同上第 154a 条）或适用简易命令（同上第 407 条以下）的自由裁量。合意程序（Verständigung，Absprache）在德国《刑事诉讼法》中并没有“完全变异”。参见亨宁·罗西瑙：《德国的辩诉交易（所谓的合约）与宪法》，田口守一译，载《比较法学》第 47 卷第 3 号（2014 年），第 139 页、第 160 页。

们自己决定本人案件的刑事诉讼程序如何进行。这一点是与被告人及辩护人在诉讼构造论中的地位有关的。

三是宪法意义上的刑事诉讼目的。把“国民的理解”也纳入刑事诉讼法的目的中。《裁判员法》第 1 条规定的“国民的理解”,[①]我们认为这就是刑事诉讼法的一般性目的,为了不造成上述 2011 年最高法院大法庭判决中指出的刑事审判脱离“市民”的现象,这是非常必要的。通过刑事司法实现的正义,应当是人们都能理解的、都能接受的,否则是没有意义的。 49

(三)诉讼构造论的重构

因此,为了实现新的诉讼目的需要重构诉讼结构,这里应该指出三个关键点。[②]

第一点,新的当事人主义诉讼构造不仅允许犯罪嫌疑人/被告人及其辩护人参与,而且允许许多其他诉讼参与人参加程序。允许如此多的参与者参与诉讼,意味着尊重他们的判断。在通常情况下,这里包括辩护人的判断,当然也包括裁判员、检察审查员的判断,还包括参与诉讼的犯罪被害人的判断。因此,用达马斯卡教授的话来说,就是刑事诉讼中的许多意思决定不是“权力集中的”(centripetal),而是“权力分散的”(centrifugal)。[③]

第二点,诉讼构造论是这些众多参与诉讼的当事人之间形成的“互动”关系,不是“权威的”关系。这种互动关系在专业法律人士中

---

① 《裁判员法》第 1 条规定,“为了使从国民中选任的裁判员与法官共同参与刑事诉讼程序,增强国民对司法的理解和信赖……”

② 参见田口守一:《刑事诉讼法》(第 7 版),弘文堂 2017 年版,第 35 页以下;田口守一:《诉讼主体论序说》,载三井诚、中森喜彦、吉冈一男、井上正仁、掘江慎司编:《铃木茂嗣先生古稀祝贺论文集》,成文堂 2007 年版,第 79 页(参见本书第三章第一节)。

③ Cf. ,Damaška,op. ct. ,p. 487,511.

存在一些问题,特别是在法官依职权干预时更是如此。在这个问题上,最基本的方法是通过新的当事人主义诉讼构造抑制旧的职权主义,所以法官的依职权干预不是针对诉讼的实体方面,而是针对当事人主体推进诉讼方面。所谓的辅助性原则起作用,就是指法官依职权干预诉讼的实体方面是不合适的;反之,在当事人推进诉讼出现能力不足时法官不依职权给予辅助也是不合适的。更为重要的互动问题是“外行与专家”,即裁判员与职业法官之间的互动。笔者认为,这项最困难的任务是一个超越法学界的时代性问题。我们可能要探索外行智慧和专家智慧的各自特征,并使两者产生互动,这是值得挑战的历史性课题。

第三点,诉讼构造论的课题是如何理解犯罪嫌疑人/被告人的诉
50 讼主体性,即应该在多大程度上承认他们的自己决定权。如前所述,笔者认为,在诉讼程序向前推进的过程中,应该在相当程度上承认他们的自己决定权。相较之下,在诉讼程序的实体方面应在多大程度上承认自己决定权是一个重大问题,笔者的基本观点是,应当考虑引入符合日本法律特点的自己决定制度,如有罪答辩制度。当然,有罪答辩制度在美国也受到了批判,因为这种制度也是司法交易制度。然而,美国的卡根(Robert A. Kagan)教授在2001年出版的著作[1]中写道,尽管美国的当事人主义有很多缺点,但日本是一个具有“通过专家集团统治模式的,有很强等级制的中央集权的政治传统”的国家,所以即使日本引入一些当事人主义,也不会出现美国那样的缺点,甚至可能带来一些好处。

但是,日本法是在融合大陆法和英美法的基础上形成的,是引起

---

① 参见罗伯特·A.卡根:《美国社会的法动态——美国多元化社会与对抗当事人的教条主义》,北村喜宜、尾崎一郎、青木一益、四宫启、渡边千原、村山真维译,慈学社2007年版,第4页(日文版“序言”);Robert A. Kagan, *Adversarial Legalism – The American Way of Law*, Harvand University Press, 2001。

世界各国关注的具有独特性的法律体系。裁判员制度就是很好的例子。田宫裕先生在1990年的论文集中指出,“日本的现行法律仍处于融合大陆法和英美法的宏大历史实验过程之中”,[①]笔者认为,这样的实验应当被更有力地向前推进。

对于这种新的当事人主义诉讼构造,也有人提出了一些需要从现有法律角度进行具体的各论的探讨。在解释论方面,需要对沉默权、辩护权以及审判对象论进行梳理。此外,在很多参与者参与程序的前提下,还需要对这些程序参与者相关的权利和义务关系进行梳理。本书没有讨论这些具体的各论问题,只好留待今后继续研究。 51

六、当事人主义刑事诉讼法的立法课题

笔者还认为,这种新的当事人主义观念应当为立法论提供重要的指引方向。下面,笔者想简要地谈谈当事人主义刑事诉讼法的立法课题。

(一)侦查程序

在设计新的侦查程序时,可以采取两种方法:一是在犯罪嫌疑人被羁押的情况下重视讯问犯罪嫌疑人的方法,这种方法在日本、中国和韩国的侦查程序中都比较常见;二是在犯罪嫌疑人被羁押的情况下重视收集讯问犯罪嫌疑人以外的证据,可以说这主要见于欧美国家的侦查程序。在前者的情况下,羁押期间是有限的,因此存在的问题是正当的讯问方法,例如,现在人们讨论的对讯问进行记录录像。相反,在后者的情况下,会因重视犯罪嫌疑人的沉默权而使讯问受到限制,因此长期羁押是否适当是一个问题。

---

① 参见田宫裕:《刑事程序及其适用》,有斐阁1990年版,“序言”。

这两种方法都有其优点和缺点,而日本讨论的问题主要集中在前一个问题上。日本在吸收外国法优点的过程中,形成了新的综合性法律,在这种情况下,就要重新审视羁押期间的讯问制度和羁押制度的整体情况,同时设计一个新的侦查程序。这是必要的,也是可能的。很简单,我们应该考虑一个中间路线,即进一步强化犯罪嫌疑人在被审讯期间的权利,同时又要调整羁押期限。①

(二)公诉程序

犯罪嫌疑人/被告人的自决权最直接的体现就是辩诉交易制度
52 和有罪答辩制度。

1995 年最高法院作出了一个有关刑事豁免权的判例(洛克希德案),判例认为,是否采用刑事免责制度是涉及“国民的公正感”的问题,②但无论是“交易”还是“有罪答辩”,最困难的问题是如何调和这种“国民的公正感”。

正如在前面的诉讼目的论中提到的那样,在日本社会中,传统的刑法规范得以实现就是合理的这种法律意识似乎发生了变化。特别是 20 世纪 90 年代以来,用笔者的话说就是,法律意识从国家主义向市民主义方向转变。

对这种法律意识变化的问题,在这里不能展开讨论。如果考虑这种时代趋势,最高法院指出的“国民的公正感”也发生了变化,现在已经到了考虑引入重视犯罪嫌疑人/被告人自决权的法律制度的时

---

① 关于起诉前羁押制度的方式,参见田口守一:《未来侦查和审判的新方式》,载《法学家》第 1429 号(2011 年),第 71 页。

② 最高法院(大法庭)判决平成 7. 2. 22(1995 年 2 月 22 日),载《刑集》第 49 卷第 2 号,第 1 页(洛克希德案)。

代了。[①] 但是,即使允许辩护人和检察官之间的交易行为,也不允许违反刑事诉讼中的真实主义,因此需要对过度行为建立一个制约机制。

德国法于2009年引入了合意程序制度,但还保留了传统的依职权调查证据的制度。[②] 但判例指出,既然自白是基于合意作出的,就不必再依照职权调查证据,采取了折中的态度。[③] 职权主义被淡化 53
了。另外,在美国,法院不能参与当事人之间的交易,但这只是联邦法的态度,[④]如在纽约州法院,交易由法官主持,[⑤]所谓的职权主义是前提。

每个国家都有自己的各种创新,不能仅仅通过文字表述来判断。

---

① 对于这一点,松尾浩也名誉教授指出,德国法引入了合意程序,但"日本可能要抵制到最后一刻吧""……日本刑事诉讼法可能会继续坚持发现真实这条途径"。参见松尾浩也:《日本刑事诉讼法的发展》,载早稻田大学比较法研究所编:《比较和历史中的日本法学——从日本看比较法学》(早稻田大学比较法研究所丛书第34号),成文堂2008年版,第318页以下、第336页。但是,在1988年的一次演讲中,松尾浩也名誉教授回答提问时说:"围绕被告人是否有争议这类案件,有可能考虑重新构建诉讼。"参见松尾浩也:《刑事诉讼法讲演集》,有斐阁2004年版,第196页;田口守一:《刑事诉讼的目的》(增补版),成文堂2010年版,第123页以下。

② 德国《刑事诉讼法》第244条第2款规定:"为了发现真实,法院应当依职权对于所有对裁判有意义的事实和证据进行查证。"该法第261条规定:"法院应当提供整个审理过程中形成的自由确信来判断证据调查的结果。"参见法务省大臣官房司法法制部编:《德国刑事诉讼法典》,法曹会2001年版。

③ 德国联邦普通法院认为,"审理事实的法庭确实有义务审查自白的可信性。然而,只有在对自白的正当性产生怀疑的情况下,才必须讨论这个问题。如果自白是基于合意达成的,就不属于这种情况"。(BGH, Urt. v. 10. 6. 1998, NStZ 1999, 92.)参见田口守一:《刑事诉讼的目的》(增补版),成文堂2010年版,第312页。

④ 《联邦刑事诉讼规则》第11条c[Federal Rules of Criminal Procedure Rule 11(c)]规定,法院不干预控方和辩方之间的辩诉交易(plea bargaining)谈判。

⑤ 纽约州法律也不允许法院干预诉因本身,因为诉因是检察官与辩护人之间交涉的结果。(Cf., From Arrest to Appeal: A Guide to Criminal Cases in the New York State Courts, 2005, p. 14.)绝大多数轻罪案件中,对于检察官提出的诉因进行有罪答辩时,实质性交易是相对于量刑而言的,量刑交易应当在法庭上、在法官的参与下进行[2013年9月对纽约地方检察官办公室,助理地方检察官尼廷·萨乌尔(Nitin Savur)进行的访谈]。

总之,日本应该按照自己的方式进行创新,仅靠模型理论是无法解决问题的。但是,如果没有模型,就没有独创性的规范。

(三)审判程序

最后是审判过程,这里列举的是被告人作为证人的资格和被告人对证据的权利问题。鉴于当事人主义程序结构强调犯罪嫌疑人/被告人的自决权,这些问题原则上应当从积极方面进行思考。但是,在审理程序中,辩护人的协助是必不可少的前提条件。应当把最终决定权留给犯罪嫌疑人/被告人,在任何情况下,辩护人的判断都具有决定性意义。

关于被告人对非法证据表示同意的有效性,有的判例持积极态
54 度,有的判例持消极态度,[①]但重要的是,当事人主义的审判有哪些原则,有哪些例外。即使承认被告人的处置权,正如前面提到的法官对辩诉交易的审查问题一样,在这里也自然需要通过后续的职权主义进行审查。[②] 理论结构只有在以当事人主义为基础的原则下才有可能。

兰博约教授在前面引用的著作中指出,当事人主义不是理论的产物,而是历史的产物,[③]笔者认为日本也是完全相同的。当事人主

---

① 以被告人对非法证据表示同意的有效的最高法院的判例[最高法院判决昭和36.6.7(1961年6月7日),载《刑集》第15卷第6号,第915页],下级法院有否认被告人同意非法证据的效力的判决[福冈法院判决平成7.8.30(1995年8月30日),载《判例时报》第1551号,第44页]。

② 参见田口守一:《核心司法与职权主义》,载井上正仁、酒卷匡编:《三井诚先生古稀祝贺论文集》,有斐阁2012年版,第475页以下(收录于本书第二章第一节)。

③ Cf. ,Langbein, op. cit. p. 9. 兰博约教授指出,"英国的当事人主义刑事审判的形成历史与其说是法律理论问题,不如说是法律史(history)问题。因为它讲述的故事(story)是我们如何在没有适当法理基础的刑事程序下生存的"。当事人主义确立的时期与今天的不同之处在于,日本人可以从比较法的角度研究英美法的历史,并构想出具有"适当理论基础"的当事人主义刑事程序。

义的刑事诉讼法是在战后的《刑事诉讼法》修订时引入的，经历了 60 年的理论和司法实务的各种变化，最后成为今天的样子。

因此，笔者认为，上述当事人主义的立法课题并不能全部直接给出答案，而是在关注日本社会未来变化和发展的同时，继续稳步探讨的立法问题。但重要的是，刑事诉讼法应该在理论上明确我们的远期目标是什么，不断地积累这种基础理论研究成果。尽管道路是曲折的，
但只要远期目标非常明确，我们就不会迷失方向。 55

七、结语

以上是笔者对新的当事人主义的思考。正如各位所看到的，这种思考还处于不成熟的中间状态，当然还需要根据当前的形势和对新的当事人主义理论的理解从其他角度进行深入的探讨。尽管如此，笔者有机会把自己的当事人主义观点作为问题提出来，深感欣慰。

笔者也仔细地思考过如何确立自己的论点。道元禅师在《正法眼藏随闻记（庄严经）》一书中写道："花的颜色是美丽的，但它不是自己开放的，而是随着春风才开放。学问之道也是如此。"[①]这个比较可能有些过了，但笔者相信学问也是如此。现在还不能说已经开花结果了，但至少在这 40 年间，笔者一直从事刑事诉讼法的研究和教育工作，"学问之道"是在许多师长的教导下完成的。笔者想对各位师长表示最深切的感谢。

最后，笔者想对各位学生说几句，法律学，无论是在本科阶段的理论法学还是在法学研究生阶段的实践法学，其中必然蕴含法学家的"梦想"。这是一个关于人类和人类社会的无限可能性的梦想。笔

① 怀奘编、和十哲郎校订：《正法眼藏随闻记》，岩波文库 1982 年版（33－319－4），第 90 页。

者希望各位同学能够感受到这种"梦想"。一个看起来充满枯燥逻辑的解释学,其背后总有一个"梦想"。同学们将有不同的去向:有些同学进入法学研究生院,有些进入政府机关或企业,还有些同学想要成为研究人员,总之,大家都有一个法学之梦。笔者相信,在未来,你将以我无法想象的方式构建起日本的法律制度。在演讲的最后,祝大家万事如意!

56 谢谢各位的聆听！感谢大家的长时间的聆听!

[本节内容是笔者于 2014 年 1 月 21 日(星期四)上午 10:40 至 12:10 在早稻田大学 8 号楼 106 教室最后一次演讲的文稿,原文略有修改并增加了注释。]

第二章

职权主义的转变

摘　　要

57

重构当事人主义诉讼构造的主要挑战是职权主义的理论地位。传统的理论认为,在诉讼构造论问题上,与当事人主义和职权主义的关系是二选一的关系。但是,现在认为,当事人主义和职权主义是支撑审判程序的“两个车轮”。因此,在第二章“职权主义的转变”中,探讨职权主义对未来法院的作用和可能性。

第一节“‘核心司法’与职权主义”,阐明了随着裁判员制度的建立,对传统的精密司法原则进行反思,探讨核心司法的理念如何成为新的程序理念的过程,同时指出了对司法判例中职权主义作用的理解发生的变化,分析了这种新的职权主义与当事人主义之间的关系。

第二节“诉因与法院审判的范围”,探讨了在当事人主义诉讼构造下,法院是否可以依照职权对诉因以外的事实进行审理。随着所谓的诉因理论在审判实务中的确立,诉因中记载的事实以外的所谓诉因外事实,可能不再是法院审判的对象。但是,与此同时,即使按照诉因对象论的观点,在有些情况下法院也必须审理诉因外事实,如,对于诉讼条件的事实是否存在,法院还是需要审理的。因此,这里需要探讨法院对诉因外事实进行审理的可能性以及与诉讼对象说之间的关系。

第三节“法院的要求解释说明义务”,对自2015年以来有关法院解释义务的判例进行了梳理,重点探讨了法院在审前整理程序中行使职权的情况,同时提出了新的观点,即职权主义对当事人的诉讼追

行行为发挥辅助作用。这个问题对于重建职权主义也是至关重要
58 的,本节是新撰写的内容。

第一节　“核心司法”与职权主义

一、引言

日本的法官是事实认定的权利人,也是审判程序的主持者。随着当事人主义诉讼构造的建立,人们对依职权主义认定事实的做法进行了反思,同时也出现了从消极的角度看待作为审判程序主持者的法官的作用。近年来,出现了所谓的核心司法的概念,取代了迄今为止在刑事实践中一直作为指导原则的精密司法概念。[①]

精密司法的观点认为,刑事司法的任务是尽可能详细地阐明全部犯罪事实的真相;而核心司法的观点认为,查明犯罪事实的真相应当仅限定在犯罪事实的核心部分。对于核心司法来说,一个重要问题是如何确定事实的核心部分。在这一点上,肯定只有直接参与案件的当事人才了解案件的核心事实,因此设定审判程序应当查明的核心事实,也必须留给当事人去完成。

但是,如果法院是庭审前整理程序的主持者,那么也是审理程序中认定事实的权力行使者。从法院的角度来看,如果认为当事人设定的核心事实还不足以查明案件的真相时,法院应该怎么办？核心司法原则将刑事审判的任务限定于阐明核心事实,那么这个任务在

---

① 参见平野龙一:《采用参审制实现“核心司法”》,载《刑事法研究(末卷)》,有斐阁2005年版,第182页;平野龙一:《提倡采用参审制度》,载《刑事法研究(末卷)》,有斐阁2005年版,第191页。

什么条件下才能实现？在这方面，为了使当事人主义诉讼构造充分
发挥作用，就需要重新考虑职权主义的作用，这种职权主义与精密司 59
法所理解的职权主义的含义是不同的。本书以这个问题为主线，在梳理了职权主义概念的基础上，试图对一些判例进行分析。

三井诚博士就职权主义的典型规定即诉因变更命令制度指出，这种制度“只不过是把短短一两天就能起草出来的条款变成了现行法律”①。从现行《刑事诉讼法》的制定过程看，我们也有必要重新审视法院行使职权这一刑事诉讼法的基本问题。

二、职权主义的含义

1. 法院的职权主义这一概念也有多种含义。田宫裕博士批判地指出，“职权主义就是指，法院是坐在被告人对面席位上的实质性的追诉者（审判与起诉一体化，形成了法院—国家—与被告人的双方关系）”。② 渥美东洋博士也指出，“非弹劾主义就是职权主义”③，并对这种职权主义进行了批判。这里所理解的职权主义基本等同于纠问主义。

德国法中的职权主义（Offizialmaxime，Offizialprinzip）也是以弹劾原则为前提的。“不提起公诉，法院就不能开始审理”（德国《刑事诉讼法》第 151 条第 1 款），法院的“审理和裁判的范围仅限于诉状所特定的行为和该诉状所认定有罪的人”（同上第 155 条第 1 款）。④因此在这个意义上应当排除纠问主义。另外，职权主义的概念最初是指检察官依职权进行刑事追诉的原则（Grundsatz der Strafverfol-
gung von Amts wegen），即国家追诉主义。这种检察官的职权主义的 60

① 三井诚：《刑事诉讼法（2）》，有斐阁 2003 年版，第 239 页。

② 参见田宫裕：《刑事诉讼法》（新版），有斐阁 1999 年版，第 13 页。

③ 渥美东洋：《全订刑事诉讼法》（第 2 版），有斐阁 2009 年版，第 185 页。

④ 德国法律的以下条款引自法务省大臣官房司法法制部编：《德国刑事诉讼法典》（法务省 2001 年）。

结构是，检察官“把程序支配权转移给法院之后（提出起诉状后），必须接受法院的全面审查”，[①]法院以这种形式接替了职权主义。

因此，德国法在坚持弹劾原则的前提下规定了职权追行主义，即法院“有独立开展活动的权力和责任”（德国《刑事诉讼法》第155条第2款），而且还规定了法院的职权探知主义（Ermittlungsgrundsatz）（依职权侦查），“法院为了发现真实，应当依职权对所有与裁判有关的事实和证据进行证据调查”（同上第244条第2款）。职权探知主义就是依职权寻找和查清事实的义务，这本来是刑事追诉机关的义务，但在这方面，检察官的职权主义和法院的职权主义具有相同的性质和连续性。这种法院的职权探知主义，也称为实体的真实主义（Prinzip der materiellen Wahrheit）、职权主义（Instruktionsprinzip）或者纠问主义（Inquisitionsprinzip）。[②]

德国法与日本法相比，有一些与其重叠的地方，也有一些差异。重叠的地方首先是在检察官的职权主义和职权探知主义方面，日本法和德国法似乎没有区别。日本法也有关于法院依职权调查证据和诉因变更命令方面的规定（《刑事诉讼法》第298条第2款和第312条第2款），不能否认在这个部分上日本法与德国法规定的法院依职权调查原则有一定的相同之处。但也有不同的地方，对于日本的检察官怀疑的事实采用起诉状一本主义（同上第256条第6款），日本的检察官的怀疑不会原封不动地传递给法院。因此，法院在审判的时候，其对被指控的罪行的认识是一张白纸，不依职权进行证据程序是不可能的。因此，诉讼程序的推进由当事人选择，而审判程序也形成了当事人主义结构。这样，检察官的职权主义不再传递给法院，而

① Werner Beulke, Strafprozessrecht, 10. Aufl. 2008, S. 24.

② Vgl. Claus Roxin, Strafverfahrensrecht. 25. Aufl. 1998, S. 95; Roxin/Schünemann, Strafverfahrensrecht, 26. Aufl. 2009, S. 78.

法院的诉因变更命令和依职权审查证据的职权主义规定，也不再像德国法那样发挥作用。61

因此，以弹劾主义为前提的职权主义，主要有两种形式：一种是法院自己查明真相，不受当事人主张的约束；另一种是承认当事人的主张具有一定的约束力，法院在该范围内查明事实。在前一种情况下，通过弹劾主义原则限制要审理的事实，但对审查证据没有限制。这可以说是德国式的职权主义。① 在后一种情况下，弹劾主义得到进一步强化，法庭审理原则上以当事人提交的证据为基础，法院在例外情况下才会依职权审理其他证据。从制度的角度来看，可以说这是日本式的职权主义。在德国的职权主义中，检察官的职权主义传递给法院或者说法院继承了检察官的职权主义，因此法院的职权主义中保留了纠问主义的要素。这就是即使在今天，法院的职权主义也被称为纠问主义的原因。相较之下，日本式的职权主义只是特殊情况，因为法庭审理原则上是围绕当事人提出的证据进行的，所以几乎不可能出现像德国法那样的纠问审判的情况。在这个意义上，德国式的职权主义和日本式的职权主义有很大的不同。

以上只是从法律制度方面理解日本法中的职权主义。法律制度在适用过程中也会发生改变。日本的法律制度在运行的过程中，不排除转变为德国式职权主义的可能性。认定事实是法院的权限，如果精密司法被作为诉讼理念，那么调查证据就可能成为法官的责任，这种可能性也潜藏在日本法中。从这个角度看日本的审判实务，可以看出，即使没有直接适用依职权调查证据和诉因变更命令这类规定，当事人还是尽量多地向法院提交证据，期待获得有利于自己的事

---

① 但是，德国法也发生了变化。不可否认的是，通过采用所谓的合意程序（Gesetz zur Regelung der Verständigung im Strafverfahren，BGBl. I. S. 2353 f，2009），德国式的职权主义实际上也发生变化了。参见田口守一：《刑事诉讼的目的》（增补版），成文堂 2010 年版，第 295 页、第 323 页以下。

实认定，而重要证据的选择和评估由法官负责，法官的自由心证不是在当事人主义的审判程序中形成的，而是法官在办公室中细致审慎
62 分析证据之后形成的。这种审判实务已经成为常态。这种程序形态实质上就是十足的职权主义。从某种意义上说，这是名义上的当事人主义，实质上的职权主义。这种程序形态意味着该做法与德国法很相似，法院有义务直接调查证据。渥美东洋博士把职权主义描述为这样一种程序结构，即“直接向审判法庭提供有助于查明真相的证据，在这些证据的基础上认定事实，查明犯罪真相”①，或者“法院自己直接调查被告人的犯罪行为并认定事实”②。这种司法实务恰恰是职权主义。从这个意义上说，田宫裕博士和渥美东洋博士批评这一原则时一针见血，他们都认为职权主义就是纠问主义。

2. 然而，这种所谓的德国式职权主义与日本法原本的当事人诉讼结构是无法融合的。因此，既有坚持用核心司法替代精密司法的主张，也有坚持回归日本法本来的当事人主义诉讼构造的主张。2004 年的刑事司法制度改革引入的庭审前整理程序制度和裁判员制度，都是倾向核心司法理念的。在法庭审理中的争议点问题在庭审前整理程序中是事先确定的，要提交的证据是在必要的范围内精心挑选的，而不是像过去那样证据越多越好。此外，裁判员裁判中的调查证据，更加重视口头主义和直接证据，法官也努力通过法庭审理形成心证，对裁判员也适用自由心证原则（参见《裁判员法》第 62 条），这种评议更具有客观性和透明度。可以说，法院的事实认定权和精密司法的观念中潜藏的职权主义的要素从根本上被消除了。

这样理解核心司法所主张的刑事司法，已被司法实务人员广泛接受。一项法官的合作研究显示，“裁判员裁判中的事实认定（查明

① 渥美东洋：《全订刑事诉讼法》（第 2 版），有斐阁 2009 年版，第 264 页。
② 渥美东洋：《全订刑事诉讼法》（第 2 版），有斐阁 2009 年版，第 313 页。

真相），从现象来看，与过去的刑事裁判相比较，似乎只有犯罪事实的 63
核心部分这一点发生了变化。这种‘核心司法’的方向性在裁判员制度下的刑事裁判中是不可避免的”①。中谷雄二郎法官对法院的作用将发生的变化指出“刑事裁判的查明真相功能应当在适用彻底的当事人主义过程中实现，除非有特殊情况，否则法院的作用应当限定在判断者的范围内，即判断各方当事人的主张是否正当”②，并不是由法院自己查明真相，而是“判定”检察官是否履行了举证责任，应当从“查明真相”转变为“评估”，“通过评价当事人的活动来查明案件真相”③。上述观点准确地表述了法院在核心司法中的作用。如果能够完成这种模式的转变，现行刑事诉讼法的基本制度结构在司法实务中将实现当事人追行主义。

3. 通过当事人追行主义的方式查明真相，应当聚焦在核心事实上。“法院不应脱离当事人的主张作出独立的判断，而应根据包括被告人在内的熟悉案情的当事人提出的主张进行判断。”④但问题是，从法院角度看，如果认为当事人设定的争议点和当事人之间的攻击防御的诉讼活动似乎并不充分时，法院应该如何处理。

虽说是当事人追行主义，法院的控制对于诉讼过程的正常进展也是至关重要的。法律规定法院具有诉讼指挥权（《刑事诉讼法》第

① 角田正纪、和田真、平木正洋、长濑敬昭、井下田英树：《裁判员制度下的重大否定有罪案件的审理方法》（司法研究报告书第60辑第1号），法曹会2008年版，第1页以下。

② 中谷雄二郎：《刑事裁判的连续性和非连续性——裁判员制度对刑事裁判的影响》，载原田国男法官退休纪念论文集刊行会编：《原田国男法官退休纪念论文集——新时代的刑事裁判》，判例泰晤士社2010年版，第3页、第18页以下。

③ 中谷雄二郎：《刑事裁判的连续性和非连续性——裁判员制度对刑事裁判的影响》，载原田国男法官退休纪念论文集刊行会编：《原田国男法官退休纪念论文集——新时代的刑事裁判》，判例泰晤士社2010年版，第28页以下。

④ 中谷雄二郎：《刑事裁判的连续性和非连续性——裁判员制度对刑事裁判的影响》，载原田国男法官退休纪念论文集刊行会编：《原田国男法官退休纪念论文集——新时代的刑事裁判》，判例泰晤士社2010年版，第31页。

294 条),[1]为了使当事人追行主义充分发挥查明真相的作用,仅强化
64 案件诉讼程序过程中的职权主义是不够的。旧的职权主义(职权追诉主义)认为,既然法院对案件的实体有事实认定权,那么法院对诉讼的推进也具有主导权。相较之下,将诉讼推进交给当事人的当事人追行主义,从意义上说法院的职权主义已没有存在的空间。但是,法院为了充分地进行法庭审理而支持当事人的诉讼行为与职权追行主义本身的作用不同。这是因为,法院并不是代替当事人进行诉讼行为。在这个意义上,没有更恰当的术语,这里我们暂且称为“追行的职权主义”。另外,法院在实体形成方面的职权追行主义,可以称为“实体的职权主义”。从广义上讲,“追行的职权主义”包括法院的诉讼指挥权。但是,诉讼指挥权往往是指法院为了顺利进行诉讼而在诉讼程序方面行使权力,相对而言,“追行的职权主义”是指法院为了使当事人在庭审活动中充分发挥作用,在涉及诉因和证据这一诉讼层面行使职权。因此,职权主义与诉讼指挥权力需要区分开来。“追行的职权主义”是通过让当事人自己推进诉讼而协助当事人实现其诉讼行为的最初目的。因此,从理论上讲,它与实体的职权主义是有区别的,这一点在适用的过程中需要注意。

“追行的职权主义”涉及的具体问题主要是在法院行使解释权的场合。为了依照当事人追行主义使法庭能够充分审理案件,需要探讨法院如何适当地行使解释权的问题。下面,就法院在职权主义出现问题的判例,具体地验证“追行的职权主义”与判例是否相一致。

65

三、判例中的职权主义

1. 关于法院在审理整理程序中行使职权主义的方式,平成二十

---

[1] 2004 年的刑事司法制度改革中,为了保证法院有效地行使诉讼指挥权,还制定了命令检察官和辩护人出庭(第 278 条之二)及限制辩论(第 295 条第 3 款、第 4 款)等新规定。

一年(2009年)的判例(所谓的"广岛女孩被杀案"),[①]作出了值得注意的判断。

该案件的争议焦点之一是,杀害女孩的地点是在室内还是在室外? 检察官把重点放在量刑情节上,认为"犯罪动机、方式、作案手法等犯罪情节都极其恶劣",而认为犯罪的具体地点对于犯罪事实的认定和量刑都不重要。一审法院也只是对犯罪实行地点概括性地认定为"×住宅及其周边地区"。

但是,该案的控诉审法院(二审法院)认为,查明犯罪地点会影响量刑,一审法院的判决认为原审法院"审理不尽"是违法的,因此撤销一审判决,其理由是:一审法院应当要求检察官解释被告人供词中涉及犯罪地点的证据,但法院对此没有采取措施。

对于上述二审判决,上告审(终审)的最高法院首先阐述了刑事裁判审理的基本原则,即"刑事裁判是以当事人主义(当事人追行主义)为前提的,因此应当在当事人提出争议点、主张和要证明的内容的基础上,在确有必要的情况下对查明案件事实真相进行证明",因此对于被告人的供述笔录,"一审法院没有义务就检察官并没有作出证明的事项,从检察官对被告人提出的内容推测检察官笔录的内容及其证明力…… 也没有义务要求检察官对此进行解释并对笔录采取证明等措施"。因此,撤销了控诉审法院(二审法院)的判决。

首先,值得注意的问题是,判例明确指出,当事人追行主义是刑事裁判审理的前提条件。控诉审法院认为确定犯罪地点在该案中很

---

① 最高法院(第二小法庭)判决平成21.10.16(2009年10月16日),载《刑集》第63卷第8号,第937页;川上拓一:《平成21年重要判例解说》,载《法学家》第1398号(2010年),第216页;秋田真志:载《刑事法杂志》第22号(2010年),第96页;白取祐司:载《法律时报》第82卷第11号(2010年),第148页;植村立郎:载《刑事诉讼法判例百选》(第9版)(2011年),第128页以下;田口守一:《刑事诉讼的目的》(增补版),成文堂2010年版,第283页以下;等等。

66 重要，在这一点上法院有义务要求检察官进行解释，但这里指的是，要求检察官对超出判例所说的“当事人提出争议点、主张和要证明的内容”的案件事实进行解释。控诉审法院的作用是进行基于精密司法的“查明真相式”的审理，而不是核心司法所要求的“评价式”审理。从这个意义上说，这个判例的重要意义就在于：宣告了刑事裁判的基本结构是基于核心司法的当事人追行主义。①

其次，需要注意的是，虽然控诉审法院从精密司法的角度出发，要求检察官对确定犯罪地点进行解释，但并不是说其本身要求违法。特别是在庭审开始以后，法官可能会对实体性问题产生怀疑，因为需要对证据进行调查。法官要求当事人对一些疑问进行解释，这本身完全没有理由予以禁止，即使在采用当事人追行主义的情况下也不例外。但是，在庭审前整理程序中，法院还没有接触到证据本身，所以在这个阶段法院要求当事人解释只能局限于当事人主张的范围。关于这一点，有人指出，在庭审前整理程序中，法院的参与主要是围绕当事人提出的争议点问题，法院基本上不要求当事人提出新的争议点，不督促他们提出新的主张，也不讨论证据的具体证明力。② 从当事人追行主义来看，这种观点是理所当然的。

最后，需要探讨的问题是，法院在什么情况下有义务要求当事人解释说明？有关这个问题，前面提到的“追行的职权主义”才是法院的权限，其能够充分发挥职权追行主义的作用，法院应当在这个范围内要求当事人承担解释说明的义务。最高法院指出，该案中，“在一审阶段，犯罪地点是否在被告人的房间内确实成为一个主要争议
67 点……法院在这一点上要求检察官给予适当的解释并督促其进一步

① 参见田口守一：《刑事诉讼的目的》(增补版)，成文堂 2010 年版，第 399 页以下。

② 参见最高法院事务总局刑事局：《模拟裁判的成果与课题》，载《判例泰晤士》第 1287 号(2009 年)，第 8 页、第 10 页。

证明等,对证据调查采取必要的措施也是一种选择”。该判例确定了一点:关于与当事人的证明方向不同的问题,法院要求检察官对此进行解释本身并不被禁止。[①] 但是,当事人双方没有提出主张的事项,法院就没有义务要求他们解释说明。虽然控诉审法院可以行使要求检察官进行解释说明的权力,但这是一审法院的义务,应当说是程序违法。

该判例是否定有要求解释说明义务的判断,而没有判例对法院有要求解释说明义务作出肯定的判断。基于当事人追行主义的法庭审理,其前提是要求坚持实体的真实主义。正是由于这个原因,充分的法庭审理也应当是法院实施“追行的职权主义”的体现。也有必要从这个角度考虑法院的要求解释说明义务。

第一个应当考虑的问题是,当事人有明显遗漏,如因粗心大意没有设定争议点或者申请证据。例如,要求辩护人进行解释说明,从当事人主张的内容看,被告人的责任能力显然存在问题,但辩护人却完全不提责任能力的问题,一般认为,在这种情况下,法院有义务要求解释说明。[②] 又如,要求检察官进行解释说明,在极特殊情况下明显缺乏证明有罪的证据,检察官的证明结构本身存在问题,这时法院也有要求检察官进行解释说明的义务。[③]

第二个值得考虑的问题是,争议点的内容或证据的证明目的不明确的情况。关于证明的目的,要求具体明确地指出证据与待证明事实之间的关系(《刑事诉讼规则》第189条第1款),当事人在庭审前整理程序中申请调取证据时,当事人应当指出待证事实的内容、申 68

① 植村原法官认为,“应当选择而没有作出选择这一点就是审理不尽”[植村立郎:《刑事诉讼法判例百选》(第9版)(2011年),第129页],但从“追行的职权主义”的角度看,把这种情况认定为审理不尽是不合理的。

② 参见田口守一:《刑事诉讼的目的》(增补版),成文堂2010年版,第385页。

③ 参见东京高等法院刑事部法官研究会:《论裁判员制度下的控诉审状况》,载《判例泰晤士》第1288号(2009年),第5页、第12页。

请证据的性质和位置并分析证据结构。① 为了实现庭审的当事人追行主义，事先搞清楚证明的目的是至关重要的。为此，法院往往要求当事人明确解释说明证明的目的，这是“追行的职权主义”的要求，在一定情况下也是法院的义务。

应该注意的是，即使法院有义务要求当事人解释说明，但这毕竟是为了确认当事人的意思，当然不是由法院自己设定争议点或证明的目的。根据法院要求解释说明的情况设定争议点或者变更证明目的，这完全是当事人的权限。同样，如果法院有要求当事人解释说明的职权，却不行使这项职权，那么可能被评价为审理不尽。②

2. 审理程序中典型的职权主义是，依职权调查证据和诉因变更命令的规定。③ 在此，我们探讨一下有关诉因变更命令的判例。④

关于法院的诉因变更命令的义务，昭和四十三年(1968 年)的判例认为，原则上，法院没有义务命令检察官主动改变诉因，但如果认为证据确凿且罪行严重，在例外的情况下则有义务督促或命令检察官改变诉因。⑤ 这里需要注意的是，这个判例认为，“像本案这种情况，

---

① 参见马渡香津子:《从庭审前整理程序看证明目的》，载《植村立郎法院退官纪念论文集——现代刑事法的诸问题》(第 3 卷)(2011 年)，第 3 页、第 19 页。

② 有学者认为，这是承认“审理不尽的相对性”的判例，参见植村立郎:载《刑事诉讼法判例百选》(第 9 版)(2011 年)，第 129 页。从对当事人的主张应当充分审查的角度来看，他提出的观点是正确的。但是，应当注意的是，在当事人因疏忽没有提出主张时要求其解释说明的情况中，也包括当事人潜在的主张。

③ 关于依职权调取证据的判例指出，“显然是因检察官的疏忽而遗漏了应提交的证据……在这种情况下，法院有义务敦促检察官提交该证据”。参见最高法院(第一小法庭)判决昭和 33. 2. 13(1958 年 2 月 13 日)，载《刑集》第 12 卷第 2 号，第 218 页。在这种情况下，法院只要要求检察官对自己的疏忽作出解释就可以了，因此这个判例没有超过“追行的职权主义”的范围。

④ 不承认诉因变更命令的效力，是以下论点的前提[参见最高法院(大法庭)判决昭和 40. 4. 28(1965 年 4 月 28 日)，载《刑集》第 19 卷第 3 号，第 270 页]。

⑤ 最高法院(第三小法庭)裁定昭和 43. 11. 26(1968 年 11 月 26 日)，载《刑集》第 22 卷第 12 号，第 1352 页。

一审法院仅仅是问了一下检察官的意向，而没有积极地敦促或命令 69
其改变诉因，只对杀人罪的诉因进行了审理就直接宣告被告人无罪，因此控诉审法院认为，一审法院存在审理不尽的违法行为并撤销原判，增加了原审预备的重大过失致死罪的诉因，直接改判被告人有罪。控诉审法院的判决是不违法的”。

从这个判例可以看出，一审法院裁判程序中存在的问题是“法院仅仅是问了一下检察官的意向”。由于检察官在该案的控诉审上增加了重大过失致死的诉因，由此可以推断，检察官的意思并不是如果不能认定杀人罪就可以宣告无罪。可以看出，法院与检察官之间存在误解或意见分歧时可能作出无罪判决。如果法院与检察官进行充分的沟通，要求检察官进行解释说明，那么检察官的意图就会很明确，也就不会出现原审判决的结果。这一观点似乎与以下判例的立场是一致的。

1983 年的一个判例（所谓的“日本大学殴斗案”），对法院的诉因变更命令的义务作出了否定的判断。这个案件的争议点是，伤害致死的共谋是现场共谋还是事前共谋，检察官的态度很明确，认为是现场共谋，并对审判长提出的要求作了明确的解释说明，在这种情况下，“作为一审法院要求检察官对上述内容进行解释并督促检察官变更诉因，已经履行了诉讼法上的义务，法院没有义务再进一步命令或者积极地督促检察官变更诉因”①。这里所说的“诉讼法上的义务”可以理解为法院的义务，即法院确认检察官对涉及犯罪成立的诉因的意思表示，与法院进行意思沟通，以确保当事人更充分地进行攻
防。这种义务并不是法院依照职权介入诉讼实体本身，而只是为了 70
促使审理更加充分。

---

① 最高法院（第三小法庭）判决昭和 58.9.6（1983 年 9 月 6 日），载《刑集》第 37 卷第 7 号，第 930 页。

问题是，即使把这种义务理解为程序法下的义务，正如上述判例所指出的，在法院要求检察官解释说明但他并没有改变诉因的情况下，法院是否有义务"进一步"命令其改变诉因。关于诉因变更命令的传统观点认为，如果法院的这种要求解释说明是有效性的，就不涉及后面的诉因变更命令问题。[①] 但是，昭和五十八年(1983 年)的判例认为，尽管法院只提出了解释说明的要求，但没有下达诉因变更命令的义务。上述的昭和四十三年(1968 年)的判例也可以这样理解。这是因为，如果履行了要求解释说明的义务，那么实质上就是尽到了诉因变更命令的义务。这个问题最终归结为应当如何理解诉因变更命令制度的目的。

在这方面，香城敏磨原法官对诉因变更命令制度提出了一个值得关注的意见，他指出，诉因变更命令的本质是"确认当事人追诉意思的手段"[②]，这种职权主义是对当事人主义具有辅助意义的职权主义。"这种职权主义问题的背后是当事人主义的问题。"[③]因此，"对于检察官期待以前的诉因当然会获得有罪判决这一点法院有误解，如果确认检察官没有以新诉因进行追诉的意思，那么法院就可以以先前的诉因作出无罪判决。另外，如果检察官有意向以新诉因起诉案件，但法院对检察官的指控有误解，应当把这一情况通知检察官，以免失去追诉的机会"，在对检察官产生误解的情况下，法院"作为诉讼的主导者，有义务消除这种误解，提示检察官可以变更诉因"[④]。把诉因变更命令的制度理解为"确认追诉意思的手段"，

---

① 参见三井诚：《刑事程序法(2)》，有斐阁 2003 年版，第 241 页。

② 香城敏磨：《刑事诉讼法的构造——香城敏磨著作之二》，信山社 2005 年版，第 300 页以下。

③ 香城敏磨：《刑事诉讼法的构造——香城敏磨著作之二》，信山社 2005 年版，第 101 页以下。

④ 香城敏磨：《刑事诉讼法的构造——香城敏磨著作之二》，信山社 2005 年版，第 106 页以下。

这种观点使人们从以前的“命令”这一法律术语的束缚中解脱出来， 71
具有重大意义。

除诉因变更命令制度外，要求解释说明制度对纠正法院和检察官之间的理解差异也很有意义。松尾浩也名誉教授指出，“法院需要根据具体情况表明自己心证的动向，如果认为检察官还没有充分理解时，法院有义务以要求解释说明的形式督促或者提示检察官改变诉因”[①]。三井诚博士进一步指出，“如果确实不好掌握检察官的意向，法院可以要求检察官进行解释说明（《刑事诉讼规则》第 208 条），以唤起检察官的注意”。要求检察官解释说明，实际上会起到提示或促使改变诉因的作用。在某些情况下，法院负有要求解释说明义务，如果法院对此存在疏忽时，可能被认定为违反诉讼法义务。[②]这些观点与香城敏磨理论的区别在于，香城敏磨教授认为诉因变更命令是确认检察官追诉的意向的问题，而松尾浩也教授和三井诚教授认为确认当事人的意向是另一个问题。要求解释说明的理论与诉因变更命令制度是有区别的，但问题是区别的根据是什么。对于这个问题，一般认为要求解释说明的理论是以一般的职权主义为基础的。但是，如果要把要求解释说明作为法院的义务或违反该义务就可能被评价为违反程序法的义务，那么就需要有更明确的理论根据。而且，从法律条文的文字规定看，在解释论上，诉因变更命令的义务在先，而要求解释说明的义务在后。因此，考虑诉因变更命令制度是调整法院和检察官之间关系的制度，正如香城敏磨博士所说，诉因变更命令制度是为了确认检察官的追诉意图，这种观点在解释论上似
乎是合理的。当然，对法律条文的解释是一个重大问题，但鉴于判例 72

---

① 松尾浩也：《刑事诉讼法》（上）（新版），弘文堂 1999 年版，第 309 页以下。松尾浩也名誉教授对诉因变更命令的义务持否定态度，实际上代之以解释说明的义务。

② 参见三井诚：《刑事程序法（2）》，有斐阁 2003 年版，第 241 页。但是，法律制度上保留了诉因变更命令的义务（敦促或劝告的义务）（第 243 页）。

认为诉因变更命令没有约束力,尽管文字表述的是变更命令,但并没有"你一定要改变诉因"这种命令的意思。进一步说,变更诉因和要求解释说明之间没有实质性的区别。如果是这样,法律条文的意思可以理解为,"法院可以命令检察官解释一下是否需要改变诉因"。作出诉因变更命令的义务,也是命令检察官对是否需要变更诉因进行解释的义务。这种要求解释说明的义务是法院为实现全面审理的义务,其前提是检察官有权决定是否改变审判对象。这样理解法律规定诉因变更命令的形式才是合理的。诉因变更命令的义务被解释说明义务所吸收。①

香城敏磨教授所说的解释说明义务是确认追诉意图的行为,这是否有必要?因为有时法院理解的审理情况与检察官理解的情况可能存在差异或误解。换言之,法院不仅应确认检察官的意图,还要提示法院对审判情况的理解。如果是这样,更准确地说,诉因变更命令制度是一种意思相互沟通的制度。这种制度的目的是避免法院在没有与检察官进行意思沟通的情况下就作出判决,也是为了法庭审理更加彻底。② 如果这样理解诉因变更命令的制度,通过解释说明来疏通检察官的意思,那么诉因变更命令制度的目的就实现了。

另外,至于什么时候才有要求解释说明的义务,如前所述,可能发生的情况有:检察官因疏忽而没有改变诉因、③检察官方面存在误解、在庭审前整理程序中各方当事人的意思尚不明确等。在这种情况下,法院可以依照职权主义适当地行使要求解释说明权,使检察官

① 参见井户田侃:《刑事诉讼法要说》,有斐阁 1993 年版,第 162 页。他指出,诉因变更命令,"是基于诉讼指挥权的裁判,也是一种解释说明的处置方式,检察官对这种命令没有服从的义务"。

② 参见田口守一:《刑事诉讼法》(第 5 版),弘文堂 2010 年版,第 322 页以下(参见该书 2017 年第 7 版的第 361 页)。

③ 参见平野龙一:《刑事诉讼法》(法律学全集 43),有斐阁 1958 年版,第 137 页。

也对审理状态形成正确认识,共同实现充实的庭审活动。但是,法院 73
有哪些具体的要求解释说明义务,法院在什么情况下不行使要求解释说明权可能被认定为审理不尽,这些问题还有待司法实务积累素材。

四、结语

现在人们普遍认为,日本的刑事诉讼是当事人主义的诉讼构造。但诉讼构造论无非是各诉讼主体之间的相互关系问题,因此,有必要从各论的角度明确各诉讼主体在当事人主义诉讼构造中的作用。[①]本书重点探讨了法院的作用,这对于当事人主义诉讼构造来说,从某种意义上说是最重要的。

我们正在进入一个新的时代:长期以来作为我国刑事实务根基的精密司法概念,正在转变为新的核心司法理念。在这个时代,法院的职权主义也需要站在新的职权主义理念上进行重构。这种新的职权主义对于当事人主义来说是必不可少的,也是当事人主义发挥作用的前提条件。当事人追行主义和"追行的职权主义"是支撑核心司法的"两个轮子"。

从这种后续的职权主义的角度审视迄今为止的判例法,可以了解到,判例法关于职权主义的做法从来没有寻求维持旧的职权主义,而是朝着后续职权主义的方向发展。

当然,在新的核心司法体制下,当事人追行主义的意义将越来越重要,因此,检察官和辩护人在诉讼追行中的作用也将变得更加重要。与此同时,这也意味着法院将承担更重的责任,以确保这些当事

① 参见田口守一:《诉讼主体论序说》,载三井诚、中森喜彦、吉冈一男、井上正仁、堀江慎司编:《铃木茂嗣先生古稀祝贺论文集》(下卷),成文堂 2007 年版,第 79 页以下(参见本书第三章第一节)。

74 人的诉讼活动能够充分发挥作用。旧的职权主义与检察官的权力有所重叠，而新的职权主义是法院固有的职权主义。弄清楚法院这种新的职权主义的根据和界限，是日本刑事诉讼法学今后的重要任务。

75 第二节 诉因与法院审判的范围

一、引言

检察官可以起诉全部的犯罪事实，也可以不起诉全部的犯罪事实，可以起诉其中的一部分，也可以不起诉其中的一部分。检察官的这种权限来自起诉便宜主义或起诉裁量主义（《刑事诉讼法》第248条）。根据当事人主义，法院受到检察官设定的诉因的约束，只有权利和义务审判被起诉的诉因。把未列为诉因的事实作为审判对象也是检察官的任务，除非检察官变更诉因，否则未被列为诉因的事实，即诉因以外的事实不能成为审判的对象。

上述内容就是以诉因为审判对象的基本框架。但是，如果检察官将犯罪事实的一部分作为诉因，这样设定诉因是否合法？在理论上，法院在审查诉因的合法性时，有可能深入诉因之外的事实。关于这一点，我们将重点讨论两个问题，即被起诉的诉因存在实体法上的数罪关系问题和程序上的事实条件问题。

二、部分起诉与犯罪的成立

1. 有时候存在这样的问题，犯罪事实的一部分已被起诉，可能存在未被起诉的诉因外犯罪事实，是否可以认定被起诉的犯罪在法律上构成犯罪。例如，违反选举法提供财物而构成贿选罪，检察官只对贿选罪之前阶段的行为以交付罪提起公诉。判例认为，即使对贿选罪的成立存疑，如果检察官“考虑举证困难等情况”对交付罪提出起诉，那么法院只能审判交付罪［最高法院（第一小法庭）裁定昭和59.1.27（1984年1月27日），载《刑集》第38卷第1号，第136页，以下简称昭和五十九年判例］。这是第一例从正面承认部分起诉的判例。 76

认定起诉交付罪合法有两种观点：①第一种观点认为，既然检察官根据诉讼法的规定把交付罪作为诉因，那么这种诉因设定就是合法的。如果存在实体法上的贿选罪，那么交付罪将被贿选罪吸收（所谓的犯罪吸收关系），检察官可以行使诉因设定权。第二种观点认为，即使在贿选罪存在的情况下，交付罪也构成犯罪，但在贿选罪被处罚的情况下，对交付罪的处罚被吸收了（所谓的处罚吸收关系），因此交付罪的诉因设定是合法的。昭和五十九年判例认定起诉交付罪是合法的，但没有指出合法的理由。②

2.判例把这个问题表面化了［最高法院（大法庭）判决平成15.4.23（2003年4月23日），载《刑集》第57卷第4号，第467页］。该判例确定，即使存在先行的侵占行为（设定抵押权的登记行为），后续的侵占行为（通过出售转移所有权的行为）也可以构成犯罪，对后续的侵占行为的部分起诉是合法的，在这种情况下，法院只对后续的侵占行为进行审判即可。后续的侵占行为是所谓共同处罚的事后行为，与先行的侵占行为是处罚上的吸收关系。这样看来，昭和五十九

---

① 参见川出敏裕：《论诉因对法院审理范围的限定》，载三井诚、中森喜彦、吉冈一男、井上正仁、掘江慎司编：《铃木茂嗣先生古稀祝贺论文集》（下卷），成文堂2007年版，第316页。

② 参见大泽裕、今崎幸彦：《检察官的诉因设定权与法院的审判范围》，载《法学教室》第336号（2008年），第78页以下。

年判例中的贿选罪和交付罪也是处罚吸收关系。[①]

3. 从另一个角度看上述情况，对犯罪吸收关系中的后续行为起诉的情况，是上述判例没有涵盖的问题。例如，盗窃罪的本犯对销赃罪的诉因提出反对意见认为，[②]这是所谓的不可罚的事后行为。在这种情况下，法院为了确定部分起诉的诉因设定（销赃罪）是否合适，就需要对诉因之外盗窃行为的事实进行审理，并对此形成附带性的心
77 证，如果认为该行为可以构成犯罪，那么法院就认为这是对法律上不能成立犯罪的事实进行了部分起诉，并判断诉因设定是否合适。在这种情况下，法院的审判范围即使在诉因制度下，也应当扩大到检察官设定的诉因以外的犯罪事实。[③] 当然，认定这种情况的盗窃事实是对诉因之外事实的认定，与实体问题无关。

三、诉因设定的合理性

1. 关于某一犯罪事实中哪些范围中的事实被认为是诉因，这个问题“应当由检察官合理裁量”[最高法院（第三小法庭）判决平成4.9.18（1992年9月18日），载《刑集》第46卷第6号，第355页]，但设定诉因的方式有时会受到有无诉讼条件的影响。例如，对于某种盗窃行为，检察官不以惯常盗窃而以单纯盗窃起诉，法院作出有罪判决并生效。如果检察官随后将另一起盗窃行为再次以单纯盗窃罪起诉，如果这两个行为在实体法上被认为是同种数罪的惯窃，那么根据

---

① 另外，参见福崎伸一郎：《最高法院判决解读刑事篇平成15年度》，第277页、第290页。

② 参见川出敏裕：《论诉因对法院审理范围的限定》，载三井诚、中森喜彦、吉冈一男、井上正仁、掘江慎司编：《铃木茂嗣先生古稀祝贺论文集》（下卷），成文堂2007年版，第321页。

③ 参见宇藤崇：《诉讼中的罪数论》，载井上正仁、酒卷匡编：《三井诚先生古稀祝贺论文集》，有斐阁2012年版，第723页；井田良等编著：《事例研究刑事法Ⅱ——刑事诉讼法》，日本评论社2010年版，第489页（小岛淳执笔）。

一事不再理原则，后来起诉的行为应当免诉。这是以前的判例。相反，最高法院第三小法庭判决[平成15.10.7（2003年10月7日），载《刑集》第57卷第9号，第1002页]认为，判断公诉事实的单一性参照的“标准只能是前项起诉和后项起诉的各自的诉因”，如果前后两个诉因都反映不出惯犯的常习性，那么法院就没有考虑惯窃的机会。但是，这个判例还留下了值得探讨的问题，即对单纯盗窃的诉因“没有考虑惯窃的机会”这一点如何判断。这是因为，即使诉因事实中没有记载常习的字样，但根据盗窃行为的日期、时间、地点和方法，该行为也完全可能会被怀疑具有常习性。如果存在这样的怀疑，法院就应当对诉因外事实的常习性进行审理，对诉讼条件依职权进行调查。① 78

2. 关于有无诉讼条件，如果亲告罪没有提出告诉，也存在部分起诉的问题[说明：因2017年（平成二十九年）刑法的修改，强奸罪改为强制性交等罪，由亲告罪改为非亲告罪。2013年执笔以下论述时，强奸罪还是亲告罪。但在理论上，这里的观点对于其他亲告罪还是适用的，因此原来的文稿原封不动地收录在这里]。例如，对强奸罪没有提出告诉的情况下，检察官是否可以只对暴力这一强奸的手段进行部分起诉？多数观点认为，这违反了亲告罪保护被害者的宗旨，不得进行部分起诉。对此，也有观点认为，暴行的诉因并不是强奸罪诉因本身，因为强奸罪是亲告罪，如果被害人没有提出告诉就以强奸罪的诉因进行审判，则是违背被害人意向的。既然检察官提出的诉因是暴行罪，那么就不允许法院以强奸罪进行审判。多数观点认为对

---

① 参见宇藤崇：《不可罚的（共罚性）事后行为——从诉讼法角度看》，载《刑事法评论》第14号（2009年），第46页；井田良等编著：《事例研究刑事法Ⅱ——刑事诉讼法》，日本评论社2010年版，第498页（小岛淳执笔）。

暴行的部分起诉是合法的。[①] 但是，如果按照强奸罪审理存在困难而为了规避这种困难，或者在被害人没有提出告诉时对暴行罪进行审理，认定被告人有罪并给予处罚，这种部分起诉是不适当的。在不规避以强奸罪进行审判的情况下，当然应当采取保护被害人的法定告诉的权利。在本案中，撤回对暴行罪起诉的理由，可能是被害人对强奸罪没有提出告诉，也可能是认为应当考虑被害人对强奸案有优先处置权，检察官对强奸罪的起诉超越了追诉裁量权。[②] 笔者认为，检察官在设定诉因的方式方面存在问题，因此后一种观点是合适的。

3. 从检察官追诉裁量的合理性角度看，所谓“两头堵”的起诉是否合适，也是一个问题。例如，犯人闯入他人住宅杀死了两个人，检察官只起诉了杀人的部分，而没有起诉可以“两头堵”的侵入住宅部分，并建议判处惩役刑，这个处断刑比科刑上的一罪更重。有人建议，司法实务的实际处理方法是应当禁止宣告超过起诉侵入住宅罪
79 的处断刑。[③] 如何判断检察官追诉行为提出的量刑标准，是一个在理论上很难解决的问题。有人认为，在程序法中，并不能说这种部分起诉都是不合法的，[④]但可能有必要考虑，如果在起诉中行使自由裁量权是不合理的，就可能被认定为违法。[⑤] 还应注意的是，没有起诉

---

① 参见川出敏裕：《论诉因对法院审理范围的限定》，载三井诚、中森喜彦、吉冈一男、井上正仁、掘江慎司编：《铃木茂嗣先生古稀祝贺论文集》（下卷），成文堂 2007 年版，第 327 页以下。

② 参见长沼范良等：《演习刑事诉讼法》，有斐阁 2005 年版，第 207 页以下（酒卷匡执笔）。

③ 参见香城敏磨：《刑事诉讼法的构造——香城敏磨著作集之二》，信山社 2005 年版，第 298 页；川出敏裕：《论诉因对法院审理范围的限定》，载三井诚、中森喜彦、吉冈一男、井上正仁、掘江慎司编：《铃木茂嗣先生古稀祝贺论文集》（下卷），成文堂 2007 年版，第 330 页；等等。

④ 参见井田良等编著：《事例研究刑事法Ⅱ——刑事诉讼法》，日本评论社 2010 年版，第 484 页（小岛淳执笔）。

⑤ 参见三井诚：《刑事程序法（2）》，有斐阁 2003 年版，第 158 页。

“两头堵”的部分而是分案进行追诉时，科刑上的一罪本来是只追诉一次，那么被告人本来可以只被追诉一次的利益就被剥夺了。①

四、对诉因之外事实的审判

1. 这里探讨的问题是，法院审理诉因之外事实时的审理方式。从部分起诉的诉因与诉因之外的事实的数罪关系看，部分起诉的诉因显然不能构成犯罪的情况下，是否应当驳回公诉，宣告无罪。这在下列情况下也存在问题。例如，检察官未以业务过失致死罪而是以业务过失致伤罪起诉被告人，判例认为起诉是合法的[名古屋高等法院昭和62.9.7(1987年9月7日)，载《判例时报》第653号，第228页]，但假如事故发生后不久被害人就死亡了，按照业务上过失致伤罪起诉就背离实体真实了。② 还有一个问题是，对于重大犯罪不起诉会受到检察审查会的审查，为了规避审查而在名义上进行部分起诉。③

在这些情况下，法院为了使诉因更加接近于真实，可以要求检察官解释说明或敦促其改变诉因。关于这一点，通说观点认为，对以非常宽泛的事实起诉的情况，驳回起诉是不合理的，而对起诉的事实严重偏离实体真实的情况，法院有义务命令检察官改变诉因。④ 此外，还有人认为，应当考虑在这种情况下，作为例外赋予诉因变更命令的约束力。⑤ 然而，法院审查诉因外事实是为了审查诉因设定的合法

---

① 参见田口守一：载《法学教室》第350号(2009年)，第136页。

② 参见杉田宗久：《刑事诉讼法判例百选》(第8版)(2005年)，第91页。

③ 例如，松尾浩也：《刑事诉讼法》(上)(新版)，弘文堂1999年版，第182页；三井诚：《刑事程序法(2)》，有斐阁2003年版，第158页；等等。

④ 参见川出敏裕：《论诉因对法院审理范围的限定》，载三井诚、中森喜彦、吉冈一男、井上正仁、掘江慎司编：《铃木茂嗣先生古稀祝贺论文集》(下卷)，成文堂2007年版，第324页。

⑤ 参见高木俊夫：《从诉讼看不可罚的事后行为》，载河上和雄先生古稀祝贺论文集刊行会编：《河上和雄先生古稀祝贺论文集》，青林书院2003年版，第291页。

80 性,而不是为了将该事实改变为诉因。因此,如果检察官设定的诉因明显是不合理的,那么就应该在说明该诉因设定明显存在问题的基础上,驳回公诉,终止诉讼程序。是否应当再次按照符合真相的事实重新起诉该案,是检察官的任务。

2. 法院对诉因外事实进行审理并作出形式裁判时,是否需要经过诉因变更的程序?关于诉讼条件的判断标准,多数人采用诉因标准说。但是,学说上有时也赞成降低标准的缩小认定,判例也不是采用“强硬的诉因标准说”。[①] 例如,上述平成十五年(2003 年)10 月的判例认定,如果一个诉因中显示有常习性行为时,对于单纯盗窃的诉因也可以附带形成惯窃的心证。因此,审理诉因外事实后作出形式裁判时,应当修正以前的强硬的诉因标准说。在存在诉讼条件的情况下,以诉因为标准;在不存在诉讼条件的情况下,法院可以根据自己的心证下达形式裁判,而不必经过改变诉因程序。

五、结语

犯罪事实的一部分被作为诉因时,法院的审判范围问题涉及诉因制度和法院的作用问题,这对于当事人主义刑事诉讼法来说是一个至关重要的问题。在诉因制度下,法院不再履行以前那种纠问主义的职能,把诉因外事实也作为审判对象,取而代之的是,法院在要求检察官解释说明诉因外事实并检查检察官的追诉行为上的重要作用。法院的审判范围是在这个方向上扩大的,这一点对于深化和巩固当事人主义是非常重要的,与过去的职权主义职能也是完全不同的。今后如果要进一步增加检察官追诉裁量权的比重,那么法院的这种作用也将越来越重要。

---

① 参见多和田隆史:《最高法院判例解说篇平成 15 年度》,第 467 页。

第三节 法院的要求解释说明义务 81

一、引言

2004年创建庭审前整理程序这种新制度后，学界开始从诉讼构造论的角度正式探讨法院对当事人要求的解释说明问题。[①] 庭审前整理程序是审判的准备程序，目的是确保连续、有计划、快速地推进法庭审理活动而整理案件的争议点和证据(《刑事诉讼法》第316条之二第1款)。庭审前整理程序由法院主持，争议点和证据都由当事人提出，从结构上看，当事人具有主动权，法院的作用只是“整理”当事人的主张，所谓的职权主义没有存在的空间。[②]

但是，如果当事人设定的争议点不足以查明案件真相或者无法保障犯罪嫌疑人/被告人的人权时，法院应该怎么做，这个问题还没有搞清楚。法院在庭审前整理程序中为了查明案件事实真相是否有必要发动法院的职权，对于这个问题，判例指出，“对于检察官没有提出证明目标的事项……一审法院没有义务采取诸如要求解释说明……等措施”。[③] 平成二十一年(2009年)最高法院判决否定了法

---

① 《刑事诉讼规则》第208条第1款规定，“审判长认为必要时，可以要求诉讼关系人予以解释说明，或者督促其进行证明”。这也被认为是审判长的诉讼指挥权之一。

② 参见最高法院事务总局刑事局：《模拟裁判的成果与课题》，载《判例泰晤士》第1287号(2009年)，第10页。书中指出，“在庭审前整理程序中提出的争议点和证据，主导权首先在当事人手里”。原则上，法院在督促当事人提出新主张的问题上应当保持慎重态度[例如，河村宣信：《裁判员裁判中的审理方式(1)：庭审前整理程序——从法官的视角看》，载《刑事法评论》第12号(2008年)，第35页以下]。

③ 最高法院(第二小法庭)判决平成21.10.16(2009年10月16日)，载《刑集》第63卷第8号，第937页[以下简称平成二十一年(2009年)最高法院判决]。参见本章第一节。

82 院的要求解释说明义务，但需要注意的是，这个判例还认为，法院有时承担要求当事人解释说明的义务。特别是在争议点的内容或证据的证明目的不明确的情况下，为了实现庭审前整理程序的目的，顺利完成庭审任务，充分发挥当事人追行主义的作用，法院有义务行使法院的某些职权，而不是让当事人自己任意活动。但是，需要探讨的问题是，法院在这种情况下行使职权的理论根据是什么？具体在什么情况下可以行使职权？对于这些新问题，在平成二十一年(2009 年)最高法院判决之后，还可以找到几个值得注意的判例。下面，我们研究两个判例，一个是最高法院的判例，另一个是高等法院的判例。

二、法院在庭审前整理程序中的要求解释义务

(一)引言：以最高法院(第二小法庭)平成二十七年(2015年)5 月 25 日裁决为中心(载《刑集》第 69 卷第 4 号，第 636 页)

平成二十一年(2009 年)最高法院判决以后，涉及庭审前整理程序中要求解释说明的判例有平成二十七年(2015 年)最高法院裁决。[①] 这个判例涉及的内容是，在庭审前整理程序中被告人一方明确提出的不在犯罪现场的主张，与在庭审程序中被告人一方对不在犯罪现场进行陈述之间的关系，最高法院的裁定理由在括号中提到了“法庭要求解释说明”的问题。为什么要在提及的问题上加上了括号，这似乎反映了最高法院对法院在庭审前整理程序中的解释说明有了新的思考。换言之，正如平成二十一年(2009 年)最高法院判决已经显示的那样，在庭审前整理程序中应当遵循当事人追行主义原则，法院也应当在整理当事人提出的争议点和证据方面充分发挥作用。因此，下面在简要谈及平成二十七年(2015 年)裁决的主题后，

---

① 最高法院(第二小法庭)裁定平成 27.5.25(2015 年 5 月 25 日)，载《刑集》第 69 卷第 4 号，第 636 页[以下简称平成二十七年(2015 年)裁决]。

探讨最高法院在裁定的括号中表示的要求解释说明义务的问题。 83

(二)平成二十七年(2015年)裁决的事实和裁定要点

1. 本案的事实和审理过程

(1)案情是,被告人对一台汽车“碰瓷”后,向对方索要医疗费用进行诈骗。公诉事实的要点是,“平成二十四年(2015年)4月25日下午5时50分许,在和歌山市内的道路上,被告人的身体故意接触到被害人驾驶的普通轿车,制造了被害人因过失使车辆接触到其右侧身体导致右臂受伤的假象,在该市内的停车场被告人以医疗费的名义向被害人要钱,同一天下午5时55分左右,被害人交付了5000日元现金”。(2)在庭审前整理程序中,辩护人提出了在法庭上将提出不在现场的主张,即“在公诉事实记载的日期和时间,被告人并不在犯罪地点,而在位于大阪市西成区的家中或附近”,没有其他具体的主张,一审法院对此没有要求当事人进行解释说明。在这种情况下,一审法院在整理该案的公诉事实后,确认“争议点是,被告人是不是本案诈骗行为的犯人”。一审法院确认,“问题在于被告人是否是实施有关欺诈的罪犯”。(3)审判程序中对被告人进行讯问时,被告人声称自己不在现场,并供述称“当时我在家里看电视。我约好和一对朋友夫妇见面,大约在下午4时30分我就去西成的朋友那里了”。辩护人进一步详细地提问,被告人也是这样回答的。检察官接着问道:“这是在庭审前整理程序中没有主张的内容,与本案的证明事项没有关联性”,并提出了异议,一审法院接受了检察官提出的异议,并限制对该事项的问询。(4)在最后陈述阶段,被告人对上述不在现场的内容进行了具体的陈述,“平成二十四年4月25日下午4时30分之后的20~25分钟,我与曾帮助过我的朋友夫妇聊天,我给他们送了一些梅子干和蜂蜜。事实是,我不可能出现在案件的现场”。一审法院没有限制被告人的最后陈述。

2. 最高法院作出了如下判断(顺序号为笔者所加)

(1)庭审前整理程序是为了连续、有计划、快速地确保法庭审理
84 的顺利开展而对案件的争议点和证据进行整理的程序,诉讼关系人有义务对上述工作给予配合,被告人或辩护人承担《刑事诉讼法》第316条之十七第1款规定的明确争议点的义务,尽管他们有打算在庭审时提出自己的主张,但他们没有明确地提出,因此是不允许的;(2)这样一来,虽然法律没有规定限制在庭审前整理程序结束后提出新的主张,也不能理解为在庭审上当然可以限制被告人对新主张进行陈述;(3)综合考虑被告人或辩护人在庭审前整理程序中对计划将要提出主张的明示情况(包括被告人对法院要求解释说明进行的解释说明情况)、新主张提出的经过、新主张的内容及其他各种情况,认为被告人一方违反了上述明示主张的义务,让被告人在庭审上陈述在庭审前整理程序中没有明确提出的主张的行为和允许被告人对此进行陈述的行为,都使庭审前整理程序失去了意义(如在庭审前整理程序中,尽管法院要求辩护人进行解释说明,但他却说被告人“打算提出不在场证明,而具体的内容有待在询问被告人时明确”),还应考虑新主张事项的重要性,在庭审上对该具体内容的质问和被告人的陈述,可以依据《刑事诉讼法》第295条第1款的规定进行限制;(4)本案的法庭询问的内容是被告人在庭审前整理程序中提出的不在现场的主张,即“在本案公诉事实记载的日期和时间,我在大阪市西成区的家中或附近”,法庭询问时要求他对此进行具体的陈述,显然,本案的询问并不涉及《刑事诉讼法》第295条第1款规定的“与案件无关的事项”。此外,即使是违反了上述明确提示说明的义务,也不能认定允许本案的询问就会使庭审前整理程序失去意义,因此不能以上述法律条款限制本案的庭审询问。

(三)裁定要点分析

上述裁定要点包含4点判断。第一点是确认性判断,认为被告
人有明确提示预定主张的义务[裁定要点(1)];第二点是确认性判
断,认为不存在在庭审上可以直接限制被告人陈述的规定[裁定要点
(2)];第三点是解释性判断,被告人在庭审中的陈述可以受到《刑事
诉讼法》第295条第1款的限制[裁定要点(3)];第四点是事实判 85
断,对上述解释是否符合本案事实进行的判断[裁定要点(4)]。下
面对上述问题逐一进行分析。

1.关于第一点在庭审前整理程序中有明确提示说明义务的确认性判断,判例指出,“被告人或辩护人负有《刑事诉讼法》第316条之十七第1款规定的明确提示自己主张的义务,即使在庭审上提出了当时预定的主张,但他们不明确加以说明这一点是不允许的”。其前提条件是,“诉讼关系人有义务对庭审的进行予以协助”。这里所说的诉讼当事人自然也包括法官,因此这个重要的判断就是确认了“诉讼关系人的协助义务”。

2.第二点确认了并不存在任何可以直接限制被告人陈述的法律条款。在庭审前整理程序制度的立法过程中,设立的限制性规定是在证据整理之后再申请调取证据(《刑事诉讼法》第316条之三十二第1款),但是对在争议点整理之后再提出新的主张这一点没有限制性规定,因此经过庭审前整理程序后对新陈述的限制范围在解释论上出现了新的问题,但判例确定,对此没有一般性规定。[①] 以上内容

---

① 参见石田寿一:《对于被告人对庭审前整理程序中已明示的主张,不得以〈刑事诉讼法〉第295条第1款规定限制对其就更具体的内容进行询问的案例》,载《最高法院判例解说 刑事篇 平成27年度》,第195页、第204页;三好干夫:《对于被告人对庭审前整理程序中已明示的主张,不得根据〈刑事诉讼法〉第295条第1款规定限制对其就更具体的内容进行询问的案例》,载《判例评论》第687号(《判例时报》第2286号)(2016年),第175页、第176页。

是对后面第三点《刑事诉讼法》第 295 条第 1 款作出的一般性判断。

3. 第三点是判断根据《刑事诉讼法》第 295 条第 1 款规定对庭审中被告人陈述进行限制的可能性，这里包括三个部分：(1)“应当考虑的事项”；(2)“限制陈述的要件”；(3)“结论”。关于(1)“应当考虑的事项”，包括“综合考虑被告人或辩护人在庭审前整理程序中对计划将要提出主张的明示情况（包括被告人对法院要求解释说明进行的解释说明情况）、新主张提出的经过、新主张的内容及其他各种
86 情况”。关于(2)“限制陈述的要件”，包括两个要件和一个附加要件：“认为被告人一方违反了上述明示主张的义务，让被告人在庭审上陈述在庭审前整理程序中没有明确提出的主张的行为和允许被告人对此进行陈述的行为，都使庭审前整理程序失去了意义（如在庭审前整理程序中，尽管法院要求辩护人进行解释说明，但他却说被告人‘打算提出不在场证明，而具体的内容有待在询问被告人时明确’），还应考虑新主张事项的重要性。”最后附加的要件是“新主张事项的重要性”，其判断标准和内容并不明确，但可以肯定地说，本案中不在场证明的主张是重要事项。关于(3)“结论”，“根据《刑事诉讼法》第 295 条第 1 款的规定，可以在庭审上对询问有关具体内容或被告人陈述进行限制”。

4. 第四点是上述解释论对本案的适用问题。涉及以下两个问题：根据上述限制陈述的要件，被告人一方的不在犯罪现场的主张是否违反明示义务，以及允许被告人在庭审上进行陈述是否会导致庭审前整理程序失去意义。根据上述事实，被告人的不在场主张已提及了三次。具体是：(1)在庭审前整理程序中，“在公诉事实记载的日期和时间，被告人并不在犯罪地点，而在位于大阪市西成区的家中或附近”；(2)庭审中对被告进行询问时，被告人说“当时我在家里看电视。我约好和一对朋友夫妇见面，大约在下午 4 时 30 分我就去西成的朋友那里了”；(3)被告人在最后陈述中说：“平成二十四年

(2012年)4月25日下午4时30分之后的20～25分钟,我与曾帮助过我的朋友夫妇聊天,我给他们送了一些梅子干和蜂蜜。事实是,我不可能出现在案件的现场”。需要研究的问题是上述(1)的庭审前整理程序中的不在场主张是否具有履行明示预定义务的作用。要求被告人明示预定主张的义务是为了整理争议点,所以预定主张应明示的内容应当是“为了搞清楚争议点的核心部分所必需的具体 87
性”[①]。上述(2)被告人被询问时的陈述和(3)被告人的最后陈述,显然比(1)的陈述更具体了,为了整理争议点,主张的内容最好尽可能具体一些。但是,不在场证明主张的“核心部分”要求被告人所在的“时间”和“地点”怎么具体?在本案中,从被告人上述(1)的主张看,可以说被告人所在的“时间”和“地点”已经很具体了。那么,在这种情况下,本案就不具备违反明示预定主张义务的要件。[②]

然而,被告人随后提出了更具体的不在犯罪现场的主张——(2)和(3)。辩护人说,被告人后来回忆起他的不在场证明的细节,但仍然不能判断这是不是被告人的“隐身法”。[③] 但不可否认的是,

---

① 石田寿一:《对于被告人对庭审前整理程序中已明示的主张,不得以〈刑事诉讼法〉第295条第1款规定限制对其就更具体的内容进行询问的案例》,载《最高法院判例解说　刑事篇　平成27年度》,第215页。参见山崎学:《对于被告人对庭审前整理程序中已明示的主张,不得以〈刑事诉讼法〉第295条第1款规定限制对其就更具体的内容进行询问的案例》,载《刑事法评论》第46号(2015年),第140页、第143页。该文中指出:“预定的主张应当对整理争议点具有一定程度的具体性。”

② 参见石田寿一:《对于被告人对庭审前整理程序中已明示的主张,不得以〈刑事诉讼法〉第295条第1款规定限制对其就更具体的内容进行询问的案例》,载《最高法院判例解说　刑事篇　平成27年度》,第215页;山崎学:《对于被告人对庭审前整理程序中已明示的主张,不得以〈刑事诉讼法〉第295条第1款规定限制对其就更具体的内容进行询问的案例》,载《刑事法评论》第46号(2015年),第143页。

③ 参见石田寿一:《对于被告人对庭审前整理程序中已明示的主张,不得以〈刑事诉讼法〉第295条第1款规定限制对其就更具体的内容进行询问的案例》,载《最高法院判例解说　刑事篇　平成27年度》,第217页。该文指出,裁定要点明确指出,不允许被告方在庭审上搞所谓诉讼策略的“隐身法”。

被告人只轻描淡写地说了模糊不清的不在犯罪现场的主张，属于判例要点中指出的“诉讼关系人不很好地协助”。庭审前整理程序中采用当事人追行主义，在这个阶段承担主要责任的是检察官和辩护人，①如果这些诉讼关系人采取了更适当的行动，那么这种情况是可以避免的。此外，本案属于“诉讼关系人不够合作”的案件，被告人一方不能仅因为这种明示主张行为不充分，就承担全部责任，这一情况对(1)中不认为被告人一方违反不在场证明的明示义务的结论有一
88 定影响。② 如果是这样，第二个裁定要点“允许被告人对此进行陈述的行为，就使庭审前整理程序失去了意义”，但判例要点鉴于上述情况，再次对第二个裁定要点进行了确认性判断，(2)中的被告人陈述只不过是对(1)中的不在场证明主张的进一步具体化，而不是说庭审前整理程序没有意义。当然，(3)中的最后陈述是对上述陈述的延伸。这样看来，“诉讼关系人的配合”的方式似乎还有很多问题留待今后解决。

---

① 参见山崎学：《对于被告人对庭审前整理程序中已明示的主张，不得以〈刑事诉讼法〉第295条第1款规定限制对其就更具体的内容进行询问的案例》，载《刑事法评论》第46号(2015年)，第142页；角田正纪：《被告人对庭审前整理程序中已明示的主张，是否可以就更具体的内容限制询问被告人》，载《平成27年度重要判例解说》，载《法学家》第1492号，第174页、第175页。文章指出，在庭审前整理程序中承担主要责任的是检察官和辩护人，应当要求他们为庭审的审理进行而努力，本判例在这一点确实具有重要的实际意义。

② 参见三好干夫：《对于被告人对庭审前整理程序中已明示的主张，不得根据〈刑事诉讼法〉第295条第1款规定限制对其就更具体的内容进行询问的案例》，载《判例评论》第687号(《判例时报》第2286号)(2016年)，第178页。文章指出，被告人提出了不在犯罪现场的主张却没有要求调取任何证据，检察官觉得辩护人不愿意说出不在犯罪现场的真实意思，于是打消了让辩护人解释说明的念头，法院确实没有要求当事人对不在犯罪现场进行解释说明。从司法实务的经验看，法院没有履行要求解释说明的义务。关于辩护人明示自己主张的问题，从法治政策角度考虑，“即使是没有经过证明的主张和诉求，也应当把主张诉求与证明分离开来，只谈主张诉求本身的明示问题”，因此，判例的态度是应当给予支持的。也有人认为，本案是被认定为违反主张诉求明示义务的状态。参见酒卷匡：《对于被告人对庭审前整理程序中已明示的主张，不得以〈刑事诉讼法〉第295条第1款规定限制对其就更具体的内容进行询问的案例》，载《法学家》(2017年)，第224页、第228页。

(四)对平成二十七年(2015年)裁决的另一种解读

1. 如上所述,裁定认为,对第一点裁定要点事项所说的庭审前整理程序中“诉讼关系人协助”,尤为重要的是检察官和辩护人的协助。另外,这个判例并没有从正面指出法院在庭审前整理程序中的作用。但裁定要点表明了一个重要的论点,即法院在庭审前整理程序中的要求解释义务。

2. 因此,从裁定要点(3)来看,有两处提到了法院的要求解释说明义务问题:一是对预定主张诉求的明示情况,用括号标注“包括针对法院要求当事人解释说明的情况”。对预定主张诉求的明示,在这里当然可以只写上法院要求解释说明的字样。石田寿一调查官指出,关于增加括号这一点,“是考虑法院有责任主导庭审前整理程序,法院预定在必要的范围内有义务让被告方履行明示主张的义务”①。 89
法院要求解释说明不仅仅是努力的目标,而且是“法院的责任”。二是“允许在庭审上进行陈述就使庭审前整理程序失去意义”也用括号标注,即如在庭审前整理程序中,尽管法院要求被告方作出解释,但被告方明示主张仅仅是“我将提供不在场证明,具体情况将在对我提问时披露”。在这里,被告人提供不在犯罪现场的预定主张是抽象的,那么法院当然应当要求其解释说明。小贯芳信法官在本案裁定中附有补充意见,指出:“庭审前整理程序具有极其重要的意义,特别是对于裁判员裁判而言,要想使这个程序顺利进行,需要法曹三方(法官、检察官和律师)通力合作。”他不仅指出了检察官和辩护人在庭审前整理程序中的作用,还对法院的作用表达了自己的观点,认为

---

① 石田寿一:《对于被告人对庭审前整理程序中已明示的主张,不得以〈刑事诉讼法〉第295条第1款规定限制对其就更具体的内容进行询问的案例》,载《最高法院判例解说　刑事篇　平成27年度》,第216页。

造成本案事态的原因之一是,“一审法院在庭审前整理程序阶段让被告人表述了含混不清的主张”,法院在这种情况下应当要求被告人对主张诉求的具体内容明确地进行解释说明。从上述补充意见看,最高法院已经敏锐地意识到法院在庭审前整理程序中发挥积极作用的重要性。最早提及该问题的平成二十一年(2009 年)最高法院判决(广岛女孩被杀案)提出了庭审前整理程序的审理应当遵循“当事人主义(当事人追行主义)原则”,法院在该程序中依职权主义介入应当持谨慎的态度,这里两个判例的态度变化值得注意。

3. 裁定要点在上文中列举了没有履行明示主张义务的情况,由此可以看出该判例很重视法院的积极作用。列举的不在场的主张只
90 是单纯抽象的表述:“我预定提出不在场的主张。”在这种情况下,法院不能以预定的主张为前提整理争议点,因为法院不能就这么放任被告方的这种抽象的主张,而裁定要点要求被告方对其主张的具体内容进行说明。在这种情况下,应当说要求被告方解释说明并整理争议点是法院的义务。另外,关于本案被告方的不在犯罪现场的主张(上文中的不在犯罪现场的主张),裁定要点认为,从结果上看不能认为被告方违反了主张明示义务,但至少对于不在犯罪现场的主张来说,应当最大限度地明示时间和地点。假设这是一个没有出现这种情况的判例。这样一来,可以说裁定要点对于法院有要求解释说明义务的情况和没有这种义务的情况,提出了一个判断标准。

4. 然而,上述讨论并没有完全明确,“抽象的”不在犯罪现场的主张和“具体的”不在犯罪现场的主张,两者的界限怎么区分。这一点还有待判例进一步的积累,包括不在场证明主张以外的在庭审前整理程序中的预定主张,这个基本判断标准对于今后主导庭审前整理程序的法院来说会产生重要影响。庭审前整理程序毕竟是为了整理各方当事人对争议点和证据的主张。因此,特别是检察官和被害人

对庭审前整理程序负有首要责任，但为了能够明确当事人的主张，法院应当适当行使要求解释说明权，这是主持庭审前整理程序的法院的权限，甚至是法院的义务，[①]违反这一义务就是违反有关庭审前整理程序的诉讼程序法令。[②] 为了在庭审前整理程序中全面发挥当事人追行主义的作用，法院行使职权是必不可少的。可以说诉讼构造 91
论是支撑当事人主义的新职权主义。简言之，平成二十七年（2015年）裁决和平成二十一年（2009 年）最高法院判决之间并不存在矛盾，事实上通过这两个判例，庭审前整理程序的整体诉讼构造似乎更加明确了。

三、法院在审判程序中的要求解释义务

（一）引言：以东京高等法院平成二十八年（2016 年）1 月 20 日判决为中心（载《判例泰晤士》第 1425 号，第 226 页）

法院的要求解释说明义务理论，在庭审前整理程序和庭审程序之间自然也存在不同。在庭审前整理程序中不调查证据，法院对案件实体部分也不形成心证，这个程序只是梳理争议点和证据。因此，法院依职权要求当事人解释明示，这并不是法院对诉讼的实体问题形成自由心证而行使职权，而仅仅是为了澄清当事人的诉讼程序性

---

① 参见三好干夫：《对于被告人对庭审前整理程序中已明示的主张，不能根据〈刑事诉讼法〉第 295 条第 1 款规定限制对其就更具体的内容进行询问的案例》，载《判例评论》第 687 号（《判例时报》第 2286 号）（2016 年），第 180 页“注（10）”。文章指出，本案件是“辩护人没有回应检察官要求的解释说明，因此再让法院要求辩护人解释说明是否合适，值得研究”，但在当事人的主张含混不清时，法院应当毫不犹豫地要求其进行解释说明。

② 在本案中，被告人的上诉意见主张，援引《刑事诉讼法》第 295 条第 1 款对被告人的陈述加以限制，在审理程序上是违法的，裁定要点也指出了该法院限制被告人陈述具有违法性。但是导致法院不当发动职权的原因毕竟是庭审前整理程序中没有履行要求解释说明义务。本案诉讼程序的违法呈现双重违法性结构，即在庭审程序中法院行使职权存在的违法性和在庭审前整理程序中法院没有行使职权的违法性。

行为,其诉讼构造是当事人追行主义,这种理论框架与庭审前整理程序制度是相吻合的。正如本节开头所指出的,平成二十一年(2009年)最高法院判决(广岛女孩被杀案)已经清楚地证明了这一点。

与此相对应,在庭审程序中,法院不仅是实现正当诉讼程序的主体,而且也是事实认定和量定刑罚的主体。因此,法院在庭审程序中行使职权通常是可以涉及案件的实体问题的。[①] 在这方面,其与庭审前整理程序存在结构性差异,这是由于不同程序阶段导致的构造原理不同。对于这一点,现行刑事诉讼法的解释一直存在激烈的争论,有人认为庭审程序的构造原理是职权主义,也有人认为是当事人主义。但在20世纪70年代,学说和司法判例普遍认为,现行刑事诉讼法的构造原理是当事人主义,这种观点一直延续到今天。尽管如此,可以肯定的是,法院在庭审中确实可以行使要求解释说明的职权,那
92 么这种行使要求解释说明权与庭审中的当事人诉讼构造是什么关系,这自然是需要解决的问题。关于这个问题,值得注意的是,高等法院有一个判例讨论了法院对庭审程序中的当事人提出的证据证明的目的具有要求解释说明的义务。这就是东京高等法院平成二十八年(2016年)的判例。[②]

(二)平成二十八年(2016年)东京高等法院的案例和判决要点

1. 本案是一起由裁判员参加审理的违反《兴奋剂管制法》案件。被告人在印度某机场搭乘飞机,以营利为目的,将藏匿兴奋剂(甲基

---

① 当然,行使诉讼指挥权并不是为了法院形成心证,因此在性质上不同于对案件实体问题的司法判断。参见松尾浩也主编:《条解刑事诉讼法》(第4版增补版),弘文堂2016年版,第620页以下。

② 东京高等法院平成28.1.20(2016年1月20日),载《判例泰晤士》第1425号,第226页[以下简称平成二十八年(2016年)东京高等法院判决]。这个案件的控诉审(二审)判决已经生效。

苯丙胺)的手提箱随机托运,抵达东京国际机场后,将手提箱带入日本国内。辩护人认为,被告人受非洲科特迪瓦居民 W 的委托携带该手提箱,在本案发生之前曾十次将这类手提箱带到日本,他对 W 非常信任,过去携带物品没有出现过问题,因此被告人并不知道在本案中委托他携带的手提箱内可能藏有毒品。

一审法院认定,尽管被告人可能存在未必的故意,但他认识到了携带的手提箱中有包括甲基苯丙胺在内的毒品,遂判处被告人 12 年惩役刑和 700 万日元罚金。该案的争议点是被告人对毒品是否有认识,法院认为,被告人于 2013 年 9 月 3 日向 G 某发送了两封电子邮件,一封邮件写道,“如果给我 4000 美元,就没钱了…… 我已经厌倦了,像对孩子一样说瞎话”。另一封邮件写道,“如果你没有时间,我也不在乎。我不是提款机…… 如果我不去日本,你们也很麻烦,不是吗?”从这些内容中可以看出,被告人对委托方说的话有些疑虑,但显然他认识到如果自己不飞到日本,委托方就没有利益可图。因此可以得出结论:被告人存在间接的认识,对此不存在合理怀疑的情况。被告人对一审判决提出了上诉,理由是诉讼程序存在违法和事实认定存在错误。对于诉讼程序违法的部分,辩方认为,原审判决书认为被告人发送电子邮件的对方 G 是 W 的关系人,通过电子邮件认 93
定“被告人对委托方说的话有些疑虑”,但是,本案中的电子邮件是发给与 W 没有关系的 G,其内容是对另一起资金转账案件向 G 表示不满,而且法院没有把 W 和 G 之间的关系作为争议点进行处理,在这一点上违反了解释说明的义务。辩护人还主张,法院认定被告人对毒品存在间接的认识,这一点是事实认定错误。

2. 控诉审法院认为原审法院的审判程序违反诉讼程序法,撤销原审判决并作出如下判断(数字顺序号为笔者所加)。

“①原审法院与律师的期望相反,认为 G 和 W 是同伙,并证实了被告人的疑虑,认为在旅行前 11 天发出的电子邮件中的‘去日本’就是指本案的旅行,把‘如果我不去日本,你们也很麻烦’所指的对方理解为本案的委托人。但是,根据庭审调取的事实,即根据对被告人关于电子邮件内容的询问以及被告人在案发前后与 G 等人用电子邮件联络的结果,该电子邮件是……发给被告人认识的 G,但 G 与 W 之间没有关系,电子邮件的内容是被告人对 G 因另一起转款表示对中国香港特别行政区的银行不信任并提出抗议……没有证据可以反驳这一结论。因此,该案的电子邮件并不能表明被告人对委托人即 W 说的话表示疑虑,原审判决据此认定被告人隐藏毒品存在疑虑是对该邮件内容的根本误解。”“②一般来说,在庭审前整理程序中,当事人在看过证据后就会相互交换意见,对于当事人之间都认可的证据并不存在困难,由于法院当时还没有看到过这些证据,因此当事人根据这些证据自己形成的认识,不能轻易地认为法院也有这种看法。”“③法院不能想当然地认为本案电子邮件涉及一个证明命题就是法院要证明的命题,根据合议庭调取的本案电子邮件的内容,裁判员也好法官也好都认为这个问题是本案的核心问题,自然就误解了 G 与
94 W 之间的关系。应当说,本案的电子邮件是带有这种误解危险性的证据。根据本案电子邮件追溯被告人的活动轨迹是不适当的。换言之……原审的检察官是在本案电子邮件存在上述危险性的基础上,来明确说明自己的起诉目的。另外,原审的辩护人为被告人辩护时,也误认为本案电子邮件可能不利于被告人,他在质证意见中应当向法庭明确地解释电子邮件的内容和目的……本案的实际情况是,如已认定的那样,本案电子邮件是有可能被误解的证据,但因为双方当事人都没有正确进行诉讼活动导致原审法院对电子邮件的内容产生误解。”“④如果电子邮件的内容像原审判决认定的那样,那么该电子邮件就是辩护人主张的重要客观证据,如果是这样,原审合议庭当然

应当对该电子邮件的重要性进行评议。但是，值得注意的是，根据庭审记录，检察官的辩论意见中并没有提到这封电子邮件。合议庭在评议过程中应当参考检察官提出的辩论意见，在原审评议的过程中也没有提到这些电子邮件。对于检察官追诉所涉及的重要客观证据，在其辩论意见中完全没有涉及，这是不正常的，一个有经验的职业法官自然应当对此产生怀疑，如果是这样，就应当采取措施来消除这些怀疑。”“⑤如本案的电子邮件那样，出现本案这种罕见的情况，即检察官要求的证据，法院也了解该证据，辩护人把该证据作为本案根本重要性的客观证据，但检察官在辩论中却没有提到。在这种情况下，法官明确发现这种情况时，无论在审理的哪个阶段都有义务采取必要的措施，要求当事人对该证据的内容进行解释说明，督促当事人进行必要的补充性证明，防止因错误理解证据而作出错误判断的风险。为了避免本案的事态发生，法院也应当极为谨慎地对当事人在调取证据等方面进行提示，法院在必要时也应在诉讼的任何阶段 95
采取措施，毫不犹豫地要求当事人积极地对证据的目的进行解释。”“⑥进一步说，正确理解被审查的证据的内容是实现适当庭审的大前提，特别是裁判员的裁判，它是在审判中正确反映国民的观点和感觉的先决条件。如果不能满足这个先决条件，参加诉讼程序的裁判员就不能发挥应有的作用。为了避免这种情况，职业法官在必要时应当采取恰当的措施要求当事人进行解释说明，这是法律赋予法官在诉讼程序中进行判断的义务。”总之，“⑦根据上述情况，原审法院在没有要求当事人解释电子邮件的内容和目的的情况下，从根本上误解了上述电子邮件的客观目的，并根据这种误解得出结论，因此原审的诉讼程序违反了要求解释的义务，是违法的，法院论述的理由仅限于在程序违法的范围内”。因此，撤销原判，发回重审。

（三）判决要点分析

1. 值得注意的是，本判例认为，法院对于当事人提出的主张有义务要求当事人进行解释说明，因此法院违反了要求当事人解释说明的义务，也是违法的，在没有深究事实错误的情况下就撤销了原审判决。下面分析本判例的意义，同时讨论判决要点中的一些问题。

2. 本判例的要点首先聚焦在法院的要求解释说明义务方面，同时确认了原审法院对辩方提出的上诉主张所作出的"要求解释说明"与控诉审（二审）法院在上述判决要点的⑤⑥以及结论中论述的"要求解释说明"的内容是不同的。对于辩护人在上诉意见中提出的主张，控诉审法院的要求解释说明的义务是，由于原判决认定被告人对毒品知情的根据是G收到的电子邮件，但G与W之间没有关系，因此法院应当把G与W的关系这一争议点明确提示出来，在这一点上原审法院违反了要求解释说明义务。对此，判决要点存在的问题是，法院在检察官的辩论意见方面违反了要求解释说明义务。对于这一点，应该说争议点的设定基本上是当事人的作用，因此，对于G和W之间的关系，在庭审前整理程序中应当以当事人追行主义为前提，由法院积极地要求当事人把争议点明确地提炼出来，正如判决要点所指出的那样，法院在庭审前整理程序上是看不到证据的，事实上法官
96 很难做到这一点。G和W之间的关系可能成为一个争议点，这是检察官和辩护人这两个当事人在庭审前整理程序中就应当明确提炼出来的。对于这个问题，判决要点关注法院的要求解释说明义务，其着重点是检察官在庭审程序中的"辩论意见"内容。换言之，在庭审中检察官和辩护人有关证据的诉讼行为存在不明确性。在庭审程序中，法院也可以通过调取证据而接触到证据（本案中是G的电子邮

件)，所以法院有可能对检察官的辩论意见产生疑问。在这种情况下，法院如果对检察官的辩论意见产生疑问，那么就应当要求检察官进行说明。判决要点避开了辩护人的上诉意见，另辟蹊径地从另外角度认定原审法院违反了要求解释说明的义务。

3. 问题是对于法院没有要求解释说明这种法院的瑕疵应当如何评价，有三种观点。① 第一种观点认为，原审法院之所以对G的电子邮件的目的产生误解，直接原因是检察官和辩护人的不当诉讼行为，因此法院没有要求当事人解释说明这一点并不违反法律。但是，这种误解导致了事实认定错误，因此控诉审法院应当撤销原判决，直接改判。庭审前整理程序是以当事人追行主义为原则的，庭审程序的攻防基本上也是以当事人追行主义为原则，因此一审法院不行使职权这一点也无可厚非。第二种观点与上述观点类似，认为虽然法院在诉讼程序中没有违反法律法规，但存在事实认定错误，由于本案是裁判员裁判，为了能再次让包括裁判员在内的合议庭重新作出判断，应当撤销原判决，将案件发回原审法院。这种观点重视的是，由裁判员裁判进行事实认定，避免了控诉审法院直接判断。与以上两种观点不同，第三种观点认为，虽然是当事人的原因导致原审法院出现误
解，但“通过法院的解释说明措施很容易得到解决，应当交由原审职 97
业法官解决这个问题”②，应当认定原审法院违反了要求解释说明义务，即诉讼程序违反法律，因此撤销原审判决发回重审。这种观点与上述第一种和第二种观点有所不同，它侧重于法院的诉讼指挥这一程序问题，而不是当事人的活动存在问题，同时强调撤销原审判决的理由是程序性问题，而不是事实认定错误。判决要点采纳了第三种观点。判决要点⑤指出，在本案罕见的情况下，“法官明确发现这种

① 参见《匿名解说》，载《判例泰晤士》第1425号，第227页。

② 参见《匿名解说》，载《判例泰晤士》第1425号，第227页。

情况时，无论在审理的哪个阶段都有义务采取必要的措施，要求当事人对该证据的内容进行解释说明，督促当事人进行必要的补充性证明，防止因错误理解证据而作出错误判断的风险”，法院显然是有要求解释说明义务的。这里值得关注的问题是，在作出事实认定错误这一实体判断之前，法院是否应当对当事人的诉讼行为行使职权，法院是否应当承担责任。

4. 关于法院的责任问题，判决要点④指出，这些电子邮件，是“检察官追诉所涉及的重要客观证据，在其辩论意见中完全没有涉及，这不是正常的，一个有经验的职业法官自然应当对此产生怀疑”。但是，在法院有要求解释说明的义务时，“有经验的职业法官”的判断标准是一个模糊不清的问题。不言而喻，法官的经验对审判程序的顺利进行是非常重要的，但法院的要求解释说明义务这个问题似乎超出了“法官的经验”这一具体问题。总而言之，如果认为包括庭审前整理程序在内的刑事诉讼的构造原理都要遵循当事人追行主义，那么就可能导致法院将有关诉因和证据问题都留给当事人主导。可以肯定的是，从当事人追行主义出发，当事人的责任会变得更大，如果
98 当事人的责任变得更大，法院在正当程序方面的责任也会更大。正如判决要点⑤指出的那样，“为了避免本案的事态发生，法院也应当极为谨慎地对当事人在调取证据等方面进行提示，法院在必要时也应在诉讼的任何阶段采取措施，毫不犹豫地要求当事人积极地对证据的目的进行解释”，故当事人追行主义绝不是减轻法院的责任。在本案中，与其说是法官的经验问题，不如说是法官在当事人追行主义程序中行使职权的方法问题。这是一个带有普遍性的根本问题。即使存在问题，第一线司法实务人员也未必都能认识到这些问题。

5. 判决要点⑥指出，正确理解证据的内容对于裁判员裁判来说

是尤为重要的,法官不仅要对诉讼程序进行判断,而且要对裁判员给予适当的解释说明,这是法官的责任。关于这个问题,本案的匿名解说也指出,“在完全由职业法官进行裁判的时代,人们往往更强调合议庭的判断是否充分,而不是强调证据是否充分。不可否认的是……裁判员制度是由民众中选出的裁判员参与裁判,与仅由职业法官裁判的时代相比,这种制度更加强调证据和程序的适当性”。“本判决比以前在更广泛的范围内承认法院的解释说明义务,以确保在裁判员参与的裁判中正确判断有关资料”,①从这个评注可以看出,判决要点似乎提出了法院在裁判员裁判中存在的问题,但应当说判决的目的比这个范围更广泛。当然,对于非职业法官的裁判员来说,往往很难判断证据是否对心证的形成有危险,因此,合议庭的职业法官必须考虑这一点。至少应当像判决要点所指出的那样,对于不寻常的情况,不论在裁判员的裁判中,还是在职业法官的裁判中,
都应当肯定判例要点所说的要求解释说明的义务。② 本案恰巧是裁 99
判员裁判的案件,职业法官不仅应当考虑裁判员判断的因素,而且要强调程序的正当性,但要求解释说明的义务并不限于裁判员裁判。

四、结论

以上对法院要求当事人进行解释说明的判例进行了探讨,通过这些分析进一步确认了法院在刑事诉讼中的积极作用。关于法院在裁判中的作用,以前的判例法往往都是从职权主义的消极方面展开的。例如,关于诉因变更命令的判例中,往往否认诉因变更命令的约

---

① 参见《匿名解说》,载《判例泰晤士》第 1425 号,第 227 页以下。

② 有学者强调,裁判员的实务裁判也应由职业法官担任,参见稗田雅洋:《司法制度改革后的刑事裁判应有的状态——以核心司法和审判中心主义(直接主义)为中心》,载酒卷匡、大泽裕、川出敏裕编:《井上正仁先生古稀祝贺论文集》,有斐阁 2019 年版,第 471 页以下。

束力，[1]而且原则上否认诉因变更命令的义务，[2]这些判例基本都是从消极方面探讨职权主义。但值得注意的是，这些判例不仅对法院的诉因变更命令这一行使职权行为给予消极的评价，而且有些判例还认为法院对于检察官请求诉因变更这一权限也有权要求检察官进行解释说明。[3] 在理论上，现在已经从法院命令论转移到检察官意图确认论。可以说，根据当事人追行主义的原理，诉因的设定是检察官的权限，法院行使职权也应当遵循当事人追行主义。诉因变更命令不再是法院改变案件诉讼对象的行为，而是确认检察官的追行意图
100 和促进法院与当事人之间进行意思沟通的程序。[4]

因此，以前的判例中，法院的要求解释说明义务也为理解法院在当事人主义的刑事诉讼中的作用提供了线索。正如法官原出田孝一在探讨裁判员裁判时指出的那样，“为了使当事人的活动符合规则，使能够完成必要的审理活动，法院恰当地行使要求解释说明的权限，这丝毫不违背当事人主义”[5]。这个问题的切入点恰恰是在法院要

---

① 最高法院（大法庭）判决昭和 40.4.28（1965 年 4 月 28 日），载《刑集》第 19 卷第 3 号，第 270 页。

② 最高法院（第三小法庭）裁定昭和 33.5.20（1958 年 5 月 20 日），载《刑集》第 12 卷第 7 号，第 1416 页。在例外情况下，法院有义务下达诉因变更命令。参见最高法院（第三小法庭）裁定昭和 43.11.26（1968 年 11 月 26 日），载《刑集》第 22 卷第 12 号，第 1352 页。

③ 最高法院（第三小法庭）判决昭和 58.9.6（1983 年 9 月 6 日），载《刑集》第 37 卷第 7 号，第 930 页。近年来，也有判例认为，事实上是用要求解释说明的形式履行法院的诉因变更命令的义务。参见最高法院（第二小法庭）判决平成 30.3.19（2018 年 3 月 19 日），载《刑集》第 72 卷第 1 号，第 1 页；原田和往：《没有命令诉因变更的义务的判例》，载《法学教室》第 454 号（2018 年），第 141 页。

④ 参见田口守一：《刑事诉讼法》（第 7 版），弘文堂 2017 年版，第 361 页（参见本书本章第一节）。

⑤ 出田孝一：《法官在裁判员裁判中的作用》，载原田国男法官退休纪念论文集刊行会编：《原田国男法官退休纪念论文集——新时代的刑事裁判》，判例泰晤士社 2010 年版，第 23 页、第 34 页；酒卷匡：《刑事诉讼法》（第 2 版），有斐阁 2020 年版，第 14 页，该书指出，“法院要求当事人进行解释说明的权限是法院诉讼指挥权的一部分，其目的是保证顺利、准确地推进当事人追行主义，也是保证当事人主导诉讼活动向前推进的基础。法院要求当事人进行解释说明与当事人追行主义并不矛盾，相反是一个基本的前提条件”。

求解释说明上。法院要求解释说明是以当事人追行主义为前提的，因此它对当事人的诉讼追行行为的目的和诉讼程序的内容具有补充作用。①

但是，日本的法院是推进正当程序的“诉讼程序的主导者”，②在制度上，法院同时也是认定事实的主体和量定刑罚的主体。因此，法院的要求解释说明义务对法院自己的实体判断产生了风险。对于日本的法院来说，对法院行使职权如何区分，哪些是实体形成的行为，哪些是实现正当程序的行为，是一个不可避免的探讨课题。但是，正如之前的判例所显示的那样，为了实现当事人追行主义而行使职权是可以的，这是新的职权主义结构。解决这个问题的切入点恰恰是
法院要求解释说明义务的理论。职权主义的概念也是与时俱进的， 101
这一点对于当事人主义与职权主义的融合也具有重大意义。

---

① 有一个判例是控诉审法院作出的无罪判决，判决认为，法院已经给予检察官对被告人的辩解进行反驳和证明的机会，法院就不再有要求解释说明的义务，因此驳回了检察官提出的诉讼程序违法的主张[仙台高等法院判决平成 31.3.14(1991 年 3 月 14 日)，载《LEX/DB》25562798]。法院的要求解释说明义务也是基于当事人追行主义的原则，因此，如果检察官表示不需要询问被告人，也不请求追加调取证据，那么检察官就不能主张法院违反了要求解释说明义务。

② 最高法院(第一小法庭)判决平成 28.12.19(2016 年 12 月 19 日)，载《刑集》第 70 卷第 8 号，第 865 页。

第三章

刑事司法的多元化结构

摘　　要

103

新的当事人主义诉讼构造是尊重犯罪嫌疑人/被告人的诉讼主体性的诉讼结构。因此需要构建一个可以由犯罪嫌疑人/被告人自己对案件作出反应的应对具体案件的多元化体系。本章“刑事司法的多元化结构”从三个维度构建这种新的诉讼构造:作为诉讼参与人的诉讼主体多元化、适应具体案件的事实认定的多元化、诉讼程序本身的多元化。但是,这里收录的文章都是在刑事司法制度改革的过程中撰写的,因此涉及的问题比较分散。但这些论文的共同点是,在新的当事人主义诉讼构造方面,从不同角度提出了多元化刑事司法制度的必要性。

第一节“诉讼主体的多元化”,是一篇关于多元刑事司法制度理论的基础性论文,其中从理论史的角度考虑了诉讼主体这一关键词的概念。参照德国法中的诉讼主体论回顾了日本法中诉讼主体论的演变,探讨了国家机关以外的人员越来越多地参与刑事诉讼,诉讼主体的概念向多元化方向扩大。就内容而言,本章也是第四章“刑事诉讼的参与者”的总论性内容。

第二节“事实认定的多元化”,从法官的几篇关于裁判员制度下事实认定的文章入手,对裁判员裁判中基于核心司法理念的事实认定进行了基础理论考察。文章不仅讨论了事实认定的实体理论的重要性,也讨论了事实认定的程序理论的重要性,探讨了被告有争议的情况和被告没有争议的情况,两者的事实认定是不同的,同时探讨了裁判员和普通市民都能理解的合理的事实认定的必要性。

第三节“刑事程序的多元化”，是笔者在2016年《刑事诉讼法》修订前写成的论文。讨论了当时存在的一系列问题，如在“检察制度未来研讨会议”这一法制审议会召开的会议上，研究了刑事程序过度依赖审讯和笔录的问题、审讯的可视化及录音录像的制度化问题、新的侦查方法等。详细探讨了，人们的认识从精密司法转变到核心司法的理念及该理念已深入人心的状态下，辩诉交易的利弊（这部分内容相当于本书第五章探讨合意制度论的绪论）。笔者也同样强调的基本观点是，构建一个多元化的应对个案的体系的重要性。

104 第一节　诉讼主体的多元化

一、引言

所谓的诉讼构造论就是探讨诉讼主体的理论。在纠问式的诉讼构造下，刑事诉讼完全是“国家事务”（Sache des Staates），[①]因此诉讼主体当然也只能是“国家”。在弹劾主义的诉讼构造中，如果认为法官和检察官最终都是代表国家的，那么也意味着国家是唯一的诉讼

---

① Vgl. Claus Roxin, Strafverfahrensrecht, 25. Auflage 1998, S. 525. 需要说明的是，该书从第26版（2009年）开始是与贝恩德·许乃曼（Bernd Schünemann）教授合著的，第26版以前的“第二部分：历史和比较法”（Zweites Buch: Geschichte und Rechtsvergleichung）被全部删除，因此在该书新版本中看不到“历史”这一章的内容。

主体。[1] 另外,如果把弹劾主义诉讼构造中的法官和检察官区别开来,重点放在完成现实诉讼行为的人的身上,那么法官和检察官就是诉讼的主体。反之,诉讼主体论也是决定诉讼构造的理论。例如,即使在当事人主义诉讼构造下,如果不承认当事人具有合适的诉讼主体地位,由法官掌握诉讼的主动权,其结果也将是回归到以法官为实质性主体的职权主义的诉讼构造中。因此,可以说诉讼构造论与诉讼主体理论是密不可分的整体。

在探讨诉讼构造时,同时必须探讨该诉讼构造的载体问题。对于这个问题,平野龙一博士提出了所谓的弹劾侦查观,[2]认为在侦查过程中支撑弹劾结构的承担者是十分重要的,特别是为犯罪嫌疑人 105
提供辩护人的辩护制度更加重要。但是,可以说弹劾侦查观的理论把探讨推动程序的承担者的问题放在了后面。对于这个问题,铃木茂嗣博士指出,以这种“理论上的侦查观”为出发点,从诉讼主体的角度切入诉讼结构理论,“侦查的结构就是指侦查阶段的各个参与主体之间的相互关系……归根结底,这涉及在侦查中每个诉讼主体在什么意义上有什么权限和义务的问题”[3]。这里提出的诉讼主体支撑侦查结构的观点是很有见地的,而且这一观点不仅适用于侦查构造理论,也适用于整个刑事诉讼构造的理论。因为没有主体理论支撑的结构理论,就是一种单纯的理念。由此可见,探讨诉讼主体论时应

---

① 贝林格(Beling)认为,“国家”才是“诉讼主体”,因为法官和检察官代理国家行使权力。(Vgl. Ernst Beling, Deutsches Reichsstrafprozeßrecht, 1928, S. 120.)与此相反,施密特认为,应当从“诉讼的现实状况”进行判断,法官和检察官应被视为诉讼主体。(Vgl. Eberhard Schmidt, Lehrkommentar zur Strafprozeßordnung und zum Gerichtsverfassungsgesetz, Teil Ⅰ, Zweite, völlig durchgearbeitete und erneuerte Auflage, 1964, S. 72 f.)这一争论反映了从纠问主义向弹劾主义的理论过渡的过程。

② 参见平野龙一:《刑事诉讼法》,有斐阁1958年版,第83页以下。

③ 铃木茂嗣:《刑事诉讼法》(修订版),青林书院1990年版(1980年第1版),第61页以下。

当有意识地与诉讼构造论融合在一起。

很早以前就有人指出，日本的刑事诉讼构造是当事人主义诉讼构造，但现在需要进一步探讨这种诉讼构造论与诉讼主体论之间的关系，特别是与犯罪嫌疑人/被告人作为诉讼主体地位的关系。自20世纪90年代以来，国家机关以外的人员参与刑事诉讼的情况有所增加或得到强化，刑事诉讼不再完全是一个国家的事情了。例如，犯罪被害人参与诉讼程序、强化检察审查员的权限、辩护人在侦查阶段参与案件的数量增加、引入了裁判员制度等。在这个时代，需要探讨的问题是，参与刑事诉讼的人数增加对诉讼构造产生了什么影响。

鉴于此，本书试图参照德国法中诉讼主体论的演变，重新审视日本的诉讼主体论。但是，这里提出的问题主要是结合诉讼构造论重新审视诉讼主体论，并梳理有关值得研究的问题，还不能对上述各个诉讼主体进行具体的各论考察。因此，称为诉讼主体论的引言（说
106 明：本节的原标题是“诉讼主体论绪论”）。

二、弹劾主义与诉讼主体

（一）德国法中弹劾主义的诉讼主体论

1. 德国刑事诉讼法中的传统观点是以施密特为代表的诉讼主体论。[①] （1）施密特对早期的观点[②]提出了批评，认为在诉讼主体特点方面不要求诉讼主体是否有“诉讼上的处分权”。他还指出：“对诉

---

① Vgl. Eberhard Schmidt, Lehrkommentar zur Strafprozeßordnung und zum Gerichtsverfassungsgesetz, Teil Ⅰ, Zweite, völlig durchgearbeitete und erneuerte Auflage, 1964, S. 71 f. 贝林格的观点基本上也是如此。（Vgl. Ernst Beling, Deutsches Reichsstrafprozeßrecht, 1928, S. 118.）

② 施密特认为，早先的观点将诉讼主体的特点描述为：诉讼主体对诉讼本身没有处置权，但有“根据自己对整个诉讼的进展或个别诉讼活动作出的决定来行使处置的权利”。后面提到的日本丰岛博士的观点也是如此。但是，后来无论在德国还是在日本，这种处置权的观点都消失了。

讼主体来说，重要的是与判决的关系。获得某一判决的可能性和所承受的负担是非常重要的。法院、原告（检察机关或自诉案件原告）和被告是‘主要的诉讼主体’（Hauptprozesßsubjekt）。参加公诉的人（Nebenkläger）同样具有诉讼主体的特征”。[①] 诉讼主体是指诉讼关系人，“没有他的存在就没有‘诉讼’”。(2)与此相对应，律师和辅助人是“诉讼主体的辅助者”（Prozeßssubjekts – Gehilfen）。辩护人如果没有获得被告人的授权就没有任何权利。诉讼主体的辅助者在对判决的影响方面区别于“诉讼中的第三人”（Dritten）的证人、鉴定人和口语翻译人员。“第三人”只是履行“市民所负有的一般性司法合作义务”。(3)还有特殊问题是，被害人在诉讼中发挥什么作用？被害人“在某种意义上”也被认为是诉讼主体，即自诉的原告（Privatkläger）或者公诉参与人。如果被害人是证人，他或她就是“诉讼中的第三人”。附带诉讼（Adhäsionsprozeß）与刑事诉讼具有不同的性质，发挥着民事诉讼的功能，因此附带诉讼的原告与这里所说的诉讼主体是有区别的。[②]

这种传统观点中，忠实于弹劾主义原则，法院、原告官员和被告 107
人这三方是基本的诉讼主体，其他人员则是程序关系人（Verfahrensbeteiligten）。诉讼主体和程序关系人是截然区分开的。在施密特看来，在刑事诉讼中“审判”才是决定性阶段，因此参与审判程序并参与审判程序中的判决的诉讼关系人，才是“诉讼主体”。基于这种理解，辩护人自然不是诉讼主体，而被定位为“辅助者”。

2. 亨克尔的观点与主流观点并无不同，但在某种程度上有些细

---

① Vgl. Eberhard Schmidt, Lehrkommentar zur Strafprozeßordnung und zum Gerichtsverfassungsgesetz, Teil Ⅰ, Zweite, völlig durchgearbeitete und erneuerte Auflage, 1964, S. 73 f.

② Vgl. Eberhard Schmidt, Lehrkommentar zur Strafprozeßordnung und zum Gerichtsverfassungsgesetz, Teil Ⅰ, Zweite, völlig durchgearbeitete und erneuerte Auflage, 1964, S. 74 f.

微的差别。[①] 亨克尔认为,(1)诉讼关系人与诉讼主体或诉讼主体辅助者之间的区别只是一个文字问题,没有实际意义,可以忽略不计(entbehrlich)。(2)在此基础上,诉讼程序也是通过人的活动实现的,因此应将其视为"人类行动的表达"(Darstellung als Menschenwerk),这种活动应被视为"决定诉讼过程及其结果"的活动。诉讼主体是"被赋予独立的程序性权利和义务的通过自己决断来决定诉讼过程"的人。[②] (3)犯罪嫌疑人/被告人在纠问主义程序中是任由权力摆布的附属品,而不是司法当局处理的对象。他们作为必须负有责任的法律共同体(Rechtsgemeinschaft)的成员,被"赋予了一种法律地位,使他们能够在诉讼中作为诉讼主体为自己辩护"。为了使犯罪嫌疑人/被告人充分实现这种利益,法律规定辩护人可以为犯罪嫌疑人/被告人提供协助,辩护人的活动强化了发现真实和法律适用。[③] 亨克尔的观点与弹劾主义诉讼构造所强烈强调的诉讼主体概念还有一定的距离。

(二)日本法中弹劾主义的诉讼主体论

1. 丰岛博士在明治《刑事诉讼法》框架下对诉讼主体论进行了详
108 细研究。[④] 其主要观点如下:(1)"因纠问式诉讼方式和弹劾式诉讼方式的不同,诉讼主体也有差异。在纠问式诉讼下,只有审讯法官是诉讼主体,而在弹劾式诉讼中,法院和当事人都是诉讼主体。因此,既然现在的《刑事诉讼法》采用了弹劾主义,那么毫无疑问,诉讼的主体应该是法院和相关当事人。"弹劾主义原则得以确立。(2)"诉讼主体的含义与当事人的含义有一定关联性。对于当事人的含义,学

① Heinrich Henkel, Strafverfahrensrecht, Zweite, neubearbeitete Auflage, 1968, S. 116.

② Vgl. Henkel, oben Anm. 216, S. 116 f.

③ Vgl. Henkel, oben Anm. 216, S. 117.

④ 参见丰岛直通:《修正刑事诉讼法新论》(1910 年),第 42 页以下。

说上可以从实体上的权利和义务来理解,也可以从程序上的权利来理解,因对当事人的理解不同,诉讼主体的含义也有差异。如果采用第一种理论,诉讼主体分为裁判权上的主体和处罚权上的法律权利义务关系人。如果采用第二种理论,诉讼主体是指在诉讼上具有处置权的诉讼参与人。”(3)关于诉讼主体与处置权之间的关系问题,“有必要澄清诉讼上处置权的意义。诉讼上的处置权是指,在整个诉讼程序进行过程中或者在主要诉讼程序中,可以按自己意思实施每项诉讼的权利。这一权利的性质可以分为以下内容:第一,诉讼上的处置权应当与实体上的处置权区分开来。实体上的处置权的目标是实现处罚权,对处罚权有影响。而诉讼上的处置权不是影响诉讼目的的权利,处置权的对象是诉讼的方法,即主要诉讼行为。例如,诉讼的开始、进展、中止或终止、追诉、辩护、举证、上诉及申诉等行为。这两种处置权应当相互区分开,实际的效果不能混淆。第二,当诉讼上的处置权被行使时,可能会导致间接地行使实体上的处置权,因此不能承认这种实体处置权,刑事诉讼中应当严格区分这两类不同性质的处置权,行使程序上的处置权时只能影响诉讼的对象。因此,有责任维护公共利益的在职务上具有义务的人,可以成为诉讼主体,而且不能委托私人在诉讼中行使这种处置权”。

值得注意的是,早在明治时期就已经准确地介绍了德国法的有关研究,但当时的政策明确规定,排除实体上的处置权,只承认检察官在程序上具有处置权,而不承认“私人”程序上的处置权。“诉 109
讼上的处置权,是指按照自己意思推进整个诉讼或在主要诉讼中实施每项诉讼行为的权利”,但这项权利并没有赋予被告人,因此严格地说,被告人是不是诉讼主体是存在疑问的,这也是纠问主义的残余。

2. 有学者忠实地发展了大正《刑事诉讼法》中的弹劾主义诉讼主

体论，并指出，“与诉讼主体有关的概念”是“在纠问方式下，追诉与防御的作用被审判的作用所吸收，诉讼上的作用以及处置权都归于裁判机关，只有一个诉讼的主体。而在弹劾主义诉讼中，有三个主体在三个方面发挥作用。因此，三个诉讼主体被确定下来了。日本法采用了弹劾主义程序，作为裁判机关的法院、作为追诉机关的检察官、具有防御主体资格的被告人，都是诉讼主体”。

相较之下，小野博士的观点最终也属于弹劾主义的诉讼主体论，但与上述规定有一定的距离。[①] 他认为，“诉讼是以国家的裁判为目的的程序，其前提首先有作为国家机关的法院，此外是有作为诉讼当事人的检察官和被告人，他们是诉讼法律关系中的主体”。“法院、检察官和被告人是诉讼法律关系中的主要主体。除了法院、检察官和被告人之外，还有辅助检察官进行侦查的机关人员即司法警察官员，以及在检察官指挥下执行刑罚的监狱官员。此外，辩护人和辅助人是被告人在诉讼中的保护者。这些人不是诉讼的当事人，但他们在广义上具有作为诉讼主体的法律地位。”[②]在这里使用了“广义上具有作为诉讼主体”的概念，由此体现出注重现实的务实态度。

110 团藤重光博士也表达了类似的观点。[③] 他认为，“诉讼的主体”是“现行法律中的刑事程序赋予当事人的诉讼形式，因此作为基本法律关系的主体是法院、作为当事人的是检察官和被告人。这三者是狭义的诉讼主体（Prozesssubjekte）。但是，从广义上说，协助检察官进行侦查的司法警察官吏、刑罚执行机关的监狱官员、保护被告人的辩护人及辅助者也可以称为诉讼主体。而且证人、鉴定人、告诉人、举报人等也可以是派生的诉讼法律关系的主体。因此，在最广义上

---

① 参见小野清一郎：《全订　刑事诉讼法讲义》（1933年），第57页。

② 小野清一郎：《全订　刑事诉讼法讲义》（1933年），第59页。

③ 参见团藤重光：《刑事诉讼法纲要》（1943年），第76页。

说，这些人也可以称为诉讼主体”。这里也提到了“宽泛意义上”的诉讼主体或“最广义上”的诉讼主体，由此可以看出这种观点充分考虑了诉讼的现实状况。①

3. 在现行司法体制下，平野先生指出，“诉讼由三方组成，即法院、检察官和被告人。他们之间持续性的交涉过程就是诉讼，没有他们的参与，就不存在诉讼。在这个意义上，这三者被称为诉讼的主体。其中，检察官和被告人被称为当事人。除了上述诉讼主体外，法院书记员、司法警察、辩护人和辅佐人员也参与了诉讼，但他们之间或他们与诉讼主体之间并不存在持续的诉讼关系。因此，这些人不是诉讼的主体，而是诉讼的辅助者”②。持基本相同观点的学者有高田卓尔博士、齐藤金作博士、铃木博士、井户田侃博士、田宫裕博士和福井教授，他们发展了诉讼主体论，并形成了日本传统的通说观点。③

三、诉讼主体的扩大 111

（一）德国法中诉讼主体的扩大

1. 从坚持弹劾主义诉讼构造的诉讼主体论可以看到主流观点的变化是，人们更加重视活跃在现实刑事诉讼中的诉讼关系人的“主体性”。这就是所谓的诉讼主体扩大现象。这个现象可以表现在两个方面：一是诉讼主体概念本身的扩大；二是用“诉讼关系人”（Prozeßbeteiligte）或“程序关系人”（Verfahrensbeteiligte）的概念代替

---

① 但是，团藤重光在《新刑事诉讼法纲要》（第7版）（1967年）第35页中解释到，法院和两个当事人这三者是狭义上的诉讼主体，而不是所谓“宽泛意义上”的诉讼主体。这种观点似乎使弹劾主义的理论更加抽象化了。

② 平野龙一：《刑事诉讼法》（1968年），第43页。

③ 参见高田卓尔：《刑事诉讼法》（第2修订版）（1984年），第31页；齐藤金作：《刑事诉讼法上卷》（1961年），第39页以下；铃木茂嗣：《刑事诉讼法》（改订版）（1990年），第21页；井户田侃：《刑事诉讼法要说》（1993年），第39页；田宫裕：《刑事诉讼法》（新版）（1996年），第16页；福井厚：《刑事诉讼法讲义》（第2版）（2003年），第17页。

诉讼主体的概念，这两个方向针对的是同一现象。

例如，彼得斯列举的诉讼主体包括法院、追诉机关、其他追诉机关、私人追诉者、诉讼关系人（被告人、辩护人、辅助人等），[①]但从弹劾主义原则来看，这不是严谨的概念。罗克辛（Roxin）也指出，“程序关系人包括犯罪嫌疑人/被告人及其辩护人、检察官、法院以及被害人。这些人被称为诉讼主体（Prozeßsubjekten）。因为他们可以各自独立地行使自己的程序性权利”[②]。在这里，辩护人也被列为诉讼主体，并不再受弹劾主义的限制。

此外，对于诉讼主体的地位，戈塞尔（Gössel）指出，“诉讼主体的特殊本质意义是，它通过诉讼主体自己的行为对诉讼的形成（gestaltend）产生影响”[③]。诉讼主体，仅限于诉讼关系人中“对程序的形成发挥积极作用的刑事诉讼主体”，包括犯罪嫌疑人/被告人及其辩护人、法院和原告。[④] 辩护人已不再是“辅助者”，关于“作为诉讼主体的辩护人”，“辩护人是诉讼主体还是诉讼主体的辅助者，这个问题并
112 不重要。重要的是，辩护人可以根据刑事诉讼法赋予自己的地位来决定持续地行使这些权利”。“辩护人作为独立的司法机构，即使与犯罪嫌疑人/被告人处于不同的地位，也可以为犯罪嫌疑人/被告人的利益单方面采取行动。”[⑤]

与上述情况不同的是，也有观点不使用“诉讼主体”一词，而使用“诉讼关系人”的概念，并把辩护人列入其中。例如，屈内（Kühne）指出，诉讼关系人包括犯罪嫌疑人/被告人、辩护人、辅助人、检察官和

---

① Vgl. Karl Peters, Strafprozeß, 3. völlig neubearbeitete und erweiterte Auflage, 1981, S. 98.

② Claus Roxin, Strafverfahrensrecht, 25. Auflage, 1998, S. 114 f.

③ Karl H. Gössel, Strafverfahrensrecht, 1977, S. 148.

④ Vgl. Karl H. Gössel, Strafverfahrensrecht, 1977, S. 147 f.

⑤ Karl H. Gössel, Strafverfahrensrecht, 1977, S. 151.

被害人（诉讼参加人、自诉案件原告），证人、鉴定人和翻译人员不是诉讼关系人。[1] 这里使用了诉讼关系人的概念，而不是诉讼主体的概念。福尔克也讨论了程序关系人，他认为程序关系人是指行使诉讼上的权利或者间接参与决定的人，而法院不是程序关系人。“程序关系人是指，犯罪嫌疑人/被告人及其辩护人、检察机关、公诉参与人和自诉案件的原告人。此外，还有其他参加程序的关系人（Nebenbeteiligte），如被害人。”[2]这里提到的“参加程序的关系人”包括被害人、主管部门［如重大案件的刑事诉讼中涉及的财政部门（《刑事诉讼法》第 385 条至第 408 条）；罚款程序中的行政主管部门（《违反秩序法》第 42 条、第 63 条和第 76 条）］、扣押的相关人员［如接受询问（《刑事诉讼法》第 431 条第 1 款第 1 项、第 442 条第 2 款）］、参与诉讼的企业［作为法人和团体被罚款是刑事犯罪的附带影响（《违反秩序法》第 30 条）］，在这个程序中企业可以参与诉讼（《刑事诉讼法》第 444 条）。[3]

2. 综上所述，诉讼主体的概念被扩大了，或者被诉讼关系人的概念代替，在这种情况下，被害人占据了重要地位。[4] 根据德国法规定，被害人参与诉讼的主要类型是：（1）允许私人起诉（Privatklage）的犯罪包括，侵入住宅罪、侮辱罪、伤害罪、胁迫罪等（《刑事诉讼法》第 374 条），私人起诉人的地位被确立下来（《刑事诉讼法》第 385 条）。113
他们可以像检察官参与公诉程序并提出意见一样，参与有关自诉案件的程序并提出意见。（2）允许参加公诉（Nebenklage），因遭受性犯

① Vgl. Hans－Heiner Kühne, Strafprozeßlehre, 4, neubearbeitete und erweiterte Auflage, 1993, S. 14.

② Klaus Volk, Strafprozeßrecht, 1999, S. 158.

③ Vgl. Klaus Volk, Strafprozeßrecht, 1999, S. 160.

④ 关于被害人参加制度的整体情况和 1986 年的《被害人保护法》，参见田口守一：《西德的犯罪被害人的地位》，载《刑法杂志》第 29 卷第 2 号（1988 年），第 221 页以下。

罪、贩卖人口、侮辱罪、遗弃罪、伤害罪、剥夺人身自由、杀人未遂等犯罪行为侵害的被害人可以作为参加人参与公诉(《刑事诉讼法》第395条)。公诉参加人的权利包括出庭权、回避权、提问权、申诉权、请求调取证据权、陈述意见权(《刑事诉讼法》第397条)、上诉权(《刑事诉讼法》第400条和第401条)。在上述情况下,被害人也被认为是诉讼主体。(3)法律(《刑事诉讼法》第403条)还规定了对被害人的损害赔偿程序(附带民事诉讼)。被害人是诉讼关系人还是诉讼主体,取决于他是作为单纯的证人还是作为自诉人或公诉参加人参与诉讼程序,诉讼关系人是否为诉讼主体,由法律规定,这不是诉讼构造的问题。是否允许被害人参与,涉及追诉机关的政策考虑,但传统的被害人追诉制度这一历史背景也不容忽视。

(二)日本法中诉讼主体的扩大

1. 在日本也有观点认为,不从弹劾主义的关系角度使用诉讼主体的概念。例如,松尾浩也教授认为,“刑事诉讼不仅仅是单一的法律和规则简单堆砌,而是参与者的现实行为的积累”①,“刑事诉讼是由各种各样的人的多种行为的积累”,他们有的是“临时的参与者”,有的是“经常性的刑事程序参与者”②。德国法也是如此,并没有使用“诉讼主体”一词,而只使用“诉讼程序的参与者”或“刑事程序的
114 承担者”。③

2. 藤木英雄博士是这一时期讨论“刑事诉讼的参与者”的先驱。

---

① 松尾浩也:《刑事诉讼法》(上)(新版),弘文堂1999年版,“第1版前言”。

② 松尾浩也:《刑事诉讼法》(上)(新版),弘文堂1999年版,第23页。

③ 例如,白取祐司:《刑事诉讼法》(第3版)(2004年版),第34页,该书使用了“程序参与人”的概念;池田修、前田雅英:《刑事诉讼法讲义》(第2版)(2006年版),第30页,该书使用了“刑事程序的承担者”的概念;寺崎嘉博:《刑事诉讼法》(2006年版),第4页,该书使用的概念是“参与刑事诉讼的组织和人员”。

藤木英雄博士的基本观点是:“刑事诉讼是由各种参与者的行为实现的,每个人在刑事诉讼中承担不同的角色,由于角色的不同因而对什么是刑事诉讼的理解也不同,这是一个多元化的结构。”①他进行了如下论述:

“从整个刑事诉讼程序看,参与者不仅包括法官、检察官、被告人及辩护人。在诉讼过程中,辅助法官工作的人员包括法庭书记员、速记员、法警、法庭警卫等,他们发挥着十分重要的作用。此外,案件的被害人或者目击者等有关人员,作为证人或鉴定人积极地配合诉讼活动,使刑事诉讼活动能够顺利进行。旁听人员和媒体人士的存在为确保审判的公开性和程序的公正性发挥着重要作用……因此,参与刑事诉讼的人是多种多样的,他们站在各自不同的角度,形成了刑事程序的整体,同时他们自己考虑和理解什么是刑事程序,刑事程序要达到的预期目的,这一点极为重要。”②

“以前认为与犯罪无关的普通市民却踏入了犯罪的世界,这种现象已经变得极为普遍。犯罪已经不再是一种特殊现象,而是一种普遍现象。”“一般市民也会成为犯罪现象的相关人员,以某种形式积极协助实现刑事司法的正义。”③

这里提到了这是一个许多参与者参加的“多元化的结构”;“他们站在各自不同的角度,形成了刑事程序的整体,同时他们自己考虑

① 藤木英雄、土本武司、松本时夫:《刑事诉讼法入门》(第3版)(2000年版),“初版前言”(藤木英雄执笔)。

② 藤木英雄、土本武司、松本时夫:《刑事诉讼法入门》(第3版)(2000年版),第22页(藤木英雄执笔)。

③ 参见土本武司:《刑事诉讼法要义》(1991年),第35页。文章使用了“刑事程序的承担者”的概念,“不仅司法人员有机会直接参与刑事程序或刑事司法,而且一般市民也有机会参加,如果没有他们之间的互相配合,协助刑事司法的目的就无法实现,因此应当将这些人员置于刑事程序的承担者的地位,同时应当努力使公众更加深刻地理解《刑事诉讼法》”。

和理解什么是刑事程序，刑事程序要达到的预期目的，这一点极为重
115 要”；以及“一般市民……以某种形式积极协助实现刑事司法的正义”，这些观点具有十分重要的意义。如何在刑事诉讼的基本理论中把这些思想进行理论化，是一个重要的研究课题。为此，重新审视诉讼主体这一历史性概念，笔者认为，进一步研究诉讼主体是非常有意义的。

四、当事人主义与诉讼主体

（一）当事人主义与诉讼的承担者

1. 今天，日本刑事诉讼的基本结构被理解为当事人主义诉讼构造。因此，新的主体论也应当追求在这种当事人主义诉讼构造下的诉讼主体论。但是，正如我们目前所看到的那样，德国法仍然保持着职权主义的诉讼构造，诉讼主体概念的扩张现象也是以职权主义诉讼构造为前提的。因此，有必要结合诉讼主体论来考察德国法中的职权主义诉讼构造。

德国《刑事诉讼法》的基本结构是职权探知主义（Ermittlungsgrundsatz），它与“当事人程序”（Parteiverfahren）有严格的区别。根据罗克辛教授的说法，这里所理解的当事人程序的特点是，“当事人可以控制诉讼程序，也可以通过撤销公诉或被告人承认有罪（Schuldbekenntnis）来自由处置诉讼对象”①。这种程序结构与德国《刑事诉讼法》是不同的，德国《刑事诉讼法》规定，控制诉讼的不是当事人，
116 因此也不能称为“对抗性当事人程序”（kontradiktorisches Parteiverfahren）。毕竟，“德国刑事诉讼中原则上不使用‘当事人’的概念”②。舍费尔（Karl Schäfer）也认为，诉讼主体的核心内容是对诉讼对象具

---

① Claus Roxin, Strafverfahrensrecht, 25. Auflage, 1998, S. 115 f.

② Claus Roxin, Strafverfahrensrecht, 25. Auflage, 1998, S. 116.

有处置权,尽管被告人是诉讼主体但他没有这种处置权,被告人和检察官之间的关系也不是对抗关系。被告人是强制措施的对象,而检察官却不是;检察官具有发现真实的义务,而被告人没有这种义务。从这种理解来看,还不能说刑事诉讼中的诉讼主体是“诉讼当事人”(prozeßparteien)。①

2. 应当深入考察德国法中的职权主义的概念。这是因为,如果看一下德国刑事诉讼中诉讼主体的具体权限,就可以看到“当事人主义”的制度和运行。

第一,尽管有法定起诉主义的原则,但检察官的处置权范围非常广泛。检察官可以不起诉那些并不重要的余罪(《刑事诉讼法》第154条),也可以对一个犯罪中的部分行为不予起诉(《刑事诉讼法》第154条a第1款)。《刑事诉讼法》的其他条款也发挥同样的作用,如第430条(在没有没收的情况下)和第442条(相当于没收的法律效力)。实际上,这与日本法中的起诉裁量主义没有大的区别。

第二,被告人的权利保障范围极为广泛。罗克辛在论述被告人的地位时,区分了“积极的参与权”(Aktine Beteiligungsrechte)(如听证的权利和聘请辩护人的权利)和“消极的参与权”(Passive Beteiligungsrechte)[如自律性(personautonomie)不受侵犯、尊重人格等]。②在这方面不能简单地说,采用当事人主义诉讼构造的日本法中的犯罪嫌疑人/被告人具有比较高的当事人地位。

第三,最棘手的问题是被告人的处置权,被告人可以和检察官就量刑问题进行所谓的非正式协议,即所谓的合意程序(Absprache)。 117

① Vgl. Karl Schäfer, Strafprozeßrecht, Eine Einführung, 1976, S. 127.

② Vgl. Claus Roxin, Strafverfahrensrecht, 25. Auflage, 1998, S. 117 f. 参见田口守一:《刑事诉讼法》(第4版补正版)[同第7版(2017年),第20页],第20页。该文章讨论了积极的人权保障和消极的人权保障,其中积极的人权保障,是指充分保障犯罪嫌疑人/被告人作为当事人的防御权。

这种程序已被判例承认,[①]导致了在某种程度上承认被告人的处置权。

由此可见,关于被告人和检察官不是平等的当事人的论点似乎有些片面。在英美法中也是如此,犯罪嫌疑人/被告人是强制措施的对象,但他们有权保持沉默。被告人和检察官是否被称为"当事人",或者是否把诉讼程序称为"当事人诉讼",都不是主要问题。诉讼构造是建立在职权主义还是当事人主义的基础之上,必须从整体上考虑这个结构的承担者问题。职权主义体制下可以有一个"强大诉讼主体的被告人";在当事人主义体制下也可以有一个"弱小当事人的被告人"。核心的问题不是当事人主义这一结构观念问题[是否(Ob)的问题],而是程序的关系人有什么权限才可以称为"当事人"的问题[怎样(Wie)的问题],即诉讼程序的承担者有多大的权限才能成为"当事人"。因此,需要再次探讨扩大的或者实质意义的诉讼主体的含义。

(二)重新构建承担者论

1. 绍尔(Sauer)曾说过,"对当事人的问题存在争议,但可以非常明确的是相关的问题都与诉讼的目的有关"[②]。他一针见血地指出,诉讼主体的问题只有在考虑诉讼目的的情况下才能得到充分的理解。

---

① 德国联邦普通法院1997年8月28日刑事第四庭判决(BGH St 43,195)和德国联邦普通法院2005年3月3日大法庭裁定(JZ 12/2005,628)。参见田口守一:《德国刑事诉讼中的合意程序的法律结构》,载《光藤景皎先生古稀祝贺论文集》(2001年),第355页以下[该论文改变题目后收录于田口守一:《刑事诉讼的目的》(增补版),成文堂2010年版,第295页以下。有关德国2009年立法上确立的合意制度,参见该书第323页以下]。

② Wilhelm Sauer, Allgemeine Prozessrechtslehre, 1951, S. 114. 但是,民事诉讼与刑事诉讼的表述是有区别的。

刑法实现说认为刑事诉讼的目的①只是实现实体规范的刑罚法规，根据这种学说，考察刑事诉讼当然也应当以审判程序为中心，与 118
审判程序有关的诉讼主体应当严格限定于与刑罚权有直接关系的法官、检察官和被告人。另外，所谓的案件解决说认为，如果从更广泛的角度看，刑事诉讼的目的就是恢复社会法律秩序而解决刑事案件。根据这种观点，考虑的诉讼程序不限于审判程序，还包括侦查过程和追诉过程。因为在这些程序中，刑事案件才得到处理。这样一来，诉讼程序参与者的范围也随之“扩大”。在这些众多的程序参与人中，有些参与者拥有固有的自决权。因此，从新的诉讼目的论来看，诉讼主体的扩大是不可避免的现象。

如前所述，施密特指出，德国法也将诉讼主体定义为“如果没有他，‘诉讼’就无法存在的人”，这里的“诉讼”也被理解为“审判程序”。因此，诉讼的目的自然被理解为实现实体法。后来，亨克尔将诉讼主体理解为“被赋予程序上具有独立的权利和义务，并能通过自己的决断来决定诉讼过程”的人。罗克辛则将诉讼主体理解为“可以行使独立的程序性权利”的人，诉讼的目的不仅是实现严格的实体法，而且是恢复法律和平，这种理论结构显得更加灵活。②

日本的刑法实现说的代表性观点是团藤重光博士的诉讼目的论，但值得注意的是团藤重光博士也发展了“主体性理论”。他在退休前的最后一次授课演讲中说：“我认为，我迄今为止的诉讼状态理论中，诉讼行为方面和诉讼主体方面还很薄弱。在这个意义上，我应

---

①　参见田口守一：《刑事诉讼目的论序说》，载《西原春夫先生古稀祝贺论文集》（第4卷）（1998年），第51页［该文收录于田口守一：《刑事诉讼的目的》（增补版），成文堂2010年版，第33页以下］。

②　参见田口守一：《刑事诉讼目的论序说》，载《西原春夫先生古稀祝贺论文集》（第4卷）（1998年），第154页以下。

当重新思考诉讼状态理论，把主体的要素纳入诉讼状态理论之
119 中。”[1]但是，他讨论的“制定法律的主体”是“作为法律运行推动者的人的主体性”，因此是“在裁判过程中有关法律实现的主体性问题”即“法官的良知”问题，而没有涉及被告人和检察官这一当事人的主体性问题。[2] 团藤重光博士认为诉讼的目的是实现刑法，在探讨这种诉讼目的论时在理论上必然要涉及诉讼主体问题。[3]

2. 如果把诉讼的目的理解为解决刑事案件，那么诉讼主体的范围也就扩大了。在德国法中诉讼主体概念的扩大，分别体现为三个诉讼主体：就法院而言，陪审员参与审判，意味着不再只有作为法律专业人士的职业法官参加审判；就检察官而言，建立了公诉参加人制度和民事诉讼原告制度，检察官以外的人也参与公诉；就被告人而言，辩护人自然也被认为是诉讼主体。正如前面所指出的那样，在日本也可以看到类似的扩张现象。

这里有必要从理论上梳理这些被扩大的程序参与者应享有的诉讼法上的权限。简单地将这些不同的程序参与者平行地视为刑事诉讼的承担者，会淡化他们与诉讼构造论的关系。这也可能使这些程序参与者的程序法地位处于不稳定的状态。如果把诉讼主体仅限于法官、检察官或辩护人等法律专业人士，可能就不必考虑个人素质的差异。另外，参与诉讼的各种人员都加入了诉讼主体的行列，其中包括法律界以外的外行人士，他们个人素质的差异反映在诉讼程序中的概率就可能增加。这一方面会给诉讼程序带来不稳定因素，另一

---

① 团藤重光：《法律的主体性》，载《这根绳子通向另一根？》（1986 年），第 121 页、第 140 页。

② 参见团藤重光：《法律的主体性》，载《这根绳子通向另一根？》（1986 年），第 148 页。

③ 参见柏木千秋：《刑事诉讼法》（1970 年），第 92 页。文章指出，“当一个案件提起公诉后就移送给法院，于是就形成了法院、检察官和被告人这三个主体之间的基本诉讼关系”。这里显然是把诉讼主体只限定在审判阶段。

方面会导致法官或检察官依职权进行干预,以避免出现这种程序不稳定状态,同时反而也会导致诉讼主体的扩大。因此,诉讼主体的扩 120
大必然要求构建一个新的诉讼主体论。

在此,笔者将确认新的诉讼主体论的以下几个课题。

第一,诉讼主体的概念扩大了,相应地,行使诉讼主体权限的人的范围也扩大了。哪些程序参与者应被赋予诉讼主体的地位,取决于法律赋予他们的权限。作为诉讼主体,他们可以行使刑事诉讼法规定的独立权利,有能力影响刑事案件的解决。当然,弹劾主义的诉讼构造并没有改变,依然维持三个基本诉讼主体的基本框架:裁判机关、追诉机关和被告方。扩大后的各个诉讼主体在诉讼法上的权限也保持不变。但是,以前集中在法官和检察官手中的诉讼法上的权限将被分散,这些权限由其他诉讼主体承担。可以说这是多元化的诉讼主体论。

第二,对于扩大的诉讼主体需要研究的问题是,如何在各个诉讼主体内部建立互动关系,以及在诉讼主体之间建立外部的协作关系。特别是需要明确各个诉讼主体内部之间横向和纵向的协作关系。对于这个问题,在只有法律专家作为诉讼主体的体制下,意思沟通相对比较容易,而且很容易建立合作关系。但诉讼主体的数量增多后,建立合作关系将会出现新的问题。由此,就出现了一个重要的研究课题,即所谓的诉讼主体互动理论。

第三,有关各个诉讼主体的各论问题是多种多样的。对于法院来说,需要研究的问题是职业法官与裁判员之间的关系。对于检察官来说,除与警察的现有关系外,与检察审查会的关系、与被害人的关系等也是需要研究的课题。关于犯罪嫌疑人/被告人这一诉讼主体,需要研究的问题主要是他们的实质权利,在日本,还应当确认他们与检察官一样的当事人地位。这意味着,他们与检察官一样,被赋

121 予作为当事人的处置权。因此,日本采用了当事人主义诉讼构造,承认犯罪嫌疑人/被告人的当事人地位,这一点与德国法是不同的。这样一来,对于犯罪嫌疑人/被告人来说,需要研究的特殊课题是,与当事人地位有关的诉讼对象的处置权的界限,以及他们与辩护人的关系。辩护人的任务和权限也是值得研究的重要课题,这个问题涉及与诉讼对象的处置权的关系。

五、结语

我们生活的这个时代,随着犯罪的多样化,刑事程序也越来越多样化。在这个时代,参与刑事诉讼的人也变得更加多样化。因此我们要在诉讼理论中充分考虑参与刑事司法的各种各样的人们,深入研究诉讼主体的问题。

诉讼主体到底应当包括哪些人,应当赋予他们哪些权限,这些问题与刑事诉讼的构造论是密不可分的。应该建立什么样的诉讼构造,这个问题也与刑事诉讼的目的论密不可分。因此,诉讼主体的问题是与诉讼构造论和诉讼目的论这两大刑事诉讼基本理论紧密相连的,也需要重新构建诉讼主体论与上述基本理论的关系。

从历史的角度看,诉讼主体的概念在纠问主义诉讼构造向弹劾主义诉讼构造转变的过程中是一个重要概念。在弹劾主义的诉讼构造中,被告人的地位首次从程序的客体提高到程序的主体,并被赋予诉讼主体的权利,这个权利也被给予保护。后来,随着作为诉讼主体开展活动的人们不断扩大,诉讼主体的概念被诉讼关系人的概念吸收,尽管经历了这样一个历史的演变过程,但诉讼主体这一历史概念的重要性并没有失去。

特别是在当今时代,参与刑事诉讼的人员范围扩大导致诉讼主体多样化,诉讼主体之间的相互关系变得更加复杂,因而有必要考虑他们的相互协作关系。这意味着,这个时代要求我们在更大的范围内探讨诉讼主体的各论问题。另外,在如此多样化的诉讼主体中,特别应当考虑被告人作为案件当事人的地位,与当事人主义诉讼构造 122
的关系,被告人的处置权的界限等重要问题。

简言之,"制度取决于人"这句格言对刑事诉讼制度也是适用的。此外,制度越是复杂,程序的正当性越是取决于适用程序的承担者。因此,可以说刑事诉讼主体论是一个需要今后进一步深入研究的领域。

笔者从铃木茂嗣博士的著作和论文中学到了很多东西,非常高兴能够为这本庆祝铃木先生70岁生日的论文集贡献一篇小论文。

第二节　事实认定的多元化 123

一、引言

裁判员制度确立之后,就有法官相继就审判程序问题出版书籍或发表论文。[①] 其中特别值得关注的是最高法院刑事局发表的《裁判员制度下的审理、合议庭评议和判决方式的暂行草案》[②]和30多名

① 例如,仅2005年以后的论文就有:石井一正:《刑事事实认定入门》(2005年);池田修:《解说裁判员法:立法的经过和课题》(2005年);木谷明:《事实认定的正当性》(2005年);小林充、植村立郎:《刑事事实认定重要判决50选》(上、下);植村立郎:《实践中的刑事事实认定和间接证据》(2006年),此外在《小林充、佐藤文哉先生古稀祝贺:刑事裁判论集》(下卷)(2006年)中收录了有关裁判员裁判的文章达11篇。

② 参见最高法院刑事局:《裁判员制度下的审理、合议庭评议和判决方式的暂行草案》(以下简称刑事局草案),载《判例泰晤士》第1188号(2005年),第12页以下。

法官在司法研修所以共同研究报告的形式发表的论文。①

这些研究成果讨论的问题比较广泛，包括庭审前整理程序的性质、证据调查的方式、合议庭评议的方法、判决的写法等。而且这些研究成果从事实认定的角度提出了一些重要的论点，包括如何认识实体真实主义或精密司法与事实认定的关系，这些问题是否裁判员裁判本身存在的问题，是否波及整体刑事审判的问题等。

在笔者看来，这些论点并不限于裁判员裁判本身，还涉及一般的刑事裁判，而且触及了刑事审判的核心。多数论点属于诉讼程序上的技术性问题，但有些论点也涉及刑事诉讼的基础理论。这里不仅
124 对其中的基础理论进行探讨，而且涉及传统诉讼程序的根本性变革问题。下面，我们将从最高法院刑事局的研究成果入手，从刑事诉讼基础理论的角度出发，探讨事实认定的理论问题。

二、最高法院刑事局的草案

刑事局草案指出，一方面要重视刑事裁判的查明真相功能，另一方面在裁判员裁判的制度下判决书应当简洁明了。这里明确指出在事实认定中包括两个不同的侧面，即“发现真实”和“必要的事实认定”，两者的性质是不同的。

刑事局草案指出，“即使在裁判员制度下，裁判的目的当然也是查明真相，而判决书的基本作用是向公众传达事实并履行说明责任，完全不能轻视裁判的这种功能”。因此，“还应当重视判决书的作用，判决书是向市民传达法院认定事实的结论［在认定有罪的情况下，是指犯罪事实及其对该犯罪的评价（量刑）］及其理由，回应社会对刑

---

① 参见今崎幸彦：《合作研究：“裁判员制度的引进与刑事裁判”的概要——确立适合裁判员制度的非职业法官制度》，载《判例泰晤士》第1188号（2005年），第4页以下。

事裁判的关切，并为市民对裁判的信任或批评提供依据”①。由此可见，刑事裁判应当查明真相、回应社会关切这一认识，不仅得到了其他法官的肯定，也在日本的法官中达成了共识。例如，松本原法官表示，“在日本的刑事程序中，当事人也非常希望尽可能地澄清案件的真相，并为此做出努力，整个社会也要求查明实体的‘真实’，裁判员参与的合议庭作出的判决不仅应当认定犯罪事实而且应当说明理由，使当事人和普通市民能够得到满意的答复”②。石井原法官分析了诉讼上真实的界限，并指出：“实体的真实主义要求这种诉讼上的真实是尽可能接近客观的真实，这种理解是符合刑事诉讼基本原理 125
的。”③持同样观点的法官还有很多。

刑事局草案同时还指出，在裁判员裁判中，“将时间和精力花在不需要评议和判决的事项上，不仅是一种浪费，而且还可能影响裁判员把精力集中在争议点上，影响适当和快速地裁判。审理应当尽量缩小证明对象的范围”④，“判决书应当比以前的判决书更加简单明了”。法官研究会曾把这个问题作为一个主要研究课题，今崎法官指出，“过去的刑事裁判都试图在有罪无罪的判断和量刑的判断方面达到万无一失，过于考虑当事人的接受程度，在一些不必要的细枝末节上过于精细，对案件的背景和细微的经过反复进行审理……刑事裁判的实务就是这样的”⑤。而且，“当检察官把某些细枝末节的事实作为待证事实提出主张时，法院应当要求检察官解释该事实对于认定有罪及量刑判断有无必要，并进行严格的分析。现在对这种建议

① 刑事局草案，载《判例泰晤士》第 1188 号（2005 年），第 12 页。

② 松本时夫：《裁判员制度与事实认定及量刑判断》，载《法曹时报》第 55 卷第 4 号（2003 年），第 1 页、第 19 页。

③ 石井一正：《刑事事实认定入门》（2005 年），第 11 页。

④ 刑事局草案，载《判例泰晤士》第 1188 号（2005 年），第 15 页。

⑤ 今崎幸彦：《合作研究：“裁判员制度的引进与刑事裁判”的概要——确立适合裁判员制度的非职业法官制度》，载《判例泰晤士》第 1188 号（2005 年），第 5 页。

基本没有反对意见”①。

需要研究的问题是，这种刑事裁判中查明真相功能和简明的事实认定两者之间是什么关系。回应社会关切的事实认定与简明的事实认定并不一定是吻合的。法官研究会还提出，“应当彻底改变以前常规的裁判做法，这一点几乎没有异议”②，“但没有人认为应当放弃刑事裁判本身要求的查明真相的功能（换言之，不能轻视结论的有效
126 性和稳定性）”③。松本原法官非常重视查明真相的功能，他在一篇文章中写道：“如果我们沉迷于案件的细枝末节，又是调查事实关系又是交换意见，那么在重要的判断上就可能出现错误。”④简言之，这种情况“需要彻底改变”，但这个界限还不清楚。法官原佐藤从平野龙一先生的“核心司法”中得到启发，并对这个问题提出了一个建议，他指出，“正如平野教授所说，核心司法绝不是‘简单的正义’。就审判阶段而言，完全可以替换表述成‘健全的精密司法’或‘核心的精密司法’”⑤。但是，即使使用“健全的核心司法”或“核心的精密司法”，具体的判断标准仍不明确。

笔者认为，第一个问题是，事实认定论似乎在以下两个方面摇摆不定：一是细致的事实认定的必要性，即刑事裁判查明真相功能的比重是多少；二是简明的事实认定的必要性，即引入裁判员制度后应当简洁到什么程度。这是事实认定的广度和质量问题。如果在刑事裁

---

① 今崎幸彦：《合作研究：“裁判员制度的引进与刑事裁判”的概要——确立适合裁判员制度的非职业法官制度》，载《判例泰晤士》第1188号（2005年），第9页。

② 今崎幸彦：《合作研究：“裁判员制度的引进与刑事裁判”的概要——确立适合裁判员制度的非职业法官制度》，载《判例泰晤士》第1188号（2005年），第11页。

③ 今崎幸彦：《合作研究：“裁判员制度的引进与刑事裁判”的概要——确立适合裁判员制度的非职业法官制度》，载《判例泰晤士》第1188号（2005年），第5页。

④ 松本时夫：《裁判员制度与事实认定及量刑判断》，载《法曹时报》第55卷第4号（2003年），第20页。

⑤ 佐藤文哉：《适合于裁判员裁判的证据调查和合议》，载《判例泰晤士》第1110号（2003年），第4页、第10页。

判中需要有这两种事实认定的存在,那么就要探讨它们如何才能共存和协调。第二个问题是,事实认定与刑事诉讼基本理论之间的关系。事实认定是上述两个方面协调的问题,并不是将它理解为一个方便程度问题就能解决,而要重新探讨事实认定的理论框架,在此基础上再考虑裁判员制度中的事实认定和一般刑事裁判中的事实认定的状况。这里我们先研究第二个问题,也就是理论框架。

三、事实认定的实体论和程序论

(一)事实认定论的构造

在讨论事实认定的性质时,首先应当搞清其理论框架。事实认 127
定的基础原理包括实体的真实主义、证据裁判主义和自由心证主义。① 主要是法官形成自由心证的问题,如是否应当分析自由心证的形成,是否应当全面分析这个形成过程。法官的心证毕竟是法官内心的问题。但对于心证形成中的"超过合理怀疑的证明"的问题或"证明程度"的问题,需要进行详细的研究。但这仍然属于法官内心的问题。事实认定必须是合理的,但应该从什么角度判断这种合理性,这是值得研究的问题。如果事实认定的合理性是法官心证形成的内心合理性问题,那么值得研究的对象就应当是上述心证形成的方式、"超过合理怀疑的证明"等问题,这也正是迄今为止对事实认定论的理解。

在此期间,植村法官提出了"事实认定结构的复合性"问题,他认为事实认定与"事实认定的程序、事实认定的资料、对事实认定资料的判断、对这种判断提出的申诉等方方面面的问题都有关系,应当从

---

① 参见石井一正:《刑事事实认定入门》(2005年),第7页。该书(第2页)指出,"对某一事实是否存在有疑问时,通过证据确定该事实的存在与否,称为事实认定"。

程序的整体上定位和考虑这个问题”[①]，他主张应当从广义上考虑事实认定问题。这个观点很重要，为探讨事实认定的合理性提供了一个新的视角。笔者认为，事实认定论的理论结构可以从以下几个方面进行分析：(1)程序方面；(2)追诉方面；(3)实体方面。在(1)程序方面，事实认定的前提是证据调查和评议等问题；在(2)追诉方面，事实认定的对象涉及“事实的范围”，事实认定的手段涉及“证据的范围”，这是与事实认定本身密切相关的领域。上述(1)和(2)，可以称为“事实认定程序论”，而(3)实体方面是狭义的事实认定论，其中涉
128 及法官的心证形成和对证据的评价问题，这被称为“事实认定实体论”。这里需要探讨的问题包括自由心证主义、“合理怀疑”、“证明程度”及“分析和综合判断”等。

在以前的许多事实认定理论中，主要研究法官的心证形成问题，可以说主要是“事实认定实体论”。在这种情况下，事实认定的合理性也被限制在“实体论的合理性”。但是，如果说事实认定理论具有上述(1)、(2)和(3)的复合结构，那么“事实认定的合理性”也应当分别从(1)、(2)和(3)的合理性进行考察。经过上述梳理，本节将主要探讨事实认定程序论。[②]

(二)事实认定的程序

事实认定程序论有很多论点，这里只探讨作为事实认定对象的事实范围问题和为查明案件事实的证明问题。

如前所述，法官研究会认为，刑事裁判的查明真相的功能是指“为了确定有罪或无罪以及进行正确量刑而查明必要的事实”。植村

---

① 植村立郎：《实践的刑事事实认定论(概论)》，载小林充、植村立郎编：《刑事事实认定重要判决50选》(2005年)，第2页以下。

② 裁判员制度引入后，事实认定实体论的合理性也成为值得研究的新课题。特别是，基于由裁判员的生活形成的经验进行合理性判断也是重要的判断标准。

法官强调这种“必要的事实”就是“考虑要件的事实”。“例如，当对犯罪的经过、被告人与被害人之间的关系、犯罪动机等事项同时存在争议，如果把这些事项与认定是否存在确定的杀人故意放在一起进行考虑时，那么在认定确定的杀人故意时就没有必要探讨这些事项。”①他指出“只要对需要确认的问题进行必要的分析就可以了”②。在以前的裁判中，有一种过度进行事实认定和认定无关紧要事实的倾向，这个问题是事实认定过程的正当性和客观性问题，并不是裁判 129
员裁判本身的问题。

然而，刑事局草案指出，最好整理一下认定杀人意图的要点，“事先可以进行梳理，但这并不意味判断要件事实的思维方式也是如此”③。在这一点上，植村法官的理论格格不入，但刑事局草案也指出，作为评议对象的事实是“符合构成要件意义上的裸的事实”，如果需要对这种事实进行选择工作，那么这就是“要件事实的思维”。但归根结底，两者之间似乎没有太大的区别。④

对于这种“必要的事实”，值得注意的是，刑事局草案认为“在量刑上不是必须讨论是确定的故意还是未必的故意。换言之，将被告人的内心意思分为这两类故意，对量刑是否具有独立的作用，这是值得商榷的。在探讨杀人罪的量刑时，最好区分是不是预谋杀人、无预

---

① 植村立郎：《实践的刑事事实认定论（概论）》，载小林充、植村立郎编：《刑事事实认定重要判例50选》（2005年），第12页。另外，在民事法中，“事实要件是指发生法律效力且符合实体法（作为裁判规范的民法）要件的具体事实”，但“笔者认为，把这种要件事实或要件事实论原封不动地移植到刑事事实认定的场合，是不合适的”（第23页）。

② 植村立郎：《实践的刑事事实认定论（概论）》，载小林充、植村立郎编：《刑事事实认定重要判例50选》（2005年），第13页。

③ 刑事局草案，载《判例泰晤士》第1188号（2005年），第14页。

④ 参见植村立郎：《实践的刑事事实认定论（概论）》，载小林充、植村立郎编：《刑事事实认定重要判例50选》（2005年），第23页。文章指出，如果刑事局草案也反对直接把民事法观点导入要件事实思维之中，那么这两种观点就没有区别。然而，该论点的细微差别是，刑事局草案中所说的“裸的事实”是事先没有被限定的未经过判断的事实。

谋但杀人意图坚决、偶然或临时起意的杀人等”①。但这并不是以被告人的内心“真相”为标准,而重视“预谋还是偶然”这个外部因素。换言之,试图寻找主体的真相还是如何自然地评价主体,两者是不同的。进一步说,“必要的事实”论只以真实为标准考虑事实认定的正
130 当性,从这种观点出发,根据事实认定的适当性完全基于真相的原则,转向事实认定的适当性是事实认定是否满足审判目的的问题。

这种观点自然会对当事人的证明活动产生影响。最高检察厅公布了《关于裁判员裁判下侦查和审判的暂行规定》,其中指出:“裁判员裁判中应当查明的实体真实不是所谓的‘案件的全貌’,而是法官和裁判员就公诉事实为了作出正确的事实认定和量刑判断所必需而充分的‘整个案件的核心事实’。”②由此可见,应当采取措施,“将重点放在真正需要证明的部分,并在审判中以通俗易懂的方式显现出来”③,从而提出了“证明的必要部分”的观点。为了贯彻这种理念,该暂行规定还提出,“在裁判员裁判的案件中,首先要考虑‘在这个案件中,裁判员能够充分理解的证据总量有多少?’以此为前提,在这个框架内,考虑有多少事实、通过什么方法可以得到最好的证明,待证的事实也应按照这种方式记载下来”④。

---

① 刑事局草案,载《判例泰晤士》第1188号(2005年),第15页。参见中山隆夫:《通过模拟审判对审判律师制度的一些说明》,载《小林充、佐藤文哉先生古稀祝贺:刑事裁判论集》(下卷)(2006年),第503页、第513页。论证指出,“对于未必的故意似乎没有必要查明得那么清楚”。

② 参见最高检察厅:《关于裁判员裁判下侦查和审判的暂行规定》(2006年3月),第3页。该暂行规定强调,“应当牢记,要适当地列出待证事实、谨慎选择证据,确定主要的证明和次要的证明,以此建立证明的结构”。主要的证明,是指证明案件的核心和全貌所需要的最重要的事实和证据;次要的证明,是指推定或补强主要证明的事实和证据(第6页)。

③ 长谷川充弘:《试论裁判员裁判下的侦查和审判方式的暂行意见》,载《法学家》第1310号(2006年),第110页、第112页。

④ 今崎幸彦:《合作研究:“裁判员制度的引进与刑事裁判”的概要——确立适合裁判员制度的非职业法官制度》,载《判例泰晤士》第1188号(2005年),第7页。

如果要改变以前那种漫无边际证明案件全部事实的方式，那么就应当利用引入裁判员裁判的契机进行变革，最好采用“必要的证明”这种证明活动。但是，精密司法的信念是“越详细越好”，职业法官的裁判也应当改变这种方式。131

四、事实认定的多元化

（一）事实认定与当事人的作用

如果事实认定论需要关注事实认定的程序理论，那么也需要关注与事实认定程序有关的当事人的作用。因为无论在上述“事实认定的必要性”判断方面还是在“证明的必要性”判断方面，当事人都要发挥一定的作用。例如，检察官请求适用略式命令时，法官可以提出的前提条件是检察官在程序上经过了事实认定。不一定进行积极的事实认定，只要可以确定在事实方面不违反事后审程序，就属于这里所说的事实认定。

本来，刑事诉讼中的事实认定应当是“当事人主要的事实认定”，如果认为“证据的评价是与当事人一起共同完成的，法官自由心证的形成也是与当事人一起共同完成的”①，那么当然可以认为当事人在事实认定理论中发挥了一定的作用。因此，判断这种事实认定的正当性，往往是基于程序的正当性，如事实认定的真实性取决于被告人的同意是否出于自愿。与其说这是认定对象问题，倒不如说是诉讼程序的主体问题。从这个意义上说，在程序参与者“没有异议”这种程序下的事实认定和“有争议”程序下的事实认定，不能适用同样的判断标准（如是否符合客观真实）。这种程序参与者对事实认定也发挥一定作用的结构就是事实认定的多样性。

---

① 田口守一：《刑事诉讼法》（第4版补正版）[同第7版（2017年），第374页]，第350页。

132 当事人主义的事实认定是法官与当事人共同对证据进行评价，在裁判员裁判中的合议庭形成心证也是如此，因为法官与非法律专业的裁判员在一起共同评价证据。当然，当事人评价证据并不受法官的约束，相比之下，在当事人主义的事实认定中，裁判员裁判中的裁判员在事实认定时的地位与职业法官是平等的，因此裁判员裁判当然存在一定的结构性差异。但从职业法官的角度看，当事人（本来是没有事实认定权限的人）的事实认定和裁判员（他们不是职业法官）的事实认定，在“一起共同进行事实认定”这一点上有共同点。但引入裁判员裁判后进一步促进了事实认定的多元化。

（二）事实认定的合理性

如果事实认定是多元的，事实认定正当性不能完全以真实为标准进行判断，那么就需要有另一个标准。在这方面，值得注意的是，法官原香城提出了一个发人深省的观点，他认为事实认定就是一个“逻辑说理的过程”①。从这个角度来理解，事实认定的合理性就是能否合理地解释该事实认定。事实认定过程当然也是合理说明事实认定的过程。如果是这样，就等于说裁判员被说服了，当事人被说服了，普通市民也被说服了。在很多情况下，仅靠“反映了真实”这一实体性解释是没有说服力的。这是因为，即使对于是否“反映了真实”有疑问，也很难把对事实认定过程的合理说明单独挑选出来给出令人信服的解释。在可能对事实认定过程作出合理说明的情况下，反映“真相”的可能性就会大大提高。②

这种分析也可以在以前的论著中找到。小林原法官和植村法官

① 香城敏磨：《刑事诉讼的构造》（2005 年），第 47 页。

② 解释有争议的案件时，应当做到“精确、准确”。因此，“精准”的问题应当从实体论转移到程序论。

在他们的著作的序言中指出，关于故意的认定，“在实践中，不仅要从事实的层面认定是否存在故意，还要从规范的角度来认定被告人是否具有故意”[①]。这个分析值得关注，但事实上，前者也具有从“我打 133
算杀了他”这一言词证据中（直接）推定得出的结构，而整体上的事实认定是后者“能否认定他有杀人故意”的问题。认定“作为事实的故意”实际上也是距离“遥远”的问题，“作为诉讼的真实”也是如此。因此，可以说从“规范”的角度进行合理性说明才是问题的核心。例如，在供认有罪和否认有罪的情况下，这种说服工作当然是不同的。在使用间接证据进行事实认定的情况下，这项工作要更加慎重。由此可见，合理性的判断也是多元的。

最后，探讨一下与事实认定过程的合理性解释有关的两个问题。第一个问题是，前面提到的“必要的事实”论的问题。媒体等往往要求对重大案件详细地说明案情，而我们是否应该回应社会的诉求。池田法官表示，“刑事判决本来就不需要查明那些对刑事裁判的目的无关紧要的内容，这是从刑事裁判的目的与裁判员裁判之间的关系展开的”[②]，但事实上这个问题与引进裁判员制度本身无关，正如川上原法官所说，刑事裁判本来就应当这样，是“实体的真实主义”把这个问题搞复杂了。[③] 在这个意义上，裁判员制度的引入回归到刑事裁判的原点。但是，那种认为裁判员裁判就应当进行“简单的事实认定”的观点是错误的。刑事裁判中的事实认定毕竟是基于绝对的实 134
体真实主义，在确保质量的前提下，有些案件需要详细，有些案件可以简明。实体真实主义也不是绝对的，也需要更灵活的理解（相对的

① 小林充、植村立郎编：《刑事事实认定重要判决50选》（上）（2005年），“序言”。

② 池田修：《解说裁判员法：立法的经过和课题》（2005年），第25页“注（7）”。

③ 参见川上拓一：《关于裁判员参与刑事裁判评议的备忘录》，载《小林充、佐藤文哉先生古稀祝贺：刑事裁判论集》（下卷）（2006年），第541页、第561页。

实体真实主义)。[①] 应当从正面理解裁判员裁判中的问题。

第二个问题是,在当事人提出异议的情况下,“说理工作”需要认真细致,但如果当事人对事实认定没有异议,程序就可以向前推进。推而广之,基于这种对事实认定有无争议的多元性问题再延伸一下,就涉及“事实认定的合意”和“刑罚的合意”是否合法的问题,在尚未建立辩诉交易制度的情况下,不允许依据“事实的合意”进行事实认定。问题是,在证据评价中是否可以通过在评估证据时采用“合意文书”过高地评价该证据,以达到“基于合意的事实认定”的程度?这是一个需要进一步研究的问题。[②]

五、结语

在裁判员裁判中,如果裁判员固执地纠结有无细小的事实,法官应该迁就到什么程度?社会舆论要求澄清重大案件的背景情况,而裁判员也提出这种要求时,法官应该在多大程度上对此作出回应?纵观迄今为止的事实认定论,一方面,要求精确的事实认定以探究真实;另一方面,要求简洁的事实认定以说明有罪判决的理由,但似乎还没有找到可以明确协调这两种要求的“入口”。因为事实认定是否
135 合适,并不能以是否反映了真实为判断标准。

因此,笔者试图从事实认定程序论的观点出发,先回到事实认定的原点,把事实认定论区分为事实认定实体论和事实认定程序论,然后对若干问题进行探讨。为了从理论上探讨协调精确的事实认定和

---

① 参见田口守一:《刑事诉讼法》(第4版)(2006年),第19页。

② 参见田口守一:《修订后的刑事诉讼法与当事人处置权原则》,载《研修》第692号(2006年),第3页[该论文收录于田口守一:《刑事诉讼的目的》(增补版)(2010年),第267页以下]。杉田宗久教授对利用“书面合意”提出了许多很好的观点,参见杉田宗久:《利用书面合意成为“不可动摇的事实”:以裁判员制度的引入为中心》,载《小林充、佐藤文哉先生古稀祝贺:刑事裁判论集》(下卷)(2006年),第661页。

简易的事实认定的关系，首先必须承认事实认定是多元的。从这个角度看，精密司法或核心司法的问题并不是两者选一的问题，而是事实认定有时是精密的，有时是简易的，这取决于这个事实认定过程的合理性。

简言之，到目前为止，"刑事裁判中的事实认定一直被认为是按照既定规则进行的高度技术化和专业化的过程"[①]。这被视为职业法官的工匠技艺。在当事人主义的刑事诉讼中，事实认定也是法官与当事人共同工作的产物。随着裁判员制度的引入，事实认定已经成为一项与非专业的裁判员共同协助完成的工作，刑事事实认定必然转向一个更"开放的结构"或更"相互批评的结构"。仔细想想，这不过是回到了当事人主义刑事诉讼的事实认定的原点。裁判员制度下的事实认定问题也应当被作为当事人主义的事实认定论的一个场景来进行研究。

第三节　刑事程序的多元化 136

一、引言

厚生省前局长的无罪案件以及与此有关的一系列检察官销毁证据案件，动摇了检察制度的基础。[②] 为应对这一严峻形势而成立的"检察制度未来研讨会议"就检察机关的侦查和审判问题提出了

---

① 《小林充、佐藤文哉先生古稀祝贺：刑事裁判论集》(下卷)(2006年)，"前言"。

② 最高检察厅研究了一系列事件的原因和对策，并发表了相关报告书。最高检察厅《关于所谓厚生省原局长无罪案件的侦查和审理活动的问题等(公开版)》(2010年12月)。

建议。[1]

由于检察机关处于警察和法院之间的位置，所以其业务必然与侦查和审判相联系。因此，检察机关未来工作状况的建议，自然会延伸到整个刑事司法制度。《建议》指出，出现目前状况的根本原因在于“极端强调审讯和笔录的风气”，“侦查活动和审判活动过度依赖‘密室’里的讯问和讯问笔录，这已经完全不符合时代的潮流了，呼吁建立新的刑事司法制度”[2]。这是一个真正具有“突破性”的建议，将彻底改变日本现有的刑事司法制度。[3]

新的侦查和审判问题已经在2001年《意见书》中提出，其中许多
137 问题仍是“有待今后考虑的问题”。[4] 然而，随后10年的社会变革、裁判员裁判的经验累积，以及最近发生的重要事件，已经不允许把这些问题再留待未来解决了。

下面试图探讨今后的侦查和审判的有关问题，并就存在的问题提出一些意见。

二、审讯可视化及其意义

（一）审讯的录音录像

在此之前已经有人从不同角度指出，在讯问犯罪嫌疑人时进行录音录像是事后核查审讯状况的有效手段。检察制度未来研讨会议的《建议》也确认，“从防止虚假供述导致冤案和保障犯罪嫌疑人人

---

① 参见检察制度未来研讨会议：《检察制度的重生——检察制度未来研讨会议的建议书》（2011年3月31日）（以下简称《建议》）。

② 《建议》，第29页。

③ 根据《建议》，从2011年6月开始，“法制审议会新时代的刑事司法制度特别委员会”就进行了审议工作（注：本文写于2011年）。

④ 参见司法制度改革审议会：《司法制度改革审议会意见书：支撑日本21世纪司法制度》（2001年6月12日），第49页以下。

权的角度来看,讯问犯罪嫌疑人时进行录音录像是有效的方法,应积极扩大录音录像的范围”①。在侦查实践中,录音录像已经得到了推广,②但受这次案件的影响,一系列措施相继公布:2011 年 2 月,最高检察厅决定对特别侦查部处理的某些在押案件进行录音录像;③从 2011 年 4 月开始,对特别侦查部侦查的所有案件原则上对整个案件审讯过程进行录音录像;④2011 年 8 月,在裁判员裁判的案件中,对犯罪嫌疑人否定有罪的辩解或羁押案件的早期阶段应当进行录音录像;等等。⑤

在今后的录音录像制度化过程中,最棘手的问题是对审讯进行全程录音录像,还是只对讯问过程的一部分进行录音录像。对此,值 138
得研究的问题很多。例如,录音录像对审讯的影响程度、复制或播放的方法、录音录像被删除的问题等,此外还有确保不需讯问的供述的手段、完善证明的方法、收集可替代供述的客观证据等问题;以前规定了审讯状况报告制度⑥和《适当审讯犯罪嫌疑人监督规则》,⑦应当参考这些规定或规则的运行状况;检察机关的新的录音录像执行情况的适用结果将在一年后公布,也应考虑这些结果。总之,详尽的制度设计需要考虑方方面面的情况。

---

① 《建议》,第 24 页。

② 参见法务省:《法务省研究会关于讯问犯罪嫌疑人同步录音录像的汇总报告》(2011 年 8 月)。根据该汇总报告,从 2010 年 6 月 1 日至 2011 年 5 月 31 日,检察机关对 1583 个案件进行了录音录像(参见该汇总报告第 14 页)。关于警察的录音录像,根据警察厅的《关于警察审讯讯问录音录像的试行办法》(2011 年 6 月),2009 年 4 月至 2011 年 3 月的两年间,对 717 个案件进行了录音录像参见该试行办法(第 3 页)。

③ 参见最高检察厅:《录音录像试行准则》(2011 年 2 月 23 日)。

④ 参见最高检察厅:《检察改革:现状和未来的举措》(2011 年 7 月 8 日),第 3 页。

⑤ 参见法务省:《法务省研究会关于讯问犯罪嫌疑人同步录音录像的汇总报告》(2011 年 8 月),第 55 页。

⑥ 参见《犯罪侦查规范》第 182 条之二。这个规范也适用于检察机关,参见法务大臣《关于记录讯问情况等的训令》(2003 年 11 月 5 日)。

⑦ 平成二十年(2008 年)国家公共安全委员会规则第 4 号(2009 年 4 月生效)。

（二）可视化的课题

顺便说一下，讯问可视化的目的是客观地记录讯问的情况，在审理中一旦对供词的自愿性发生争议，就可以对此作出准确的判断。① 换言之，这个制度是为了确保通过讯问获得供述的必要性。在这方面，这个前提本身就是一个问题。例如，无论是英美法还是德国法，对通过讯问获得供述的必要性没有太多的讨论，②而日本的供述证据的必要性本身就可能存在问题。

但是，笔者认为，把这种比较法的考察直接适用于日本情况，是
139 不合适的。第一，贿赂案件、违反选举法案件等秘密性的犯罪，放火等不易留下物证的犯罪，目的等主观要素上有重要意义的犯罪，如果没有犯罪嫌疑人的供述就不可能查明案件事实；③第二，日本的起诉标准极为严格（这个问题将在后面讨论），因此就要详细查清案情，简单地否认通过讯问获得供述证据的必要性的观点并不现实。应当认为日本未来的刑事司法制度中通过讯问获取供述的制度也具有一定的价值。但是，即使讯问的可视化制度取得了进展，也不意味着讯问的方式仍然保持不变。例如，讯问技术的升级也是一个必须研究的重要课题。④

---

① 参见法务省：《法务省研究会关于讯问犯罪嫌疑人同步录音录像的汇总报告》（2011年8月），第53页。但是，佐藤博史律师指出，录音录像对于仔细分析供述，即发现真实的供述是有意义的。参见佐藤博史：《足利案件：被隐藏的录音带》，载日本律师协会联合会协助编辑：《讯问的可视化！新的刑事司法的展开》（2011年），第129页、第154页以下。

② 关于其他国家讯问犯罪嫌疑人的现状，参见法务省《关于国外的讯问录音录像制度调查结果报告》（2011年8月）。

③ 参见井上正仁委员在“检察制度未来研讨会议”第10次会议上提交的材料（http://www.moj.go.jp/content/00007165）。

④ 参见小木曽绫：《供述心理和审讯的可视化》，载《研修》第757号（2011年），第3页以下。该文介绍了英国从犯罪嫌疑人那里获取信息的访谈技巧。

（三）收集讯问以外的陈述证据

现在，即使应该承认确保供述证据的必要性，但是否应该完全依赖讯问是另一回事。《建议》敦促有关部门研究“不使用讯问方式来收集供述证据和客观证据的机制”。[①] 不可否认的是，“讯问”是一个讯问者和被讯问者之间存在等级关系时才可能存在的制度，因此从根本上说这种制度带有纠问的性质。问题在于讯问是在“密室”进行的，而讯问的可视化是通过削弱讯问的这种隐秘性，淡化讯问纠问性质。但是，尽管有一定程度的淡化，讯问的性质仍然没有改变。关于可视化的讨论自然会演变成关于“不通过讯问的方式收集供述和客观证据的机制”的讨论。[②]《建议》从两个不同方向提出了建议，即从积极的方面评价通过可视化进行的讯问和从消极的方面评价通过采 140
用讯问替代理论进行的讯问。然而，这是在同一平面上进行的对比，如后所述，如果从对应具体个案特殊性的侦查方法看，两者似乎是可以共存的。

三、引入新的侦查方法

（一）新侦查方法的课题

如果要减少讯问的比重，那么通过讯问获取供述证据的功能不可避免地也会下降。因此，首要的问题就是引入新的侦查方法，收集更广泛的客观证据。然而，引入这种新的侦查方法是一个可以在现有的理论框架内探讨的问题，即在侦查中保持发现真实和保障人权

---

① 参见《建议》，第29页。

② “检察制度未来研讨会议”第5次会议记录第5页中有一段发言点明了问题的核心，即“如果这次会议仅仅停留在可视化上，那么就只会延续以审讯为中心的侦查结构了”（田木圭一委员）（http://www.moj.go.jp/content/000068745.pdf）。

之间的平衡，这个问题似乎在理论上不会存在大的争议。①

上述值得研究的侦查方法包括诱惑侦查或卧底秘密侦查、DNA分型鉴定和建立DNA分型数据库、通信监听等。其中，如果今后进一步扩大适用诱惑侦查或卧底秘密侦查这种方法，最好是制定明确的侦查人员行为准则，对应使用该具体的侦查方法进行分类，制定合法侦查的法定标准。② 此外，关于DNA分型鉴定和建立DNA分型数据库，不仅可用于犯罪侦查，而且可以用于犯罪预防，因此需要对DNA分型采集方法，DNA的保管、利用和废弃等进行系统性立法。③关于扩大通信监听的范围，④需要慎重研究的问题是具体的必要性审查、监听的范围与宪法的关系。总之，这种新侦查方法的立法应当被
141 作为一个时代的问题积极推进，它应该被解决。

（二）辩诉交易的制度化

相较之下，通过辩诉交易、刑事免责、有罪答辩等方式收集证据是一种侦查技术，在难以用讯问方式收集证据的情况下，主要通过辩护人与检察官之间的协议，由犯罪嫌疑人/被告人提供供述证据，以换取对犯罪嫌疑人/被告人的某些有利的处理。

这里谈到的辩诉交易主要是指美国模式，其典型特征是检察官

---

① 参见《（专辑）新侦查方法的现状和课题》，载《刑事法评论》第29号（2011年），第3页以下。

② 参见丸桥昌太郎：《诱惑侦查、卧底秘密侦查的现状：以英国的秘密侦查为中心》，载《刑事法评论》第29号（2011年），第9页以下。

③ 参见川出敏裕：《新侦查方法的意义和展望》，载《刑事法评论》第29号（2011年），第8页；松下彻：《警察的侦查方法的升级：以DNA鉴定和DNA数据库为中心》，载《刑事法评论》第29号（2011年），第18页。

④ 在国家公共安全委员会委员长领导下成立的"提高改进侦查方法和讯问方式研究会"提出的《提高改进侦查方法和讯问方式研究会的中期报告》（2011年4月，以下简称《中期报告》）。参见《中期报告》（第39页）研究课题之一——完善对通信的监听制度（http://www.npa.go.jp/shintyaku/keiki/ chuukannhoukoku.pdf）。

在量刑方面的司法交易。[①] 相反,2009 年德国通过的合意程序允许当事人达成合意,同时又保留了法院依职权调查证据的义务。[②] 两者的分歧之处在于,在认定犯罪嫌疑人/被告人有罪方面的处置权。德国式的合意程序中的刑事诉讼法原则包括实体的真实主义、自由心证主义、超过合理怀疑的证明,[③]只要当事人达成合意就不能认定有罪。但是,在这个问题上,美国式的辩诉交易分为“两种模式”,即在被告人不认罪的情况下开庭审理的有罪认定和被告人承认有罪情况下不开庭审理的有罪认定,这两种模式“基本是等价值的”。[④] 这个问题还涉及真实主义的内容,后面还会谈到。

然而,正如最高法院对刑事免责问题所指出的那样,[⑤]“符合公众正义感的公平感”的问题在美国式的辩诉交易法律系统中是否能 142
充分厘清,还值得怀疑。例如,在这方面,加拿大的辩诉交易制度并不像德国法那样保留法院的职权主义,而是由承办法官以外的法官与当事人进行协商,建立了混合型的辩诉交易(hybrid judicial plea bargaining),[⑥]这可能是一种适当的做法,值得注意。总之,日本在设计辩诉交易制度时,无论是所谓的协助侦查型还是自认有罪型,都应

① 参见宇川春彦:《美国的辩诉交易》,载《刑法杂志》第 50 卷第 3 号(2011 年),第 357 页、第 368 页。

② 参见亨宁・罗西瑙:《德国刑事程序中的合意》,田口守一译,载《刑事法评论》第 24 号(2010 年),第 41 页以下;池田公穗:《德国的刑事裁判与合意程序》,载《刑事法评论》第 22 号(2010 年),第 23 页以下。

③ 参见川出敏裕:《辩诉交易与刑事诉讼法的诸原则》,载《刑法杂志》第 50 卷第 3 号(2011 年),第 336 页、第 339 页。

④ 参见宇川春彦:《美国的辩诉交易》,载《刑法杂志》第 50 卷第 3 号(2011 年),第 368 页。

⑤ 最高法院(大法庭)判决平成 7. 2. 22(1995 年 2 月 22 日),载《刑集》第 49 卷第 2 号,第 1 页(洛克希德案)。关于刑事豁免权,参见司法制度改革审议会:《司法制度改革审议会意见书:支撑日本 21 世纪司法制度》(2001 年 6 月 12 日),第 49 页,其中指出“通过引入刑事免责制度确保能够获得供述的侦查方法,是处理有组织犯罪的有效方法”。

⑥ 参见田口守一:《刑事诉讼的目的》(增补版)(2010 年),第 193 页。

该维持法官能够确认当事人之间的协议内容及其自愿性的空间。这种确认的程序还应参考美国式辩诉交易的内容,如确认有罪答辩的事实依据(factual basis)、有罪答辩的受理程序等。[①]

具有代表性的辩诉交易制度是美国的制度,但在1970年还没有正式承认这种制度,德国提出这个问题后经过了25年才制定了相关法律。[②] 日本是在第二次世界大战以后制定《刑事诉讼法》的过程中才开始讨论辩诉交易,[③]而刑事免责问题是最高法院大法庭判例提出的,而且在刑法学会上进行了多次研讨。[④] 日本制定的有关辩诉交易的相关法律已经从方方面面做好了准备。松尾浩也教授早在2002年就指出,"有人认为承认被告人有'处置权'是违反刑事诉讼程序的性质的。但是,近年来情况的改变使人们感受到……我们必须扩大视角开始着手面向21世纪的工作"[⑤]。现在,这个时代已经来到了。

143
四、审理的应有状态

(一)"核心司法"观念下的庭审程序

今天,人们已经普遍接受了从传统的精密司法观念向核心司法

① 关于基于辩诉交易的有罪答辩受理程序,参见田口守一:《刑事诉讼的目的》(增补版)(2010年),第133页以下。

② 参见亨宁·罗西瑙:《德国刑事程序中的合意》,田口守一译,载《刑事法评论》第24号(2010年),第50页。

③ 1947年修订的《刑事诉讼法》第七草案至第九草案中曾包含有罪答辩制度的条款,参见松尾浩也:《刑事法学的地平线》(2006年),第124页。

④ 《(专刊)有组织犯罪的程序性措施》,载《刑法杂志》第37卷第2号(1998年),第158页以下;《(专刊)辩诉交易的理论课题》,载《刑法杂志》第50卷第3号(2011年),第333页以下。

⑤ 松尾浩也:《刑事诉讼的课题》,载松尾浩也、井上正仁编:《刑事诉讼法的争议点》(第3版)(2002年),第7页[该论文收录于松尾浩也:《刑事法学的地平线》(2006年),第312页以下]。

观念转变的方向。[①] 2004 年刑事司法制度改革引入庭审前整理程序,其重点是整理争议点和整理证据,庭审活动也是围绕当事人提出的争议点展开的。判例法也认为,“既然是以当事人主义(当事人追行主义)为前提,就应当根据当事人提出的主张、争议点和要证明的内容,准确地证实案件真相,进行必要证明”。[②] 这个表述接近于核心司法的观念。核心司法的理念强调根据当事人的主张查明真相,这种理念已经在日本的实践中深深扎根。

因此,依照核心司法进行的法庭审理,要充分审理当事人有争议的事实,而对于当事人没有争议的事项,并不需要完全坚持依照口头主义和直接主义进行证据调查。笔录判决对于否定有罪的案件才应当坚持口头主义、直接主义,但并不是说无争议的案件就不能使用供述笔录。[③] 根据案件的具体情况进行充分的法庭审理,才是核心司法所要实现的目标。

(二)刑事司法实务中的起诉标准

相较之下,在日本迄今为止的刑事实务中,提起公诉的条件是有
“确凿的犯罪嫌疑”,有罪率一直保持在 99%。这么高的起诉标准、 144
这么低的无罪率,一直是精密司法理念所追求的。但是,如果今后要采用核心司法理念,就需要重新思考这种起诉标准和无罪率。

---

① 参见平野龙一:《采用参审制实现“核心司法”:刑事司法改革的动向和方向》,载《法学家》第 1148 号(1999 年),第 2 页以下[该文收录于平野龙一:《刑事法研究(最终卷)》(2005 年)];角田正纪等:《裁判员制度下重大拒绝认罪案件的审理方法》,载《司法研究报告》第 60 辑第 1 号(2008 年),第 1 页。

② 最高法院判决平成 21. 10. 16(2009 年 10 月 16 日),载《刑集》第 63 卷第 8 号,第 937 页。

③ 有一种观点认为,应该废除《刑事诉讼法》第 321 条第 1 款第 2 项[参见后藤昭委员在“检察制度未来研讨会议”第 9 次会议上提交的材料(http://www. moj. go. jp/content/000071561. pdf)]。但笔者认为,应当使用这种供述笔录。但是,在裁判员裁判中应当避免全文宣读全部供述笔录的做法。

如果在侦查中减少对犯罪嫌疑人讯问，在庭审中也采用核心司法理念，那么不可避免地就会降低一些起诉标准，提高一些无罪率。正如松尾浩也教授所言，"如果我们认为应当降低一些起诉标准，提高一些无罪率，那么就应该开始行动了"[1]。平野龙一博士在谈到无罪率时曾说过："如果我们准备把目前的0.3%提高到3%左右，日本的侦查压力就会减轻很多。"[2]虽然单纯按照所谓的弹劾侦查观理论进行侦查是很难的，但从长远来看，这是侦查的发展方向。但是，在谈论提高无罪率时，直接参考其他国家的法律制度是不合适的。[3] 假设把现在的无罪率提高到平野龙一先生所说的3%或者2%左右，是有可能的。如果无罪率增加到这个程度，起诉的标准也应当下降到
145 相应的水平。[4]

（三）实体真实主义的意义

引入新的侦查方法并将核心司法作为新的审判理念时，最后一个问题就是如何理解刑事诉讼法的原则——实体真实主义。在这一点上，古典的实体真实主义追求完全的真实，这与基于当事人的合意

---

① 松尾浩也：《刑事诉讼法50年：总体回顾》，载《现代刑事法》第1卷第1号（1999年），第41页[本论文收录于松尾浩也：《刑事法学的地平线》（2006年），第109页以下]。

② 平野龙一：《诉因与证据》（刑事法研究第4卷）（1981年），第186页。目前，日本的无罪率约为0.2%，英国约为20%，德国约为3.4%[参见《中期报告》（2011年4月），第38页]。

③ 例如，英国的无罪概念与日本是不同的，在英国只有基于有罪判决而服刑以后又被认定为无罪的情况，才会获得刑事赔偿（Criminal Justice Act 1988, Sec. 133）。因此，至少可以肯定的是，英国的无罪率不能作为日本的参考。

④ 在日本，起诉前的羁押期间比其他国家（地区）要短。至少与大陆法系各国相比，德国为6个月，可以延期；意大利为6个月，可以延期两次；邻国的韩国，逮捕羁押期限为30日，违反国家安全法行为的逮捕羁押期限为50日。因此应当考虑的问题是，如果今后讯问的作用不可避免地下降，那么像以前那样细致地查清案件事实就会很困难。但是，显然不能参考英国的"51%起诉标准"。参见松尾浩也：《刑事诉讼法》（上册）（新版）（1999年），第150页。

认定有罪的实体真实主义是不同的。即使在强调实体真实主义的德国,普遍的观点也认为“发现真实是相对的”,[①]应当认为,基于绝对真实作出有罪判决只不过是实现刑事诉讼目的的选项之一。

既然刑事诉讼的目的是消除犯罪造成的混乱,恢复社会的法律秩序,那么就应当在这个限度内追求真实。在这个意义上,可以说追求真实是刑事诉讼中的一个“中间目的”(Zwischenziel)。[②] 实体真实主义的相对性意味着,从程序的角度来看,查明真相是与当事人有关的。在当事人有争议的情况下,要求追求彻底的真实,而在其他情况下,可以认为当事人主张的事实就是真实。应当灵活地理解实体真实主义的概念。然而,这涉及刑事司法到底是为了什么的基本问题,需要认真研究。总之,为了在新时代建立新的刑事司法,我们需要重构刑事诉讼法的基本理论,其中包括当事人主义、实体的真实主义、刑事诉讼目的论。[③] 146

五、结语

“检察制度未来研讨会议”提出了避免两种倾向的建议:避免过度讯问、避免过度依赖供述笔录。为了避免这两种倾向:一方面,要优化讯问,减少讯问中附带的纠问因素;另一方面,应当引进可以替代讯问的收集证据的方法,这是今后改革的两个大的方向。

---

① Vgl. Frauke Stamp, Die Wahrheit im Strafverfahren, 1998, S. 248 f. 参见宇川春彦:《辩诉交易的思考(之 17)》,载《判例时报》第 1627 号(1998 年),第 43 页,文中对“实体真实主义的相对性”问题进行了解释。参见田口守一:《刑事诉讼的目的》(增补版)(2010 年),第 81 页以下。

② Vgl. Thomas Weigend, Deliktsopfer und Strafverfahren, 1989, S. 182 f. 参见田口守一:《刑事诉讼的目的》(增补版)(2010 年),第 37 页。

③ 参见三井诚:《刑事诉讼法的基本原理》,载松尾浩也、井上正仁编:《刑事诉讼法的争议点》(第 3 版)(2002 年),第 8 页。文章指出,“除了需要深化现有的理论外,还要提出与过去不同的新的基本原理”。

重视讯问和依赖供述笔录并不是刑事司法形式本身存在错误。而是说我们应当反省,对于那些不适应这种程序形式的案件不能一概适用相同的程序。每个案件都具有独一无二的特殊性。刑事程序也必须为更多的程序形式做好准备,以应对这种个性化特征。我们需要研究的问题是,应当构建一个多维度、多层次的刑事司法制度。毕竟这种制度的基础需要有理论支撑,因此支撑这一多维度的刑事司法制度的理论就是需要我们研究的重要课题。这种理论应该与时俱进,不断深化发展。

第四章

刑事诉讼的参与者

摘　要 147

正如上一章第一节“诉讼主体的多元化”中所讨论的那样，特别是在当事人主义诉讼构造下，国家机关以外的人员参与刑事诉讼的情况不断增加，参与刑事诉讼的人员多元化已经成为一种常态。因此，本章“刑事诉讼的参与者”着重介绍在刑事司法制度中发挥重要作用的刑事诉讼参与者，特别是在2004年刑事司法制度改革前后，刑事诉讼参与者队伍开始扩大，在人员结构上支持了当事人主义诉讼构造。但是，公立的犯罪嫌疑人辩护制度、裁判员制度、被害人参加制度自建立以来还不到20年的时间，参与者的时代才刚刚开始。

第一节“公费刑事辩护制度的意义和功能”，论述了2004年引入的犯罪嫌疑人国选辩护制度的有关问题。这篇文章是在该制度推出后不久写成的，部分内容还不够清晰，这次进行了一些修改，补充了2016年刑事诉讼法修改的立法过程方面的内容。回顾一下制度改革当初讨论的问题也是很重要的。

第二节“市民参与刑事裁判”，介绍了创立裁判员制度的背景和过程，并讨论了裁判员制度实施一年来的情况。2019年是裁判员制度实施10周年，最高法院事务总局发布的《裁判员制度实施十年总结报告》指出，“裁判员制度在公众的广泛参与下，在公众的理解和配合下，总体运行平稳”。在裁判员制度实施的第一年，该制度就得到法官和裁判员的高度评价。

第三节“市民参与刑事司法和诉讼理论”是1998年在日本刑法学会东京分会上的大会发言记录，时间已相当久远。之所以把这篇文章收录进来，主要是一方面想强调，即使在今天笔者的基本观点依然不变；另一方面介绍一下当时的气氛，当时正值引入裁判员制度的前夜（2004 年），探讨裁判员制度的气氛很热烈。

第四节“犯罪被害人参与诉讼程序”是一次讲演记录，介绍了 20 世纪 70 年代所谓的“发现被害人”以来的被害人立法发展，并介绍了 2007 年建立被害人参加制度的主要问题。《刑事诉讼法》中也包含许多与被害人有关的条款，被害人立法也变得更加复杂了，因此需要对该制度进行梳理。

148

第一节　公费刑事辩护制度的意义和功能

一、引言

2004 年 5 月 21 日制定了《关于对刑事诉讼法等进行部分修改的法律》，其中包括所谓公费辩护制度的各种规定；2004 年 5 月 26 日颁布了《综合法律支援法》，为被告人/犯罪嫌疑人选任国选辩护人提供了支援。①

这次建立的公费辩护制度可以追溯到 1990 年，②当时大分县和福冈县启动了值班律师制度，日本法律援助协会也在同一年推出了

① 2004 年 5 月 22～23 日举行的日本刑法学会第 82 届大会的“第二分组会”的讨论议题是“刑事辩护的功能和本质”，该分组会的成员和发言题目分别是田口守一：《分组会选题的目的》；冈田悦典：《诉讼理论与刑事辩护的功能》；清水真：《诉讼阶段刑事辩护的功能》；佐藤博史：《我国刑事司法的特点和辩护的功能》；四宫启：《新的公费辩护制度与“高质量”的辩护活动》。这次合作研究被认为是新的刑事辩护制度的开始，参见《刑法杂志》第 44 卷第 3 号（2005 年），第 351 页以下。

② 参见田口守一：《公费辩护制度的理念与展开》，载《现代刑事法》第 4 卷第 5 号（2002 年），第 5 页以下。

为犯罪嫌疑人辩护的法律援助制度。1999年,司法制度改革审议会成立,并开始讨论具体的立法问题。2001年,发表了《意见书》,其中提出要建立犯罪嫌疑人公费辩护制度,促使具体立法的实现。公费辩护制度终于被引入了,这种动向与其他刑事立法联系在一起,让人们感到日本刑事司法制度的"变革"时代到来了。①

然而,在新制度的运作中可能出现量和质两个方面的问题:为了支撑实施新的公费辩护制度,就需要一定数量的律师,如何保证有足够数量的律师是该制度的量的问题;在侦查阶段的公费辩护还涉及 149
辩护的内容,即辩护的质的问题。特别是后者的质的问题,将在新制度运行的过程中不断进行探索,在此过程中,刑事辩护的未来方向将在侦查的需要和人权保障的比较平衡关系中解决强大的侦查机构和弱小的被告人之间的矛盾。在考虑未来的辩护实践应该是什么时,不仅要深入研究这种比较平衡的政策,还要深化刑事辩护的基本理论,即刑事辩护的功能和本质,这一点以前很少有人从正面进行讨论。只有在这样的理论基础上,新的公费辩护制度的合理运作才有可能。②

二、公费刑事辩护制度概述

下面介绍新颁布的公费刑事辩护制度的概况。首先,新制定的《刑事诉讼法》第37条之二规定如下(参见《刑事诉讼法》部分修订法)。第1款规定:"对于相当于死刑、无期或者一年以上惩役或禁锢

---

① 参见田口守一:《公费辩护制度的理念与展开》,载《现代刑事法》第4卷第5号(2002年),第7页。平野龙一博士指出,"为犯罪嫌疑人建立国选辩护制度意味着刑事诉讼的变革"。参见平野龙一:《犯罪嫌疑人的辩护人应当做什么?》,载《刑事辩护季刊》第1号(1995年),第25页。

② 参见田口守一:《分组会选题的目的》,载《刑法杂志》第44卷第3号(2005年),第351页。

的案件，已经对犯罪嫌疑人发出逮捕证的，犯罪嫌疑人因贫困或者其他事由不能选任辩护人的，法官根据其请求，应当为犯罪嫌疑人指定辩护人。[①] 但是，犯罪嫌疑人以外的人已经选任辩护人或者犯罪嫌疑人被释放的，不在此限。”第2款规定：“被提请逮捕的犯罪嫌疑人，也可以就前款规定的案件提出前款的请求。”根据这些规定，被提请逮
150 捕的犯罪嫌疑人以及已被逮捕的犯罪嫌疑人也可以获得公费辩护。

其次，2004年5月26日制定了《综合法律支援法》，该法第13条以下规定建立“日本司法支援中心”（以下简称支援中心），作为公费辩护制度的管理机构，其中一项业务是“国选辩护人候选人的提名和通知等”。该法第38条第1款规定：“法院、审判长或者法官，根据《刑事诉讼法》的规定指定国选辩护人时，应当要求支援中心通知指定国选辩护人候选人。”第2款规定：“支援中心收到前款规定的要求后，应当及时从国选辩护人的签约律师中，提名国选辩护人候选人，并通知法院、审判长或者法官。”第3款规定：“支援中心在国选辩护人的签约律师被选为国选辩护人后，根据该协议的规定，应当让该国选辩护人的签约律师处理国选辩护人的事务。”在公费辩护制度研究会上，设计了支援中心这样一个“公正中立”的运作实体，由支援中心负责“公费辩护相关业务”。

关于新的公费辩护制度的意义，有必要回顾一下首次提出建立该制度的《意见书》。《意见书》提出了公费辩护制度的框架，主要内容有以下5点[②]：（1）应当建立和完善贯穿犯罪嫌疑人和被告人的整

---

① 根据“公费辩护制度研究会第13次会议”提供的资料13－1《关于公费辩护制度》，犯罪嫌疑人有权请求选任辩护人的案件范围是：（1）限定于犯罪嫌疑人被羁押的案件；（2）限定于犯罪嫌疑人可能被判处死刑、无期或3年以上惩役或禁锢的案件。但是，修订后的法律实施后大约3年，又修改为可能被判处死刑、无期或1年以上惩役或禁锢的案件。由此可见，在3年后的2009年，犯罪嫌疑人可申请公费辩护案件的范围大幅扩大了。

② 参见司法制度改革审议会：《司法制度改革审议会意见书：支撑日本21世纪司法制度》（2001年6月12日），第46页以下。

个阶段的统一的辩护制度，对犯罪嫌疑人也应实行公费辩护制度；(2)公费辩护制度的运行机构应是一个公正而中立的机构，并应通过适当的机制为其运营引入公共资金；(3)在探讨上述机构的组织结构、管理模式、监督机制时，应充分考虑透明度和问责机制等，以便使公共资金能够投资于该机构；(4)即使在公费辩护制度下，也不应破坏个案中辩护活动的自主性和独立性；(5)律师协会应负责辩护工 151
作，并意识到自己在确保辩护活动质和量中的重大责任，强化律师协会的主体责任。

以上是《意见书》提出的公费辩护基本框架。上述(1)中提到建立“贯穿犯罪嫌疑人和被告人的整个阶段的统一的辩护制度”，如果是被告人的国选辩护制度，只要法院就能完成这项任务，但现在把犯罪嫌疑人的辩护也包括在内了，那么就需要有上述(2)中提到的“公正而中立的机构”。《意见书》使用了“公费辩护”一词，这是因为该制度需要使用“公共资金”，并要求有“适合公共资金投资”的“机构的组织结构和管理方法”等，也就是说，这里的组织结构和运营模式应该是“适合公共资金投资”的，而不是适合于辩护的。

同时，《意见书》(4)中指出，“即使在公费辩护制度下，也不应破坏个案中辩护活动的自主性和独立性”，也就是说，这种制度是“资金问题”上的“公费辩护制度”，虽然只是为了解决“经费问题”，但它的“公共性”也会影响辩护内容，这一点是提前的预知和警告。在公费辩护制度中，除公共资金的程序问题外，可能还有更微妙的问题。这一点将在后面谈及。

而且这个问题与《意见书》(5)中提到的“辩护活动质和量”问题有关。提到的“确保辩护活动质和量”中的“质”是什么意思？公费辩护对其能否产生影响？这里提到的“质”，是“低水平”的质还是“高水平”的质，这也是一个问题。《部分修改刑事诉讼法的法律》中增加了第38条之三“辩护人的解聘”内容,该条第4项规定,“因辩护人明显违反义务而不应当继续履行职务的”,可以予以解聘。这里也存在同样的问题,即什么情况属于“明显违反义务”,当然这也是一种辩护质量的问题。

总之,《意见书》已经充分意识到公费辩护制度中存在的问题。但修改后的《刑事诉讼法》的条款并没有为这些问题提供答案。这些
152 问题需要在制度运行过程中寻找答案。

附记1:

在本论文发表后的2016年修改了《刑事诉讼法》(《部分修改刑事诉讼法的法律》2016年法律第54号),完善了辩护人对犯罪嫌疑人及被告人的援助,并就选聘国选辩护制度和证据开示制度对《刑事诉讼法》进行了如下修改。

第一,犯罪嫌疑人的国选辩护已经扩展到被羁押的所有案件(《刑事诉讼法》第37条之二、第37条之四、第203条第4款),并强化了选聘国选辩护人有关事项的提示义务[关于被告人的提示义务(《刑事诉讼法》第76条第2款和第77条第2款);关于犯罪嫌疑人的提示义务(《刑事诉讼法》第203条第3款和第4款,第204条第2款和第3款,第207条第2款和第3款)]。

第二,扩大了证据开示制度。(1)引入了证据清单的交付程序(《刑事诉讼法》第316条之十四第2款、第3款、第4款、第5款);(2)扩大了庭审前整理程序,检察官、被告人和辩护人均有权请求适用该程序(同上第316条之二第1款和第316条之二十八第1款);(3)部分扩大了证据开示的范围(第316条之十五第1款第8项和第9项、第2款、第3款)。

这些修改都加强了犯罪嫌疑人/被告人在诉讼程序中的主体性,强化了他们作为诉讼当事人的地位。

三、公费辩护的意义

综上所述，公费辩护制度之所以具有“公共性质”，是因为该制度的运营有“公共资金”的投入。既然有公共资金投入该制度，那么这些资金的运转和管理以及其他组织的运作当然应当由公共组织来完成。在这方面，公费辩护制度在程序上与所谓的私人辩护制度是不同的。在私人辩护制度中，聘请程序和报酬问题基本上都是私人当事方之间的契约约定，公权当局并不干预。

相反，在公费辩护制度中，无论是为被告人的公费辩护还是为犯罪嫌疑人的公费辩护，都由支援中心这一独立行政机关负责选任国选辩护人并决定其报酬。独立行政法人是从人民生活和社会经济的稳定这一公共事业角度负责确保法律实施的组织，这是带有垄断性 153
的单一主体的机构。专营独立行政机关成立的目的是确保高效和有效地执行需要由国家执行的事务和项目（包括国家自身事务和项目的管理），因为这些事务和项目不需要由国家本身作为主体直接运营，而民营实体组织又无法运营。该支援中心是依据《独立行政法人通则法》和个别法的规定成立的实体。[①] 由这个所谓“公正而中立的运营主体”运营的公费辩护制度，当然具有“公共性质”。

另外，公费辩护制度是否会导致通过“公共程序”选任的辩护人的辩护活动也带有某种“公共性质”，这完全是另一个问题。与公费辩护相对应的是私人辩护——由公共资金资助的公费辩护和由私人资金资助的私人辩护，这两种辩护活动是否有区别？从理论上讲，辩护的内容不可能取决于辩护活动的报酬来自何处。辩护活动是否可以带有某种“公共性质”，这是刑事辩护制度应当考虑的问题，与公费

---

① 《公费辩护制度研究会第5次会议概要》，参见会议参考资料5－3《关于术语的含义等（供参考）》。

辩护还是私人辩护没有关系。

然而,在讨论公费辩护制度下的辩护活动方式时,提出了“通过运营主体来提高刑事辩护整体质量”的问题,并指出“主体实体应当在刑事辩护方面积极积累信息,立足于刑事辩护业务本身,为提高整个刑事辩护的质量而努力”①。这里探讨的是一个非常敏感的问题。最初,“公正而中立的运营主体”的任务是与资金关系相对应的。②运营主体在多大程度上与“辩护质量”有关,是否应当影响“辩护质量”,这是需要认真探讨的问题。公费辩护制度研究会负责人之一井上正仁教授(当时)发表了谨慎的观点:“把公共资金用来支付不适
154 当的活动,这是很难接受的。有人认为,运营主体也应控制辩护质量问题。但是……刑事辩护活动有时会采取与检察官等官方机构进行对抗的形式,因此控制在什么程度才合适很难确定,尽管是中立和公正的机构,但是否应该、是否能够监管辩护质量,我认为这是一个困难的问题。”③

因此,无论是公费辩护还是私人辩护,作为一种刑事辩护活动,是否具有一定的“公共性”,应该从总体上考虑。正如井上正仁教授所指出的:“回过头来看,正当的刑事辩护活动应达到什么程度,这个问题并不限于公费辩护,私人辩护也涉及这个问题。即使在私人辩护的情况下,与其说辩护人只是为犯罪嫌疑人/被告人跑腿,不如说他们的使命是维护被告人的利益,是以自己独立的地位和责任履行自己的使命。他们也应当配合和支持裁判制度的正常而顺利地运

---

① 《公费辩护制度研究会第13次会议概要》,参见会议参考资料13－1《关于公费辩护制度》之6:“公费辩护制度下的辩护活动应如何进行”。

② 参见《司法制度改革审议会第55次会议记录》(2001年4月10日,井上正仁的发言)。

③ 佐藤幸治、竹下守夫、井上正仁:《司法制度改革》(2002年),第173页(井上正仁执笔)。

转。在这个意义上，无论私人辩护、国选辩护还是公费辩护，对他们的质量要求应该是相同的……”①他在这里提出了几个重要观点：(1)公费辩护和私人辩护的标准应当是相同的；(2)辩护人具有独立的地位和责任；(3)辩护人应当对裁判制度正常和顺利运转提供协助。这些问题还需要进一步深入研究。②

附记2：

上述内容论及了“公费辩护”概念本身，但在公费辩护制度适用于犯罪嫌疑人后，这种制度对侦查结构理论也具有意义。关于这一点，笔者曾指出：“将公费辩护制度引入侦查阶段，在某种意义上是与侦查程序的当事人主义相融合。”③其主要观点已经论及(参见本书 155
第一部分第一章第一节的“三、当事人主义与犯罪嫌疑人/被告人的诉讼主体性”)。当事人主义的原点是保障犯罪嫌疑人/被告人的诉讼主体性，通过引入对犯罪嫌疑人的公费辩护制度，为保障犯罪嫌疑人的诉讼主体性增加了由最重要的辩护人提供援助的机会，在这个意义上强化了刑事程序中的当事人主义。另外，最高法院大法庭判

---

① 佐藤幸治、竹下守夫、井上正仁：《司法制度改革》(2002年)，第173页(井上正仁执笔)。

② 关于德国法的详细研究，参见辻本典央：《论德国的刑事辩护人的法律地位(1)、(2)、(完)》，载《法学论丛》第154卷第1号(2003年)，第51页；同上第2号(2003年)，第118页。文章详细分析了德国法是如何考虑辩护人的“公益性”的。该文还对现行法律进行了分析，并指出，“《刑事诉讼法》并没有让辩护人完全从属于犯罪嫌疑人/被告人，而是将辩护人的地位定位于在一定程度上独立于犯罪嫌疑人/被告人”(第135页)，但是“鉴于刑事辩护的本质是为犯罪嫌疑人/被告人提供帮助，辩护人的这种独立地位毕竟是为了协助犯罪嫌疑人/被告人，并确保和尊重他们的主体性，因此辩护人也不能忽视犯罪嫌疑人/被告人的意愿”(第135页)。这些观点是十分中肯的。此外，参见吉村宏：《刑事“辩护权”的本质和功能：德国的理论现状》，载《刑事实体法与裁判程序：法学博士井上正治先生悼念论集》(2003年)，第245页以下，该文以律师权的公益性和私益性为切入点，介绍了德国法对公益性的新探索，值得参考。

③ 参见田口守一：《公费辩护制度的理念与展开》，载《现代刑事法》第4卷第5号(2002年)，第5页以下。

决认为,《宪法》第 34 条规定的聘请律师权“从实质上保障由辩护人提供咨询并接受辩护人的建议和其他援助的机会”[最高法院(大法庭)判决平成 11.3.24(1999 年 3 月 24 日),载《民集》第 53 卷第 3 号,第 514 页(安藤齐藤案)]。这是涉及律师会见的判例,但在引入犯罪嫌疑人公费辩护制度后,将在实质上保障宪法规定的聘请辩护人的权利。

四、刑事辩护的职能

刑事辩护活动特别是侦查阶段的辩护,可以在以下方面发挥积极作用:提供有关信息,如会见犯罪嫌疑人,向其提供家属情况等外部信息,以减轻他们的孤独感;咨询和指导功能,如解释法庭诉讼等法律程序;对侦查机关的侦查活动进行监督;为犯罪嫌疑人收集有关证据;与被害人达成和解,向检察官提供可以不起诉的资料。此外,在案件转为法庭辩护时,辩护人将设定争议点、请求法庭调取证据、
156 请求询问证人、在法庭陈述意见等。

辩护人应当发挥的作用是多方面的,但关于刑事辩护的本质到底是什么的争论至今还没有得到解决,一种观点认为,刑事辩护最终代表作为委托人的犯罪嫌疑人/被告人发挥作用;另一种观点认为,从更广泛的角度来看,刑事辩护的本质还具有司法机关的职能。

村冈启一教授主张从代理人功能说中提炼的所谓“诚信义务纯化”理论,他认为,律师只能完全依照行为准则履行诚信义务,真诚地使当事人获得最大化利益。但需要注意的是,村冈启一教授还强调,“履行对委托人的诚信义务并不是不加批判地全盘接受委托人的主张,而应当是在委托人与律师之间的特权框架内,最大限度地表达自己作为专家的意见。[①] 如果委托人撒谎,应当予以纠正;如果委托人

---

① 村冈启一:《律师的作用》,载《法学论坛》第 563 号(2001 年),第 87 页以下。

选择的防御方法不切合实际,那么作为专家应当直截了当地提出意见,甚至劝导委托人放弃原来的想法”。另有观点即所谓的公共义务理论认为,“例如,关于在金融市场上谁应当是守门人这个问题,为了在国际社会上打击洗钱活动,律师有义务向执法机关报告其客户的可疑金融交易事实。这种理论的思想根基是,律师的独立司法机构的地位优于其作为代理人的地位……以‘公共义务’的形式,基于独立的司法机构地位直接向国家提供协助”①。

另外,森下弘律师指出,“以排除非法证据(但被告人承认犯罪)为理由进行无罪辩护,是否为了被告人自身的利益(诚信义务)?如果站在非法收集证据排除的非法侦查抑制说的角度强调政策目标,那么就不能用诚信义务进行解释。从宪法制度上就可以更直接地理 157
解为,辩护人有义务依照诚信义务维护被告人的权益,同时作为正当刑事裁判的一方当事人,其‘公共义务’应当是按照人权保障制度的要求为被告人辩护”②。他还指出,“维护司法健全运行的义务对辩护人来说是消极义务(可以不去做什么),如果他们不作出某种行动或决定就会妨碍侦查机关、法院或拘留所的刑事裁判正常运行时,这种义务才转变为积极义务。在这个意义上,辩护人也被称为参与刑事司法运行的司法机构成员之一”③。

这里参考一下英国的辩论。《英格兰和威尔士辩护人行为准则》

---

① 荒木友雄、田口守一、渡边关子、村冈启一、椎桥隆幸:《(研讨会)辩护人的真实义务和诚实义务》,载《现代刑事法》第6卷第2号(2004年),第13页(村冈启一执笔)。

② 森下弘:《对刑事辩护指南的一些建议》,载《季刊刑事辩护》第22号(2000年),第41页。

③ 森下弘:《对刑事辩护指南的一些建议》,载《季刊刑事辩护》第22号(2000年),第42页。需要注意的是,美国律师协会的《关于辩护职能的标准》(第一章“一般原则”中的第4-1.2节“辩护人的职能”)规定:“……(d)辩护人应当寻求改善刑事司法的运行……(f)辩护人不得故意向法庭歪曲事实问题或法律问题;(g)辩护人明知该司法管辖区的法源明显违反被告人的主张,但检察官不引用该法源时,辩护人应向法院明确提出该法源的存在”(参见同上论文第42页)。

规定:“如果被告人对他的辩护人说,自己没有实施被指控的罪行,但出于个人原因希望进行有罪答辩,那么辩护人要继续代理被告人,就必须向被告人说明有罪答辩的后果,这些有罪答辩在诉讼中将被作为证明被告人有罪的证据使用。”①根据上述规定,如果被告人主张自己无罪,最终却维护有罪答辩,那么辩护人继续为委托人代理也不是不可能,但辩护人有义务协助“公正而有效的司法”(the proper and efficient administration of justice),因此实际上辩护人很难继续为被告
158 人进行代理。②

从理论上讲,这两种观点都有一定道理,但从整个刑事诉讼法体系来看,不可否认刑事辩护活动在某种意义上带有司法机关的功能,因此不应否定刑事辩护的公共性。但是,应当注意的是,这种理论上的刑事辩护的性质与具体案件的解决之间并不总是有直接联系。如上所述,代理人功能说不是强调完全遵从当事人的意愿,司法机关说也并没有无视当事人的意愿。因此,在未来,一方面要深入进行理论分析;另一方面要积累解决具体案件的判例。

五、结语

最后,关于“辩护质量”,日本律师协会联合会(JFBA)指出,“专门负责提供刑事辩护的律师协会有责任纠正在被告人阶段的国选辩护案件中存在的‘偷工减料辩护’等问题,提高辩护的质量,独立地为被告人刑事辩护。同时在制定了为犯罪嫌疑人提供国选辩护制度的

---

① Code of Conduct for the Bar of England and Wales(5th edition,1990),Responsibilities of Defence Counsel,12.5. Cf. ,Archbold,Criminal Pleading,Evidenceand Practice,1995. Appendix B[《英格兰和威尔士辩护人行为准则》(第5版,1990年)、《辩护人的责任》12.5。参见阿奇博尔德(Archbold):《刑事辩护:证据与实践》(1995年),“附录B”].

② See Mike WcConville,*Plea Bargaining*:*Ethics and Politics*,in Sean Doran and John D. Jackson eds. ,The Judicial Role in Criminal Proceedings,2000,p.68 ff. ,72.

情况下，应该制定为他们提供辩护的最低标准，负责任地为他们推荐辩护人……”①日本律师协会联合会还制定了关于辩护质量的“最低行为准则”。所谓的“辩护质量”问题也就是“最低标准”的质量问题。②

但是，现在已经进入了培养专业刑事律师的时代，需要确认的一个重大的定性问题是，专业高度上的刑事辩护的功能是归结于当事人的功能，还是归结于司法机关的功能。如果在刑事辩护的功能和本质问题上没有构建刑事辩护基本理论，刑事辩护制度的发展是不可能的。 159

附记3：

关于律师的伦理，以前把《律师伦理》（1990年日本律师协会联合会大会决议）认为是律师的行为准则。但这并不是日本律师协会联合会明确规定的行为准则。

另外，《律师法》规定了对律师品行不良行为给予惩戒的条款（《律师法》第56条第1款），因此有必要制定一个更明确的伦理准则。这个问题在刑事司法制度改革过程中得到了解决，2001年成立了律师伦理委员会，2004年制定了《律师职务基本规程》（日本律师协会联合会会规第70号，2005年4月1日开始实施）。《律师职务基本规程》刊登在日本律师协会联合会主编的《自由与正义》第56号（2005年临时增刊）上。

2016年修改后的《刑事诉讼法》进一步完善了犯罪嫌疑人的公

---

① 参见“公费辩护制度研究会第5次会议”上分发的材料中的“日本律师协会联合会提供资料5－1”（2002年8月21日），标题是《关于推荐国费辩护人的准则（草案补充说明）》。

② 参见荒木友雄、田口守一、渡边关子、村冈启一、椎桥隆幸：《（研讨会）辩护人的真实义务和诚实义务》，载《现代刑事法》第6卷第2号（2004年），第6页。文章指出，关于辩护的质量，“更紧迫的任务是明确确定最低标准”（渡边关子）。

费辩护制度,加强了刑事诉讼法的当事人主义。刑事辩护人的作用变得比以前更加重要,而《律师职务基本规程》的颁布确实是对时代要求的回应。《律师职务基本规程》第一章的8个条文规定了"基本伦理",其中第1条"使命意识"规定:"律师应当意识到自己的使命是,保护基本人权和实现社会正义,并为这一使命而努力。"第4条"维护司法独立"规定,"律师应当维护司法的独立,为司法制度的健康发展作出贡献"。第5条"诚信守信"规定,"律师应当尊重真实,诚信守信,公正地履行职务"。

以上,从正面明确规定了刑事辩护的基本伦理,为进一步深化刑事辩护的基本理论提供了机会。

160

第二节　市民参与刑事裁判

一、引言

过去的10年对刑事司法来说是"动荡的10年",今天我们仍然处于这种动荡之中。司法制度的整体改革规模空前,日本的司法制度(包括法曹培养制度)可能至少还需要10年才能稳定下来。在这种改革的中间时期,我想回顾一下改革的起点,概观一下改革的现状(附注:本文是2011年执笔的)。

在这个动荡的10年开始之前的1999年年初,《法学家》杂志编辑了纪念《刑事诉讼法》颁布50周年专集,讨论了科学侦查、审讯、起诉前辩护、证据审查或错判救济等问题,①但没有从正面探讨"市民

① 参见《(专刊)刑事诉讼法50周年》,载《法学家》第1148号(1999年)。

参与刑事司法"的问题。可以说市民参与刑事司法是在更大规模的司法制度改革的时代思潮中产生的。但是,这个专集的开篇之作是平野龙一先生倡导"参审制度"的文章。① 现在回想起来,这篇文章确实预告了一个新时代的开始。

二、司法改革与市民的视角

为了概观裁判员制度等市民参与刑事司法的情况,就要回顾一下司法制度改革的源头。

第二次世界大战结束50年后的20世纪90年代,日本经济结构的改革成为当时的重大问题。当时有人提出必须放松对经济活动的管制,给企业更多的自由,同时期待建立事后解决相关争端的司法机 161
制。社会各界相继提出了司法机关应发挥更大作用的观点。②

当时,即使司法机关的作用扩大了,若旧的司法制度仍然运行,也不便于市民使用。事实上,战后曾有改革司法制度的尝试,如"临时司法制度调查会",但这些尝试都没有取得重大成果。《意见书》③对以往的司法制度改革提出了严厉的批评,指出"法曹三人(法官、检察官、律师)已经深刻地意识到,原有的日本司法制度改革主要是由法曹三人推进的,这种改革不能灵活地应对社会和经济的变化,我们必须真正反思这一点"。对此,《意见书》指出,"本次改革是半个世

---

① 参见平野龙一:《采用参审制实现"核心司法":刑事司法改革的动向和方向》,载《法学家》第1148号(1999年),第2页以下;平野龙一:《提倡采用参审制度》,载《法学家》第1189号(2000年),第50页以下。上述两篇文章均收录在平野龙一:《刑事法研究(末卷)》(2005年)。

② 例如,日本经济团体联合会1998年发表的《关于司法制度改革的意见》,同年自民党司法制度特别调查会发表的《21世纪司法的指导方针》,以及日本律师协会联合会同年发表的《司法制度改革愿景:实现贴近市民和市民信任的司法》。

③ 参见司法制度改革审议会:《司法制度改革审议会意见书:支撑日本21世纪司法制度》(2001年6月12日),第117页(http://www.kantei.go.jp/jp/sihouseido/report/ikensyo/index.html)。

纪以来第一次从市民的角度对根据1947年日本国宪法建立起来的现行制度进行的根本性改革”,从“市民的角度”进行的改革,与以往的司法制度改革有明显的区别。时任司法制度改革审议会主席的佐藤教授将此描述为“把‘高高在上的司法机关’转变为‘市民的司法机关’”①。这种观念或许可以被评价为“带有某种文明史意义”②。

在这种社会背景下,1999年7月内阁设立了“司法制度改革审议会”,制定了《司法制度改革委员会设置法》。该法规定,“应当明确司法机关在21世纪日本社会中的作用,建立市民容易利用的司法制度,使市民参与司法制度,提高法曹的作用和职能”③。审议会明确
162 站在市民的视角考虑司法制度改革。

2000年11月发表的《司法体制审议会中间报告》④明确倡导从“市民的视角”进行改革。《司法体制审议会中间报告》提出了较高的理念,即这次司法制度改革的基本理念是,“法的精神和法治,是我们这个国家自近代以来所承载的任务,应当融入这个国家的血液和‘国家形态’之中”,使个人的尊严和国民的主权真正得以实现,从“市民的视角”进行改革涉及“全国同心同德”这一国家社会的基本结构,应当大力弘扬。

在这一理念指导下的改革有“三大支柱”:“构建一个符合市民期望的司法制度”、“支撑司法制度的法曹的存在形态”和“确立国民的基础”。市民的视角包括司法制度使用者的视角和参与司法制度

① 佐藤幸治、竹下守夫、井上正仁:《司法制度改革》(2002年),第33页(佐藤幸治执笔)。

② 佐藤幸治、竹下守夫、井上正仁:《司法制度改革》(2002年),第6页(佐藤幸治执笔)。

③ 《司法制度改革委员会设置法》[平成十一年(1999年)6月9日法律第68号],第2条第1款。

④ 参见《司法体制审议会中间报告》(2000年11月20日),(《司法改革与市民参与:关于司法体制审议会的中间报告》),载《法学家》第1198号(2001年),第173页以下。

的司法者的视角。后者的视角与市民参与刑事诉讼的提议关系密切。《司法体制审议会中间报告》指出,“市民参与在21世纪将发挥越来越大的作用,因此应当确保与市民进行多种形式的交流,从根本上形成一个良好的社会结构”,市民参与的问题与上述目标是有关的。事实上,法律专家和非专业人士之间的关系问题在许多方面都会成为21世纪的一个挑战性课题。

三、《意见书》及其立法

《意见书》[①](2001年6月)就市民参加司法的问题指出,“国民参加司法的场景是,作为法律专业人员的法曹和参与的市民处在一种相互信任关系之下,双方必须进行充分和适当的沟通,共同努力”。在刑事诉讼程序中,应当引入一种新的制度,即广大市民能 163
够与法官分担责任、互相配合,可以作为主体实质性地参与到裁判内容的决策中。“参与刑事司法的市民可以暂时称为‘裁判员’。”[②]关于市民参与刑事司法的形式,有人主张参审制,有人主张陪审制,陪审制的法官与市民是分离的,而设计中的“裁判员”是与法官进行互动的,因此裁判员制度的构想更倾向于参审制,但这种制度没有采用固定任期制度。这里提议的独特的裁判员制度是“适合日本的理想的市民参与形式”。[③]

---

① 参见司法制度改革审议会:《司法制度改革审议会意见书:支撑日本21世纪司法制度》(2001年6月12日);佐藤幸治、竹下守夫、井上正仁:《(专集)司法制度改革审议会意见书》,载《法学家》第1208号(2001年);等等。

② 司法制度改革审议会:《司法制度改革审议会意见书:支撑日本21世纪司法制度》(2001年6月12日),第101页以下。“裁判员”的提法最早是松尾浩也教授于2001年1月9日在司法制度改革审议会的听证会上首次使用的[参见松尾浩也:《刑事法学的地平线》(2006年),第25页]。

③ 《司法体制审议会中间报告》(2000年11月20日),(《司法改革与市民参与:关于司法体制审议会的中间报告》),载《法学家》第1198号(2001年),第205页。

根据上述建议，2001 年 11 月颁布了《司法制度改革促进法》（2001 年法律第 119 号），并根据该法规定于 2001 年 12 月成立了司法制度改革推进本部，集中而有力地推进了司法制度改革有关法律法规的起草工作。2004 年 3 月，该部向国会提交了《刑事司法制度改革相关法案》，同年 5 月 28 日颁布了《部分修订刑事诉讼法的法律》［平成十六年（2004 年）法律第 62 号］和《裁判员法》［平成十六年（2004 年）法律第 63 号］。[①] 经过 5 年的准备期，《裁判员法》于 2009 年 5 月 21 日正式生效。[②]

同时修改的《检察审查会法》明确规定，检察审查会作出的第二次"起诉决议"具有提起公诉的效力。这更有效地反映了市民对行使起诉权的意愿。[③] 但是，应当指出的是，"起诉决议"制度并不是由市民独自作出决定的制度，而是市民与法律专家互相合作的系统，包括了市民与律师兼任的助理审查员的合作，并需要听取检察官的意见。
164 今后市民与法律专家的合作内容是一个应当深入研究的问题。

四、裁判员裁判的实施状况

（一）2009 年的实施状况

裁判员裁判的案件是从 2009 年 8 月 3 日东京地方法院的第一号

---

① 参见《（专集）裁判员制度的进入》，载《法学家》第 1268 号（2004 年）；辻裕教：《裁判员法/刑事诉讼法》［司法制度改革概述（6）］，载《商事法务》（2005 年）；池田修：《解说裁判员法：立法的历史和存在的问题》（2005 年）。另外，2007 年 5 月对《裁判员法》进行了部分修订，建立了所谓的部分判决制度。

② 参见《（专集）刑事诉讼法 60 年 · 裁判员法元年》，载《法学家》第 1370 号（2009 年）。

③ 修订后的《检察审查会法》也于 2009 年 5 月 21 日生效。到 2010 年 10 月底，神户第二检察审查会对明石的人行桥事故（2010 年 1 月 27 日）、神户第一检察审查会对日本铁道宝冢列车出轨案（同年 3 月 26 日）、那霸检察审查会对诈骗案（同年 7 月 1 日）、东京第五检察审查会对违反《政治资金管理法》案（同年 9 月 14 日），分别作出了应当起诉的决议。

案件开始的,到2009年年底的5个月期间,对142人作出了判决。[①] 此外,截至2010年7月底,累计对930人进行了裁判员裁判。[②] 比较1923年的《陪审法》——从该法施行到暂停实施前的15年期间,依据《陪审法》进行裁判的案件只有484件,这意味着这一年内裁判员裁判的案件数量是陪审裁判案件的近2倍。可以说,市民参与的刑事审判已经正式开始了。

下面是《裁判员法》在2009年实施的过程中出现的4个特别值得注意的问题。

第一,裁判员选任程序的概况,在裁判员候选人名单上登记的人员有295,036人。这意味着,大约有30万名市民以某种方式参与了刑事裁判。这一点使人们感受到,一个前所未有的时代已经开始了。在入选的13,423名候选人中,有838人被选任为裁判员,裁判员候选人的出席率达到83.9%。如此高的出席率让许多人感到惊讶。但正如下文介绍的那样,应该注意的是,约有一半的裁判员候选人辞职了,由于辞职在事前被批准就不必再出席了,因此就存在与辞职批准 165
率的正反关系。

第二,被允许辞职的裁判员候选人总数为7134人,辞职率为53.1%。根据问卷表答复,主要的辞职原因有四种,总数为84.2%,其中年龄原因(70岁以上,学生等)为33.3%,疾病和受伤原因为15.1%,照顾老人和抚养子女原因为11.3%,重要业务活动原因为24.5%。值得注意的是,以《裁判员法》第16条第8项规定《辞退政令》(2008年政令第3号)中所说的"重大的精神或经济的不利"等理

---

① 参见最高法院事务总局:《关于2009年裁判员裁判实施情况的资料》(http://www.saibanin.courts.go.jp/topics/pdf/09_12_05 - 10jissi_jyoukyou/h21_siryo1.pdf)。

② 参见最高法院事务总局:《关于裁判员裁判的实施状况(从施行之日至2010年7月底)(速报)》(http://www.saibanin.courts.go.jp/topics/pdf/09_12_05 - 10jissi_jyoukyou/02.pdf)。但是,这个数据是中间统计数据,文本采用的是2009年的数据。

由获得辞退的人员为473人(占全部被允许辞退人数的6.6%)。本来这是一个极其特殊的辞职理由,但特别是所谓重大的精神不利,这种精神方面的问题完全是主观问题,法院不得不尊重申请人的感受。虽然担任裁判员是市民的义务,但同时也是一种权利,所以似乎在一定程度上逐步允许这种放弃权利式的辞职。

第三,有713人没有被选任(《裁判员法》第36条),且在选任程序当天没有说明理由。这种情况占了不被选任人员总数的53.8%,这里不包括通过抽签未被选任(《裁判员法》第37条第3款)的情况。换言之,大约一半的未被选任是由于所谓的特殊弃权理由。应该指出的是,候选人的这种弃权或多或少也剥夺了市民作为裁判员参与审判的权利。应阻止由于年龄或性别等原因的无端弃权,要在解释论中说明担任裁判员的最低义务。而且,应该重新考虑是否应该维持所谓的排他性弃权的制度。

第四,在量刑方面,在40件判处3年以下惩役的案件中,有32件被判处缓刑,其中有20件被附加保护观察。由于许多案件都是承认有罪案件(142件中有114件),还不能简单地进行比较,但这种情况似乎表明裁判员重视被告人重新融入社会的倾向。裁判员似乎将被告视为与自己没有太大区别的人。

(二)裁判员的感受

2009年8~12月对有裁判经验的781人进行了问卷调查,我们从中可以了解到裁判员的感受。[1]

166 这里有三点值得注意。第一,对于在法庭上的说明,认为“很容

---

① 参见最高法院:《对曾任裁判员的问卷调查结果报告(2009年)》(http://www.saibanin.courts.go.jp/topics/pdf/09_12_05-10jissi_jyoukyou/03-1.pdf);《对曾任裁判员的问卷调查结果报告(2010年1月至4月)》(http://www.saibanin.courts.go.jp/topics/pdf/09_12_05-10jissi_jyoukyou/h22_tyousa.pdf)。

易理解”的回答比例是,检察官为80.3%,辩护人为49.8%,法官为90.7%。这表明回答率存在分歧,只是因为这是对辩护人的庭审辩护而设定的问题。第二,有75.8%的受访者回答说,评议的讨论很充分。在评议中进行讨论是以理解庭审程序为前提的。从这个角度可以推断,裁判员裁判的主要任务就是对庭审内容“容易理解”,这在很大程度上是一个实现问题。(已经得以实现?)第三,进行了一次有趣的问卷调查。虽然有55.7%的受访者在被选为裁判员之前回答“不想做”或“不太想做”,但一旦作为裁判员参与审判后,他们都认为“这是非常好的体验”“是很好的经历”,两者的总和达96.7%,这是一个极高的数字。这一数字表明,庭审程序和评议的质量是令人满意的。

(三)法官的感受

经历过裁判员裁判的法官的感受也被公布出来了,[①]结果意味深长。许多法官表示,他们被裁判员的认真态度或市民参与的高涨意愿所打动。裁判员裁判是基于法官和裁判员之间的“合作”进行的裁判,他们之间的沟通决定了裁判员裁判的成败。可以推测,上述裁判员的感受和法官的感受是相对应的,裁判员裁判是两者互相协作的结果。但是,“如果法官不经过仔细思考并向裁判员解释案件,就无
法实现充分的评议。法官的能力经受了考验,裁判员制度对于法官 167
来说也是有意义的”。笔者认为,这正是裁判员裁判如此重要的原因。

五、对裁判员裁判的评价

法院也对裁判员制度第一年的运作情况进行了评估,结论是“总

① 参见东京高等法院:《法官对裁判员制度的意见交流会结果》(http://www.saiban-in.courts.go.jp/topics/pdf/09_12_05－10jissi_jyoukyou/tokyo1.pdf)。大阪高等法院和名古屋高等法院也公开了意见交流会的结果。

体上良好”。[①] 顺便说一下，2010年1月，最高法院就公众对裁判员制度的态度进行了调查。[②] 由于裁判员候选人名册中登记的市民或未被选任的市民被视为“潜在的法官”，所以一般市民对裁判员制度的态度趋势是评价裁判员制度非常值得关注的地方。对于这个有三点值得一提。

第一，对于“自裁判员制度开始实施以来，你对裁判和司法的兴趣和关注是否有所改变？”的问题，有43.4%的受访者回答说，他们的兴趣和关注比以前有所增加。这可能是媒体报道裁判员制度产生的影响，但值得注意的是，一般市民的认识也发生了变化。据推测，随着裁判员制度的落地生根，普通市民的兴趣和关注度将会逐渐增加。

第二，关于在裁判员裁判开始之前对刑事裁判的印象，有77.2%的受访者对“裁判的程序和内容难以理解”这一问题，回答“是这样”或“基本是这样”；有88.0%的受访者回答“裁判需要很长时间”；有76.4%的受访者回答“法院和司法机关难以接近”；有30.2%的受访者表示“对刑事裁判和司法等公共事务很感兴趣并当作自己的事情”。这项实证调查表明，以前的刑事是远离普通市民的。相反，当被问及实施裁判员制度后的变化时，对于“法院和司法机关离我更近
168 了”这一问题，有64.0%的受访者表示同意或基本同意，有62.6%的受访者表示“裁判结果更容易反映市民的感觉”，有59.1%的受访者表示“我现在把它当作自己的事情”。这些数字是裁判员制度实施后

---

① 参见最高法院事务总局：《关于2009年裁判员裁判实施情况的资料（摘要版）》（http://www.saibanin.courts.go.jp/topics/pdf/09_12_05－10jissi_jyoukyou/h21_siryo_digest.pdf）；松尾浩也：《刑事裁判与市民参与：〈裁判员法〉实施半年回顾》，载《法律广场》第63卷第1号（2010年），第4页以下；松尾浩也：《〈裁判员法〉实施一周年回顾》，载《刑事法评论》第24卷（2010年），第2页。

② 参见最高法院：《对裁判员制度运作的态度的调查》（2010年3月）（http://www.saibanin.court.go.jp/topics/pdf/09_12_05－10jissi_jyoukyou/04－1.pdf）。

的头6个月的数据,对裁判员制度表示肯定的比例很高,可以说对广大市民产生了不小的影响。

第三,对于“你是否愿意作为裁判员参与刑事裁判”的问题,有18.5%受访者回答说“愿意参与”或“可以参与”,有43.9%的受访者回答说“如果是义务就只能参与”,这两个答卷总和为62.4%。这些数字与实施裁判员制度前的数字没有明显区别。但是,应该注意的是,20多岁的人为79.8%,60多岁的人为51.4%。两者之间的差异比较明显。这表明,年青一代更愿意参与刑事裁判,这让人们看到了未来刑事裁判质量提高的希望。另外,“如果是义务就只能参与”这种回答,应当认为是消极的还是积极的,这是一个微妙的问题。这是因为,出于义务而参与的人很可能更认真地对待裁判。

2008年12月,最高法院为了验证裁判员制度的实施情况而召开了“裁判员制度实施情况专家座谈会”,座谈会记录刊登在最高法院的网站上,[①]而且法律还规定,在裁判员制度实施3年后的时间节点还将进行核查(参见《裁判员法》附则第9条)。因为专家座谈会的核查是判断裁判员制度实施情况的基础,因此希望能陆续公开讨论的内容,也期待能进行广泛的研讨,以实现更高标准的裁判员裁判。

六、结语

在《裁判员法》实施以前,有人预感到,这将是一个“超出最初预想的巨大而深刻的变革”[②]。事实上,裁判员制度不仅将对整个刑事司法制度产生巨大影响,而且还将对参与和不参与裁判员裁判的市民的法律意识产生深刻而无声的影响。如果是这样,这将导致日本 169

① 参见《关于裁判员制度实施情况专家座谈会第1-10次会议的议事概要(资料)》(http://www.courts.go.jp/saikosai/about/iinkai/saibanin_kondan/index.html)。

② 井上正仁:《〈刑事诉讼法〉60周年和〈裁判员法〉1周年——序言》,载《(专集)刑事诉讼法60年·裁判员法元年》,载《法学家》第1370号(2009年),第2页以下。

社会的结构从内部发生重大变化。

然而，这条道路才刚刚开始。现在仅仅就是一个裁判员裁判，未来还有许多挑战，需要解决的问题堆积如山。例如，对于重大和复杂案件，庭审前整理程序应当如何调整；分案审理的方法；上诉制度的形式；死刑等重刑案件的裁判方式；等等。被质疑的不是裁判员，而是法律专家。被质疑的是检察官和辩护人对裁判员的说服的能力，是法官对裁判员的说明解释责任。如何把市民诉求的健康平衡意识用符合逻辑的语言表达出来，这是法曹应尽的责任。

即使为了减少裁判员的负担而连续开庭，也不应该以牺牲完整的审理为代价。许多当过裁判员的人都表示希望审理能够全面而充实。在确定裁判员裁判的开庭日期时，应当考虑裁判员的负担，同时也应当考虑全面而充实的审理。因为裁判员能够严肃认真地参与充实的审理才是最主要的。

170　第三节　市民参与刑事司法和诉讼理论

一、引言

关于市民参与刑事司法的讨论已经有一段时间了，但 20 世纪 80 年代的死刑案件再审被宣告无罪，对学术界和实务界产生了重大冲击，无疑点燃了一场关于市民参与刑事司法的大讨论。日本刑法学会 1987 年年会的选题是陪审制度，1992 年年会再次确定为陪审制度，进而在 1993 年把“陪审”列为共同研究项目。① 另外，在司法实

① 参见《刑法杂志》第 28 卷第 3 号（1988 年），第 457 页以下；《刑法杂志》第 33 卷第 4 号（1994 年），第 711 页以下。

务中,法院也对外国法律制度进行了研究,日本律师协会联合会编撰了《刑事陪审法修订讨论大纲》(1992 年)。

上述的讨论主要集中在陪审制度上。1991 年,平野龙一博士主张采用有职业法官这一官僚制度传统的参审制。① 日本律师协会联合会也采取了一些举措,如制定了《陪审制度纲要草案》(1996 年)和《刑事陪审、参审法讨论要点(草案)》(1998 年)。但是,赞成参审制的学者对上述动向进行了批评,认为陪审制度基于职权主义的审判,是建立在职业法官制度基础之上的,并没有对庭审方式进行改革;法官与参审员之间是不平等关系;市民参与裁判的改革半途而废了;等等。在 1993 年日本刑法学会年会上,光藤景皎教授提出“应当对陪审制度和参审制度继续进行研究”,但这种情况今天仍然没有 171
改变。②

在这种形势下,笔者认为,现在有必要重新探讨市民参与刑事司法的理论根据。如上所述,到目前为止,市民参与刑事司法的理论思路是:市民参与刑事司法的积极意义在于,由于在有关再审的讨论中人们对法官心证的形成产生不信任,因此通过市民参与刑事司法有助于防止错案的发生。但是,人们认识到期待通过陪审制度防止错案发生的观点是有问题的,因此主张陪审制度的观点从那时起就有些衰落了。今天,人们认识到应该从新的视角重新探讨市民参与刑事司法的问题。虽然过去对市民参与刑事司法提出了各种理由,但

① 参见平野龙一:《谈国民参与司法》,载《法的支配》第 87 号(1992 年),第 38 页以下。平野龙一的相关论文还有:《战后刑事司法改革的回顾与展望》,载《法学家》第 1000 号(1992 年),第 233 页以下;《通过参审制实现“核心司法”》,载《法学家》第 1148 号(1999 年),第 2 页以下。

② 参见《刑法杂志》第 33 卷第 4 号(1994 年),第 714 页。但有人在关于少年审理制度改革的讨论中提出,应当在少年审判中引入参审制度,参见佐藤博史:《国家应当在少年审判中引入参审制》,载《自由与正义》第 49 卷第 12 号(1998 年),第 14 页。这是一个新的动向。

今天的时代有新的时代精神，这种新时代精神呼唤着市民参与刑事司法。换言之，当今的时代思潮是放松管制和行政改革，国家机关由封闭转向开放，由垄断转向参与制，由权威制转向民主制。这种时代潮流与传统刑事司法形态之间有些错位，但可能是市民参与刑事司法理论的新渠道。换言之，不仅要在事实认定理论方面探讨市民参与刑事司法的理论，而且应当从一个更大的视角进行探讨。基于这种认识，本书将探讨，是否应进一步推进市民参与刑事司法，如果应当推进，那么就涉及应通过陪审制度还是参审制度的问题，这些问题需要结合刑事诉讼的政策和基础理论进行研究。

二、从庭审改革论看市民参与刑事司法

到目前为止，对于市民参与刑事司法的意义，普遍的看法认为，它是庭审改革的必要条件。换言之，为了实现庭审中心主义、直接主义和口头主义，为了克服依赖笔录进行裁判，切入点就是市民参与刑事司法。就陪审制度而言，自然需要建立新的陪审审判形式，但它仍旧是由法官进行审判，不会直接改变原有的庭审制度。但是，如果所有案件都有可能采用陪审裁判，那么预计从侦查阶段就会按照陪审
172 制度的程序进行，从而会影响职业法官的审判，并间接地对庭审进行改革。① 可以说，这是关于市民参与刑事司法的间接庭审改革论。

参审制理论中也有同样的论点，即期待在这种情况下，市民参加到合议庭之中会更直接、更有效地推进改革。换言之，市民的参与将迫使庭审中大幅增加证据调查的比重，实现庭审中心主义、直接主义和口头主义，从而克服笔录裁判。如果侦查文书的分量减轻了，那么期待侦查的结构也会发生改变。从这个角度来看，参审制适用的案

① 参见佐伯千仞：《陪审问题提起的方式》，载《季刊刑事辩护》第4号（1995年），第12页以下；佐伯千仞：《陪审制度的复活》（1996年）。

件与陪审制一样，主要集中在否认有罪案件（重大案件）上。这也是所谓的通过市民参与刑事司法对庭审程序进行间接的改革。

但是，很显然，实现庭审中心主义的直接对策就是取消侦查文书。为了保障被告人的反问权，必须排除侦查当局制作的庭外书面供述笔录。换言之，如果我们想对庭审和侦查进行改革——尽管实施起来有困难——就要直接彻底改革传闻规则，使其更加严格。这就是直接改革论的观点。按照这种观点，通过市民参与刑事司法对庭审进行改革只是一种间接措施。进一步说，主张庭审改革的市民参与论认为，市民参与刑事司法只是手段而不是目的。或者说，庭审改革是市民参与刑事司法的结果，而不是市民参与刑事司法的理由。不可否认，这种市民参与理论的论据是间接的，但应该注意的是，这是市民参与刑事司法的理论基础。

三、从事实认定论看市民参与刑事司法

如前所述，过去多数观点认为，为了防止错案而需要陪审制度，至今支持这种观点的人仍然不少。① 这种观点并不是因为陪审更适合发现真实，而是因为陪审的无罪判决较多。但是，如果这种观点不立足于发现真实，那么错误的有罪就会更多。陪审制度的核心是由市民得出结论，但这是不得已的。 173

但反过来说，我们不能马上得出结论说，市民参与论是与发现真实这一刑事诉讼最重要的任务联系起来的。发现真实就是排除怀疑。排除怀疑的过程就是心证形成的过程，通过这个过程真实才能得以发现。因此，心证的形成始于怀疑，如果没有怀疑，“疑罪从无”原则就不会发挥作用。在这种情况下，对于心证形成来说，疑点越

① 参见渡边保夫：《陪审与防止错判》，载《刑法杂志》第33卷第4号（1994年），第739页以下。

多,需要排除的疑点也越多,越需要仔细分析判断。因此,心证形成的人员最好有一个以上。在这方面,由几个职业法官组成的合议制是一种合理的制度。例如,由助理法官进行调查,其他人仔细审查证据,这种分工负责的、多角度的审查体系也是合理的。

另外,也要注意心证形成的客观方面。这种观念源于所谓的“心证法庭形成论”。这种观点认为,心证的形成应当在证据调查的当场、当时,即心证应当在法庭上形成。在这一点上,“法庭”的客观空间是有意义的。这是因为,在法庭上还有非法律专业人士,因此也要求在有非专业人士参与的法庭上形成心证。排除了这些非专业人士的怀疑,就是在法庭上形成了心证。这里所说的非专业人士,包括旁听人、证人和被告人。

提起这种心证形成的客观方面,就会想起参审制度,市民作为非专业人士的代表加入合议庭,成为法庭心证形成的保障者。在这里产生怀疑和排除怀疑的过程与只有法官审判的过程不同。于是就出现了这样的结构:非专业人士提出怀疑,法官排除这些怀疑并对市民进行说明和解释。有时法官可能没有产生怀疑,但非专业的市民可能有疑问。在现实中,多数情况可能是法官有疑问而市民没有,但这种仅从表面进行观察并不重要。但是,这并不是说市民参与刑事司法是法庭心证形成的必要条件。这是因为,法庭心证形成主义也可
174 以改善仅由职业法官形成心证的现状。通过对上述观点的分析可以看出,市民参与刑事司法的根据仍然是间接的。

四、民主化理论中的市民参与刑事司法

现在,任何人都不会否认司法民主化的重要性。毫无疑问,市民参与刑事司法意味着司法的民主化,因此有人认为作为司法民主化的市民参与本身就是改革的目的。这种观点没有把市民参与刑事司

法看作达成目的的手段，而是将市民参与刑事司法当作一个目的。换言之，市民参与使刑事司法更加贴近市民了。合议庭上使用市民“容易理解的语言”，那么就容易获得他们的理解。同时，这样的裁判也是“被告人容易接受的裁判”。从这个角度看，参审制适用的案件范围可以扩展到被告人承认有罪的案件以及简易法庭审理的案件。①

这种论点很具有说服力。但是，这种情况是不是市民参与刑事司法的必然要求，是需要探讨的问题。这是因为，是否由于刑事司法的现状不民主或民主才需要市民参与刑事司法，对于该问题既有赞成的声音，也有反对的声音。即使赞成目前日本的刑事司法状况需要变得更加民主的观点，但在实现民主的方法论方面也会存在两种不同的观点。换言之，有人可能认为应当通过（其他方式）使法官提高民主化意识，也可能有人认为应当通过市民参与刑事司法来实现民主化。特别是在日本的法曹培训制度下，法官也是普通市民，他们通过国家考试才上岗的，许多法官的意识不应该是不民主的，而且通过适当的法官培训，保持他们的民主化意识是完全可能的。这样下去就会导致双方的争论往往“无休无止”，最终导致一场运动式的政治辩论。以往的争论就出现过这种情况。

因此，我们需要思考，通过使法官实现民主化的观点和通过市民参与刑事司法实现民主化的观点，其思想根源是什么。这里涉及的 175
问题是，是法官的裁判才是真正的刑事裁判，还是有市民参与的裁判才是真正的刑事裁判。这个问题关系到刑事司法的目的论，即刑事司法是为了什么这一根本问题。对这两个问题可以分别探讨。第一，“刑法实现说”认为刑事裁判就是为了实现刑法，如果根据这种观

① 参见平良木登规男：《论参审制度（续）》，载《法学研究》第69卷第2号（1996年），第255页以下；平良木登规男：《引入参审制度的问题和难点》，载《季刊刑事辩护》第11号（1995年），第148页以下。

点，那么裁判就成为国家的事务（裁判国事主义，Sache des Staates）。在这里，只有国家的专家才是刑事司法的本来承担者，即使市民参与，这也只是民主化的一个要素。第二，与此相反，“案件解决说”认为刑事裁判只是为了解决刑事案件，解决刑罚问题虽然是最核心的解决方式，但它只是众多解决方案中的一个选项。在德国法中，以前作为通说的“刑法实现说”如今也被所谓的“恢复法律平和说”取代，实际上这也是“案件解决说”的一种。在“案件解决说”看来，刑事司法是一个包括国家的法律专家以外的诉讼关系人共同合作解决案件的系统。笔者认为，未来的刑事司法应该从“案件解决说”的视角来考虑。①

这个问题也涉及刑事司法制度是为谁服务的问题。从“刑法实现说”的角度看，刑事司法的目的是实现刑罚，因此刑事司法是为国家而存在的。从“案件解决说”的角度看，刑事司法的存在是为了解决涉案关系人的案件。案件关系人包括被告人、被害人、市民、国家和社会。实现刑法只是实现目的的手段之一。然而，由于司法制度的封闭性，只有作为社会精英的法官才能参与刑事裁判，因此很难形成解决案件的观念，而且有可能仅以实现刑法为目的。这就是职业法官制度存在的问题。

现在，在这种认识基础上，法官和市民之间的“合作”就成为刑事司法的重要课题。这种合作不仅对法官，而且对市民也具有重要意
176 义。有裁判经验的人回到他们的社区，不仅能够适用法律维护秩序，而且还能向社会宣传对罪犯的理解、刑事被害的严重性、适当程序的重要性和人的尊严的重要性等。通过这种方式，法律将渗透到市民

① 参见田口守一：《刑事诉讼目的论序说》，载《西原春夫先生古稀祝贺论文集》第4卷（1998年），第51页以下［收录于田口守一：《刑事诉讼的目的》（增补版）（2010年），第33页以下］。

中。这将为市民增强意识提供宝贵的机会,因为他们将把犯罪和惩罚问题视为自己的问题。在这个意义上,市民有权获得这种机会。在笔者看来,不能认为日本人就喜欢“让专家处理”。假如以德国为标准计算,参审的陪审员是法官人数的5倍,那么这意味着在日本约有15,000名市民是参审制的陪审员。① 如果是这样,这个数字将足以改变日本的司法和社会。然而,日本市民是否会对刑事司法产生兴趣,可能还存在疑问。这个问题需要严格的实证研究,但市民参与刑事司法的实体性基础如今已经完全具备了。典型的犯罪行为确实已经与一般市民无关了。但是,今天,市民身边经常发生的犯罪在不断增加,如交通犯罪、毒品犯罪、经济犯罪或青少年犯罪等,因此,并不能说刑事裁判与市民无关,而是成了“自我世界的事情”的一部分。这一点可能与既报道“犯罪”也报道“裁判”不断增多有关。笔者认为,可以这样说,在今天的日本社会,已经出现了一种情况,即市民对犯罪的感觉、对处罚的感觉、对裁判的感觉已经与刑事裁判直接联系起来了。

最后需要谈一下上述讨论的内容与陪审/参审制度理论之间的关系。首先,在陪审制度下,法官和市民的关系,可以说是一种分工关系(分工制),也可以说这是一种纵向的分工合作关系。换言之,市民是值得信赖的,应由市民来认定事实,而法官则负责处理程序和刑罚问题。值得注意的是,陪审制度论的观点并不是说在这方面对法官不信任。 177

其次,在参审制度中,法官和市民互相合作一起来认定事实,可

---

① 参见平木良登规男:《论参审制度:该制度的建立和发展》,载《法学研究》第67卷第7号(1994年),第8页。顺便说一下,裁判员制度实施10年间(2009～2018年),被选任的裁判员和替补裁判员累计为88,987人,每年约有8900名市民参与了裁判员裁判。参见最高法院事务总局:《裁判员制度10年总结报告》(2019年),第31页。参见本书本章第二节。

以说,两者是横向的合作关系。由于法官和市民之间的合作是值得信赖的,因此并不是完全不信任法官的事实认定。这样一来,陪审制度中的事实认定完全由市民判断,而职业法官制度中的事实认定则完全由法官判断,在这两者之间的"第三条路"就是参审制度。需要注意的是,参审员与陪审员不同,他们还参与程序性问题,还对法官的事实认定具有监督职能。这些职能是参审制度所特有的。[①]

顺便说一下,日本律师协会联合会第15次司法体制运营委员会以690名模拟陪审员为对象进行了问卷调查,[②]有56.5%的受访者表示"职业法官对检察和行政管理的态度需要改变",表明了市民对改革的态度。另外,只有11.9%的受访者表示,"相信陪审的裁判,而不是职业法官",这一调查表明市民信任陪审裁判的比例也不高。此外,有65.5%的受访者表示,"市民通过陪审制参与司法是民主(国家主权)的根本",这表明市民自己认识到了市民参与刑事司法的必要性。虽然这项调查的对象是有限的,但从调查结果来看,至少可以说参审制似乎更符合市民的预期。

五、结语

1998年1月田宫裕博士突然去世了,他去世前一年在立教大学做了教授任期的最后一次演讲,题目是《日本刑事裁判的未来课题》,

① 参见佐藤博史:《为什么日本应当采用参审制?》,载《自由与正义》第48卷第4号(1997年),第108页。另外,2004年颁布的《裁判员法》第6条规定,裁判员的权限包括"认定事实"、"适用法律"和"量定刑罚",合议法官在合议评议中的权力包括"关于解释法律的判断"、"关于诉讼程序的判断"和"其他裁判员参与判断事项的判断"。但是,允许裁判员旁听合议法官的合议评议,并听取他们的意见(《裁判员法》第68条第3款)。

② 参见白取祐司:《引入陪审制的是非之争》,载《季刊刑事辩护》第1号(1995年),第177页。

建议在“近代化”之上应当增加“现代化”。① 如果借用田宫裕博士的 178
这一分析，可以说市民参与刑事司法是近代化和现代化的共同任务。然而，在此之前，“近代化”的含义更明确一些，而“现代化”的内容需要进一步增加。田宫裕博士认为，应当在现代化的背景下引入新的侦查方法，现代化的内容并不是只针对有组织犯罪采取强有力的侦查方法。

笔者认为，刑事司法越来越贴近市民才是现代化的内容，在侦查方面，引入更贴近普通市民生活的侦查手段，才是现代化的问题。从这个视角看，刑事司法的现代化并不限于侦查。事实上，所谓的“市民参与论”强调的是参与传统的刑事司法，这种论点只适用于对刑事司法的“近代化”。这一点从“市民参与论”的观点中也可以看出，如这种观点重点强调要排除笔录裁判和防止误判。佐伯千仞博士指出，要通过陪审员制度对侦查进行改革，而平野龙一博士则主张，要通过参审制排除笔录裁判。在某种意义上，市民参与刑事司法被定位为第二次世界大战结束后 50 年的发展方向。但如前所述，这些观点对市民参与刑事司法的理论根据仍然是间接的。在笔者看来，今天的市民参与问题应当被定位为在刑事司法“近代化”的基础上提升到“现代化”的高度，从现代化的视角看，职业法官和市民在刑事裁判中互动合作的参审制，可能是未来刑事裁判的一个重要课题。

（本文根据 1998 年 10 月 3 日刑法学会东京分会上的合作研究报告修改而成。）

① 参见田宫裕：《日本的刑事裁判：其近代化和现代化》，载《立教法学》第 50 号（1998 年），第 1 页[该论文收录于田宫裕：《变革中的刑事法》（2000 年），第 329 以下]。

179 第四节 犯罪被害人参与诉讼程序

一、被害人的发现:20 世纪 70 年代

1976 年在伦敦举行了一次讲座,题目是《财产纠纷》,讲演者是奥斯陆(挪威)的社会学家尼尔斯·克里斯蒂(Nils Christie)。话题从非洲坦桑尼亚的一个小村庄聚会场所讲起:有一天,男女老少聚集在一起,村里的长者坐在中央,前面坐着表情紧张的一男一女,他们是当天的主角,后面是他们的家人,孩子们在周围跑来跑去。这是一起解除婚约的案件。该男子要求该女子归还他给她的金、银和其他东西。女子说,送给她的猪已经吃掉了,她无法全部归还。应该怎么办?

有人介绍了过去的案例,也有人介绍了邻近村庄的案例。村民基本上都参加了会议,会议持续了一整天。在黄昏时分得出了结论。所有参加过会议的人都带着轻松的表情回家。年轻人相信,这就是世界应该有的样子。孩子们学到了很多东西,并带着严肃的表情回家了。村里的规范已经得到确认。

场所变换一下,来到了奥斯陆。奥斯陆法院位于远离人们生活区的一所建筑中的一个房间里。这里有些空荡,既没有案件当事人,也没有案件关系人。只有双方的代理人和法官在低声交谈。偶尔会有媒体记者参加旁听。在坦桑尼亚,没有记者,因为所有当事人都在场,不需要媒体。奥斯陆法院的判决很少被公众看到。判决对人们的影响是很小的。

克里斯蒂说,纠纷涉及当地的宝贵财产,坦桑尼亚的村庄可能因

此而形成一个共同体社区,谁是窃取这种"财产纠纷"的"盗贼"?那就是法律专家和国家。这是对法律专家的司法和官僚司法提出的强 180
烈挑战。特别是,这是对犯罪被害人完全被排除在刑事司法制度之外的现状进行的批判。① 这是一次值得纪念的令人难忘的演讲,燃起了后来的被害人学争论,即"我们必须考虑犯罪被害人参与刑事程序的问题"。

另外,在美国20世纪60年代的民权运动中,建立了妇女解放组织(Women's Liberation Movement)。特别是性犯罪的女性被害人只能接受男性侦查官的询问,这是人们难以接受的特别问题。女性被害人举报被害时,她们被一群男子包围起来,被详细地询问她们被性犯罪造成的伤害。这后来被称为"二次被害"。妇女们要求培养一些负责询问女性被害人的女性侦查官,这一运动始于20世纪60年代的民权运动,并逐渐发展成为改善犯罪被害人总体地位的运动。这样一来,欧洲的被害人运动和美国的被害人运动基本上在同一个时期开展起来了。可以说,犯罪的被害人被"发现"了。更确切地说,人们开始认识到应当保护被害人。

二、被害人的复兴:20世纪80年代

被害人被发现了,但事实上在欧洲中世纪,是被害人自己将犯罪人告上了法院。这就是所谓的被害人追诉主义。当时还没有作为国家机关的检察官起诉犯罪人。日本的江户时代(1603～1868年)也有一种"复仇"制度,即犯罪被害人的家人经幕府的允许可以对犯罪

---

① Nils Christie, *Conflicts as Property*, The British Journal of Criminology, Vol. 17, 1977, p. 1. 在1989年日本刑法学第67次年会上(大会的议题是"刑事程序与被害人"),中央大学的渥美东洋教授提到有这样一篇关于克里斯蒂的论文(我们非常感谢渥美东洋教授),参见田口守一:《论"财产纠纷"的概念》,载《爱知学院大学法学部同窗会创立30周年纪念法学论集》(第1卷)(1991年),第93页以下。

人进行复仇。由被害人自己执行法律。

然而,后来随着国家组织的逐渐完善,由于把起诉和惩罚犯罪人
181 的任务交给被害人导致处罚的不平等和不公正,因此,对犯罪者的起诉和处罚被视为“国家的事情”。被害人逐渐被检察官取代,他们自己不能起诉犯罪人了。追诉犯罪和处罚犯罪人完全由检察官负责,而被害人逐渐成了“被遗忘的人”。直到20世纪末,这些被遗忘的被害人才突然被“发现”了。

20世纪70年代“发现被害人”导致20世纪80年代在许多国家兴起了被害人运动(Victim Movement)。被害人运动以星火燎原之势迅速蔓延起来。在英国、美国、德国和其他国家,相继建立了刑事程序中的被害人保护制度。这些努力的集大成结果,就是联合国于1985年通过的《联合国犯罪被害人宣言》,即《为遭受犯罪和滥用权力侵害的被害人伸张正义的基本原则宣言》(Declaration of Basic Principles of Justice for Victims of Crime and Abuse of Power)。

在该宣言通过的前一年即1984年,在东京举行了第一届关于被害人的国际研讨会。笔者有幸也参加了这次研讨会,聆听了托马斯·魏根特(Thomas Weigend)教授的讲演(《犯罪被害人在刑事诉讼中的地位》),对笔者产生了很大影响。当时的年代还没有所谓“全球性”组织,20世纪80年代被害人运动的信息还没有介绍到日本,所以笔者看到世界上发生的事情感到很震惊。这样,比全球趋势晚了大约10年,日本终于承认存在犯罪被害人的问题。日本刑法学会也决定选取这个问题进行研究,并于1988年在学会的机关杂志《刑法研究》上介绍了外国被害人的立法,由笔者负责介绍德国法的情况。①

① 参见田口守一:《西德的犯罪被害人的地位》,载《刑法杂志》第29卷第2号(1988年),第221页以下。

三、被害人立法的确立:21 世纪

日本在 20 世纪 90 年代开始着手有关被害人的立法。2000 年通过了所谓的《犯罪被害人保护法》,其内容大体可以分为三类。 182

一是被害人保护制度。虽然处理犯罪是国家的事情,但犯罪的被害人仍然是犯罪的最重要证人,他们与刑事程序有密不可分的关系。但必须防止由于被害人与刑事程序有关而可能对他们造成“二次被害”。例如,美国有一起养父对养女性侵的案件,即使被告人有权对证人提问,但如果证人(本案中是养女)必须在法庭上面对被告人(在本案中是养父)作为证人忍受询问,这完全有可能造成“二次被害”。因此,日本引入了视频连接系统(在该系统中,证人在单独的房间里接受辩方或被告人在法庭上提出的问题,这些问题再通过视频传送到法庭上),该系统不使证人和被告人面对面,并引入了屏蔽措施系统,该系统在他们之间设置了障碍物(参见《刑事诉讼法》第 157 条之四)。

二是被害人参与诉讼制度。但是,以前就有犯罪被害人参与刑事诉讼的制度。例如,犯罪的被害人可以举报犯罪人,并要求对他进行处罚。还有一个制度是,如果检察官对犯罪被害人的告诉不予起诉,那么他们可以向检察审查会申请重新审查案件。此外,还有一项制度是“附审判请求制度”,即如果犯罪行为是公职人员滥用职权造成的,而检察官作出不起诉决定,那么就可以直接向法院请求启动审判。然而,这些制度都没有让被害人积极参与法庭上的程序。

因此,现在被害人不仅可以作为证人回答检察官和辩护人的提问,而且还可以在法庭上陈述意见。新法律允许被害人在法庭上可以就“被害人的感受”事实表达自己的感受(《刑事诉讼法》第 292 条之二)。此外,警方的“被害人联系系统”和检方的“被害人通知系统”也已投入使用，前者向被害人告知调查情况，后者则向被害人告知审判日期。

三是被害人救济制度。这旨在为被害人因犯罪而遭受的伤害提
183 供赔偿。在过去，犯罪被害人从国家获得赔偿补助金的支付金额也有所提高。此外，被害人的被害物品会被侦查机关作为犯罪证据扣押，有时被害人可能希望尽快归还这些被害物品。为了尽快将被扣押的财产返还给被害人，进一步完善了扣押财产返还制度。

2000 年建立了一个新的救济制度，如果被告人和被害人之间达成了和解，就会被记入审判记录中，这种和解可以强制执行。传统上的犯罪嫌疑人和被害人之间达成所谓的“私了”时，由辩护人将和解协议提交给检察官，要求暂缓起诉，或要求法官判处缓刑。这种做法在实务中还在执行。但是，这种和解书是没有强制力的，所以不能保证被告人一定会支付和解金。因此，如果和解协议带有强制力，犯罪嫌疑人就必须向被害人支付赔偿。

四、被害人立法的进一步发展

此后被害人的立法在世界范围内得到了重大发展。2003 年，笔者偶然在伦敦的一家书店里看到刑事法专柜，大约 1/3 的书籍是有关被害人和恢复性司法的，笔者很惊讶。进入 21 世纪以后，被害人理论正在进一步发展。日本的情况也是如此。这里值得一提的是 2007 年建立的被害人保护制度和被害人参加制度。

首先是被害人保护制度。2007 年法律修改时建立的被害人保护制度，旨在通过避免公开披露被害人的姓名来保护他们。本来刑事裁判的原则是“公开原则”，因此被害人的名字也应当在法庭上被公开。但是，诸如暴力团伙犯罪和性犯罪等案件，披露被害人的姓名可能会使被害人处于更加危险的状态之中。因此，建立了一项制度，允

许对被害人的姓名和其他可识别的细节进行保密(参见《刑事诉讼法》第290条之二、第291条第2款)。但是,即使在过去的庭审中,也会询问被害人证人“你的姓名与笔录记载的是否一致?”。现在这 184
种操作方法已经被明文规定下来了。

附记:

此后的2016年刑事诉讼法修改时,进一步强化了对被害人特定事项的隐秘制度,检察官可以让辩护人有机会知道证人的姓名和地址等,但对辩护人附加一个条件,即不得告知被告人(《刑事诉讼法》第299条之四第1款)。另外还规定了代替开示措施,如让辩护人有机会获知其代替证人姓名的称呼和代替住所的联系方式(同上第2款)。

重要的新制度是被害人参加制度。2004年的《犯罪被害人基本法》第3条规定,“所有犯罪被害人的个人尊严都应受到尊重,他们享有符合其尊严的待遇得到保障的权利”。在此基础上,2007年建立了所谓的“被害人参加制度”,并于2008年12月1日开始施行。

这一制度允许被害人作为“案件的当事人”在一定程度上参与刑事裁判的程序(参见《刑事诉讼法》第316条之三十三以下条款)。这一制度的内容包括:杀人罪、驾驶汽车过失致死伤罪、性犯罪等被害人关注刑事程序的案件,如果法院认为合适,可以允许被害人参加诉讼。被允许参加刑事程序的被害人称为“被害人参加人”。成为被害人参加人后,可以参与以下5种刑事裁判:

第一,允许被害人参加人(或者被害人参加人委托的律师,下同)出席庭审。通常情况下,他们坐在检察官旁边。在过去,即使是犯罪被害人也不能保证获得旁听裁判的席位,但2000年法律保障被害人优先获得旁听席的权利。现在,他们不是获得旁听席,而是可以坐在检察官旁边的座位上。

第二,被害人参加人可以向检察官表达他们的意见。当然,犯罪的被害人在任何时候都可以向检察官表达自己的意见,但这里规定的意见是陈述法律上承认的正式意见。例如,检察官询问证人时,被害人可以对该询问事项发表意见。检察官既可以采纳被
185 害人参加人的意见,也可以不采纳他们的意见,但检察官有义务向被害人参加人说明这样做的理由。这种意见可以通过在检察官座位旁边传递纸条或在休息时直接口头传达进行。这一点没有特定的固定格式。

第三,被害人参加人可以直接询问证人。但是,他们不得就犯罪事实本身对证人进行发问。他们只能就与情节有关的事实(被告人承认有罪时,对被告人的量刑有影响的事实)询问证人。

第四,被害人参加人也可以对被告人提问。但是,因为这是被害人直接面对被告人,法律上的规定比较慎重。如果被害人参加人想对被告人发问,应当事先告诉检察官自己想问什么问题。检察官附加自己的意见后通知法院。得到法院的许可后,被害人参加人才能对被告人发问。但是,如果被害人参加人的发问偏离了被允许的提问事项,审判长可以制止,这主要发生在被害人参加人对被告人进行强烈谴责的情况下。

第五,被害人参加人可以陈述作为辩论的意见。所谓的辩论,是在证据调查之后,检察官和辩护人陈述的最终意见,但被告人参加人的辩论是在检察官的辩论(这称为论告,通常包括检察官认为的刑种和数量的量刑建议)之后进行的。对于量刑建议而言,检察官要求对被告人判处 5 年惩役的量刑建议后,被害人参加人可能要求判处 10 年。这里所说的“陈述作为辩论的意见”与前面提到的有关“被害人的感受”的被害人陈述,在内容和效果上都是不同的。两者的相同点是,被害人在法庭上表达某些意见,但“陈述感受”可以作为量刑的证

据,但不能影响定罪。相反,“作为辩论的意见陈述”可以提及犯罪事实,但因为是辩论,所以不能作为证据使用。因为辩论不经过证据调查。此外,这种作为辩论的意见陈述只允许就起诉书中所指控的犯 186
罪诉因展开。因此,如果被起诉的案件是故意伤害致死案件,即使被害人参加人认为这起案件不是故意伤害致死而是故意杀人,他也不能以故意杀人罪陈述意见。

五、被害人参加制度的问题

这种被害人参加制度涉及的重大问题是,该制度能否与日本的刑事司法制度相协调。在这里,我们简单谈两个问题。

第一个问题是,被害人是不是当事人,即被害人参加制度是否赋予被害人在诉讼程序中相当于“当事人”(被告人和检察官)的地位。如果赋予犯罪被害人诉讼上当事人的地位,就会产生一个根本性问题,即这是否与现行《刑事诉讼法》的当事人主义诉讼构造相矛盾。回答这一根本问题并不容易,但是否可以作如下表述:赋予被害人参加人上述五项参与诉讼程序的权利,但不承认他们具有作为当事人的检察官的基本权利,如“请求庭审权”、“设定诉因权”、“请求调查证据权”和“上诉权”。因此,被害人参加人没有起诉的权利、没有决定诉讼对象的犯罪的权利、没有提出证据的权利、没有不服裁判提出申诉的权利。鉴于此,可以说法律并没有赋予被害人参加人当事人的地位。从理论上讲,被害人参加制度与现行《刑事诉讼法》的基本构造并不冲突。

第二个问题是,被害人毕竟是与案件有利害关系的当事人,如检察官或辩护人,而不是案件的第三方。这就提出了一个重要问题:与案件有最重大利害关系的人参与诉讼程序,是否有可能影响客观事实,即发现实体真实。因为发现真实是刑事诉讼法的最基本原则。

187 例如,被害人参加人作为“证人”出庭作证,该被害人又作为被害人参加人在检察官旁边参与诉讼程序。在这种情况下,如果他在作证前听到了其他证人的证词,那么他作为证人作证时可能会受其他证人证言的影响,真实的发现可能会受到影响。因此,在新的制度下,如果被害人参加人被安排作为证人出庭,就可以限制他们出席法庭。如前所述,被害人参加人有权询问证人,但只能就案件情节事实,而不是对犯罪的事实进行发问。这种发问不能直接涉及所要查明的犯罪事实。此外,如前所述,作为辩论的被害人参加人的意见陈述,可以对事实问题进行辩论,但不能作为证据。

综上所述,不可否认,被害人参加制度包含的一个重要问题是,作为案件当事人的被害人参与诉讼可能会影响案件真相的查明,至少在制度上应为排除这种危险作出谨慎的考虑,以最大限度地避免对发现实体真实产生影响。

总之,在诉讼法上,被害人参加人的地位是一方“诉讼关系人”,但不是“当事人”,也不是检察官的辅助人员。犯罪被害人在过去也被称为“告诉人”,但被害人参加人的法律地位似乎比这种告诉人的地位更强。为什么被害人参加人的地位被强化了?人们认为,这样做的目的是为被害人提供一个从被害中恢复的机会,允许他们参与刑事诉讼,以确保他们得到“符合其尊严的待遇”。换言之,似乎不应该把被害人参加制度理解为被害人与检察官一起行使起诉权的制度,而应该广义地理解为,这是以参加程序这种形式保护被害人的
188 制度。

六、结语

文章开始时介绍的克里斯蒂提出的问题如果走向极端一些,人们甚至可以赋予被害人诉讼当事人的地位。但是,在检察制度已经

确立的今天,要走得那么远,恐怕是不可能的。克里斯蒂是在谴责一个冷酷的、只有专家参与的、排斥案件关系人的司法制度,但并不能从中得出被害人必然具有当事人地位的结论。

现在建立了一个在诉讼程序内外都能充分保护犯罪被害人的制度,这种制度既能够与今天的当事人主义诉讼构造相协调,似乎也能充分回应克里斯蒂提出的问题。但在这方面,被害人参加制度是否能够与现行法律制度相协调,这是一个很微妙的问题,正如我们已经看到的,可以认为该制度仍在这种协调的范围之内。

在平成时代的司法制度改革中,2008 年 12 月推出了被害人参加制度,2009 年 5 月推出了裁判员制度。这两种制度都是允许非专业的市民参加刑事裁判的制度。自明治时代以来,日本的刑事司法制度一直以法律专家为基础,但现在一个新的制度即将启动,其中非专业人士将加入该制度,这在日本是前所未有的。在被害人参加制度中,主要问题是被害人与检察官之间的关系,在裁判员制度中,主要问题是裁判员与职业法官之间的关系。在被害人参加制度方面,检察官面临的难题是:应该在多大程度上与被害人沟通,在多大程度上考虑被害人的意愿,在多大程度上考虑被害人的恢复,以及如何从公益角度开展诉讼活动。总之,主要的问题就是包括辩护人在内的法律专业人士,如何与非专业的市民打交道。

(本文根据 2008 年 12 月 5 日早稻田大学法学会主办的第二届法学学术大会上的演讲稿修改而成。)

第二部分

合意制度与企业犯罪

第五章

合意制度的理论和程序

摘　　要 191

本章研究了2018年实施的合意制度，特别是从当事人主义诉讼构造的角度，在理论上、比较法上和实务中探讨了合意制度。

第一节“合意制度的比较法特征及其研究课题”，对日本的合意制度与美国法中的辩诉交易制度以及德国法中的合意制度进行了比较，并分析了日本法的独特性。这篇论文是在德国发表的一篇德文论文，后来被翻译成了日文。因此，对外国读者来说，合意制度的解释更加详细，脚注引用了日本法律的条款，这对日本读者来说可能比较复杂，但这是一篇试图向外国传达日本的新法律制度的论文，请各位能够海涵。考虑日本读者的需要，对一些必要的信息进行了补充。

第二节“合意程序的适当性”是新撰写的论文。对于合意制度主要是围绕通过交易获得的陈述的可信度即所谓的“诱骗的危险”展开讨论的，对言词证据的可信性的评价需要慎重，对言词证据的允许性也要仔细评估，从这一观点出发，论文主张，在评价言词证据的可信性之前应当先考察合意程序本身的正当性问题。在日本只有三个判例适用了合意制度（截至2020年6月），所以对于合意程序不当适用的判例，主要参照了外国法的判例。

第三节“合意程序的透明度：德国合意制度的适用”是对德国的法官、检察官和律师进行的采访报告，内容包括2009年德国建立的合意制度，2013年德国联邦法院认定该制度合宪，2015年在司法实务中围绕合意程序提出的问题。这些研究笔记是后续论文的材料，有关德国法的司法实务状况也是原始第一手材料，作为参考资料收录进来。

附记:

2021 年 5 月 29 日日本刑法学会第 99 届大会因新冠肺炎病毒灾祸的影响在线上召开,第二分组会的主题是“企业犯罪与协议及合意制度:多视角的考察”,具体的报告内容和报告人包括:《分组会的宗旨》(川崎友巳)、《企业犯罪与协议及和合意制度:从刑事实体法基础理论的视角》(高桥直哉)、《企业犯罪与协议及合意制度:从刑事程序法的视角》(成濑刚)、《对协议合意制度的实务考察:从适用于企业犯罪的视角》(深水大辅)、《企业犯罪与协议及合意制度:从法律政策分析的视角》(稻谷龙彦)。

192 第一节 合意制度的比较法特征及其研究课题

在最近的一篇文章中,乌尔里希·齐白教授认为,传统刑法也面临着应对全球化社会、风险社会和信息化社会等变化中的社会范式转变的压力。[①] 这种情况也完全适用于日本的刑事司法制度。日本的刑事司法制度在 21 世纪经历了两次重大改革,一次是 2004 年第

① Vgl. Ulrich Sieber, The New Architecture of Security Law – Crime Control in the Global Risk Society –, in: Ulrich Sieber, Valsamis Mitsilegas, Christos Nylonopoulos, Emmanouil Billis, Nandor Knust ed., Alternative Systems of Crime Control – National, Transnational, and International Dimensions, 2018, p. 3; ders., Der Paradigmenwechsel vom Strafrecht zum Sicherheitsrecht: Zur neuen Sicherheitsarchitektur der globalen Risikogesellschaft, in: Klaus Tiedemann, Ulrich Sieber, Helmut Satzger, Christoph Burchard, Dominik Brodowski (Hrsg.), Die Verfassung moderner Strafrechtspflege, Erinnerung an Joachim Vogel, 2016, S. 351 ff.

一次刑事司法制度改革,另一次是 2016 年第二次刑事司法制度改革。在 2004 年的改革中引入了裁判员制度,允许市民参加刑事司法,[①]2016 年的改革引入了日本式的合意制度。这篇文章主要讨论新创建的合意制度。[②] 人的年龄到了 70 岁往往被称为“古稀”,并要庆祝一番。这个词的意思是“人生七十古来稀”。今天,70 岁已经不 193
再稀奇了,但在日本社会传统中,即使是现在也把祝贺 70 岁作为人生的新起点。这篇文章是献给齐白教授的,以庆祝他的“古稀”。

一、引言

2004 年,日本在第一次刑事司法制度改革中,特别重要的是引入了裁判员制度,使普通市民能够参与刑事司法之中。这项改革极大地改变了日本的刑事司法制度,从以前完全只由法律专家通过笔录完成的令人很难理解的裁判,转变为通过由法律“门外汉”的市民承担法官的角色,采用口头原则进行容易理解的裁判。经过 10 年的实

---

① Vgl. Morikazu Taguchi, Neue Entwicklungen des japanischen Strafprozessrechts, in: Joerden, Szwarc, Yamanaka (Hrsg.), Das viertedeutsch – japanisch – polnische Strafrechtskolloquium der Stipendiaten der Alexander von Humboldt – Stiftung, 2011, S. 26 ff.

② Vgl. Morikazu Taguchi, *New Development in Investigation Proceedings and Sanction Systems for Corporate Crime in Japan*, in U. Sieber ed., Prevention, Investigation, and Sanctioning of Economic Crime – National Perspectives, RIDP (Revue Internationale de Droit Pénal) Vol. 90 issue 1, p. 241 – 274 (2019)(参见本书第六章第一节). Vgl. auch Katsuyoshi Kato, Konsensuales Strafverfahren – insbesondere Opportunitätseinstellungen und Absprachen in Japan, in: Henning Rosenau, Sangyun Kim (Hrsg.), Straftheorie und Strafgerechtigkeit – Deutsch – Japanischer Strafrechtsdialog, 2010, S. 31 ff.; Morikazu Taguchi, Das Sanktionensystem gegen die Unternehmenskriminalität in Japan, in: Arnd Koch, Matthias Rossi (Hrsg.), Gerechtigkeitsfragen in. Gesellschaft und Wirtschaft. – 40 Jahre Juristische Fakultät Augsburg, 2013, S. 31 ff. 另外,这篇论文用德文写作时,得到了马克斯·普朗克犯罪、安全和法律研究所的安全法结构研究小组的马克·恩格哈特博士的协助,在此谨表谢意。

施，裁判员制度可以说已经在日本社会扎根了。[1]

第一次刑事司法制度的改革使日本的刑事司法得到了稳定的发展。然而，在2009年，发生了一起令人震惊的事件，一名现任检察官销毁了他承办案件的有关证据。更为严重的是，检察官销毁证据不一定是偶然事件，而是在案件的背后隐藏着一个根深蒂固的日本侦查的结构性问题。也就是说，以前的司法实务的一般运作模式是，讯问在押的犯罪嫌疑人、制作讯问笔录（通常情况下是认罪笔录），检察官在庭审上把这些笔录作为重要证据提交给法庭，法院也根据这些证据认定事实。在本案中，检察官销毁了与被告人在侦查阶段供述的笔录有矛盾的证据（一张软盘）。[2] 日本法律原则上采用了禁止传闻证据原则。[3] 但也有例外，如果证人在庭审上的证言与其询问笔录的内容有矛盾，那么
194 可以认定在侦查阶段检察官制作的询问笔录（传闻证据）具有证据能力。[4] 通过这起案件可以明确看出一个事实：日本的传统司法实务“过度”依赖讯问在押的犯罪嫌疑人和使用他们的供述笔录。

以这起案件为开端，对于在第一次改革中没有涉及的侦查程序和证据法，在立法论的传统模式上进行了彻底批判。于是，2014年在法务省设立的法制审议会新时代的刑事司法制度特别委员会上，决定对《刑事诉讼法》等进行修订，这些修正案于2016年5月获得国会通过。[5] 修订后的法律的要点是：一方面，引入了强制性的录音录像

---

① 参见最高法院事务总局：《裁判员制度十年总结报告》（2019年）（http://www.saibanin.courts.go.jp/topics/09_12_05－10jissi_jyoukyou.html）。本文引用的参考文献除非另有说明，均为日文文献。

② 检察官因隐匿物证被认定有罪（2011年），而被告人被宣告无罪（2010年）。

③ 参见《刑事诉讼法》第320条第1款。

④ 参见《刑事诉讼法》第321条第1款第2项。

⑤ 参见《部分修改刑事诉讼法的法律》（2016年法律第54号）。根据修订后的法律，在《刑事诉讼法》中增加了17个条文。主要条款包括：（1）第301条之二（讯问记录的录像制度）；（2）第350条之二至第350条之十五（合意制度）；（3）第157条之二和第157条之三（刑事免责制度）。

制度,以确保对犯罪嫌疑人讯问的正当性;另一方面,引入了合意制度,作为收集言词证据的一种方法,不依赖于讯问。

合意制度于2018年6月1日开始施行,迄今为止已报告的适用案例有3件,均是企业犯罪案件。适用的第一个案件是所谓的"三菱日立电力系统案",在该案中,公司法人及其高管涉嫌向泰国一名公务员行贿(违反《防止不正当竞争法》)而被指控。检察官对法人适用了合意制度,没有起诉法人,对两名高管提起公诉。法院对两名被告人宣告了自由刑(缓刑)。判决对本案适用合意程序的理由,只简明扼要地认定适用该程序合法。① 适用合意制度的第二个案件是所谓的"日产汽车前董事长卡洛斯·戈恩案",就涉嫌违反《金融商品 195
交易法》的虚假记载有价证券报告书案件,以及违反《商法》的特别背信案件,公司部分董事与检察官达成合意,前董事长等人被起诉,但尚未开庭审理。②③④ 尽管合意制度才刚刚开始,但合意制度将对日本传统的刑事司法制度产生重大影响。因此,笔者将阐述日本的合意制度,从比较法的角度阐明其特点,并探讨该制度存在的问题。

---

① 对承认有罪的雇员的有罪判决(东京地方法院2019年3月1日,载《LEX/DB 25562724》),对否认有罪的雇员的有罪判决[东京地方法院2019年9月13日(未在判例法集刊发)。附记:该有罪判决被东京高等法院撤销,东京高等法院判决令和2.7.21(2020年7月2日),载《LEX/DB 25571014》,东京高等法院没有提及合意制度]。值得注意的是,正如在立法过程中争议的那样,对于公司犯罪,如果公司职员根据合意制度协助侦查,起诉公司的主要高管和法人,则这个判例与立法设计的情况相反,但根据现行法律规定,这种合意也是合法的。

② 被告人戈恩于2018年11月被捕,同年12月因违反《金融商品交易法》被起诉,2019年1月因涉嫌《商法》中的特别背信罪被起诉(参见《朝日新闻》2019年1月11日)。

③ 被告人戈恩缴纳了15亿日元(约折合1230万欧元)保释金,附条件留在日本国内,但令人震惊的是,他在2019年12月31日乘坐私人飞机逃往黎巴嫩。由于日本与黎巴嫩之间没有引渡条约,被告人戈恩几乎不可能参加在日本的裁判(参见《朝日新闻》2020年1月1日)。

④ 适用合意制度的第三个案件是公司董事长涉嫌职务侵占,该公司的高管与检察官之间达成了合意,公司董事长被逮捕(参见《朝日新闻》2019年12月11日)。

二、合意制度概述

(一)合意制度立法理由

首先应搞清楚立法者对合意制度的意图。① 立法者的意图有三个关键方面:合意制度立法的必要性、该制度的法律根据及该制度的安全保障。

有人指出了引入合意制度立法的必要性,如前所述,为了从根本上改变过度依赖讯问和供述笔录的侦查和庭审方式,构建一个新的刑事司法制度,对于有组织犯罪等犯罪确保程序公正,以便能获得有助于查清案件的供述等证据,而需要引入讯问以外的新的收集证据
196 方法。② 收集言词证据的新方法必须是侦查机关采用讯问以外的方法收集的言词证据。这种收集证据的方法就是合意制度,这也是法制审议会及其基于该审议会制定的政府草案的构想。最高检察厅也认为有必要引入合意制度,以替代此前的证据收集方法,特别是作为一种证据收集方法,其能够获得有助于查清有组织犯罪等案件的供述。③

在立法过程中探讨的合意制度有两种模式:一种是侦查和庭审协助模式,另一种是承认自己有罪模式。前者的合意形式是,犯罪嫌疑人在侦查程序阶段或庭审程序阶段对追诉第三者的犯罪事实提供协助的形态;后者则是允许在被告人承认对自己的犯罪事实承担刑

---

① 参见吉川崇、吉田雅之:《论部分修改刑事诉讼法的法律(2016 年法律第 54 号)(3)》,载《法曹时报》第 70 卷第 1 号(2018 年),第 75 页以下。这个文献阐述了法务省官员的观点,因此也可以理解为是立法者对合意制度的意图。参见吉川崇:《〈部分修改刑事诉讼法的法律〉概要》,载《刑事法评论》第 49 号(2016 年),第 71 页以下。

② 参见吉川崇、吉田雅之:《论部分修改刑事诉讼法的法律(2016 年法律第 54 号)(3)》,载《法曹时报》第 70 卷第 1 号(2018 年),第 76 页。

③ 参见最高检察厅新制度筹备办公室:《检察官对合意制度适用的方法》,载《法律广场》第 71 卷第 4 号(2018 年),第 48 页以下。

事责任时达成的合意。日本的立法者只承认前一种合意模式。这一点后面将进一步讨论。

这种合意制度的法律根据是检察官具有广泛的追诉裁量权。日本《刑事诉讼法》采用了起诉便宜主义,赋予检察官广泛的追诉自由裁量权,①合意制度的法律根据就是这种追诉自由裁量权。检察官的广泛追诉自由裁量权已被最高法院的判例反复确认。例如,检察官行使起诉权追诉犯罪时只有在极端情况下会被评价为滥用公诉权,否则检察官被赋予广泛的追诉自由裁量权,②而且检察官还可以根据案件证明的难易程度,只对部分罪行提起公诉。③ 这种追诉裁量权的 197
行使形式之一是,当犯罪嫌疑人/被告人在侦查或审理“他人的刑事案件”中提供协助时,检察官会将犯罪嫌疑人/被告人对侦查协助认定为“犯罪后的表现”,这是《刑事诉讼法》第248条规定的追诉裁量权中应当考虑的情况之一,并将这种情况体现在对“犯罪嫌疑人/被告人的刑事案件”的追诉裁量权之中。④ 但是,对“他人案件”的侦查协助是否可以考虑“本人案件”是一个难题,这一点将在后文详细探讨。

此外,引入新制度的根据之一,是合意制度有充分的制度安全保障。也就是说,合意制度是由于提供有关他人案件的证据而使犯罪

---

① 《刑事诉讼法》第248条规定,“根据犯罪人的性格、年龄及境遇、犯罪的轻重及情节和犯罪后的情况,认为没有必要追诉的,可以不提起公诉”。日本法律还采用了国家追诉主义,《刑事诉讼法》第247条(国家追诉主义)规定:“公诉,由检察官提起。”该条文的德文翻译:Hideo Nakamura(Übersetzer), Die japanische Strafprozeßordnung, 1970。

② 参见最高法院判决昭和55.12.17(1980年12月17日),载《刑集》第34卷第7号,第672页。

③ 参见最高法院判决昭和59.1.27(1984年1月27日),载《刑集》第38卷第1号,第136页。持相同观点的判决还有,最高法院判决平成15.4.23(2003年4月23日),载《刑集》第57卷第4号,第467页。

④ 参见吉川崇、吉田雅之:《论部分修改刑事诉讼法的法律(2016年法律第54号)(3)》,载《法曹时报》第70卷第1号(2018年),第78页。

嫌疑人/被告人受益，因此存在对他人案件作出不实供述的风险。换言之，存在将没有实施犯罪的第三者卷入进来的风险。但是，立法者认为，合意制度通过以下制度安排是可以避免这种风险的。第一，检察官当然要根据犯罪嫌疑人/被告人基于合意作出的供述进行彻底的“确认性侦查”。第二，对他人开庭审理时，必须调查合意内容的文书，[①]通过庭审证据调查可以查清供述的动机和理由，辩护人也会充分地对合意内容发表质证意见，对供述的可信性进行慎重分析。[②] 第三，达成协议或合意时必须有辩护人参与，而且合意必须得到辩护人的同意。[③] 职业伦理要求辩护人不能成为虚假供述罪的共犯，[④]因此
198 辩护人的参与可以防止犯罪嫌疑人/被告人进行虚假供述。第四，达成合意的犯罪嫌疑人/被告人进行虚假供述的，构成虚假供述罪，处 5 年以下惩役，[⑤]这个规定也可以抑制虚假供述。

(二)合意制度的概要

1. 合意的主体是检察官和犯罪嫌疑人/被告人(《刑事诉讼法》第 350 条之二第 1 款)。只有那些能在合意中发挥关键作用的人，才能成为合意的主体。检察官具有追诉自由裁量权，因此可以实施合意行为；犯罪嫌疑人/被告人的动机是，对侦查和审判提供协助，就可以获得某些有利的处置。法官完全不参与合意的缔结。达成合意必须得到辩护人的同意，合意必须以书面形式由检察官、犯罪嫌疑人/被告人和辩护人签字(《刑事诉讼法》第 350 条之三)。

---

① 参见《刑事诉讼法》第 350 条之八和第 350 条之九。

② 参见吉川崇、吉田雅之:《论部分修改刑事诉讼法的法律(2016 年法律第 54 号)(3)》,载《法曹时报》第 70 卷第 1 号(2018 年),第 79 页。

③ 参见《刑事诉讼法》第 350 条之三和第 350 条之四。

④ 日本律师协会联合会的《律师职务基本规定》(2004 年)第 75 条规定:“律师不得诱导作伪证或虚假陈述,或者故意提交虚假的证据。”

⑤ 参见《刑事诉讼法》第 350 条之十五第 1 款。

2. 犯罪嫌疑人/被告人提供协助的内容包括:(1)在讯问或询问证人时,作出真实的供述;(2)提交相关证据或提供其他必要的协助,其中的一项或许两者兼有之(《刑事诉讼法》第 350 条之二第 1 款第 1 项)。这里所说的"真实的供述",是指根据自己的记忆作出的供述。换言之,即使事后判明该供述不是真实的,只要是根据自己的记忆作出的供述,合意行为本身就是有效的。另外,检察官处置行为的内容包括:(1)不提起公诉;(2)撤回诉讼;(3)根据特定的诉因或处罚条款提起或维持公诉;(4)请求追加、撤回或变更特定的诉因;(5)在发表检察意见时,对被告人的具体量刑发表建议;(6)申请适用即决裁判程序;(7)请求适用略式命令程序(《刑事诉讼法》第 350 条之二第 1 款第 2 项)。关于检察官所具有的这种广泛处置权的法律依据,在后面将进行批判性探讨。

3. 关于合意制度适用的犯罪对象,由于这项制度是首次在日本引入的制度,适用的对象只包括部分财政经济犯罪和毒品枪支犯罪这两种犯罪类型,这主要是因为对这两种犯罪必须收集证据,而且, 199
包括被害人在内的广大市民对这些犯罪容易理解(《刑事诉讼法》第 350 条之二第 2 款)。例如,破坏封条、妨碍强制执行、妨碍拍卖、伪造公文书、公证书原件虚假记载、伪造私人文书、行贿受贿、诈骗、背任、敲诈勒索、贪污、有组织犯罪处罚法规定的犯罪,财政经济犯罪,违反爆炸物管制罚则的犯罪、毒品和枪支犯罪、隐匿犯人、毁灭证据等。但是,可能判处死刑、无期惩役或禁锢的罪行不适用合意制度(《刑事诉讼法》第 350 条之二第 2 款)。例如,杀人、以营利为目的进口兴奋剂、业务上转让兴奋剂、以营利为目的进口枪支等,也不在合意的范围之内。另外需要注意的是,犯罪嫌疑人/被告人的案件和协助侦查及审判的他人案件,这两种案件之间必须有关联性(《刑事诉讼法》

第 350 条之二第 1 款)。[1] 关于关联性问题,将在后文详细讨论。

4. 关于合意的协议程序,程序的内容与形成书面程序结果进行了区分。(1)关于协议程序,包括以下内容:第一,协议的主体是检察官、犯罪嫌疑人/被告人和辩护人三方(《刑事诉讼法》第 350 条之四第 1 款正文)。在这种情况下,如果犯罪嫌疑人/被告人和辩护人没有异议,检察官可以只与辩护人进行部分协商(《刑事诉讼法》第 350 条之四第 1 款但书)。从另一个角度理解,即使犯罪嫌疑人/被告人和辩护人没有异议,检察官也不能只与犯罪嫌疑人/被告人单独进行部分协商。检察官、犯罪嫌疑人/被告人和辩护人之间的意思表示达成一致时,协议就可以启动。任何一个协议主体都可以提议启动协商。犯罪嫌疑人/被告人向检察官提议启动协商时,检察官应当告知,如果没有辩护人的参与就不能进行协商,然后由辩护人向检察官提议启动协商。[2] 第二,在协商期间,检察官可以要求犯罪嫌疑人/被
200 告人就他人案件作出供述(《刑事诉讼法》第 350 条之五第 1 款)。检察官判断是否可以进行合意时,应当对犯罪嫌疑人/被告人本人能够提供什么内容的证据做到心中有数。[3] 这个“听证程序”是辩护人出席进行协商程序的一部分。因此,这个程序与对犯罪嫌疑人/被告人进行“讯问”的侦查程序不同,因为在这一种侦查程序中辩护人可以不在场。但是,在听证程序中也需要通知沉默权(《刑事诉讼法》第 350 条之五第 2 款)。这是因为,如果该案是共犯案件,有关“他人案件”的供述,实际上也包括有关“本人案件”的供述。在这种情况下,

---

[1] 参见吉川崇:《〈部分修改刑事诉讼法的法律〉概观》,载《刑事法评论》第 49 号(2016 年),第 74 页。

[2] 参见最高检察厅新制度筹备办公室:《检察官对合意制度适用的方法》,载《法律广场》第 71 卷第 4 号(2018 年),第 54 页。

[3] 参见最高检察厅新制度筹备办公室:《检察官对合意制度适用的方法》,载《法律广场》第 71 卷第 4 号(2018 年),第 49 页。

如果没有达成合意,犯罪嫌疑人/被告人的供述就不能作为证据使用(《刑事诉讼法》第350条之五第2款)。第三,检察官对于司法警察移交的案件进行协议时,应事先与司法警察进行协商(《刑事诉讼法》第350条之六第1款)。检察官可以让司法警察负责实施该协商的必要行为(《刑事诉讼法》第350条之六第2款)。例如,司法警察在检察官的授权范围内,可以向犯罪嫌疑人/被告人提示检察官的合意内容。换言之,司法警察不能成为合意本身的主体,但在某些情况下可以成为协商的主体。

(2)制作协议启动文书和协议经过报告书。第一,为了明确是否进行了协议以及何时启动协议,检察官需要制作一份法律上没有规定①的"协议启动书",该文书由检察官、被告人和辩护人三方签字。第二,检察官应当对协商过程中的重要事项进行完整的记录,并制作"协议经过报告书",内容包括协议的日期、时间和地点、协议各方以及协议要点。这些文书将附在卷宗中保存。上述"协议启动书"和"协议经过报告书"与后面提到的"合意内容笔录"之间的关系,将在后面讨论。

5. 合意程序和协议的效力。(1)制作书面合意。在达成合意的情况下,检察官、犯罪嫌疑人/被告人和辩护人应当共同签署一份说明合意内容的笔录(《刑事诉讼法》第350条之三第2款)。检察官对已达成合意的犯罪嫌疑人/被告人涉嫌的案件提起公诉时,应当在庭 201
审时及时请求调取该书面合意(《刑事诉讼法》第350条之七第2款)。检察官就犯罪嫌疑人/被告人基于合意作出的供述作为证据使用在另一个人的案件中时,有义务请求法庭调查该书面合意(《刑事诉讼法》第350条之八和第350条之九)。之所以要在庭审中调查涉

① 参见最高检察厅新制度筹备办公室:《检察官对合意制度适用的方法》,载《法律广场》第71卷第4号(2018年),第55页。

及该犯罪嫌疑人/被告人的案件的书面合意，是因为检察官应当在庭审中表明检察官提出的量刑建议是根据合意作出的，以确保合意程序的公正性，也是为了说明合意的内容与检察官设定的诉因和量刑建议有关。在基于合意作出的供述成为另案被告人的证据的情况下，也需要对书面合意进行调查，理由也是为了确保合意程序的适当性和基于合意的供述的可信性。关于书面合意中应包括哪些事项，这一点也将在后面进行探讨。

(2)合意的效力。为了确保合意的履行，该合意对各方当事人具有约束力。无故不履行合意是违法的。例如，检察官违反不起诉的合意而提起公诉时，该公诉无效，将被驳回(《刑事诉讼法》第 350 条之十三第 1 款)。检察官违反合意提出量刑建议的，法院能够通过书面合意了解合意中量刑建议的内容，并可以据此对被告进行量刑，所以不一定驳回公诉。[①] 如果检察官违背了对特定诉因提起公诉的合意而要求改变诉因，法院将不允许改变该诉因(《刑事诉讼法》第 350 条之十三第 2 款)。此外，如果检察官违反了合意，法院就不能使用基于合意的证据。但是，如果被告人没有异议，也可以作为证据使用(《刑事诉讼法》第 350 条之十四)。另外，犯罪嫌疑人/被告人违反合意不如实供述，进行虚假供述的，将受到处罚(《刑事诉讼法》第 350 条之十五)。

6. 退出合意。(1)当事人(检察官和犯罪嫌疑人/被告人)在以下情况下可以退出合意(《刑事诉讼法》第 350 条之十第 1 款)：一是合意的一方当事人违反合意时，另一方可以退出合意；二是检察官根据合意提出量刑建议，但法院宣告了更重的刑罚时，被告人可以退出
202 合意；三是经证实，犯罪嫌疑人/被告人供述的内容不真实，检察官也

① 参见吉川崇、吉田雅之：《论部分修改刑事诉讼法的法律(2016 年法律第 54 号)(3)》，载《法曹时报》第 70 卷第 1 号(2018 年)，第 157 页。

可以退出合意。(2)另外,法律规定了一些法院可以不遵循合意内容的情况:一是法院可以拒绝检察官关于改变诉因的请求;二是法院可以判处比检察官量刑建议更重的刑罚;三是法院可以驳回检察官提出的适用简易裁判程序的动议;四是法院可以驳回检察官提出的略式命令请求。因此,法院不受当事人合意的约束,但可以也必须在事后审查合意的适当性。关于适当性的理由将在后面阐述。

三、日本合意制度的法律地位比较

为了明确日本合意制度的特征,将其与外国法进行比较是有益的。下面重点介绍美国和德国的类似制度,因为这些制度对日本的刑事司法制度产生了重大影响。①

(一)日本合意制度与美国法的比较

1. 美国的制度可以分为两种情况。第一,辩诉交易(plea bargaining)制度。在美国法律中,如果被告人承认有罪(guilty plea),就可以省去有罪认定程序,立即进行量刑程序。这是一种高效率的程序。检察官对于被告人的有罪答辩可以提供一些让步,包括事实交易(fact bargaining),即不起诉被告人或撤回其他罪名;量刑交易(sentencing bargaining),即向法官提出特定的量刑建议。根据联邦法律,法官不参与这些程序,因此法官不受交易内容的约束。但是,如果法官承认有罪答辩,那么就会受到约束。② 第二,通过有罪答辩

---

① 关于其他法律制度:Stephen C. Thaman ed. ,*World Plea Bargaining*:*Consensual Procedures and the Avoidance of the Full Criminal Trial*,2010;Thomas Weigend,Absprachen in ausländischen Strafverfahren – Eine rechtsvergleichende Untersuchung zu konsensualen Elementen im Strafprozeß,1990。

② Fed. Crim. p. 11 (c) (1). 但是,根据有些州的法律,法官也可以参与辩诉交易(如纽约州)。

或者事实审理认定有罪以后,被告人因对侦查提供协助而减刑的制
203 度。在侦查或追诉除被告人以外的其他犯罪人的过程中,如果被告人向侦查当局提供了重要协助(substantial assistance),法院可以不按照(depart)量刑准则(sentensing guidelines),而减轻被告人的刑罚。[①]这种情况不是交易的问题,而纯粹是由法官酌情决定的量刑问题。这种因对侦查提供协助的减刑与认罪合意中的量刑交易是有区别的。侦查提供协助涉及被告人以外的其他人的犯罪行为,而量刑交易涉及的则是被告人自身的行为。[②] 因此,在量刑方面,对因认罪而减刑和因协助侦查而减刑应当区分开来。

2. 综上所述,美国法和日本法律一样,都有一种因协助侦查而获得利益的合意制度。但是,美国法和日本法有以下两个主要区别:第一,美国法并不限定对侦查提供协助的犯罪类型,而日本法则把协助侦查的对象只限定于两类犯罪:经济金融犯罪和毒品枪支犯罪。理由是这两类犯罪可能与协助侦查的有效性有关,这将在下面讨论。第二,更根本的区别是,美国法中协助侦查的唯一好处就是减刑,而尽管日本法没有规定对涉及自己犯罪提供侦查协助的辩诉交易制度,但在量刑方面以及不起诉和减少诉因等方面为被告人提供了“恩惠”。美国法规定的侦查协助只对量刑有影响,而日本法规定的侦查协助对检察官所具有的追诉裁量权有重大影响。为什么日本法对协助侦查这种合意给予如此之大的“恩惠”,这是一个重要的争议点,将在后面讨论。

(二)日本合意制度与德国法的比较

204 1. 德国法中也有两个可以进行比较的制度。第一,德国于 2009

---

① United States Sentencing Commission, 2018 Guidelines Manual Annotated, Chapter Five, Part K, 5 K 1.1.

② Commentary to 5 K 1.1. (Fn. 32).

年通过了《关于规制刑事诉讼中认罪协议的法律》，将合意制度引入《刑事诉讼法》。[①] 该法中规定：（1）合意程序的主体是法官、被告人和检察官；（2）合意事项不仅具有法律效力，而且是“基础事实认定程序中的其他程序性处置和诉讼关系人的诉讼态度”（sonstige verfahrensbezogene Maßnahmen im zugrundeliegenden Erkenntnisverfahren sowie das Prozessverhalten der Verfahrensbeteiligten）（德国《刑事诉讼法》第 257 条 c 第 2 款），这里包括一些程序性处置，如德国《刑事诉讼法》第 153 条以下的中止程序、第 154 条 a 第 2 款的限制追诉或放弃调取证据的请求权等；[②]（3）没有限制合意适用的犯罪，但显然是涉及“本人案件”的处置问题。

第二，德国法中还有所谓的核心证人制度，[③]即犯有一定程度以上罪行的行为人，明确知道与自己的犯罪行为有关的其他人的某些犯罪行为，对查明或防止该犯罪行为作出贡献的，法院对该行为人可以酌情减轻或免除处罚。[④] 该制度是在 2009 年修改《德国刑法》时引入的，2013 年从责任主义的观点又增加了“相关性”要件。

2. 从上述德国法和日本法的比较可以看出，两者有相似之处，也有许多不同之处。从两者的共同点看，德国法和日本法都有合意制度，但不允许像英美法那样省略事实认定程序。即使已经达成了合意，法院也必须从实体真实主义的原则出发，根据证据对事实进行认

---

① 根据 2009 年 7 月 29 日《关于规制刑事诉讼中认罪协议的法律》（BGBl I. S. 2353），将合意制度引入《刑事诉讼法》中（257c StPO 等）。

② Vgl. Meyer－Goßner, Schmitt, Strafprozessordnung mit GVG und Nebengesetzen, 61. Aufl. 2018, S. 1214 ff.

③ 参见《德国刑法》第 46 条 b（对查明或防止严重犯罪的贡献）。

④ 根据《德国刑法》第 46 条 b 的规定，可以从正面适用德国《刑事诉讼法》第 153 条 b（因免除刑罚而终止程序）的规定。参见土井和重：《论为侦查及审判提供协助、合意制度的刑罚论基础——德国核心证人制度的讨论》，载《法律论丛》第 91 卷第 1 号（2018 年），第 195 页、第 210 页。

定。与此同时,两国的差异也是很明显的。比较的前提可以从采用
205 该制度的起始阶段入手,日本法采用同意制度的起点是从侦查阶段审讯犯罪嫌疑人程序开始,这一点与德国法有很大不同。第一,根据日本法律规定,拘押犯罪嫌疑人的时间最长为23天,在此期间,允许辩护人会见,但讯问犯罪嫌疑人期间,辩护人不能在场。德国法规定的逮捕羁押期间原则上为6个月,最长为1年(德国《刑事诉讼法》第121条第1款和第122条a)。第二,日本法中的合意制度仅仅是当事人的合意,法官不参与。而德国法中的合意是法院与程序关系人之间的合意(德国《刑事诉讼法》第257条c第1款)。第三,关于合意适用的犯罪,德国法律对此基本没有限制,而日本法只限于经济金融犯罪和毒品枪支犯罪这两类罪行。第四,德国法和日本法都广泛承认合意的效力,但德国法只适用于与"本人案件"有关的合意,而日本法则适用于与"他人案件"有关的合意。因此,德国法的合意是以"被告人自白"为前提,而日本法则没有这一前提。第五,德国法中的核心证人制度与日本法一样,也适用于"他人案件",但德国法的"恩惠"仅限于刑罚问题,而日本法中的协助侦查的"恩惠"不限于刑罚问题,而是扩展到检察官自由裁量权范围内的各种处置。

(三)日本法存在的问题

日本法的特色可以概括为以下3点。第一,日本法将适用合意制度的案件限定在经济金融犯罪和毒品枪支犯罪这两种犯罪类型,而美国法和德国法的合意制度没有这种限制,尽管德国法规定的核心证人限定于某些类型的犯罪,但其范围要比日本法宽泛得多,日本法对犯罪类型的限制是很独特的。第二,日本法中的合意制度与美国法一样,都是当事人之间的合意,这一点与德国法不同,但日本法

的独特之处在于,没有采用美国法中的不需要法院认定事实的控罪答辩制度。第三,日本法中的对侦查他人刑事案件提供协助这一点,与美国法中的量刑指南和德国法中的核心证人制度类似,但日本法的独特之处在于,该制度的效果不仅限于量刑问题,而且广泛延伸到检察官的裁量处分行为。

通过以上归纳,可以明显看出日本法是一个独特的体系,与美国
法和德国法都有不同之处。这些差异要求我们应当对日本法中的合 206
意制度的法律根据和适用程序等进行单独的研究。

第一,关于日本法合意制度的法律根据,需要从理论根据和政策根据两个方面进行探讨。在理论上需要厘清的问题是,从立法者角度看,合意制度的法律根据是起诉便宜主义,但“对他人案件提供协助”是否包含追诉裁量的是需要从理论上阐明的问题。美国法中的量刑指南和德国法中的核心证人制度都把“对他人案件提供协助”作为刑罚的问题,因此必须在理论上说明日本法的一个独特方面。从合意制度的政策根据看,日本刑事诉讼法的诉讼构造呈现双层构造,即当事人主义构造和职权主义构造,因此在理论上出现了合意制度与这种诉讼构造如何协调的问题。

第二,日本法律中合意程序的操作是存在问题的。由于日本法律中的合意程序是在当事人之间进行的,所以出现了两个问题。首先,检察官和辩护人之间的平等是一个问题。特别是,这是一个辩护人是否能获得足够信息的问题。其次,有必要探讨法院对当事人之间达成的协议的有效性和公平性进行审查的权力。而且由于协议是在双方之间达成的,作为一个实际问题,还有必要考虑是否可以提供足够的审查材料供法官审查。

四、合意制度的理论问题

（一）协助型合意模式的问题

日本的合意制度在比较法中是独一无二的，因为它只允许对他人案件的支持和审判提供协助，而不是对本人案件进行的同意，而且允许检察官在广泛的范围内行使追诉裁量权。从比较法角度看，很难解释为什么检察官的这种裁量权会对犯罪嫌疑人/被告人的协助给予很大的利益。因为仅从起诉便宜主义来看就能提出疑问。因
207 此，应当从检察官的广泛追诉裁量以外寻找合理解释的理由。此外，还应当探讨与日本《刑事诉讼法》中的各项原则相一致的问题。因为如果缺乏系统性的理论根据，合意制度与日本的法律体系将是格格不入的。

关于检察官的广泛裁量权的基础，提出的第一个问题是合意条款中规定的“关联性”要件；第二个问题是日本的刑事诉讼法是当事人主义和职权主义混合的结构，因此必须探讨这种诉讼构造与合意制度的一致性。

（二）关联性的含义

2016 年《刑事诉讼法》第 350 条之二第 1 款规定，检察官在达成合意时，应当考虑“有关犯罪的关联性程度”。① 关于前提条件的关联性，关联性涉及的犯罪必须是“本人案件”和“他人案件”都属于合意适用的犯罪，即经济金融犯罪和毒品枪支犯罪。

---

① 严格地说，“关联性”不是“合意的要件”，只不过是合意的“考虑事项”，参见吉川崇、吉田雅之：《论部分修改刑事诉讼法的法律（2016 年法律第 54 号）（3）》，载《法曹时报》第 70 卷第 1 号（2018 年），第 93 页。因此，在理论上，即使没有关联性，也有可能达成合意，但在实践中，如果不承认有关联性，当事人之间就达不成合意。因此，应当认为在逻辑上合意的成立要件中包括“关联性”。当然，还是希望在立法上明确规定下来。

例如，我们假设有这样一种情况：同一家公司的总裁和董事都实施了有关企业犯罪的某种犯罪，董事和检察官之间达成合意，对该董事不起诉，而只起诉了总裁，在这种情况下，显然总裁的犯罪行为与董事的犯罪行为之间存在某种关联性。值得注意的是这种关联性要件的立法背景。该要件是在国会上对政府草案修改后增加进来的。修改的理由是，两个犯罪之间是否存在某种程度的关联性，需要考虑它与获得可信证据的可能性程度。[①] 国会的提案理由并没有深入说明为什么有关联性时供述的可信性程度就会高。笔者认为这是因为，当他人案件与本人案件有关联时，有关他人案件的供述中一般也会包含对本人案件的供述，这些供述更有可能与本人案件有关，对 208
“自己的犯罪”进行真实供述时，该人对“他人犯罪”的供述就比较可靠。

换言之，关联性要件实质上是要求对自己的犯罪进行供述。合意程序适用的犯罪往往是有组织实施的犯罪，从需要查明该犯罪的有组织性的角度看，这类犯罪被选定为合意制度适用的犯罪。因此，这里所说的关联性应当解释为是实体上的关联性，主要是为了限定共犯关系。也就是说，这里并不包括程序上的关联性。例如，犯罪嫌疑人/被告人和其他案件的被告人关押在同一个看守所，如果从他人案件的被告人那里听到了认罪供述，并根据听到的内容进行了供述，那么就不能认为有关联性。[②] 因此，不应该发现单纯的程序性相关性，而应该发现实质性的相关性。换言之，只有在该人在许多情况下

① 参见吉川崇、吉田雅之：《论部分修改刑事诉讼法的法律（2016 年法律第 54 号）(3)》，载《法曹时报》第 70 卷第 1 号（2018 年），第 93 页。

② 参见吉川崇、吉田雅之：《论部分修改刑事诉讼法的法律（2016 年法律第 54 号）(3)》，载《法曹时报》第 70 卷第 1 号（2018 年），第 108 页“注释（1）”。

与其他有关人员有共谋关系时,才会确立这种联系。①

从上述内容中可以得出两个重要的结论。第一,如果犯罪嫌疑人/被告人对第三人犯罪事实进行的供述中也包含了对犯罪嫌疑人/被告人自己犯罪事实的供述,那么检察官就可以认为该犯罪嫌疑人/被告人对侦查第三人犯罪事实提供了协助,并在追诉裁量时进行考虑;如果他人案件与本人案件完全无关,但对查明他人案件提供了协助,作为交换条件给予缓期起诉时,从起诉便宜主义的角度来看是否正当,对此还存在疑问,而且在量刑方面给予这种有利评价,会出现与责任主义不协调的问题。② 换言之,法律修改时增加关联性要件的真正理由是对供述的证明力需要进行评价,而且也是为了协调刑事诉讼法原则和刑法原则的关系。

第二,如果有关他人案件的供述包含对本人案件的供述,那么就会出现合意制度与所谓的承诺性供述之间的关系问题。最高法院的
209 判例认为,侦查机关作出承诺后的供述的自愿性存在疑问,因此这种供述缺乏证据能力。例如,检察官向犯罪嫌疑人承诺说,如果你交代就不会被起诉,那么犯罪嫌疑人的供述可能是非自愿的,这种供述是不可接受的。③ 虽然判例没有具体说明为什么这种供述的自愿性值得怀疑,但人们普遍认为,在对方承诺的情况下作出的供述是一种虚假供述风险很高的供述,其自愿性值得怀疑。

问题是,犯罪嫌疑人/被告人在合意程序中所作的供述是否也属于这种虚假供述可能性很高的供述。如前所述,与普通侦查程序中

---

① 参见川出敏裕:《因协助侦查和审判而减免刑罚制度》,载高桥则夫等编:《曾根威彦先生、田口守一先生古稀祝贺论文集》(下卷)(2014 年),第 431 页以下;川出敏裕:《协议和合意制度与刑事免责制度》,载《法学家》第 12 号(2015 年),第 68 页以下。

② 参见池田公博:《交易司法》,载井上正仁等编:《刑事诉讼法的争议点》(2013 年),第 36 页。

③ 最高法院判决昭和 41.7.1(1966 年 7 月 1 日),载《刑集》第 20 卷第 6 号,第537 页。

通过讯问进行供述的情况相比,合意程序有一些条件。第一,2016 年《刑事诉讼法》第 350 条之五规定,律师必须出席协议的听证程序,这一点与检察官在闭室中的讯问是完全不同的,因为在闭室讯问犯罪嫌疑人时,辩护人不在场。第二,依照《刑事诉讼法》第 198 条第 1 款的规定讯问犯罪嫌疑人(对自己的犯罪进行供述)和依照该法第 223 条第 1 款的规定询问证人(询问有关第三人的犯罪),这些情况下辩护人都不在场,但在获得辩护人同意的情况下与犯罪嫌疑人/被告人达成合意时进行的讯问,可以推定该讯问进行时作出的供述具有自愿性。第三,因为被告人的供述受沉默权的保障,所以不得进行反询问,但这与达成合意的情况完全不同,基于合意的供述是作为对第三者的庭审提供的证人证言,因此完全可以提出反询问。由此可见,合意情况下的自白和非合意情况下的自白有很多差异。因此,承认合意情况下供述的自愿性与最高法院关于承诺供述的判例并不矛盾。

(三)自我认罪型合意制度立法的必要性

关联性要件实质上是要求被告人的供述包含对被告人自己罪行的供述。如果对自己罪行的供述是达成合意的必要条件,那么这种对侦查和审判提供协助的合意制度,无论在理论上还是实践中都与有关自己罪行的自我认罪型合意制度相重合。

立法者采用了对侦查和审判提供协助的合意制度,而没有采用
自我认罪类型的合意制度。在法制审议会的讨论中,有些消极的意 210
见认为,自我认罪类型的合意制度对于查明案件事实和对罪犯给予适当的处罚都是不适合的。[①] 但是,从合意制度的立法理由看,这种消极意见显然也不是没有采纳自我认罪型合意制度的原因。法务省

① 参见吉川崇、吉田雅之:《论部分修改刑事诉讼法的法律(2016 年法律第 54 号)(3)》,载《法曹时报》第 70 卷第 1 号(2018 年),第 83 页。

向国会提交的法案说明中指出，合意制度在日本是第一次采用的制度，因此"我们认为，引进对侦查和审判提供协助的合意制度作为收集证据的方法是非常必要的，而对于自我认罪型的合意制度，应当在引入侦查审判协助型的制度之后，根据该制度的适用情况，如有必要的话，可以研究自我认罪型合意制度将对日本的刑事司法制度有何影响，然后确定是否引入"，明确表明要先引入侦查审判协助型合意制度。① 自我认罪型合意制度被认为是将来需要研究的课题，在理论上并未否定这种制度。从这个角度看，今后有必要具体研究自我认罪型合意制度的立法问题。②

（四）作为合意制度基础的当事人主义

日本的合意制度能否与日本法的诉讼构造相协调，首先必须澄清日本刑事诉讼法中的当事人主义和职权主义之间的关系。在这个问题上，通说的观点和最高法院的判例都认为，日本刑事诉讼法基本上采用了当事人主义结构，并辅以职权主义结构。更重要的是，这里所说的当事人主义和职权主义与英美法或大陆法中的都不相同。日本法继承了大陆法和英美法，但这些原则在更广泛的意义上被"日本化"③了。

---

① 法务省刑事局局长林真琴对该法案的说明［参见吉川崇、吉田雅之：《论部分修改刑事诉讼法的法律（2016 年法律第 54 号）（3）》，载《法曹时报》第 70 卷第 1 号（2018 年），第 83 页］。

② 日本律师界主张，应当以企业犯罪为中心引入自我认罪型合意制度，参见木目田裕、平尾觉：《日本型的司法交易对企业活动的影响》，载《商事法务》第 2052 号（2014 年），第 26 页；平尾觉：《日本型司法交易与企业对等应对》（2016 年），第 86 页以下。

③ "日本化"是指日本法试图把当事人主义和职权主义结合起来的趋势，这在今天仍然具有意义。Vgl. Ryuichi Hirano, Die Japanisierung des westlichen Rechts: Strafrecht und Strafprozessrecht, in: Helmut Coing et al. (Hrsg.), Die Japanisierung des westlichen Rechts – Japanisch – deutsches Symposion inTübungen vom 26. bis 28. Juli 1988, 1990, S. 387 ff; Joachim Herrmann, Die Japanisierung des westlichen Rechts: Strafrecht und Strafprozessrecht, op. cit., S. 397 ff.

1. 西方法律的日本化倾向，比较明显的是诉讼对象论。[①] 日本法在诉讼对象方面采用了所谓的诉因制度。[②] 审理和判决的对象不是 211
公诉事实本身，而是检察官在起诉状中主张的“诉因”，检察官需要追加、撤回或者变更诉因时，应当事后向法院提出请求。[③] 在英美法中，原则上不存在变更诉因的制度，这意味着对英美法的诉讼对象概念的日本化。另外，大陆法中也没有诉因制度，诉因制度也是对大陆法的诉讼对象概念的日本化。这种理解也是最高法院判例的立场。虽然法律规定，法院可以命令检察官变更他所主张的诉因，[④]但判例认为，这种命令没有变更诉因的形成力。[⑤] 换言之，法院受作为当事人的检察官所指控的诉因的强烈约束，不能审理起诉书中没有记载的犯罪事实。

通过对法律的解释，实质上承认了检察官在一定程度上对诉讼对象具有处置权。另外也要求法院在诉因的范围内，根据自由心证主义[⑥]认定事实。因此，即使被告人自己承认有罪，也不能省略事实认定程序。法院必须在诉因的范围内发现实体真实，所以实体真实主义的原则只适用于一定范围内的事实。这可以说是欧美法日本化 212
的表现之一。此外，日本法还在一定范围内承认犯罪嫌疑人/被告人对诉讼程序的处置权。犯罪嫌疑人/被告人对诉讼程序的处置权包

---

① Morikazu Taguchi, Der Prozessgegenstand im japanischen Strafprozessrecht, ZIS 2/2008, S. 70 ff.

② 《刑事诉讼法》第 256 条第 3 款规定：“记载公诉事实时，应当明确提示诉因。为了明示诉因，应尽可能用日期、时间、地点和方法，特别制定应构成犯罪的事实。”

③ 《刑事诉讼法》第 312 条第 1 款规定，“检察官提出请求时，只要不侵害公诉事实的同一性，法院应当准许追加、撤回或变更起诉书中的诉因或者处罚条款”。

④ 《刑事诉讼法》第 312 条第 2 款规定，“法院在审理过程中认为适当的，可以命令追加或者变更诉因或处罚条款”。

⑤ 最高法院判决昭和 40. 4. 28（1965 年 4 月 28 日），载《刑集》第 19 卷第 3 号，第 270 页。

⑥ 《刑事诉讼法》第 318 条规定，“证据的证明力，由法官自由判断”。

括表明自己的态度，如被告人在简易程序中表示“没有异议”（《刑事诉讼法》第461条之二），在简易判决程序中表示“同意”（《刑事诉讼法》第350条之十六第2款）或对证据的可接受性表示“同意”（《刑事诉讼法》第326条第1款）等。这些态度对程序起到了给予协助的作用，发挥了重要的程序性作用。

2. 合意制度应该建立在这种日本式的当事人主义和日本式的职权主义的理论基础上。从传统的通过讯问收集言词证据的方法转变为通过合意来获取证据的新方法，其核心要素就是尊重犯罪嫌疑人/被告人的自我决定权。这一核心要素也可以在检察官在合意程序中的裁量权中找到，即把犯罪嫌疑人/被告人的意图解读为起诉便宜主义（《刑事诉讼法》第248条）中的“犯罪后的情节”。

五、合意制度的程序问题

（一）问题所在

日本的合意制度在实务层面的问题有以下几点。第一，保障协议或合意程序中当事人的平等性。为了判断检察官与犯罪嫌疑人/被告人及辩护人达成的合意，判断合意的信息应当是平等的。这一点涉及的问题是，在侦查阶段检察官掌握的信息是否可以向辩护人开示，以及检察官是否可以强制收集信息。第二，当事人作出合意的适当性和公正性，可以由没有参与合意程序的法院进行审查，但在当事人主义诉讼构造下，法院审查权限的根据和限制范围，也是需要探讨的问题，而且为法院进行审查提供的材料内容也是一个问题。

（二）合意程序中当事人的平等地位

辩护人参加有关合意的协商过程，并判断犯罪嫌疑人/被告人对合意是否同意。辩护人在作出上述判断时，判断的资料当然源于委托他的犯罪嫌疑人/被告人。辩护人判断他们是否同意与检察官之间的协商和合意时,检察官手中掌握的证据内容当然也是重要的判 213
断资料。日本《刑事诉讼法》原则上不允许在侦查阶段开示证据。[①]但是,自从引入协商合意制度后,应当认为,检察官应当根据证据收集的情况,尽可能向辩护人开示涉及合意的重要信息,而且期待立法上对检察官在合意程序中开示信息的权限加以规定。

另外,检察官可以利用侦查收集的证据来对合意作出判断。检察官有时为了获得犯罪嫌疑人/被告人更详细的信息,要求犯罪嫌疑人/被告人与辩护人把他们协商的内容形成书面文书。是否允许这种强制收集信息的做法,也是需要研究的问题。未经辩护人的同意,检察官不得扣押辩护人持有的涉及犯罪嫌疑人/被告人保密的文书,[②]但是对于犯罪嫌疑人/被告人持有的有关辩护人的文书应当如何处理,对此并没有明确的规定。对于这个问题,下级法院的判例认为,检察官的扣押行为是违法的。[③] 换言之,大阪高等法院认为,原则上辩护活动的内容对侦查机关是隐秘的,检察官使用令状搜查被羁押在看守所的被告人的房间等处,扣押辩护人提交的文书等资料是违法的。可以说,判例承认了在这个限度内,有一种“律师与客户之

① 《刑事诉讼法》第47条(不公开的诉讼文书)规定:“有关诉讼的文书,在开庭以前不得公开。但在公共利益上有必要或有其他理由而认为适当的,不在此限。”

② 《刑事诉讼法》第105条(业务上的秘密与扣押)规定,“医师、牙科医师、助产士、护士、律师(包括外国法事务律师)……专利代理人、公证员、宗教职务人员或者曾经担任过上述职务的人员,因接受业务委托而保管或者持有的物品涉及他人的秘密的,可以拒绝扣押……”

③ 大阪高等法院判决平成28.4.22(2016年4月22日),载《判例时报》第2315号,第61页。

间的隐秘特权”(attorney – client privilege)。[①]

关于刑事诉讼中的律师与客户之间隐秘特权的问题,可以参考最近日本对《反垄断法》的修正情况。以往《反垄断法》中的征缴费用减免制度(leniency system)中征缴费用减免的比例是由法律规定
214 的,公正交易委员会没有把企业人员对查明企业犯罪提供协助的情况反映在减免比例中,因为即使企业人员提供了非常重要的协助,也无法低于法定的金额。因此,2019 年引入了新的可裁量征缴制度,根据企业提供协助的程度可以适当减少征缴费用。[②] 在新的征缴制度中,律师的作用会变得更加重要,因此在这项修正的过程中同时又制定了规则和指南,即在一定条件下公正交易委员会的审查员不得调取企业人员与律师之间秘密磋商细节的文书。这就是行政调查程序中的保密特权,但这种规定对刑事诉讼中合意程序中的类似情况有何影响,是一个需要研究的问题。因为国内法必须相互协调,所以刑事诉讼中的律师与客户之间的隐秘特权也是今后需要进一步深入研究的问题。

(三)法院对合意程序的审查权限

1. 综上所述,日本刑事诉讼法中的职权主义不仅在诉讼对象方面受到限制,而且在庭审程序中对案件的追诉进程[③]方面也受到限制。

---

① Vgl. Morikazu Taguchi, *New Development in Investigation Proceedings and Sanction Systems for Corporate Crime in Japan*, in U. Sieber ed., Prevention, Investigation, and Sanctioning of Economic Crime – National Perspectives, RIDP (Revue Internationale de Droit Pénal) Vol. 90, Issue 1, p. 241 – 274(2019).

② 《反垄断法》修正案于 2019 年 6 月 19 日获得通过(https://www.jftc.go.jp/dk/kaisei/rlkaisei/index.html)。关于《反垄断法》的修改,参见本书第六章第一节。

③ 诉讼追行的概念来自威廉・绍尔的理论,即庭审程序由 3 个过程组成:实体形成过程、诉讼追行过程和程序过程。Vgl. Aufl. 1926, S. 111. 平野龙一指出,这个概念对于日本的当事人主义诉讼是很有用的。参见平野龙一:《刑事诉讼法》(1958 年),第 29 页。

《刑事诉讼法》采用了所谓的“起诉状一本主义”，禁止检察官在起诉的同时向法院提交证据，[1]证据原则上应当由当事人在庭审时提交。[2]因此，当事人当然是庭审时诉讼推进的第一责任人。这就是所谓的“当事人追行主义”。当然，日本刑事诉讼法还规定了依职权调取证据的内容，[3]但最高法院的判例认为，依职权调取证据不是法院的义务。[4] 因此，无论在诉讼对象方面，还是在诉讼进程方面，职权主义在 215
评价当事人行为的范围上都受到限制。[5] 日本刑事诉讼法中的这种职权主义对于法院在合意诉讼中的作用还是有意义的。法院不参与合意程序，也不受其内容的约束，但法院有权力和义务对当事人之间的合意程序是否合法、是否正当进行判断。[6] 如前所述，检察官违反不起诉的合意而提起公诉时，法院可以驳回公诉。

2. 关于合意文书，如前所述，法律规定检察官有义务请求法院调查证据。被告人自己在庭审上也有义务请求调取涉及他人案件的与检察官达成的书面合意（《刑事诉讼法》第350条之八），同时达成合意的被告人在他人案件开庭审理出庭作证时，检察官也有义务请求法院调查书面合意（《刑事诉讼法》第350条之九）。审查书面合意不仅是为了确认合意程序的合法性，也是为了法院制定适当的庭审

---

① 《刑事诉讼法》第256条第6款规定：“在起诉书中，不得添附任何可能导致法官对案件产生预断的文书及其他物品，也不得引用该文书及其物品的内容。”

② 《刑事诉讼法》第298条第1款规定：“检察官、被告人或者辩护人，可以请求调查证据。”

③ 《刑事诉讼法》第298条第2款规定，“法院认为必要时，可以依职权调查证据”。

④ 参见最高法院判决昭和33.2.13（1958年2月13日），载《刑集》第12卷第2号，第218页。

⑤ 参见田口守一：《核心司法与职权主义》，载井上正仁、酒卷匡编：《三井诚先生古稀祝贺论文集》（2012年），第475页。

⑥ 法院的职能类似基于当事人主义的美国法。换言之，根据美国联邦法律［Fed. Crim. P. ,11 (b) (3)］，法官认可被告人的有罪答辩时，必须确认有罪答辩的自愿性以及在该自愿性基础上的事实（factual basis）。也就是说，法官并不是直接规制有罪答辩的内容，而是从其程序方面进行规制。

计划。检察官或被告人是否违反了合意将对庭审计划产生重大影响,因此在审理已经达成合意的被告案件时,根据书面合意可以充分了解当事人的态度。[①] 需要研究的问题是书面合意记载的内容。法律只是规定了应当明确合意的内容(《刑事诉讼法》第350条之三第2款),检察厅的《业务指南》规定,书面合意中应当明确记载,本人案
216 件、他人案件、本人提供协助行为的内容、检察官处置的内容。[②] 需要注意的是,合意的结果被记载下来了,但协商的过程却没有被记载下来。在一般情况下,法官为了审查合意的合法性和适当性,不仅需要了解合意的结果,而且还要了解达成合意的过程。因此,有人提出疑问,达成合意的过程不记载在书面合意中,而只在最高检察厅提供的《协商过程报告书》中记载是不充分的,协商进展的重要部分也应记载在书面合意中。

另外,对于如何制作合意的协商进展的文书,法律没有任何规定。如前所述,国会在制定合意制度的过程中,明确提出,检察官在达成合意的过程中进行必要协商时,应当将协商的日期、时间、地点、对方、过程记录下来,以"补充决议"的形式加以保存,[③]检察厅根据这个要求在合意适用指南中增加了《协商过程报告书》这一内容。[④] 法院在庭审过程中是如何使用这个《协商过程报告书》的,还不清楚。但是,《协商过程报告书》的内容对于审查合意程序的合法性和适当

---

① 参见吉川崇、吉田雅之:《论部分修改刑事诉讼法的法律(2016年法律第54号)(3)》,载《法曹时报》第70卷第1号(2018年),第129页。

② 参见最高检察厅新制度筹备办公室:《检察官对合意制度适用的方法》,载《法律广场》第71卷第4号(2018年),第57页。

③ 参见吉川崇、吉田雅之:《论部分修改刑事诉讼法的法律(2016年法律第54号)(3)》,载《法曹时报》第70卷第1号(2018年),第116页。该补充决议是在表决法案的过程中委员会对法案发表的意见和希望,并没有法律约束力。

④ 参见最高检察厅新制度筹备办公室:《检察官对合意制度适用的方法》,载《法律广场》第71卷第4号(2018年),第58页。

性是极其重要的，因此这份《协商过程报告书》也应作为法院的判断资料。总之，合意程序的透明度(Transparenz)应该进一步加强。

六、结语

合意制度在日本作为一种法律制度已经确立下来了，但该制度是否会充分发挥作用，目前还不清楚。因此，今后需要研究的课题是如何阐明这种新的合意制度的基本特点。

第一个问题是日本法的合意制度是一个具有日本特色的制度，与美国法和德国法都不同。因此需要在理论上和程序上探讨日本法的合意制度的独特根据。从理论上讲，应当阐明犯罪嫌疑人/被告人 217
就他人的犯罪行为对检察官提供协助后，检察官对此行使追诉裁量权的理论根据是什么。对这个问题的解决思路是，应当承认犯罪嫌疑人/被告人对第三人的犯罪事实进行供述时，其中也包含对自己犯罪事实的供述。正是由于存在这种关联性的要件，检察官可以对犯罪嫌疑人/被告人本身的犯罪事实行使追诉裁量权。从这个理论结构来看，协助型合意制度与自我认罪型合意制度是联系在一起的。这对日本法来说是一个重大的问题。归根结底，合意制度的法律根据不仅仅是起诉便宜主义，而且应当认为可能超过了日本刑事诉讼法中当事人主义的更广泛原则。

第二个问题是合意制度涉及的程序问题。一是在协商合意程序中当事人特别是检察官与辩护人的平等性问题。司法实务中重要的问题是对合意进行判断时保障信息的平等性，这也是一个立法问题。二是日本法规定的合意制度毕竟是当事人之间的合意制度，必须明确法院可以审查程序合法性和适当性的根据及其界限。根据日本法的职权主义，法院有权力和义务评价当事人的诉讼行为。因此，法官可以而且必须审查当事人的合意程序。三是实务中重要的实际问题,即没有参与合意程序的法官根据什么资料审查合意程序。法院除了调取法律规定的书面合意以外,检察厅《业务指南》规定的《协商过程报告书》也应当纳入判断资料之中。

合意制度给日本法带来了新的思维方式,为处理刑事案件增加了新的选项。未来的刑事司法制度为了应对案件的多样性需要储备多种多样的制度。在多样化的制度中,国家机关和民间人士对刑事程序也将承担更大的责任。如辩护人将发挥更重要的作用,犯罪嫌
218 疑人/被告人今后也将更广泛地参与刑事程序。因此,新的合意制度是构建这种新的刑事司法制度的重要"试金石"。已经建立的制度是时代的潮流,但完善这个制度是时代的要求,也是法学家的责任。

219 第二节　合意程序的适当性

一、引言

关于合意制度需要考虑三个问题。[①][②]第一,也是在立法过程中

---

① 关于合意制度的最新研究成果有:(1)井上正治:《因共犯人协助侦查和追诉而减免的措施(1)(2)(3)(4)——以英美法的历史研究为中心》,载《法学协会杂志》第123卷第6号(2006年),第1166页以下;第123卷第12号(2006年),第2677页以下;第124卷第6号(2007年),第1489页以下;第124卷第12号(2007年),第2884页。井上正仁:《共犯人对侦查及追诉的协助与减免措施》,载《刑法杂志》第48卷第3号(2009年),第365页以下。(2)关于德国的合意制度的文献,请参见本书本章第三节注释④(255页)。(3)法制审议会新时代的刑事司法制度特别委员会[平成二十四年(2012年)]的会议记录和对美国法有罪答辩制度的研究,参见南迫叶月:《关于防止协议或合意制度中的虚假供述的研究(1)(2)(3)(4)(5完)》,载《法学论丛》第180卷第4号(2017年),第135页以下;第181卷第1号(2017年),第119页以下;第181卷第3号(2017年),第113页以下;第181卷第4号(2017年),第31页以下;第181卷第5号(2017年),第46页以下。(4)关于法院对合意处分正当性的审查问题,参见南迫叶月:《法院对协议、合意的审查方法》,载《神户法学杂志》第69卷

讨论过的,基于合意作出的供述可能是“虚假供述”的问题。日本的合意制度是指,犯罪嫌疑人/被告人对侦查和审理他人刑事案件时提供协助,检察官作为回报而对犯罪嫌疑人/被告人给予某种有利处理,因此就涉及犯罪嫌疑人/被告人在他人案件的审判时作为证人提供的证言的可信性问题。第二,检察官对犯罪嫌疑人/被告人的协助行为给予一定处置是否合理的问题。例如,检察官的不起诉决定或 220
者量刑建议明显低于通常的刑罚,这种情况是否适当。这个问题也是辩诉交易的合理性问题。第三,上述两个问题是关于合意内容的问题,但也涉及合意的程序问题以及合意程序是否符合正当程序的问题。从理论上讲,第一个和第二个问题是在评价了第三个合意程序问题之后才会出现的问题,因此这里先探讨第三个问题。

为了使合意制度能够与日本的刑事诉讼制度相协调,犯罪嫌疑人/被告人因对侦查及追诉提供协助而与检察官达成合意,其大前提当然是作为诉讼主体的犯罪嫌疑人/被告人能够进行自由而合理的判断。如本章第一节所讨论的,合意制度的基础不仅是检察官的追诉裁量权,而且还包括现行刑事诉讼法中当事人主义这一基本诉讼构造。合意的达成毕竟不是作为国家机关的检察机关的单方面裁量行为,只有另一方的犯罪嫌疑人/被告人基于自由的理性的判断才能达成合意。因此,合意程序是否正当,应当在判断检察官的追诉裁量

第 3 号(2019 年),第 35 页以下。(5)关于美国纽约州的实地调查研究,参见高田浩平:《美国司法交易的庭审实务》,载《刑事法评论》第 63 号(2020 年),第 55 页以下。(6)对众议院和参议院法务委员会(2015 年 5 月至 2016 年 5 月)的会议记录研究,参见田中利彦:《协商及合意与刑事豁免制度》,载川上拓一编著:《刑事程序法的理论与实务》(2020 年),第 83 页以下。

② 关于合意制度的条文解释,参见吉川崇、吉田雅之:《论部分修改刑事诉讼法的法律(2016 年法律第 54 号)(3)》,载《法律时报》第 70 卷第 1 号(2018 年),第 75 页以下;吉川崇:《〈部分修改刑事诉讼法的法律〉概要》,载《刑事法评论》第 49 号(2016 年),第 71 页以下。关于合意制度的适用指南,参见最高检察厅筹备室:《检察机关在合意制度适用过程中的做法》,载《法律广场》第 71 卷第 4 号(2018 年),第 48 页以下。

是否正当的基础上，确保犯罪嫌疑人/被告人的自由而合理的判断。

当然，在合意程序被认为是正当的前提下，就需要回答第一个或第二个问题。协助者的供述这种证据将在庭审上向对方当事人提出，于是就涉及所谓“共犯人供述”可能存在虚假陈述的问题（被牵连的危险），因此需要研究对方在庭审上进行反询问的方法以及补强证据等问题（为了叙述方便，下面把对犯罪嫌疑人/被告人的庭审称为“协助者的庭审”；把对他人案件的庭审称为“对方的庭审”）。[①] 由
221 于借助合意程序的交易显然可以从检察官那里获得好处，做虚假供述的诱惑力很大，因此这种情况的虚假供述的风险要比一般情况下的共犯人供述的危险性更大。但是，应当注意的是，与传统的“共犯人供述”理论不同，在基于合意的供述的情况下，法律上要求双方有义务达成书面的合意，而且书面合意的内容需在庭审中进行审查，使当事人之间的交易在法庭完全公开化。在此之前，人们几乎没有机会了解在背后与检察官进行交易的情况。[②] 我们期待在制度设计上，应当把虚假供述的危险性完全暴露出来，更加谨慎地判断供述的可信性。上述情况也适用于第二个问题，处分行为的合理性。例如，从量刑实体论的角度提出的问题是，检察官针对协助者的合意行为进行量刑判断是否妥当，其核心是能否在责任主义原则的框架内评价量刑。相反，从量刑程序论的角度提出的主要问题是，在达成合意后检察官在量刑建议中提出的刑罚与拒绝合意时所预期的刑罚之间的

---

① 参见高田浩平：《美国司法交易的庭审实务》，载《刑事法评论》第 63 号（2020 年），第 78 页。关于美国法中的补强证据，该文指出：“在白领犯罪中，电子邮件、电话和 SNS 的交流，以及通话记录、汇款记录，在美国被认为是具有很高可信度的补强证据。”对于日本的企业犯罪，多数协助者也会提交这类证据，这些证据同时也是供述的补强证据。

② 法制审议会新时代的刑事司法制度特别委员会第 14 次会议记录（第 19 页）指出，“坦率地说，我们觉得有越来越多的隐性交易”（小坂井久委员的发言）。另外，德国也有人指出，合意制度的最大作用是把以前的内部秘密交易向外界暴露出来（参见本书本章第三节）。

"剪刀差",对协助者作出自由和理性的判断会产生多大的影响。这一点对于检察官就其他事项作出有利于被处罚对象的处置也是如此。拒绝合意时所预期的不利后果只有在交易公开后才会显现。

因此,本节主要以合意的程序问题为核心,探讨保障合意程序的正当性和法院对此进行审查的方法。但是,合意制度才刚刚启动,适用的案例还很少,预测该制度今后如何运行还比较困难。但是,已经适用司法交易和合意程序的其他国家,对不正当程序已经积累了一些理论和判例。因此,尽管现在还无法推测日本的合意制度适用中会出现哪些不正当的案件,但我们将尽力参考其他国家的事例,尽可 222
能进行详细的研究。下面的"合意程序"一词往往也包括"协议程序",只有在有必要区分这两者时,才在"合意程序"之外使用"协助程序"这一表述。

二、不适当的合意程序

(一)适当与不适当的判断标准

关于判断合意程序适当性的标准,主要可以区分为两个。[①] 第一个标准是,在程序上,合意程序是否侵犯了犯罪嫌疑人/被告人的权利,是否妨碍犯罪嫌疑人自由和理性地进行判断。犯罪嫌疑人的这种理解和接受是合意程序中权利保障的核心。换言之,犯罪嫌疑人的自由判断是否得到保障,这种自由判断是否受到损害或歪曲。这里的问题还包括,犯罪嫌疑人通过协助侦查换取检察官处置的这种交易,是否得到辩护人对合意的法律意义及其影响进行充分的说明,

---

① Roxin / Schünemann, Strafverfahrensrecht, 28. Aufl. 2014, 17 Rn. 11, S. 101. 文中列举了不适当承诺的情况:(1)向对方承诺达成合意就释放;(2)承诺按照其他案件另行处理;(3)承诺概括性全面放弃权利;(4)以"处罚范围"的轻重相威胁;(5)没有形成完整的书面合意。

是否是在理解交易的含义的情况下作出的合意。

第二个标准是，认定合意适用的犯罪不适当。有时合意可能偏离法定的犯罪类型；有时虽然属于适用的犯罪但与实施的犯罪事实有很大出入，即被认定为“偏离真实”事实的犯罪。在后一种情况下，交易认可的缩小事实明显大幅偏离真实事实时，检察官对犯罪嫌疑人的处置属于偏离实体真实允许范围的处置，是基于有利于检察官的合意程序，这是不适当的。

另外，在探讨合意程序的适当性时，不需要对合意主体的检察官和犯罪嫌疑人/被告人进行特别的区分。大多数情况下，存在检察官
223 处分行为的适当性问题，但有时也可能存在辩护人处理合意的问题。另外，尽管德国的合意制度是由法官主导的，但有关合意适当性的讨论也值得日本借鉴。此外，也不需要对侦查庭审协助型合意制度和自我认罪型合意制度进行特别的区分。对这两种合意的适当性进行判断的标准没有大的差异。因此，尽管英美法中关于辩诉交易的讨论基本都是建立在有罪答辩的基础之上，但这一点也值得日本合意制度参考。

（二）不适当合意的形态

1. 合意程序中也存在侵犯权利的合意。合意程序中侵犯权利，有时可能直接影响犯罪嫌疑人的意思决定，有时会间接干扰辩护人提供帮助。直接侵害权利的情况有，检察官与犯罪嫌疑人及辩护人产生直接对立，即在协商阶段的听证程序、合意程序或基于合意对犯罪嫌疑人进行调查的程序中，检察官对犯罪嫌疑人施加心理压力。在这种情况下，侦查机关的言行（如辱骂、恐吓、暴力等）会对犯罪嫌疑人造成直接的心理压力，妨碍他们自由地作出决定，但在协商程序中由于辩护人参与合意程序，辩护人对合意也表示同意，此后侦查机

关对犯罪嫌疑人进行讯问也是基于该合意，因此侦查机关采取胁迫态度的可能性较小。

（1）检察官提出的方案可能是不恰当的程序。犯罪嫌疑人达成合意的情况下，检察官对其作出的有利处置与犯罪嫌疑人拒绝检察官提议的合意时检察官作出的处置，两者之间有时存在重大差异。德国法把这种差异称为“制裁的剪刀差”（Sanktionsschere）。[①] 典型的情况是，检察官向法院提出的合意中的量刑与拒绝合意情况下的量刑之间的“剪刀差”明显过大，“迫使”犯罪嫌疑人别无选择，只能同意。德国《刑事诉讼法》第136条a把这种量刑差距过大的合意程序规定为一种“不正当的侦查方法”。[②] 另外，美国法中也有学者指 224
出，控方可能通过答辩承诺的刑罚与法庭可能宣告的刑罚之间的“特殊落差”（enormous differential）来诱导被告人进行有罪答辩。[③]

综观德国的论点，布意克（Werner Beulke）教授认为，关于“制裁的剪刀差”，如果检察官提出不达成合意就要判7～8年的自由刑，如果达成合意将建议3年6个月的自由刑，这就是对犯罪嫌疑人进行威胁。[④] 舒曼（Schünoemann）教授也指出，如果供认不讳就判3年6个月自由刑，如果不供认就判6～7年（或7～8年）的自由刑，这是有损于法官形象的“剪刀差”。[⑤] 这种“制裁的剪刀差”的情况在日本法中是否也存在？最高检察厅对适用合意制度的“关于减轻处罚的基

① 参见本书本章第三节。“schere”的含义是“剪刀”，但“剪刀”是由两刃刀片组成的，单刃刀片是没有意义的。这里的意思是两片刀片的“落差”就存在“威胁”。

② 参见本书本章第三节。德国《刑事诉讼法》第136条a第1款规定，在讯问犯罪嫌疑人时，禁止侵害“被指控人作出决定、表达意志的自由”（die Freiheit der Willensentschließung und der Willensbetätigung des Beschuldigten）。如果违反上述规定，即使被指控人同意使用该供述，也不得使用（第136条a第3款）。

③ 参见田口守一：《刑事诉讼的目的》（增补版）（2010年），第170页。

④ 参见本书本章第三节。

⑤ Roxin / Schünemann, Strafverfahrensrecht, 28. Aufl. 2014, 17 Rn. 11, S. 101.

本考虑”是，“就减轻处罚的具体内容而言，主要取决于本人协助行为的重要程度。具体来说，需要考虑需要查明的他人刑事案件的轻重、本人的协助行为对查处他人刑事案件的重要程度、他人在该案件中发挥的作用、在组织中的地位、提供合意制度以外的方法是否能够收集到证据等”。[①] 检察官的减轻处罚建议只要不明显违反责任主义，一般就会被认为是适当的。值得研究的问题是，检察官表示“如果不按照我的提议达成合意，量刑建议就特别重”这种落差特别大的情况。日本法把合意制度适用的犯罪限定于两种犯罪类型（德国法也
225 限定某些罪种但范围要广很多），而且不包括死刑和无期徒刑的犯罪。例如，发生如后所述的美国法中出现的“制裁的剪刀差”的极端情况的可能性很小。但是，就量刑而言，出现例如3年6个月和6年的落差也并非不可能。

更令人震惊的论点是美国法（尤其是联邦法律）的讨论。1970年的阿尔福德（Alford）案件中，被告人对一级谋杀罪按照二级谋杀罪作出了有罪答辩，但被判处30年监禁。此后被告人辩称，他以二级谋杀罪进行答辩（所谓的阿尔福德抗辩）是为了避免死刑，对二级谋杀罪主张无罪，但美国联邦最高法院裁定，有罪判决如果具备被告人的承认（admission）和同意就是有效的，答辩通常由这两个要素组成。因为阿尔福德抗辩是在“对自愿性知情并理解”（voluntary, knowingly, and understandingly）的情况下作出的，因此是有效的。[②] 并且他对司法交易的问题点进行了激进的表述。这是因为，被告人

---

① 参见最高检察厅筹备室：《检察机关在合意制度适用过程中的做法》，载《法律广场》第71卷第4号（2018年），第56页。

② 参见田口守一：《刑事诉讼的目的》（增补版）（2010年），第156页以下。从阿尔福德案来看，如果认为为了避免死刑而对30年徒刑的犯罪进行有罪答辩是有效的（Brady v. United States, 397 U. S. 742）（1970年），那么就会导致以下情况是合法的：检察官说，如果你认罪就建议5年刑期，你不认罪就建议无期徒刑[Bordenkircher v. Hayes, 434 U. S. 357（1978年）（被告人不认罪却获得无期徒刑）]。

在辩诉交易中明知“量刑剪刀差”而进行有罪答辩，该有罪答辩被视为有效。即使被告人认为自己无罪，但他考虑到正式审判（陪审团裁判）将是一种负担，而且较轻的判决如果有保障还是有利的，于是就轻罪进行了有罪答辩。在这种情况下，被告人承认有罪的供述可能是虚假的，该供述的可信度也存在疑问。正如阿尔福德案所示，被告人的认罪答辩如果是在“对自愿性知情并理解”的情况下作出的，那么这种答辩就是有效的。因为被告人有自由和合理的自己决定权。① 但是，美国学说的立场是，以《联邦刑事诉讼规则》要求的有罪答辩“事实依据”来探讨有罪答辩的真实性问题，很多人对这种被告人的 226
自己决定权进行了猛烈的批评。② 相比之下，德国法建议将“量刑的剪刀差”这一“国家行为”作为评价的对象。对比而言，美国的模式是以“被告人自己决定的自愿性”为标准，而德国的模式则是以“国家行为的相当性”为标准。

以被告人为标准的思维方式和以国家为标准的思维方式都是可能的，不存在哪个正确哪个不正确的问题，因为必须考虑这种标准与

---

① 但是，阿尔福德案的判例同时指出了认定“重要的事实依据”。另外，日本的法制审议会新时代的刑事司法制度特别委员会第 14 次会议（2013 年 10 月 30 日）的会议记录（第 20 页）中，有一段时任法务省特别顾问的松尾浩也有关限定适用的对象犯罪的发言，“被告人行为的内容可以说是一种算计，他们要计算利害得失。在过去，《刑事诉讼法》的理念显然是排除这些内容的，虽然长期以来如果坦白交代就会减轻处罚，但并不是一坦白交代就直接减轻，而是通过坦白交代所表现出来的悔过态度这样一个中间环节转换而来的。但是，这次的观念（刑罚减免制度中的自白和合意制度中的协商）发生了巨大变化，如果被告人的计算是合理的，就可以接受被告人的计算结果。我感觉到这是一件好事，似乎不必考虑犯罪的性质”。松尾浩也发言中的“如果被告人的计算是合理的，就可以接受”这句话点出了合意制度的核心。在这方面，日本的合意制度也包含了美国法规定的司法交易的要素，但松尾浩也的发言是针对限制罪种而言的，他可能不是说只要“被告人的计算”就足够了。关于松尾浩也的精密司法理论，参见田口守一：《刑事诉讼的目的》（增补版）（2010 年），第 105 页以下。

② 也有批评认为，加拿大法中的辩诉交易也存在“放任自流的趋势”。参见田口守一：《刑事诉讼的目的》（增补版）（2010 年），第 199 页。

各个国家法律制度整体上的一致性问题。那么对于这个问题,在日本法中应该如何考虑呢?由于当事人主义是日本法中合意制度的基础,[①]这种合意制度中有美国重视被告人自己决定权的元素,但同时也能找到德国以国家行为的合理性为标准的元素。即使是当事人之间的司法交易,犯罪嫌疑人/被告人所处的交易过程的客观情况也应当是正常的。也就是说,与美国法不同,日本法要求对于合意适用的
227 犯罪也必须有实体真实的事实支持。但是,"制裁的剪刀差"的问题是,应当对没有合意时的量刑建议和有合意时的量刑建议两种情况进行比较分析,如果"没有合意时的量刑建议",就不能判断存在"量刑的剪刀差"。因此,不仅需要在"书面合意"中明确写明"有合意情况下的量刑建议"(剪刀的一刃),而且在协商过程显示"没有合意情况下的量刑建议"(剪刀的另一刃)时,则必须将该事实记录在《协商过程报告书》中。[②]

(2)与上述情况不同的是,犯罪嫌疑人对合意的自愿性和合理性的判断,有时可能会受到间接的侵害。第一,辩护人对犯罪嫌疑人的援助不充分的情形。辩护人参与合意的协商过程,也对犯罪嫌疑人的合意判断表示同意。在这个过程中,有必要向作为法律外行的犯罪嫌疑人解释说明有关合意制度的合意要件、合意的后果等,并听取犯罪嫌疑人的想法,与犯罪嫌疑人就合意制度进行充分的讨论。在某些情况下,辩护人也可以自己进行调查活动。[③] 如果犯罪嫌疑人在没有得到辩护人的充分解释和建议的情况下就对合意作出决定,那

---

① 参见本书本章第一节。

② 参见南迫叶月:《关于防止协议或合意制度中的虚假供述的研究》,载《法学论丛》第181卷第5号(2017年),第62页、第69页。值得注意的是,该文指出,在书面合意文书中"还必须写明在没有提供协助情况下所预想的诉因和量刑建议"。书面合意中应当记载的事项确实是一个需要进一步探讨的问题。

③ 参见南迫叶月:《关于防止协议或合意制度中的虚假供述的研究》,载《法学论丛》第181卷第3号(2017年),第123页以下。文章详细地论述了美国法中辩护人发挥的作用。

么要求辩护人参与协商和合意的法律目的就会遭受损害，犯罪嫌疑人对合意的决定可能被判定为有缺陷的合意。第二，辩护人为了提供充分而适当的援助，往往需要从犯罪嫌疑人那里获得关于被指控案件（犯罪嫌疑人本人案件和他人案件）的信息，也需要有作为合意对方的检察官进行侦查的信息。在需要参考侦查信息的情况下，如果辩护人在没有尽力获得有关信息的情况下就轻易对合意（不一定对犯罪嫌疑人有利）表示同意，那么辩护人的同意行为就是有瑕疵的行为。在这方面，既然建立了合意制度，那么就必须向辩护人披露一定数量的侦查状况信息，根据现行法律，这样做也是可能的。[①] 第三，
辩护人的协助仍然存在需要研究的重要课题。在达成合意之后，基 228
于合意展开作为侦查工作一部分的再次讯问犯罪嫌疑人（《刑事诉讼法》第 198 条）或作为证人再次接受询问（《刑事诉讼法》第 223 条）时，以前的司法实务是不允许辩护人在场的。但是，现在应当考虑，检察官根据合意讯问犯罪嫌疑人时，应有辩护人（和参加协商听证程序一样）在场。[②] 这种讯问方式是建立新的合意制度的副产品之一。

2. 不适当的合意事项。合意事项可能存在的问题可以区分为 3 种情况。第一，合意适用的犯罪（包括在诉讼中显现出来的情况和隐藏在诉讼背后的情况，即隐秘的合意）包括法律没有规定的犯罪的情况。第二，合意适用的犯罪符合规定，但对其中的部分行为进行了不适当的起诉。第三，对不允许的合意事项达成了合意。

（1）第一种情况中的对适用对象以外的犯罪达成了合意，也可以

---

① 参见本书本章第一节。另外，德国《刑事诉讼法》第 147 条第 2 款规定，在侦查终结前，如果辩护人阅览证据资料可能妨碍侦查，检察官可以拒绝。由于辩护人可以在侦查终结之后接触到侦查材料，因此在实务中，合意程序往往在侦查终结之后才启动。关于德国《刑事诉讼法》第 147 条的内容，参见本书本章第三节。

② 《犯罪侦查规范》第 180 条第 2 款规定，“在讯问犯罪嫌疑人时，让辩护人或其他合适的人员在场的，应当要求在场人在该供述笔录上签名和盖章”。在日本现行法的框架下，也可以让辩护人在场。

区分为两种情况。一是对特定犯罪（经济金融犯罪和毒品枪支犯罪）以外的犯罪也给予了有利的处置，作为适用合意的犯罪在程序中显现出来，或者在程序上显现出来的是本来就应当适用的犯罪，但在背后对其他犯罪（如盗窃的余罪、猥亵罪等）也秘密承诺给予有利处置。前述后者是“隐性交易”。在这种情况下，该合意是对适用对象以外的犯罪作出的，在任何情况下都是无效的。二是两罪都属于适用合
229 意的犯罪但属于并合罪中的数罪时，承诺对其中部分犯罪提起公诉，而对余罪不起诉。新法的解释是，关于“是否可以不起诉余罪的合意”的问题，“应当根据个案情况决定。例如，作为合意对方的被告人因数罪被起诉，其中部分犯罪涉及‘特定犯罪’时，这种情况下可以达成合意”。[①] 所谓的“以案件为单位的原则”是妥当的。因此，即使检察官对适用对象以外的犯罪承诺不起诉，这种承诺对检察官也没有约束力。但被告人相信对余罪不起诉并就其他部分犯罪达成合意时，这仍将是“隐性交易”，合意本身将被认定为无效。同样的处理方式与德国法相同，德国联邦宪法法院认定合意制度合宪的判例指出，所谓的“整体解决”（Gesamtlösung）就是把其他相关案件的整体“一揽子”处理，而不允许对不适用合意的其他案件中止程序。[②]

（2）第二种情况是对不适用的部分起诉。这里所说的部分起诉，是指对一罪（包括科刑上的一罪）中可分割的部分进行起诉（关于数罪关系中的部分起诉，前面已有论述）。在此之前，对于部分起诉是

---

① 参见吉川崇、吉田雅之：《论〈刑事诉讼法等部分修正的法律〉（2016 年法律第 54 号）（3）》，载《法律时报》第 70 卷第 1 号（2018 年），第 103 页。这一解释的前提是起诉后达成的合意，但在起诉前的协商中可能进行多次交涉。在这种情况下，必须向辩护人说明检察官手中所掌握的信息。

② 参见本书本章第三节的内容。文中指出，在 2013 年宪法法院作出判决之前，也可能达成这种合意，但该判例禁止用合意整体处理案件，之后就不再允许了。因此，从理论上讲，此后对还未处理的案件是可以起诉的。相反，犯罪嫌疑人/辩护人可以要求检察官将毒品犯罪作为一个整体解决，但进行合意已经不可能了。

否适当有很大争议,涉及对数罪关系中的犯罪进行的部分起诉,对亲告罪中没有提出告诉的部分提起部分起诉,部分起诉中的犯罪事实偏离了实体真相等问题。① 但是,至少上述问题中的偏离真相的情况 230
与合意制度是有关系的。检察官为犯罪嫌疑人/被告人提供利益而达成合意,主要是在查明案件事实或者侦查方面确有必要的场合。因为,当对检察官查明案件事实寄予较大期待时,检察官可能为了让犯罪嫌疑人/被告人达成合意而愿意给予他们较大利益。当给予的较大利益超过合意程序的合理范围时,合意中的缩小诉因将被判定为诉因偏离事实。在这种情况下,给予较大利益不仅是量的问题(裁量是否适当的问题),而且是不适当处置的质的问题(裁量是否允许的问题)。

这里以美国案件为素材举一个极端案例,即缩小的诉因是“假定的犯罪”。根据美国法规定,大多数被告人最初在控罪答辩中都进行无罪答辩(not guilty)。在这个程序中进行有罪答辩的情况主要是针对将当初的诉因进行缩减后的犯罪事实(reduced charge)。② 对于在日本不能适用合意制度的罪行如杀人未遂等,可以以暴行罪进行有罪答辩。③ 这样一来,针对被缩减后的犯罪事实进行有罪答辩,主要是原来诉因中包含的较轻罪行(lessor included offense),也就是所谓的“假定的犯罪”。假定的犯罪是实际上不存在的犯罪。例如,对故意杀人罪按照故意杀人未遂(此犯罪类型并不存在)进行有罪答辩;对夜间侵入他人住宅(最高可处以 15 年不附带保护观察的犯罪)的

---

① 参见本书第二章第二节。

② 笔者听过美国的有罪控辩程序,当天有 29 名被告人的第一次答辩都是无罪答辩。参见田口守一:《刑事诉讼的目的》(增补版)(2010 年),第 139 页。如果被告人作出无罪答辩,案件就要提供正式程序(陪审裁判)进行审理,这对于检察官来说是一个沉重的程序负担。因此,检察官要求他们以较轻的犯罪进行有罪答辩,被告人往往会答应检察官的提议。可以说,无罪答辩是被告人最有力的武器。

③ 参见田口守一:《刑事诉讼的目的》(增补版)(2010 年),第 153 页。

犯罪以白天侵入他人住宅（最高可处5年附带保护观察的犯罪）进行
231 有罪答辩；对超速驾驶行为以违章停车进行有罪答辩；等等。[1][2]

当然，也有人对美国法的这种倾向进行了严厉的批评。例如，有人指出，加拿大法律也有辩诉交易制度，但加拿大的辩诉交易也有法官参与，并对极端交易进行规制。支持加拿大法的纳什里（Nasheri）教授警告说，美国法的辩诉交易会导致犬儒主义（Cynisism）和蔑视（disrespect）法律。[3]

当然，主流的观点认为，美国法也不是无视真实。《联邦刑事诉讼规则》规定了确认规则，即在受理有罪答辩时应当确认"事实依据"，[4]与其说这是确认有罪答辩的真实性，不如说是一种人权保障，也就是说它只不过确认了这样一个事实：被告人对自己没有实施的犯罪没有进行有罪答辩。[5] 但与此同时，多数观点认为，应该更加强调这一规定的确认真实性的作用。例如，皮兹（Pizzi）教授认为，美国法不重视真实，当事人主义应该是"仔细审查证据"的制度，即应当是一个发现真实的体系。[6] 美国也有这样的判例，一名被指控犯有赌博欺诈罪的被告人，对通过交易以虚假手段获取金钱的未遂进行了有罪答辩，法院认为，这是"被告人没有实施的罪行"，而应当确认事实

---

① 参见田口守一：《刑事诉讼的目的》（增补版）（2010年），第173页、第175页。

② 另外，关于非法持有毒品，例如，对于持有400克毒品而进行持有200克毒品的有罪答辩，在这种情况下，需要区分原来的诉因是一个持有400克毒品的行为和2个持有200克毒品的行为。应当说，前者持有200克毒品的行为是"假定的犯罪"，而后者持有200克毒品行为的原诉因是可分割的，那么200克毒品就是合法的缩小诉因。

③ Hedieh Nasheri, *Betrayal of Due Process: A Comparative Assessment of Plea Bargaining in the United States and Canada*(1998), p. 141；田口守一：《刑事诉讼的目的》（增补版）（2010年），第199页。

④ Fed. r. Crim. p. 11 (f).

⑤ 参见田口守一：《刑事诉讼的目的》（增补版）（2010年），第177页。

⑥ William T. Pizzi, *Trials without Truth: Why Our System of Criminal Trials Has Become an Expensive Failure and What We Need to Do to Rebuild It*(1999), p. 221.

的依据是与“原来的诉因所依据的基础行为”有关联，因此驳回了这种没有事实依据的有罪答辩。① 美国法中对缩小的诉因即“假定的犯罪”进行有罪答辩的司法实务也是非常特殊的。由于日本的合意制度是以实体真实主义为基础的，这种对“假定的犯罪”的部分起诉 232
被认为是严重偏离了真实的、不正当的合意。②

(3)第三种情况是合意事项中包括不允许进行合意的内容。由于是不允许的内容，一般不会出现在合意程序的表面，自然也属于“隐性交易”。例如，①承诺释放(或者不拘留)犯罪嫌疑人；②承诺提供违禁药物或食物。如果认定存在这种交易，合意程序将被认为是不适当的，也是无效的。德国法规定，法定合意概念之外的所谓“非正式合意”(informelle Absprache)是违反了透明度原则的，是超越监管范围的，也是违法的。③ 此外，在美国法的有罪答辩的受理程序中，法院只有“确认不存在暴力或威胁的结果，或者不存在答辩合意(plea agreement)以外的承诺，才能受理有罪答辩或者不抗争答辩”。④ 另外，即使是作出有罪答辩的被告人，也要确认“是否存在与检察官合意以外的交易，或者对有利处罚或宽大处理作出承诺”。⑤这意味着，在正式交易的背后总是可能存在不被允许的“隐性交易”，既然辩诉交易和合意制度被认为是一种法律制度，那么就必须杜绝这种“隐性交易”。正如后文所述，法院如何发现这种“隐性交易”，是一个棘手的难题。

---

① Lyons v. States, 105 Nev. 317, 775 P. 2d 219(1989).

② 这个问题在日本也有争论，有这样一起案件：交通事故的被害人在事故后死亡，但检察官却以业务上的过失伤害罪起诉被告人，法院认为该起诉是合法的[名古屋高等法院昭和62.9.7(1987年9月7日)，载《判例泰晤士》第653号，第228页]，但有人认为这里存在偏离真实的问题。参见本书第二章第二节。

③ 参见本书本章第三节，第258页。

④ 田口守一：《刑事诉讼的目的》(增补版)(2010年)，第137页。

⑤ 田口守一：《刑事诉讼的目的》(增补版)(2010年)，第143页。

此外，不被允许的事项，包括承诺或者让被告人承诺实施法律上不允许的诉讼行为。①德国法规定，犯罪嫌疑人/被告人在合意程序
233 中放弃上诉权是违法的。[1] 日本的合意制度也规定，犯罪嫌疑人/被告人不能以放弃上诉权的形式对侦查机关提供协助行为（《刑事诉讼法》第350条之二第1款第1项），如果秘密约定犯罪嫌疑人/被告人放弃上诉权，那么合意就是非法的。②合意制度的立法过程中，有人提出，对他人案件进行供述的人可以达成"向检察官作出供述但不出庭作证"的合意。对于这种建议有反对意见认为，这种人的书面供述是不可信的，[2]如果在事前和检察官达成的合意表示在庭审时拒绝作证，是违反禁止传闻原则的。[3] 一旦发现存在这种合意，就应当判断合意程序本身是无效的。

另外，特别是在组织体犯罪（如整个公司的企业犯罪）中，通常是组织体中的核心人物（如公司总经理）掌握着重要的证据，因此往往需要与这类核心人物进行交易，在获得重要证据之后，达成对该核心人物不起诉的合意，而是起诉组织体中的下属人员（如实施具体行为的部门经理）。这就是所谓的"替罪羊"现象。这种合意可能是不正当的，应当由检察审查会进行审查（《刑事诉讼法》第350条之十一）。值得研究的问题不是不起诉，而是对当事人以极轻的罪行进行起诉（所谓的名义起诉）。这种情况也是起诉，因此不受检察审查会

---

① 德国《刑事诉讼法》第302条（撤回和放弃上诉）在引进合意制度时增加了新的内容："如果判决是根据协议（第257条c）作出的，则不允许放弃（上诉权）。"

② 参见法制审议会新时代的刑事司法制度特别委员会第一小组会第6次会议纪录，第11页。

③ 参见吉川崇、吉田雅之：《论〈刑事诉讼法等部分修改的法律〉（2016年法律第54号）》，载《法曹时报》第70卷第1号（2018年），第96页。文章指出，"如果认定合意的内容是基于真实的供述，那么该犯罪嫌疑人/被告人就不能行使拒绝作证的权利"，但这两个问题应当分开考虑。但是，"在约定作为证人接受讯问时提供真实供述"（《刑事诉讼法》第350条之二第1款第1项第3号）的情况下，也包括了不能行使拒绝作证权的约定。

的制约。[①] 然而，如上所述，极轻的犯罪（缩减诉因）无论是不当的部分起诉还是严重偏离真实的起诉，该合意程序本身都有可能会被评价为不正当。 234

三、不适当的合意与法院的审查

（一）引言

法院对合意的审查程序因国家而异，有的形态是合意制度，有的是辩诉交易制度，审查的方法也是多种多样。[②] 但是，法院对合意程序或辩诉交易的审查模式，大体上可以分为 4 种类型。第一种是美国模式（联邦法），答辩交易本身基本上由当事人自行决定，法院不参与。[③] 但是，法院需要在有罪答辩的受理程序中，确认有罪答辩的自愿性，以及有罪答辩的"事实依据"等。在这种有罪答辩的受理程序中，要审查答辩交易的正当性。第二种是加拿大模式（以及美国某些州的法律），答辩交易基本上在当事人之间进行，但法官控制该交易过程。[④] 由于法官控制交易，所以可以有效地维持交易的正当性。第三种是德国模式，合意在法院与诉讼参与人（检察官、犯罪嫌疑人/被

---

① 在该情况下，如果起诉的部分和不起诉的部分在法律上是可分的，那么不起诉决定应当理解为事实上的不起诉，也可能成为检察审查会的审查对象。参见田口守一：《刑事诉讼法》（第 7 版）（2017 年），第 187 页。

② 南迫叶月教授对法院审查合意的方法进行了研究，介绍了美国法中的答辩交易和法院的参与方式，并详细分析了法院对合意的审查，参见南迫叶月：《法院对协议、合意的审查方法》，载《神户法学杂志》第 69 卷第 3 号（2019 年），第 35 页以下。此外，高田教授详细报告了纽约州有关辩诉交易的审判实务，参见高田浩平：《美国司法交易的庭审实务》，载《刑事法评论》第 63 号（2020 年），第 55 页以下。

③ 在美国，有些州的法官也参与辩诉交易。关于美国法官参与的实际情况，参见南迫叶月：《法院对协议、合意的审查方法》，载《神户法学杂志》第 69 卷第 3 号（2019 年），第 48 页以下。关于夏威夷的实际情况，参见田口守一：《刑事诉讼法》（第 7 版）（2017 年），第 133 页以下。

④ 这就是所谓的"法官混合型辩诉交易"（hybrid judicial plea bargaining），参见田口守一：《刑事诉讼的目的》（增补版）（2010 年），第 194 页、第 199 页。

告人和辩护人)之间进行,因此在制度设计上可以由法院保证合意的正当性。第四种是日本模式,合意程序在当事人之间进行,法官不参与其中。这种制度类似于美国模式(联邦法),但美国模式是以控罪
235 答辩制度为前提的,这种制度承认的诉讼行为所具有的性质是,有罪答辩可以不经过庭审程序就认定有罪。但是,日本法没有采用控罪答辩制度,因此即使犯罪嫌疑人/被告人自白或者自己认罪(《刑事诉讼法》第 319 条第 2 款和第 3 款),也只是作为一个证据,仍然需要进行庭审程序,因此法院在庭审程序中判断合意程序的正当性,这是事后审查。尽管同样都是法院审查,但有点类似于美国法中的有罪答辩的受理程序。[①] 此外,日本法中包含自己认罪型合意制度,这种制度需要有犯罪嫌疑人/被告人的自白,这一点与德国法中的合意制度接近。但是,由于德国法采用的是职权探知主义的诉讼构造,在庭审上需要调查包括自白在内的全部证据。[②] 而日本法是基于当事人主义,原则上只对当事人请求的证据进行调查。日本法在这一点上与德国法律有根本的不同。[③] 下面,从比较法的角度探讨日本法中法院对合意程序的审查制度及其审查程序。

---

① 另外,日本法中有略式命令,即如果提出略式命令的请求就可以不开庭审理,这种制度与有罪答辩制度有些类似,但略式命令中要载明构成犯罪的事实(《刑事诉讼法》第 464 条),法院也可以移送到普通程序进行审判(《刑事诉讼法》第 463 条),当事人可以申请适用正式审判程序(《刑事诉讼法》第 465 条第 1 款),这一点与美国的有罪答辩制度有根本的差异。

② 德国《刑事诉讼法》第 244 条第 2 款规定:"为了查明真实,法院应当依职权对裁判有意义的一切事实和证据进行证据调查。"

③ 但是,由于德国法中没有自白补强规则,从理论上说只有口供就可以认定被告人有罪。因此,即使法院有义务对所有的证据进行调查,但对于需要调查的补强证据,最终要采用自由心证主义(德国《刑事诉讼法》第 261 条)。但是,在司法实务中还没有出现仅凭口供就认定有罪的情况。

(二)法院对合意程序正当性的审查权限

1. 合意程序的正当性在协助者的庭审中被视为一个诉讼条件。对诉讼条件的审查是法院依职权调查的事项,这种审查是法院的权限和义务。[1] 协助者在他人案件开庭审理时进行供述的,合意程序的正当性就是该供述允许的条件。在任何情况下都要区分实体问题和程序问题:协助者的供述和提供证据的证明力是实体问题,合意程序 236
本身的正当性是程序问题。如下文所述,检察官可以请求就合意程序对合意笔录进行调查,这一点在协助者的审判中(《刑事诉讼法》第 350 条之七)和在他人的审判中(《刑事诉讼法》第 350 条之八、第 350 条之九)都一样。关于请求调查该合意笔录的目的,就协助者的庭审而言,"合意的存在和内容,不仅涉及诉讼程序的进展,而且涉及法院根据情况制定适当的审判计划"[2];就他人案件的庭审而言,由于基于合意"的供述理由和契机与该供述的可信性关系密切,可以防止他人案件被卷入其中"[3]。当然,证据调查可以按照检察官的证明目的进行下去,但同时,法院从合意程序的正当性角度出发,可以要求检察官对合意笔录的形成过程和形成前的协商过程进行说明,并进一步依职权要求对《协商过程报告书》进行调查。在某些情况下,证据显然是存在的,而且调查也很容易,如果对这些内容不进行调查

---

① 参见本书第一部分第二章第二节。

② 吉川崇、吉田雅之:《论〈刑事诉讼法等部分修改的法律〉(2016 年法律第 54 号)》,载《法曹时报》第 70 卷第 1 号(2018 年),第 129 页。

③ 吉川崇、吉田雅之:《论〈刑事诉讼法等部分修改的法律〉(2016 年法律第 54 号)》,载《法曹时报》第 70 卷第 1 号(2018 年),第 133 页、第 137 页。但是,即使使用合意笔录是为了证明"合意的存在和内容",基于笔录的辩诉交易性质,这种证明也还应当侧重合意程序本身正当性的证明,以此保证供述的可信性。

就可能明显严重违反正义，法院有义务让当事人提出调查证据的请求。[①] 总之，合意程序的正当性在各个国家的合意制度或答辩交易制度中都是非常重要的问题，日本的合意制度也是如此。

2. 对于合意程序的合法性需要审查的事实是满足诉讼条件的事实。如果审查这些与是否存在诉讼条件的事实有关的事实，那么就涉及审理所谓诉因之外事实的问题。在对协助者的审判中，审查的对象可能波及有关协助者的诉因之外的事实（特别是他人的犯罪事实）。另外，在对他人案件进行审理时，诉因之外的事实会更加明显（尤其是协助者的犯罪事实）。这是因为法院审查的对象局限于诉讼
237 条件的事实时，法院就是实现裁判工作的最终责任人，因此法院在审理时当然要涉及诉因之外的事实。[②]

（三）法院的审查方法

1. 关于合意程序，如前所述，需要对合意内容笔录进行调查。一是在协助者因自己的犯罪被起诉时，[③]检察官应当在庭审程序开始阶段结束后或庭审前整理程序结束后，及时请求调查合意内容笔录（《刑事诉讼法》第350条之七）。二是在他人犯罪的审理中，检察官也应当做到：①协助者作为证人出庭作证，检察官、犯罪嫌疑人或辩护人向法官请求询问该证人时，或者法院决定依职权询问该证人时，如果检察官与该证人达成了合意，就应当及时请求调取合意内容笔录（《刑事诉讼法》第350条之九）；②检察官、犯罪嫌疑人或辩护人向法官请求调查“根据第350条之二第1款规定的合意制作的被告

---

① 参见最高法院判决昭和33.2.13（1958年2月13日），载《刑集》第12卷第2号，第218页。

② 参见本书第二章第一节和第二节。

③ 在不起诉的情况下，则可能成为检察审查会审理的案件（参见《刑事诉讼法》第350条之十一、第350条之十二）。

人以外的人的供述笔录”或者“根据同上款规定的合意形成的供述笔录”时，[①]或者法院依职权进行调查时，检察官应当立即提出调查合意内容笔录的请求（《刑事诉讼法》第350条之八）。

在这种情况下，调查合意内容笔录，不仅是为了慎重评价协助者供述的可信性，也是为了审查合意程序的正当性。但是，由于审理协助者时的当事人（检察官和犯罪嫌疑人）是合意的缔结者，所以他们不太可能对合意的正当性提出异议。相比之下，在对他人案件的审理中，检察官和辩护人通常都不会参与合意程序，因此辩护人请求调查合意内容笔录时，往往会对合意程序的正当性提出异议。在这种 238
情况下，对于他人案件的辩护人的防御活动来说，要想获知合意程序的过程等信息，仅凭合意内容的笔录往往是不够的。因此，辩护人应当考虑要求在庭审前整理程序中开示有关合意的资料作为证据使用。[②] 关于这个问题，有一个值得深思的判例，[③]内容如下：为了判断合意内容笔录的证明力是否可以开示有关协议或合意的各类文书，法院认为，有关协议或合意的文书不属于《刑事诉讼法》第316条之十五第1款规定的“判断检察官所请求的特定证据的证明力具有重要意义的证据”，因此为了判断合意内容笔录的证明力，不要求开示有关协议或合意的文书。但是，法院判决指出，“司法交易的合法性在当事人的争议点形成后才需要对此进行证明”。换言之，在辩护人没有提出司法交易违法的主张这个阶段，这个问题属于证据开示的问题，而不是在辩诉交易的合法性成为争议点后开示证据的问题。

---

① 参见吉川崇、吉田雅之：《论〈刑事诉讼法等部分修改的法律〉（2016年法律第54号）》，载《法曹时报》第70卷第1号（2018年），第134页。文章指出，这是“可以记录图像或声音的记录媒介”的情况。

② 参见《刑事诉讼法》第316条之十五（开示检察官请求证据以外的证据）、第316条之二十（开示与争议点有关的证据）、第316条之二十六（证据开示的命令）。

③ 参见东京高等法院判决令和元年（2021年12月13日），载《高刑集》第72卷第2号，第1页（对有关驳回证据开示请求的决定提出即时上诉的案件，即所谓日产凯利案）。

但是，这里似乎还有一个微妙的问题。因为辩护人为了形成争议点，就必须有一些判断资料。这个问题关系到合意制度的程序透明这一核心问题。笔者期待在未来积累更多的有关开示证据方面的判例。

另外，由于合意程序的正当性也是依职权调查的事项，这意味着其与当事人是否有异议没有直接关系。相反，法院作出依职权进行缜密调查的姿态是很重要的，因此法院要从对合意内容笔录的审查中对合意程序进一步进行审查。笔者认为，法院对合意程序的正当
239 性进行如此缜密的审查，对于健全未来的合意制度是非常重要的。①

如果判断合意程序不正当，基于合意提起的公诉本身是无效的，法院将驳回公诉。另外，应该注意的是，《刑事诉讼法》第 350 条之十三第 1 款规定，诸如违反不起诉的合意而提起公诉时，法院将作出驳回供述的判决，但在这种情况下合意本身是有效的，只是因为违反了该合意而驳回供述。相反，如果认为合意程序不合法，这种情况毕竟是违反了合意制度的宗旨（《刑事诉讼法》第 350 条之二），属于诉讼程序违法，应当依据《刑事诉讼法》第 338 条第 4 项的一般规定驳回公诉。

2. 合意程序的正当性判断的前提是合意程序的文书化。这种文书化不仅是写成某种文书，而且应当记载足以判断合意程序透明度

① 还有一个问题是，他人案件的被告人的庭审和协助者的庭审的顺序安排。特别是，如果他人案件庭审的辩护人对合意程序的正当性提出异议，从审查合意程序的正当性而言，对于他人案件的被告人应当先开庭审理。但是，人们很担心，协助者可能通过这种方式拖延对本人案件的审判，或者通过他人案件审判中的出庭作证影响涉及本人案件。尽管如此，也应当先审理涉及犯罪嫌疑人/被告人本人案件，否则会导致当事人在侦查和审判中提供了合作却在程序上处于不利地位。审查合意程序的正当性，本来原则上应当由各个法院分别独自承担。如果是这样，就应当考虑根据案件的不同情况，或者先开庭审理协助者的案件，或者同时审理。这也是将来需要研究的问题。

的事实。[①] 因为不记载这种事实会妨碍事后的审查。作为供法院审查使用的资料，除检察官作为证据提交的“合意内容笔录”外，如果上述合意内容笔录记载的事实有不明确之处，法院还可以要求检察官进行解释，然后依职权督促检察官申请调取其保管的《协商开始记录》、《协商经过报告书》或者《关于协商结束的确认书》。[②] 此外，如有必要，可以考虑询问参与合意程序的辩护人以及参与协商程序的 240
司法警察等有关人员。

四、结语

为了使新引入的合意制度在未来的日本刑事司法制度中扎下根来，应当确保合意程序的正常运行。要做到这一点，需要研究如何保证合意程序的正当性和保证该正当性程序的方法。当然，这就要求达成合意一方的检察官在实现程序正当性方面下功夫。[③] 但是，最终保证合意程序正当性的是法院的审查职能。法院认定合意程序不合法时，不仅会宣布该公诉程序无效，而且还会为此后的合意程序进行规范。

另外，为了能够审查合意程序的正当性，前提条件是合意程序具有透明度。可以说程序的透明度是合意制度的关键。对于合意程序

---

① 参见吉川崇、吉田雅之：《论〈刑事诉讼法等部分修改的法律〉(2016 年法律第 54 号)》，载《法曹时报》第 70 卷第 1 号(2018 年)，第 113 页。文章认为，合意内容笔录必须完整记载协助的内容、特定的处置内容、特定的本人案件、特定的他人案件。

② 参见最高检察厅筹备室：《检察机关在合意制度适用过程中的做法》，载《法律广场》第 71 卷第 4 号(2018 年)，第 53 页以下。参见本书本章第一节。

③ 参见最高检察厅筹备室：《检察机关在合意制度适用过程中的做法》，载《法律广场》第 71 卷第 4 号(2018 年)，第 56 页。另外，警察在侦查过程中，如果司法警察参与合意程序，需要与检察官进行协商(《刑事诉讼法》第 350 条之六)，《犯罪侦查规范》规定，在该情况下，必要由警察本部部长进行指挥(《犯罪侦查规范》第 184 条之四)。参见阿久津正好：《平成 28 年刑事诉讼法的修改与警察的侦查》，载《警察政策》(2019 年)，第 97 页以下。

的透明度来说，最重要的是将合意程序以书面形式记录下来。[①] 只有把合意程序以书面形式记录下来，法院才能以客观资料为依据进行审查。因此，在以文字形式记录合意程序时，事实的记载必须达到满足事后完全可以进行审查的程度。在这方面，无论是法律规定的“合意内容笔录”中事实记载的程度，还是最高检察厅规定的《协商过程报告书》中事实记载的详细程度，[②]都没有看到具体适用的案例报
241 告，应当说这是需要进一步研究的问题。

现行法律中合意制度适用的犯罪包括金融经济犯罪和毒品枪支犯罪这两种犯罪类别，但不包括法定刑为死刑或无期徒刑的犯罪。但是，在金融和经济犯罪中，如有组织的诈骗罪与涉及全球经济活动的企业犯罪，无论在犯罪形态上还是在犯罪的证据上都有很大差异；毒品犯罪与枪支犯罪在犯罪形态上也存在较大差异。因此，即使可以对这些类型的犯罪适用合意程序，对每一类犯罪适用的合意程序的方式也会有差异。一方面，要对这些犯罪的各自合意程序的正当性分别进行判断；另一方面，对每一种犯罪类型的判断不断积累后再确定哪些犯罪类型应当适用哪一种合意制度，这个问题将对未来的立法论产生影响。[③] 对于合意制度，今后应当对具体的合意程序分论进行更加深入的讨论。

---

① 德国法也规定，合意程序的文书化是法律义务（德国《刑事诉讼法》第 243 条第 4 款、第 257 条 c 第 5 款、第 273 条 a 第 1 款）。参见本书本章第三节。

② 关于德国合意程序中详细的协议经过笔录的具体事例，参见本书本章第三节。

③ 日本法对合意制度适用的犯罪进行了相当严格的限定，而德国法适用的犯罪范围则很广泛。在这方面，德国的魏根特教授最近在一篇合著的文章中指出，合意程序应当适用不太严重的犯罪类型。Jenia I. Turner, Thomas Weigend, *Negotiated Case Dispositions in Germany, England and United States*, in Kai Ambos, Antony Duff, Julian Roberts, Thomas Weigend eds., Core Concepts in Criminal Law and Criminal Justice, 2020, p. 389.

第三节　合意程序的透明度：德国合意制度的适用 242

一、引言

2016年(平成二十八年)5月24日,日本国会通过《部分修改刑事诉讼法的法律》。①一方面,该法案中的《刑事诉讼法修正案》中创设了合意制度(所谓侦查审判协助型的协议或合意制度,②其中包括对收集证据的协助和追诉的内容)。另一方面,德国在2009年5月28日就制定了承认所谓合意制度(Absprache)的《关于规制刑事诉讼中认罪协议的法律》(Gesetz zur Regelung der Verständigung im Strafverfahren),③该法于2009年8月4日施行。④

---

① 《部分修改刑事诉讼法的法律》(2016年法律第54号)。于2016年6月3日颁布修改后的法律中,有关合意制度的施行日期为,自颁布之日起两年内由政令规定的日期(截至2018年6月2日),实际施行的时间是2018年6月1日。

② 参见修改后的《刑事诉讼法》第350条之二至第350条之十五。

③ 关于术语的翻译,"Absprache"为"合意";"Verständigung"为"协议"。以前的学说和实务使用"Absprache"一词,但法律上使用"Verständigung"一词。"Absprache"和"Verständigung"这两个词的含义没有明显的区别,但由于法律文本上使用了"Verständigung"一词,因此在这里把条文中的合意翻译成"谅解"一词。

④ 关于德国法,参见(1)亨宁·罗西瑙:《德国刑事诉讼中的合意》,田口守一译,载《刑事法评论》第24号(2010年),第41页以下。(2)田口守一:《德国刑事诉讼法关于合意程序的修改》,载田口守一:《刑事诉讼的目的》(增补版)(2010年),第41页。(3)辻本典央:《刑事程序中的交易——德国的判决合意程序(1)—(3完)》,载《近畿大学法学》第57卷第2号(2009年),第1页;第58卷第1号(2010年),第1页;第59卷第1号(2011年),第1页。池田公博:《德国的刑事裁判与合意程序》,载《刑事法评论》第22号(2010年),第23页。泷泽诚:《论德国刑事诉讼法中的合意》,载《专修法律评论》第5号(2010年),第159页。辻本典央:《对德国判决合意程序的外在评价》,载《近畿大学法学》第60卷第3.4号(2013年),第35页(Vgl. Norio Tsujimoto, Eine inhaltliche Analyse. der Verständigung im deutschen Strafprozess aus der Perspektive eines Außenstehenden, ZIS 12－2012, S.612)。

“合意”，是指因被告人对司法机关提供有益的供述，司法机关对
243 被告人给予一定具有法律效果的利益，因而双方达成合意的制度。在合意制度方面，德国法和日本法有一些共同点，但两种制度也有很大的差异。(1)关于合意制度适用的犯罪，德国法对此没有特别限制，日本法只限定于金融经济案件和毒品枪支案件；(2)关于合意的事项，德国法是针对“本人案件”进行合意，日本法是针对“他人案件”进行合意；(3)德国法中的合意是以被告人自白为前提，日本法没有这样的前提条件；(4)关于合意的主体，德国法规定合意的主体是“法官、被告人和检察官”，日本法规定的是“检察官和犯罪嫌疑人/被告人”之间的合意。

尽管两国的合意制度存在这些重大差异，但稍早些开始的德国法适用情况对即将生效的日本法的解释论和适用都会产生一些影响。同样值得注意的是，下面讨论的德国联邦宪法法院 2013 年的判例，对德国法中的合意制度作出了合宪的判决，这在很大程度上会推进德国合意制度的实务操作。因此，笔者认为，在 2015 年 5 月这个阶段，即 2015 年 3 月 15 日向国会提交的包括日本合意制度在内的《刑事诉讼法》修正草案的阶段，德国合意制度的适用将对日本法的解释、适用以及今后的立法产生影响，因此笔者尝试对德国法的司法实务进行了比较法的调查，下面是调查结果报告。

二、德国刑事诉讼中合意制度适用情况调查

(一)2013年联邦宪法法院判例[①]

2013年3月19日联邦宪法法院的判例探讨了合意制度与宪法的关系。[②] 探讨的问题涉及面很广,据最早向日本介绍判例的亨宁·罗西瑙教授介绍,总论方面的问题包括“法治原则”“公正审理原则”“责任主义”,在对合意程序的宪法审查方面需要单独考虑的问题包括:(1)职权主义;(2)罪责相适应的刑罚原则(《德国刑法》第46条,本节没有特殊标注的,均指德国的法律);(3)否定自证其罪特权的原则(nemo tenetur – Grundsatz);(4)公正审判的原则(《欧洲人权公约》第6条第1款第1段);(5)公开原则(《法院组织法》第169条第1段);(6)自由评价证据原则(德国《刑事诉讼法》第261条);(7)刑事司法的功能;(8)快速裁判原则和被害人保护;(9)对有矛盾的诉讼原理进行协调。[③] 244

对此,布意克教授和斯托弗(Stoffer)助理教授指出,宪法法院判

---

① 关于联邦宪法法院的判例,请参见以下日语文件。(1)《德国刑事诉讼法中判决合意程序的合宪性:联邦宪法法院第二小法庭2013年3月19日判决》,加藤克佳、辻本典央译,载《近畿大学法学》第61卷第1号(2013年),第201页以下,这是翻译了判决全文的辛苦之作;(2)加藤克佳:《刑事程序中的协议和合意:以德国法为中心》,载《曽根威彦、田口守一先生古稀祝贺论文集》(下卷)(2014年),第377页以下,这篇文章是对合意制度的综合性研究;(3)辻本典央:《德国的司法交易与日本的协议/合意制度》,载《法律时报》第88卷第4号(2016年),第61页以下,这篇论文提供了最新的信息;(4)亨宁·罗西瑙:《德国的答辩交易(所谓的协商)与宪法》,田口守一译,载《早稻田大学比较法学》第47卷第3号(2014年),第139页。

② BVerfGE 133,168.

③ 参见亨宁·罗西瑙:《德国的答辩交易(所谓的协商)与宪法》,田口守一译,载《早稻田大学比较法学》第47卷第3号(2014年),第147页。

例在以下六个方面将对司法实务产生影响。① (1)德国《刑事诉讼法》第244条第2款(法院依职权调查证据的义务)对合意没有限制条件;(2)对于特别严重的犯罪,不得超出刑罚幅度进行合意;(3)不允许所谓的"一揽子解决"(Gesamtlösung),即不允许检察官承诺将根据德国《刑事诉讼法》第154条第1款对于检察官管辖范围的侦查而中止诉讼,以此进行德国《刑事诉讼法》第257条c的合意协议;(4)合意程序(德国《刑事诉讼法》第243条第4款、第257条c第5款、第273条第1a款)中法律规定的透明度和书面化的义务,是保护法律规制的核心内容;(5)法律规定的合意概念之外的所谓非正式合意是非法的;(6)根据德国《刑事诉讼法》第202条a、第212条、第257条b的规定,检察厅和法院只对有利于德国《刑事诉讼法》第257
245 条c的合意准备,在诉讼程序的各个阶段进行的协商进行与上述规定同样的审查。这一分析对于本次访谈调查是很有帮助的,特别是上述的(1)、(3)、(4)、(5)点在下面的访谈问卷中得到了体现。

(二)访谈调查②

1. 这次访谈的目的是,尽可能收集2013年宪法法院判例之后有关合意程序实务的具体信息。因此,我们事先向受访者发送了问卷,希望他们提供有关司法实务方面的信息。

---

① Vgl. Werner Beulke und Hannah Stoffer, Bewährung für den Deal? Konsequenzen des BverfG – Urteils vom 19. März 2013 für dieVerständigungspraxis in deutschen Gerichtssälen, JZ 13 / 2013, 662, 672f. 布意克教授(帕绍大学)也是一名执业律师,斯托弗助理教授是布意克律师事务所的一名学术助理。

② 在对弗莱堡检察院进行采访调查时,得到马克斯·普朗克外国与国际刑法研究所所长乌尔里希·齐白(Ulrich Sieber)教授(当时)和约翰·伦恰努(Johanna Rinceanu)博士的协助。对奥格斯堡地区法院和律师进行采访调查时,得到了奥格斯堡大学前教授约阿希姆·赫尔曼(Joachim Herrmann)和奥格斯堡大学前教授亨宁·罗西瑙(现为哈雷大学教授)的协助。特别是罗西瑙教授对调查问卷的措辞提供了建议性意见,在此我们深表感谢。

2. 为了使采访调查尽可能客观,我们采访的对象包括法律专业人士:法官、检察官和律师。采访的对象、日期和地点如下。

(1)采访的法官是奥格斯堡地区法院的纳塔莱审判长(Vorsitzender Richter am Landgericht Augsburg Wolfgang Natale),时间是2015年5月13日,地点是奥格斯堡地区法院;(2)对检察官的采访时间是2015年5月6日,检察官是弗莱堡地区检察院检察官霍夫曼(Staatsanwalt Klaus Hoffmann,Staatsanwaltschaft Freiburg i. Brsg.),地点是弗莱堡地区检察官办公室;(3)采访的律师为奥格斯堡大学法学院维尔纳·雷特纳教授(Rechtsanwalt, Prof. Dr. Werner Leitner)(兼职慕尼黑律师),采访时间是2015年5月14日,地点是奥格斯堡大学法学院。

3. 在制作采访问卷表格时,宪法法院的判决指出,"法院已任命
慕尼黑大学的阿尔滕海因(Karsten Altenhain)教授为鉴定人,对刑事 246
程序中的合意实际操作进行实证分析。鉴定人为了实现实证分析目的,在2012年4月17日至8月24日,对涉及刑事案件的总共190人(包括117名刑事法官或审判长和73名刑庭主审法官)进行了调查,其中包括北莱茵-威斯特法伦州的法官们。同时,对68名检察官和76名刑事律师也进行了提问"。[①] 因此,采访的分析是在阿尔滕海因教授的调查结果的基础上进行的。[②] 因此,本次访谈调查中使用的调查问卷是在阿尔滕海因教授调查问卷的基础上,对合意实务的判例进行整理得出的。

---

① BverfGE,133,168,Rn. 48.《德国刑事诉讼法中判决合意程序的合宪性:联邦宪法法院第二小法庭2013年3月19日判决》,加藤克佳、辻本典央译,载《近畿大学法学》第61卷第1号(2013年),第229页。

② BverfG. 133,168,Rn. 49. Vgl. Karsten Altenhain, Frank Dietmeiyer, Markus May,Die Praxis der Absprachen in Strafverfahren, DüsseldorferRechtswissenschaftliche Schriften 120, 2013.

4. 这次问卷调查对法官、检察官和律师各一人进行了访谈调查。因此,访谈的内容不一定完全代表这些州的合意实践,也不能代表整个德国的合意状况。但是,笔者认为,这些受访者对该地区的合意实践给出了客观的回答,在这个程度上能够保持一定的客观性。

三、德国刑事诉讼中合意制度的运行情况

访谈调查结果报告的形成有以下四个阶段。(1)最初是提前向受访者发送问卷(问卷1~问卷6),阿尔滕海因教授的问卷结论是在引用了宪法法院判决的基础上得出的。(2)该问卷中附带了德国刑事诉讼法的有关条文(参考资料)。(3)采访问答,回答人显示的“N 审判长”是指纳塔莱(Natale)法官,“H 检察官”代表霍夫曼(Hoffmann)检察官,“R 律师”代表雷特纳。考虑一些专有名词可能涉及具体案件,在采访时没有录音。因此,回答的内容是根据笔者的笔记整理而成的,笔
247 者对文本负责。(4)最后是笔者对这次采访内容所作的评论。

(一)合意的现状

问题1:

(1)根据阿尔滕海因教授在调查中所引用的联邦宪法法院的判例,17.9%的区一级法院的刑事程序和23%的地方法院一级的刑事诉讼是通过合意终止的(2011年)。您的辖区所在的城市或州的范围内,合意程序的比例是多少?是否有这方面的统计数据?是否有按不同犯罪类型分别进行统计?

(2)是否有从法院退出合意的情况(德国《刑事诉讼法》第257条c第4款)?如果有,都是哪些案件?

(参考条文)

德国《刑事诉讼法》第257条c[法院与程序参与人之间的协议

(Verständigung)]：

“一、法院就适当的案件，可以根据下一款规定的标准，与程序参与人就诉讼的推进及其结果达成协议。不受第244条第2款规定的效力的影响。

二、协议的对象限定于判决的内容及其附加决定的法律效果、基本事实认定的程序及其他处置、诉讼参与人在程序上的态度。所有的协议中，自白是其中的构成要素。有罪认定、悔改表现以及保安处分，不能成为谅解的对象。

三、法院应当告知可以进行协议的内容。在此过程中，法院可以根据整个案件的事实和对一般量刑情节的自由评价，提示量刑的上限和下限。诉讼参与人有机会对自己的态度作出决定。被告人和检察官对法院的提议表示同意时，协议即可成立。

四、因法律上或事实上的严重被忽视或者新出现了这些情况，法院确信预计的量刑范围与事实或责任不相符合时，协议对法院的约
束力消灭。被告人在提议后的诉讼态度与法院预测的被告人的基本 248
态度不一致时，亦然。被告人在这些情况下认罪的，不得适用协议。法院应当及时发出从合意中退出的通知。

五、法院应当向被告人说明法院根据第4款承诺的结果中退出的要件和效果。”

（采访回答）

（1）统计资料

N审判长：对合意没有统计数据，也没有犯罪类型的统计数据。我们是对每个具体个案达成协议的。有50%或更多的案件采用了合意程序。

H检察官：对合意没有统计数据。当然会达成合意，但法官只能猜测合意的数量。合意往往适用于重大复杂的、被告人人数较多的，

辩护人人数较多的案件。在过去的4年里,我一直在处理毒品犯罪和有组织犯罪的案件,如有一个案件,3名被告人在欧洲各地参与了多起销售毒品和汽车的案件,仅截获电话通信记录的文书就多达30卷。辩方希望与其一年下判决,不如两三个月内就结束程序,因此达成了一项合意。但是,阿尔滕海因教授的统计数据不能一概而论。至少在区一级法院只有不到18%的案件适用合意,也就是1/5的案件,我认为这个数字已经很高了。

R律师:没有关于合意的统计数据。阿尔滕海因教授的调查只涉及北莱茵－威斯特法伦州。

(2)从合意中退出

N审判长:德国《刑事诉讼法》第257条c第4款规定的从合意中退出,只是理论上的,从未经历过。有问题的是该条第5款规定的提示义务,在量刑方面达成了合意,但被告人在审判时声称该合意是被胁迫的,那么该合意的约束力就会消灭,理由是没有充分履行该条
249 第5款规定的提示义务。

H检察官:在被告人和辩护人之间存在意见分歧的情况下,有时可能会驳回合意(提问:如果被告人承认3项盗窃罪并达成合意,但在审判中发现有10项盗窃事实,在这种情况下法官是否有可能撤销该合意)。①

R律师:联邦普通法院曾驳回了根据德国《刑事诉讼法》第257条c第4款达成的合意,判例是BGHSt 57,273(参见下面的评论)。这是违反提示义务的例子,在通常的裁判中,如果判决宣判后就放弃上诉权,那么就可以确认判决生效。与此相反,在基于合意作出判决的情况

---

① 根据德国《刑事诉讼法》第154条a的规定,对一罪的部分起诉是有效的,因此也可以适用合意程序,但是在没有留下任何记录的情况下,即所谓的“非正式合意”,将被判定为违法。

下(因为不能放弃上诉权),需要等待上诉期间完成后才能确定判决生效。在此基础上,对于一起谋杀少年案,根据合意确定了20年的自由刑。换言之,在这个阶段,合意的有效刑期是20年的刑期(而不是无期徒刑),被告人没有上诉,判决最终生效。但在9个月后,当事人主张这个案件是“非正式的合意”并申请再审,该判决被撤销了。判决生效后当事人聘请的辩护人利用法律规定巧妙地操纵了这个案件。

(评论)

(1)关于合意统计的提问,是基于阿尔滕海因教授的调查,该调查引用了宪法法院的判决。阿尔滕海因教授的调查是对法院指定的鉴定人进行的特定调查,似乎没有对适用于合意的判决进行一般性统计数据。但是,N审判长回答说,这个比例是“50%或更多”。这个数字比阿尔滕海因教授的调查要高得多,但至少可以了解本次调查进行时巴伐利亚的状况。

关于哪些案件可以通过合意程序解决的问题,由于德国《刑事诉讼法》第257条c第1款只规定了“合适的案件”(in geeigneten Fällen),正如N审判长所说,只能根据“每一个案件”进行判断。但 250
是,H检察官参与了一些“重大而复杂的案件、被告人人数较多和辩护人也较多的案件”,具体而言,正如N审判长回答下一个(问题2)时所指出的那样,这些案件多数都是毒品犯罪和税务犯罪。正如下文所述(参见问题6的制作协商记录),复杂的经济犯罪似乎更有可能成为合意适用的对象。

(2)对于退出合意的现状的提问,由于已获得了解合意的约束力程度的信息,但正如预期的那样,没有人遇到过退出的情况,也没有介绍这方面的案例。但是,R律师提到的联邦普通法院2012年6月21日的判例(BGHSt 57,273),这个判例确认了德国《刑事诉讼法》第257条c第4款第一段中所说的,在事实或法律上的判断根据发生变更时,上述条文第二段所说的事实上偏离了对被告人预告的诉讼态度的法律要件(Vgl.,Meyer-Goßner/Schmitt,StPO,59. Aufl.,2016,S. 1166f.,Rn. 26,27)。

(二)合意程序的参与人员

问题2:

(1)合意的成立在法律上不需要律师的同意,但事实上是否不需要律师的同意?

(2)法官与犯罪嫌疑人之间或者法官与检察官之间有关合意的协商,辩护人是否能够参加?在这种情况下,是否向辩护人开示侦查笔录?

(参考条文)

德国《刑事诉讼法》第257条c(法院与程序参与人之间的协议),第147条(辩护人阅览记录的权利和观察证据的权利):

“一、辩护人可以阅览法院保存的记录或者在提出起诉时将提交
251 给法院的记录,并可以观察法院依职务保管的证据。

二、(检察官)在侦查终结记入记录之前,阅览记录可能妨害侦查的目的时,检察官可以拒绝辩护人阅览全部或部分记录,或者拒绝观察职务上保管的证据。当存在第一个条文的条件而逮捕犯罪嫌疑人时,或者临时拘留的过程中正在申请逮捕时,应当以适当方式向辩护人提供能够确定剥夺自由的合法性的重要信息。在这一范围内,通常应当保障辩护人阅览笔录(第二个条文是2010年修正案增加的)。

三、记录讯问犯罪嫌疑人的笔录、记录法官允许或应当允许辩护人在场的讯问笔录,鉴定人的书面鉴定意见,在诉讼的任何阶段都不得拒绝辩护人阅览。”

(第4款至第7款略)

(采访回答)

(1)辩护人的参与

N审判长:合意程序往往是辩护人提出申请的。在中间程序(Zwischenverfahren)中,辩护人一般提前与检察官见面并提出进行合意的申请。犯罪类型主要是毒品犯罪和税务犯罪。也有故意杀人罪(Totschlag)[因谋杀罪(Mord)的刑期是无期徒刑,因此没有交易的余地,也不能进行合意]。

H检察官:无论法律规定如何,在司法实践中都不可能忽视辩护人。辩护人要对交易进行判断,所以如果没有辩护人的同意,就不可能有合意。辩护人在讨论合意时总是在场。检察官在起诉前会向辩护人发送一份笔录。

有时为了达成合意而进行协商的地点是检察厅,这时也会向辩护人所在的律师事务所发送一份笔录。如果案件的被告人很多,会发送光盘。

R律师:协议是在法庭后面的会议室(Beratungszimmer)进行,而被告人仍留在法庭上。在会议室,审判长官和另外两名法官、两名陪审员、检察官和辩护人出现。因此,辩护人不是"可以"参加,而是"必须"参加。 252

协商的结果(合意)由审判长在法庭上宣布。在会议室的讨论内容是保密的,为了确保协议和合意的透明度,应向旁听人员和被告人宣布协议和合意的内容。例如,检察官量刑建议为10年,辩护人要求2年,法官(如果没有合意,可能是8年)提议5年是否可以,根据法官的提议达成合意时,辩护人把上述内容告知被告人,如果被告人认为5年刑期太重,表示不满意时,可以解雇辩护人。在这方面,如果审判长对上述过程和结论进行说明,并告知5年刑期,被告人也可能接受。审判长的告知有多种功能,包括被告人的理解和接受、对公众的透明度等(这个案件是对合意进行说明的案例,正如所述,在量刑方面的合意,只允许提示刑期的上限和下限,而不允许提示特定的刑期——笔者注)。(此外,对于如下提问:如果法官对有关合意事项承诺量刑的上限和下限,宣告刑是上限的情况多吗?回答为是)宣告刑的90%是上限。

(2)开示证据

R律师:如果是被告人被羁押的案件,检察官会向法官提交案件卷宗,在这个时点辩护人也能够看到案件的全部卷宗。如果被告人没有被羁押,检察官在侦查终结时会开示证据。但是,辩护人在这个时间还不知道,所以辩护人不得不多次向检察官核实。据一位经历过这种情况的律师介绍,一起税法犯罪案件,阅卷花了两年的时间。

(评论)

(1)德国《刑事诉讼法》第257条c第3款第3段规定:"在被告人和检察官同意法院的提议时,协议成立。"协议的成立要件中,没有
253 规定"辩护人同意"。该条第1款第1段规定,"法院对于合适的案件,根据下一款规定的标准,可以和程序参与人就程序的进展及其结果进行协商",由于规定了与"程序参与人"(Verfahrensbeteiligten)进行协议,因此在实务中需要对合意的实际情况进行确认性询问。辩护人也是"程序参与人",因此可以参加协议的程序,但这不是解释论上的问题。

另外,协议的成立要件并不包括辩护人的同意。相反,从文理解释上看,如果没有被告人的同意,就不能达成协议。在这一点,辩护人的同意是在会议室进行的,但辩护人是根据概括性代理权实施的行为。然而,如果没有获得被告人的同意,那么当然不能达成任何合意。另外,在R律师的采访中,该辩护人认为,"被告人更相信法官说的话,而不是辩护人说的话"。由此可以推断,当审判长在法庭上宣布达成协议后,辩护人一般会向犯罪嫌疑人确认"这是否可以接受"。

R 律师的采访回答说明了“审判长的宣告具有多种功能，包括使被告人能够理解、对公众的透明度等”，这里的“对公众的透明度”是很重要的问题。关于这一点，请参见“（六）制作协商记录”。

（2）关于协议的地点，H 检察官访谈回答说是在检察厅，而 R 律师回答说是在法庭里面的“办公室”。如下文所述[（五）为达成合意的协商]，在检察官与辩护人进行协商的情况下（德国《刑事诉讼法》第 160 条 b）有时是在检察厅进行，而法院与辩护人等围绕合意进行磋商时（德国《刑事诉讼法》第 257 条），通常是在庭审开始后进行的，所以可能是在法院的会议室进行。

（3）从德国《刑事诉讼法》第 147 条第 2 款第 1 段来看，检察官在“侦查终结”后，不得拒绝辩护人阅览记录或观察证据。由于该条第 2 段是针对被逮捕的犯罪嫌疑人的规定，所以第 1 段应当理解为是针对取保候审案件的规定。许多经济犯罪案件都是在取保候审的情况 254
下进行的，但这时就相当于“侦查终结”后开始对合意进行磋商。

此外，据 R 律师说，犯罪嫌疑人被羁押的案件，起诉前的羁押期间通常为一年。因此，检察官与辩护人在起诉前可能有很多机会对案件进行磋商。而且，在这个阶段允许开示侦查阶段的证据，所以检察官和辩护人也会对所谓羁押案件的合意进行磋商。①

（三）合意的事项

问题 3：

（1）阿尔滕海因教授指出，最常见的合意是终止或限制程序（德国《刑事诉讼法》第 154 条和第 154 条 a），在您经历的案件中，合意事

---

① 在这方面，日本法规定，起诉前的羁押期间原则上为 20 日，而且在侦查阶段不允许开示证据，因此检察官和辩护人对这类被羁押案件特别是在侦查阶段需要多次进行磋商，以期达成合意。

项是什么？对于除了涉及量刑合意以外的合意，都有哪些合意？

（2）阿尔滕海因教授指出，有时在合意中也包括德国《刑事诉讼法》第 257 条 c 第 2 款明确排除的内容（如认定有罪），如达成的合意是以犯罪嫌疑人对包括的一罪的一部分承认有罪为条件而对其他部分不予起诉，这种合意是否违反上述规定？另外，是否有这样的合意，即犯罪嫌疑人同意放弃大部分申请调查证据？

（参考条文）

德国《刑事诉讼法》第 154 条（对数个行为中止部分程序）：

“一、对下列情形之一的，检察官可以不提起公诉：

1. 根据起诉将被判处的刑罚、矫正及保安处分，与犯罪嫌疑人因
255 其他罪行已经被生效判决判处或将要判处的刑罚、矫正及保安处分相比并不重要时；

2. 除前项的情况以外，如果预计在合理的期间内对该犯罪不能作出判决，并且被告人已经被生效判决判处或者因其他犯罪将被判处的刑罚、矫正及保安处分，对犯罪人本人具有效果以及可以充分维护法秩序的。

二、已经提起公诉后，法院根据检察官的申请，可以在程序的任何阶段中止程序。”①

（第 3 款至第 5 款略）

德国《刑事诉讼法》第 154 条 a（限制起诉）：

“一、检察官认为一个罪之可分割的部分或者同一行为触犯数个罪名的一部分，符合下列情形之一的，可以将起诉限定于犯罪的其余部分或触犯的其他罪名部分。上述限定，应当明确记录在案。

1. 预计将要判处的刑罚、矫正及保安处分并不重要的；

---

①　德国《刑事诉讼法》第 154 条和第 154 条 a 的日文译文，引自法务省大臣官房司法法制部编：《德国刑事诉讼法典》（法曹会出版）。但对条款的标记进行了部分修改。

2. 对该犯罪嫌疑人来说，与对他罪已生效的判决或者预计将判处的刑罚、矫正及保安处分相比，并不重要的。

二、法院收到起诉书后，经检察院的同意，在程序的任何阶段都可以作出前款限制。”

（第 3 款略）

（采访回答）

（1）不起诉合意

H 检察官：被起诉的案件可能被限制在案件的一部分事实中。

（2）有罪合意的禁止

H 检察官：有罪合意是被禁止的，对于杀人未遂和伤害有争议的案件，不允许以伤害进行合意（不能以伤害达成合意的案件是一起用刀刺伤他人下腹部的案件，检察官以伤害提起公诉，法官是否可以认定为杀人未遂？对于这个提问的回答为是），在理论上是可以的，但 256
我从来没有听说过这种情况。事实上恰恰相反，在多数情况下，检察官以杀人未遂起诉时，法官一般会认定为伤害罪。这是因为检察官在不能完全确定的情况下，往往会选择重罪名起诉。在这种情况下，我作为一个检察官在职业道德上是不允许按照伤害罪达成合意的。因为用刀刺伤他人下腹部的行为是一种危及生命的行为，对于这种行为不能以轻罪的伤害罪达成合意（相关联的提问是，对 10 件案件只起诉了其中的 3 件，对于剩下的犯罪是否可以达成合意而不起诉？对此的回答为是），可以只对 10 件案件中的 3 件起诉并达成合意，但 2013 年宪法法院的判例禁止“整体解决”，因此合意的约束力只对 3 件案件有效。检察官后来起诉其余的 7 起案件，也不违反合意。因此，在这种部分起诉中，被告人及其辩护人都是有风险的。有一起毒品案件，被告人因 4 个罪名被起诉，但被告人希望“整体解决”。但这是在 2013 年判例之后的事情，这类合意在未来已不可能。

N审判长:(对于上述问题的提问)在同一被告人的数个案件中,如根据德国《刑事诉讼法》第154条的规定,承诺对10件案件中的5件不予起诉,如果对包括其他5件案件在内的总共有10件案件都认罪时,也可以只起诉5件案件,并达成合意。[①]

R律师:(对上述相同问题的回答)在这种情况下,只能就已经起诉的5件案件达成合意。这是因为法官并不知道有5件案件没有被起诉。因此,承诺不起诉的5件案件不是正式合意的对象,以后再起
257 诉这5件案件也不非法。在理论上是这样的,但司法实务是建立在信任的基础上的,检察官不太可能这样起诉。(10起盗窃行为是包括的一罪,应当如何处理?对这个问题的回答:是)以前这种情况被认定为一罪,但今天每一个罪行分别成为一个罪。习惯性犯罪的概念在过去曾经存在,但它只是媒体上的术语。连续的扒窃(Taschendiebstahl)行为也是各个行为为一个罪。

(评论)

(1)笔者认为,几乎所有的合意都是针对量刑问题进行的,所以没有对量刑问题进行特别强调。正如阿尔滕海因教授所指出的,我们主要对量刑合意以外的合意事项的经验进行了询问。但是,量刑合意也存在问题。在达成合意情况下的量刑和没有达成合意情况下的量刑之间的差异过大时,犯罪嫌疑人的口供就会出现问题。这就是所谓的“制裁的剪刀差”问题。布意克教授指出,例如,对犯罪嫌疑人进行胁迫(drohen):如果达成合意,就判3.5年,如果没有达成合

---

① 虽然答复的内容有些不明确,但未被起诉的5件案件的合意属于“非正式协议”,是违法的,那么应当如何理解已经被起诉的5件案件的量刑合意?如果未被起诉的5件案件是明确存在的,那么就应当认为这是非正式合意。

意，就判7～8年。[1] 在这种情况下的口供侵犯了德国《刑事诉讼法》第136条a（被禁止的讯问方法）规定的“犯罪嫌疑人的作出决定和表达意志的自由”，这种口供没有证明力，也没有证据能力。

（2）德国《刑事诉讼法》第257条c第2款第1段规定的合意事项有三个：一是“判决的内容及其附带决定的法律效力”；二是“基础事实认定程序中的其他程序性处分”；三是“程序参与人的诉讼态度”。第一个事项是量刑合意，因此这里提问的问题是关于第二个和第三个事项的具体例子。第二个事项的“程序性处分”中，包括德国《刑事诉讼法》第154条第2款程序中的中止部分程序的处分，第154条a第2款的限制追诉、有关当事人申请证据的决定、延长逮捕期间（德国《刑事诉讼法》第268条b）的判断。[2] 值得注意的是，德国《刑事诉讼法》第154条第1款（检察官作出的中止部分程序的处分）和 258
第154条a第1款（检察官作出的限制追诉）等。也就是说，德国法中的合意制度是法院与当事人之间的合意，因此，合意的事项应当包含法院权限内的事项。

（3）关于包括的一罪，比较一下H检察官、N审判长和R律师对数个罪的一部分不起诉时的合意问题的回答，可以概括为以下两点：第一，这种合意（与阿尔滕海因教授的调查报告一致）在实务上是存在的；第二，很明显，合意的约束力只对已经被起诉的部分生效。这个问题与下面探讨的“整体解决”有关。

（4）2013年宪法法院的判决明确指出，禁止对案件进行所谓的“整体解决”，“检察官承诺终止另一起案件的侦查程序（例如，根据《刑事诉讼法》第154条第1款规定）时，该承诺没有约束力或者没有

---

① Vgl. Werner Beulke, Strafprozessrecht, 13. Aufl. , 2016. Rn. 395a. 另外，“Sanktionsschere”一词的直译是“制裁的剪刀差”，是指因有合意和没有合意而对制裁形成的巨大差异，以此形成威胁他人的“剪刀”。

② Vgl. Werner Beulke, Strafprozessrecht, 13. Aufl. 2016. Rn. 395a.

信赖保障…… 从《刑事诉讼法》第 257 条 c 第 1 款和第 2 款的表述看，协议只允许涉及‘基础的认定程序’。也就是说，不允许作出所谓的‘整体解决’承诺，也不允许作出法院无权的承诺……只有这样理解才符合保证协议明化和规范化的立法目的”（BverfGE，133，168，Rn. 79）。因此，不允许所谓的“非正式协议”（informelle Absprache）。所谓的“君子协议”（Gentleman ’ s agreement）不是合意的问题（Rn. 75）。如果这样理解，合意的约束力不波及未被起诉的犯罪，在理论上，检察官以后是可以对这部分案件进行起诉的，但“司法实务是建立在信赖基础之上的，所以检察官不太可能进行这样的起诉”
259 （R 律师）。[①]

（四）作为合意构成要素的自白

问题 4：

（1）阿尔滕海因教授指出，对基于合意作出自白的可信性，有 61.7% 的法官审查，有 38.3% 的法官不审查或者基本不审查。在您处理的案件中，对于自白进行调查证据的案件和不调查证据的案件，都是哪些案件？

（2）是否有这样的情况：诉讼关系人就放弃申请证据达成合意时，法官认为从侦查笔录和被告人的自白看，这种合意完全可信，陪审员却对证据进行调查？

（3）是否有对所谓的“形式上的自白”（Formalgeständnis）进行证据调查的情况？是否有被告人放弃申请证据，但对形式上的自白进行证据调查的案例？即使法官不仔细分析自白，是否也认为其履行

① 顺便提一下，日本法中的合意制度对法院没有约束力，只是在当事人之间有约束力，但是如果当事人违反了合意事项，就存在退出合意的法律问题（德国《刑事诉讼法》第 350 条之十）。

了德国《刑事诉讼法》第 244 条第 2 款规定的依职权调查证据的义务？

（4）被告人的自白是合意的构成要素，这个构成要素中包括共犯案件中对被告人以外的共犯人所犯罪行的部分供述时，在对该共犯人的审判程序中，应当如何评价有关被告人的合意程序？

（参考条文）

德国《刑事诉讼法》第 244 条（证据调查、职权探知主义等）：

“二、为了查明真相，法院应当依职权对有益于裁判的一切事实和证据进行调查。”

（第 1 款、第 3 款至第 6 款略）

（采访回答）

（1）对自白仔细研究

N 审判长：自白不可信的情况很少。以奥格斯堡一起经济案件为例，该案的案情复杂且被告人人数众多，公司雇员的自白中供述了 260
总经理的罪行，该员工供认收到了 100 万欧元，一半给了自己，另一半给了总经理。在这种情况下，是以 100 万欧元起诉该雇员，还是以 50 万欧元起诉该雇员是一个问题，但也出现了雇员的自白是否可信的问题。

H 检察官：阿尔滕海因教授提供的统计数据显示，并没有详细分析该雇员的自白，由于 2013 年宪法法院的判例表示必须要依职权进行证据调查，因此今后不详细研究自白是不行的。

R 律师：即使是审判长，有的人希望看到所有证据后作出决定，有的人则对基于合意的事实认定进行简单的确认。如在一起对儿童进行性虐待的案件中，被告人同意最高自由刑为 10 年，但条件是被害人仅限于一定范围，而一些法官则主张对所有的被害人都应进行审理。在这方面，也有经济案件，我认为判处 10 年自由刑就可以了。

(2)与陪审员的关系

N审判长:在磋商前用大约30分钟向陪审员说明到目前为止的协议进展经过和合意的内容。

H检察官:合议庭的陪审员在审理期间当然也参加合意,因此,对陪审员来说,不存在所谓的证据调查问题。

(3)合乎程序的自白

N审判长:关于合乎程序的自白:一是必须详细地分析自白的实质内容,笼统的自白(pauschales Geständnis)是不够的;二是被告人沉默权;三是对于复杂的案件,除口供外,需要有证人证词和书证等证据;四是传统的诈骗案例,自白的核心内容是使被害人陷入了认识错误,对于富裕的被害人和靠养老金生活的被害人来说,骗取1000欧元的意义是不同的,如果没有被害人的证言,就不可能达成量刑合意,如2年6
261 个月至3年的刑期。只有合乎程序的自白,很难达成合意。

H检察官:在2013年判例出台之后,合乎程序的自白几乎消失了。如果是非常清楚的自白还是可以的,但在这种情况下,检察官也会讯问被告人,并使用这些讯问笔录。

(4)涉及共犯案件的合意

H检察官:(如果被告人对共犯人的行为也提供了口供并达成了合意,从直接主义的角度看,这种口供本身原则上不能用于对共犯人案件的审判,因此被告人应当在该共犯人的庭审时出庭作证)共犯人案件的辩护人可以主张,证人的证言是通过交易获得的,因此是不可信的。在这种情况下,法官对证人证言(共犯人的口供)的证据价值不会给予较高的评价。但是,尽管辩护人也进行了反询问,有时法官也会认为该证言具有可信性(当然是经过仔细分析之后),这是现实生活中的例子。

[被告人A(证人)在共犯人B的庭审中提供的证词,对此应当

如何评价？］只有 A 的口供还不能认定 B 的犯罪，还必须有其他证人和物证作为证据。如果是毒品犯罪，需要有 2 ~ 3 名警察的证言；如果是伤害案件，需要有被害人的陈述；等等。

R 律师：（对于上述提问）如果被告人 A 已经完全供认并在量刑方面达成合意，B 的辩护人会认为 A 的证言是基于合意作出的，因此是不可信的。

（评论）

（1）对于仔细分析口供这一提问的回答，是在 2013 年宪法法院判例的基础上回答的。因此，有必要回顾一下 2013 年判例关于依职权审查义务的内容。

判例认为，德国《刑事诉讼法》第 244 条第 2 款（职权调查义务）的规定也适用于合意的程序，而不采用由当事人进行处置的原则（BverfGE，133，168，Rn. 65）。“（a）协议法（Verständigungsgesetz）是由立法者的客观意图所规范的，这一点在其措辞和规范结构中得到了体现。（b）并没有创建新的‘同意’（Konsensual）程序模型。立法 262
者允许适用的协议，其目的是维护刑事程序，即探究实体的真实和发现罪责相适应的义务，构建现行刑事诉讼法的体系。立法者明确表示，合意本身不能成为判决的唯一依据，法院继续受《刑事诉讼法》第 244 条第 2 款规定的依职权解释义务的约束，法律上的评价不能由参与合意的关系人担任（Disposition）。（c）有关协议的法律全面规定了刑事诉讼中合意的许可性，从而禁止了在协议过程中进行‘非正式’操作。（d）立法者根据上述规定的宗旨制定了特别保障措施。这是为了确保协议的完全透明度（Transparenz）和书面化（Dokumentation），从而（正如立法者所认为的那样）可以对公众、检察厅和上诉法院的协议进行全面监管。最后，（e）法律规定，协议的约束力有时是受到限制的，为了保证法院的中立性，有义务将这种限制告知被告人，保护他们的利益。”

上述(a)～(e)判例内容是该判例的核心。(a)是法律规定的解释合意程序的判断标准。(b)是根据德国《刑事诉讼法》的职权调查义务规定确定当事人的处置权，因此，事实认定是以法院的“确信”(Überzeugung)为前提的。换言之，“协议本身决不能成为判决的基础，而确信的基础是充分的证据，充分的证据是法院认定事实关系的唯一的具有决定性的基础”(Rn. 68)。此外，从这个角度看，应该对口供的正确性进行仔细审查，因为没有内容的口供是不会形成确信的，“内容空洞的形式上的口供(Formalgeständnis)(特别是在对事实关系拒绝答辩的情况下)或者经不起反驳的陈述，是无法成为法官确信的充分依据的”(Rn. 69)。(c)是关于禁止非正式合意的内容。(d)是指出程序的透明度和书面化是合意制度的基础。(e)指出了
263 对被告人的提示义务的重要性。

在这方面，R律师的回答值得深思。据说，一些法官热衷于依职权讯问，而另一些法官则更容易接受双方合意进行事实认定。法官“确信”的合理性这个普遍存在的问题，是每个国家都存在的问题。①

(2)陪审员在审理前不能查阅侦查笔录。因此，法官在看过侦查笔录后继续推进合意程序，陪审员是否可以直接查阅？对于这个问题，N审判长和H检察官已经进行了回答。特别是，审判长对陪审员作出容易理解的说明是一个关键点。

(3)“形式上的自白”是指，例如，被告人对检察官起诉的事实只回答说“没错”，而没有进一步说明犯罪内容的口供。合意程序的前

---

① 当法官不能被说服时，就会产生审查依职权证据的义务。相反，如果法官可以信服协议中的供词，就没有必要进行依职权的证据听证。联邦法院认为，仅仅因为供词是通过协议获得的，并不意味着不能定罪(BGH, Urt. v. 10. 6. 1998, NStZ 1999, 92)。参见田口守一：《刑事诉讼的目的》(增补版)，成文堂2010年版，第312页。归根结底，问题将归结为供述的内容(质量)。

提是口供,但这种口供是否也是前提条件? 被告人或辩护人要求调取这种形式上的口供是不可想象的,因此就出现了法院依职权取证的义务问题。此外,德国法中没有自白补强规则的规定,在理论上只要凭口供就可以认定有罪,但在司法实务上,如果没有对采访的回答这类的补强证据,就很难形成确信。

(4)(问题4)第4个小问题,是为日本法中共犯人自白而设计的提问,但鉴于德国法和日本法的差异,有必要对以下三种情况加以区分。

第一个问题是,所谓的共犯人自白与"禁止整体解决"之间的关系。当被告人A的自白中含有对其同伙的共犯人B的罪行的口供,这种自白的基础上合意形成时,就会出现这个问题。"共犯人B所犯的罪行"与被告人A被追诉的犯罪是"其他案件",因此A案件不得 264
包括在B情况中"整体解决"。即使有这种口供,对法院有约束力的合意只是A案件。

第二个问题是,被告人A作为"核心证人"(Kronzeuge)[①]与被告人B的审判中作证之间的关系。《德国刑法》第46条b和《毒品法》(Betäubungsmittelgesetz,BtMG)第31条中规定了核心证人制度。[②]《德国刑法》第46条b规定:"①行为人对可能被科处最低刑为较重自由刑或者终身自由刑的行为:一、通过自愿公开其知晓的信息,在很大程度上帮助侦破《刑事诉讼法》第100条a第2款规定的与其公开行为有关的犯罪行为;二、通过自愿公开其知晓的信息及时告知主

① 关于德国的核心证人制度,参见川出敏裕:《因对侦查和审判提供协助的减免制度》,载高桥则夫等编:《曾根威彦先生、田口守一先生古稀祝贺论文集》(下卷)(2014年),第411页、第415页以下;辻本典央:《德国的司法交易与日本的协议/合意制度》,载《法律时报》第88卷第4号(2016年),第61页以下。

② 除毒品犯罪外,核心证人制度很少被使用。参见辻本典央:《德国的司法交易与日本的协议/合意制度》,载《法律时报》第88卷第4号(2016年),第63页。

管机关，使得《刑事诉讼法》第 100 条 a 第 2 款规定的与其告知的行为有关的犯罪行为被阻止。②法院可以依据本法第 49 条第 1 款减轻刑罚，以不低于 10 年的有期自由刑替代无期徒刑的法定刑……”程序的主体是侦查机关和犯罪嫌疑人/被告人，减轻刑罚完全是法院的自由裁量问题。因此，它与对法院有约束力的合意制是不同的制度。另外，《德国刑法》第 46 条 b 中的关联性要件是 2013 年法律修改时新引入的。[1] 新规定要求核心证人的案件和该被告人的案件应当有一定的关系，在理论上也可能出现类似于下面提到的“共犯人的自白”的问题。

第三个问题是，关于小问题(4)提问中的合意，涉及如何评价共犯人自白的问题，因为共犯人的自白是这种合意的前提。采访的回答都提到了严格评价自白的可信性问题。在德国法中所谓的“不利于第三者的协议”(Verständigung zu Lasten Dritten)，[2]是被告人在涉
265 及自己的刑事程序中达成的某些合意，以此获得减免刑罚的利益，但是这个合意程序也包含了在另一刑事程序中的第三人不利的事项。被告人的陈述是达成协议的先决条件，即在作为合意前提的被告人的口供(自白)中包含了有关第三人(如共犯人)行为的供述。一般认为，在这种情况下，在针对第三人的刑事程序中探讨的对象是被告人的合意，特别是被告人作出的不利于第三人的供述，必须审查是否对该第三人不利的真实供述是对被告人更有利的(besser)的情况，这里(与被告人基于合意的审理程序不同)必须更加严格地审查作为合意前提的自白的真实性。

---

① 参见辻本典央：《德国的司法交易与日本的协议/合意制度》，载《法律时报》第 88 卷第 4 号(2016 年)，第 63 页。

② Vgl. Werner Beulke, Strafprozessrecht, 13. Aufl. 2016. Rn. 395g.

(五)为达成合意的协商

问题5:

(1)据阿尔滕海因教授介绍,有58.9%的法官回答认为,有一半以上的合意是“非正式”的,即没有按照德国《刑事诉讼法》第257条c规定进行,有26.7%的法官回答认为,在一般情况下是这样的。有33%的法官回答说,合意是在庭外进行的,有时不在庭审上披露,而有41.8%的检察官和74.7%的辩护人回答说,他们也允许这种做法。根据您的经验,有哪些案件达成了非正式合意而且不在庭审上披露?

(2)为达成合意而进行的协商(德国《刑事诉讼法》第160条b、第202条a等)是怎么进行的?为达成合意而进行的协商是从侦查阶段开始的,但是否可以理解为在侦查阶段可以进行协商而不能达成合意?

(3)从侦查阶段开始为了达成合意而进行协商时,侦查程序是否可以简化?如果合意被驳回,重新进行侦查时,是否会导致侦查活动丧失机会? 266

(参考条文)

德国《刑事诉讼法》第160条b(关于与诉讼参与人就程序状况进行的协商):

“检察官认为适合于推进诉讼程序时,可以就程序的状况与诉讼参与人进行协商。该协商的重要内容应当有书面记录。”

德国《刑事诉讼法》第202条a(与诉讼参与人就程序状况进行协商):

“法官考虑启动庭审程序时,认为适合于推进诉讼程序时,可以就程序的状况与诉讼参与人进行协商。该协商的重要内容应当有书面记录。”

德国《刑事诉讼法》第 257 条 b（与诉讼参与人就程序状况进行协商）：

“法院认为在庭审上为了有利于推进程序时，可以就程序的状况与诉讼参与人进行协商。”

（采访回答）

（1）禁止非正式合意

H 检察官：根据 2013 年的判例，非正式合意已经很少见了。在进行非正式磋商时，也必须以书面形式进行。举一个实际的例子，事前制作两份（侦查阶段）报告，有时由法官在庭审时宣读（以这种方式达成合意）。

我经历过这种情况，但应当注意的是，交易达成了，与法官也达成了合意，在宣告较轻的刑罚后，辩护人却以判决违反合意为由提出上诉。因为不允许让被告方承诺放弃上诉权，这样一来，辩护人就可能主张法院违反了有关退出合意的提示义务。

（2）为达成合意而进行协商

R 律师：一是协商可以在程序的任何阶段进行。二是德国《刑事诉讼法》第 160 条 b 和第 202 条 a 的规定是针对庭审前的协商。在这里值得讨论的问题是，德国《刑事诉讼法》第 154 条第 1 款规定的中止程序和第 154 条 a 第 1 款（对想象竞合案件的一部分限定追诉）规定的限定对象。因此，如果缔结了协议就具有约束力。如果一方解
267 除协议，对另一方就不再有约束力。三是协议一般是对德国《刑事诉讼法》第 257 条 c 规定的合意进行的准备。四是德国《刑事诉讼法》第 257 条 c 规定的合意只能在庭审程序中达成。

（3）对侦查的影响

H 检察官：侦查可能会简化。磋商在检察官和辩护人之间进行，10 个案件中有 8 个自白的案件会被侦查。由于侦查很麻烦，理论上

讲可能有 2 个案件被排除在侦查之外。在这种情况下,有明确证据的案件将优先考虑进行侦查。

(评论)

(1)联邦宪法法院的判例严厉批判了“非正式合意”,但根据阿尔滕海因教授的报告,司法实务中仍然存在非正式合意,所以我们询问了这方面的实际情况。H 检察官的回答是,在联邦宪法法院的判例之后,非正式合意减少了,但这一回答表明,在此之前,非正式合意是一直存在的。但除德国《刑事诉讼法》第 257 条 c 规定的正式合意外,检察官可能根据德国《刑事诉讼法》第 160 条 b 规定的侦查阶段的协商,作出对部分余罪不起诉的决定。但是,这种协商或签署是在对后来的合意有预期的场合,从“禁止通过合意整体解决案件的原则”看,不允许这种协商后再达成合意的做法。

(2)上述问题(2)是关于为达成合意而进行协商与合意本身之间的关系的问题。如果法官不参与侦查阶段的协商(德国《刑事诉讼法》第 160 条 b),那么协商实际上就在检察官和辩护人之间进行,合意实质上是由当事人拟定的。对于这个问题,R 律师的回答是,这不是合意的问题,而是检察官和辩护人之间的“商讨”,法院不参与其中。但是,如果当事人违反了这一商讨结果,那么另一方当事人也不受该商讨结果的约束。最终,德国《刑事诉讼法》第 160 条 b 的协商包括了为法院达成合意而进行的商讨和在当事人之间的商讨。 268

(3)上述问题(3)是,如果被告人在侦查阶段认罪并表明有可能会达成合意,是否就没有必要收集很多证据?这个问题的意义是,在合意被驳回后,侦查是否存在困难。特别是犯罪嫌疑人在侦查的早期阶段就表示可以达成合意时,如果在最初阶段没有收集到足够的证据,以后是否会出现困难?但是,H 检察官的回答是,“在理论上会出现的”。这里的含义可能是说,对于剩下的 2 个案件已经掌握了侦查线索，不是不进行侦查，只不过没有深入侦查而已。

（六）制作协商记录

问题 6：

（1）协议笔录（德国《刑事诉讼法》第 160 条 b、第 202 条 a、第 273 条 a 第 1 款）需要详细记载到什么程度？是只记载协商的结果即可，还是必须记载从开始到结果的整个过程？

（2）阿尔滕海因教授指出，所谓的消极确认（negative attest）条款（德国《刑事诉讼法》第 273 条 a 第 1 款第 3 段），在实务中往往被忽视，有 54.4% 的法官回答表示，没有达成合意就不需要制作笔录。那么因没达成合意而没有制作笔录的案件有哪些？是否允许从没有协商笔录的角度推断该案不存在合意？

（参考条文）

德国《刑事诉讼法》第 212 条（与程序参与人就程序状况进行协商）：

“在庭审开始后，适用第 202 条 a 规定。”

德国《刑事诉讼法》第 243 条（庭审的顺序）第 4 款：

“四、审判长对于是否根据第 202 条 a 和第 212 条规定进行了协商，如果有达成协议的可能性并已得到确认时，应当报告其主要内容。这项报告义务在庭审开始时有变化的，在此后的庭审过程中继续有效。”

269 德国《刑事诉讼法》第 273 条（庭审的笔录）第 1 款：

“一、a 笔录应当记载第 257 条 c 规定的协商的主要过程、内容和结果。上述规定也适用于遵守第 243 条第 4 款和第 257 条 c 第 4 款第 4 段及第 5 段规定的通知和提示。如果没有进行协商，也应在笔录中说明。”

（采访回答）

（1）笔录记载的事项

H 检察官：记载全部内容。必须记载得非常详细。协商是由谁主导的，协商的结果要具体，如对于量刑问题，要详细记载辩护人主张 4～5 年，检察官主张 6～7 年，法官主张若干年，等等。

N 审判长：在宪法法院的判例之前，也就有 2 页纸的笔录，但在该判例之后，笔录翻倍到 4 页。许多法官都变得更加谨慎了。

（2）消极的确认

N 审判长：关于消极的确认，法官一旦参与隐秘交易就要被追责，因此隐秘交易不能留在记录中，也不会在庭审中出现。因为不允许这样推定，即如果没有笔录就不存在合意。

（评论）

（1）2013 年宪法法院判例关于透明度和形成笔录的义务，明确指出，合意必须在公开法庭上披露。不仅是合意，而且为了达成合意而进行的事先协商也必须提交给法庭。根据德国《刑事诉讼法》第 257 条 c 第 1 款的规定，合意本身只能在法庭上达成（Vgl. BVerfGE, 133, 168, Rn. 82－86）。关于透明度和笔录的对象，该判例指出，"就制作笔录的义务而言，该规定的'主要过程和内容'包括，谁提出的协商方案、所有参与人和法官各自的'讨论内容'特别是他们是否对任何事实关系进行发言、他们对结果发表了什么看法"（Vgl. BVerfGE, 133, 168, Rn. 86）。 270

此外，这里还涉及透明度和笔录的法理根据，"公众（Öffentlichkeit）只有在接受有关评价协议正当性的信息时才能行使其监管职能。必须维护公众对国家能力的充分信任”。[①] 换言之,透明度和笔录化这一问题是公众对司法信赖的条件。特别重要的是,“交易”这种制度可能会有违正义,交易程序的透明度是确保该制度不违反宪法的重要保障。

(2)关于协商记录和合意笔录之间的差异,德国《刑事诉讼法》第160条b、第202条a、第212条和第257条b规定的协商(Erörterung),可以在程序的任何阶段进行。但是,协商本身并不具有约束力,因为它不是合意意义上的程序性结果(Vgl. Beulke, a. a. O., Rn. 395c)。换言之,协商仅仅是检察官和辩护人之间进行的磋商,这种磋商原则上不包括在第243条第4款规定的报告义务之中。但是,如果这种磋商包含法律意义上的合意时,那么就将纳入德国《刑事诉讼法》第243条第4款规定的报告义务中。也就是说,法院为了达成合意而进行协商(德国《刑事诉讼法》第202条a),并在此基础上达成了合意(德国《刑事诉讼法》第257条c),审判长对这种为了合意而进行的协商负有在庭审上报告的义务(德国《刑事诉讼法》第243条第4款),庭审时的报告内容要记入庭审笔录(德国《刑事诉讼法》第273条a第1款),形成书面的合意笔录。法律要求在合意笔录的记载内容中包含“协商的主要过程、内容及其结果”(同上款)。对于未达成合意的协商也需要记录在笔录中(同上第160条b、第202条a、第257条b、第212条),但对于笔录记载的内容法律没有规定。法院的合意具有约束力,因此合意的内容必须特别明确,其中包括为此而进行的协商。在这方面,协商记录和合意笔录在其透明程度的要求上有一些区别。

---

① BVerfGE, 133, 168, Rn. 89. 公开性的功能,除包括公众监管这一事后规制功能外,还包括国家机关自我规制的事前规制功能。有人从这种观点出发,认为应当记载详细的协商内容。

（3）未能达成合意也必须形成笔录这一消极确认的规定（德国 271
《刑事诉讼法》第 273 条 a 第 1 款第 3 段），被实务人士评价为恶劣的条款，但我们想问一下实际情况到底是怎样。我们还要问一下，不存在协商和合意笔录就不能认定合意存在，其根据是什么。但是，笔者并没有收到关于这些问题的详细答复。取而代之的是，N 审判长提到有几个判例。①关于德国《刑事诉讼法》第 243 条第 4 款第 1 段（庭审时的告知义务）规定的消极确认条款，联邦宪法法院认为，地方法院在公开法庭上，没有告知程序参与人事先可以进行协商，也没有告知已经进行的协商是如何进行的，这种没有报告行为违反了德国《刑事诉讼法》第 243 条第 4 款的规定，驳回本案的有罪判决。判例同时指出，对协议没有进行任何协商的这一"消极报告"（Negativmitteilung）从庭审开始就应当进行（BVerfG vom 26. 8. 2014）。②另一个判例同样也涉及违反德国《刑事诉讼法》第 243 条第 4 款第 1 段规定的问题，判例认为，不是不告知这种程序性瑕疵，而是根本就没有进行协商，那么不告知这种程序性瑕疵并不构成违法（BGHSt vom 27. 1. 2015）。对于 2014 年联邦宪法法院的判例，联邦普通法院对消极的确认进行了限定解释。③在庭审上报告有关合意的协商主要内容是审判长的义务，这首先是为了有利于公众的监管（BGHSt vom 15. 1. 2015）。

（七）协商记录的例子

1. 这里引用一下协商记录的实际例子。[①] 在引用时：（1）隐匿了原文中的个人姓名；（2）括号中的内容是引用者补充的说明；（3）在适当的地方添加的数字是为了便于理解；（4）案件是一家家具公司的 4 名董事（X、Y、Z、W），违反《德国刑法》第 266 条 a 和其他规制的案

---

① 这份记录是在采访时提供的，但在匿名的条件下可以引用这份记录。

件,4名董事从公司雇员以外的家具销售人员那里征收的税金,未向税务机关申报和缴纳,因而被起诉。①

2. 从记录可以看出,本协商是德国《刑事诉讼法》第202条a(庭审开始前的协商)规定的协商,参加协商的人员包括审判长、两名法
272 官和书记员。程序参与人不仅包括被告人,遭受损害的企业也可以委托律师作为代理人(诉讼参加关系人,Nebenbeteiligten)参与协商。② 在这种情况下,允许代理人为了澄清公司所遭受的损害而参加协商。上述4名被告人和该公司参加了协商。结果共有13人参加了磋商:3名法官、3名检察官、6名辩护人和1名被害企业的代理律师。

3. 根据德国《刑事诉讼法》第243条第4款的规定,本案协商记录实际上是在庭审上宣读的。其目的是确保不让诉讼参与人产生误解或怀疑。宣读协商记录是在达成合意以前的一个阶段,但合意的要件有很多,合意的成立需要考虑被告人的前科(这也涉及是否必须对几年前的情况也进行调查的问题)、是否已支付损害赔偿、被告人是否患病、被告人的年龄等因素。本案的公司损失金额达到380万欧元(约4亿日元),而且其中一名被告人年老多病,所以确认协商的内容非常重要。

---

① 《德国刑法》第266条a(不支付和侵占劳动报酬)第1款规定:"雇主不支付应当为其雇员向社会保险机构或者联邦劳工机关交付的保险金的,处5年以下自由刑或者罚金。"第2款规定:"无论是否已支付劳动报酬,雇主有下列行为的,按前款规定处罚:一、就社会保险上的重要事实,向负责收取保险金的主管机关提供虚假的或不完整的申报的;二、就社会保险法上的重要事实,因违反义务不知上述重要事实。"(第3段以下规定略)本案中的争议涉及上述条文的第1款和第2款。德国刑法条文,参见法务省大臣官房司法法制部编:《德国刑法典》(法曹会2007年)。

② 被害人参与协商有3种形式。第一种是自诉(Privatklage)(德国《刑事诉讼法》第374条);第二种是参加公诉(Nebenklage)(德国《刑事诉讼法》第395条);第三种是附带民事自诉(Entschädigung,Adhäsionsverfahren)(德国《刑事诉讼法》第403条)。在本案中,被害企业似乎属于第二种公诉参加人,因此可以参与合意程序(Verfahrensbeteiligten)(德国《刑事诉讼法》第257条c第1款)。

4. 尽管本案在侦查阶段并没有达成合意，但 3 名被告人和检察官对法官提出的缓刑建议感到满意，而被害企业方则希望判处 2～3 年的自由刑。法官预测这个案件是能够达成合意的。[①] 273

Ⅰ 谅解备忘录(Vermerk)

2014 年 11 月 18 日，奥格斯堡地区法院第××刑事部审判长 A，法官 B 和法官 C，奥格斯堡检察厅的代理人，高级检察官 D、高级检察官 E 及检察官 F，辩护人 G、H、I、J、K、L 以及诉讼参加人(被害企业)代理人律师 M，根据德国《刑事诉讼法》第 202 条 a 的规定，进行了磋商。

协商的启动是第××刑事部审判长与辩护人 L 之间的电话联系(参见 2014 年 10 月 29 日备忘录)。

第××刑事部审判长首先告知，审判程序的开始时间将安排在 2015 年上半年后期，由于法官 C 将于 2015 年 1 月从第××刑事部调离，庭审的刑事庭组成人员会有变化。

与此相关的是，第××刑事部的审判长向参加协商的人员通报了职业法官审议的内容，特别是对案件事实和法律问题作出了如下临时评估。

(1) 刑事部在此前假定犯罪的客观要件和主观构成要件方面都有充分嫌疑。特别需要报告的是，此前没有假设存在可能需要回避的事项。对关联企业授权的解释没有说服力，因为给人的印象是这是一个家族和个体经营的公司，根据联邦普通法院的判例(z. B. NJW 2001, 969)，本案的企业经营者是具有专属权限的。根据该文书，该案并不是违反了罕见的规则，而是在“日常业务行为”中存在问题，因 274

---

① 参见下一个注释。在另一起案件中，一个政府机构因公司扩展到伊朗而发生的腐败案件正在讨论中，刑期在 2 年 4 个月至 3 年，一人的受贿金额已被确认。据报道，该金额为 40 万欧元。根据《德国刑法》第 335 条(贿赂和性质特别严重的贿赂)的规定，贿赂外国公职人员属于严重犯罪，可判处最高 10 年的监禁。据预测，将在 2 年 8 个月的中间线上达成协议。

此，责任的存在是显而易见的。

(2)刑事侦查部门尚未对损失金额作出最终计算。

(3)关于被告人W和被告人Y的行为，到目前为止，刑事部会同检察厅认为，他们的行为属于帮助行为。但对他们并不适用于欠税的指控。这是因为，如果存在主动的欠税行为，那就不是帮助的问题了。刑法中的帮助犯，刑期可以比照主犯减半。

(4)关于损害赔偿金额，应考虑合同签订较晚以及损害结果可能有变动，导致纳税申报中的损害赔偿偏高。另外，关于已经生效的前期预付税款(Vorsteuer)，重大案件的降低限额为5万欧元。此外，关于量刑幅度，应该考虑的问题是，雇员、自营职业者没有缴纳的工资税(Lohnsteuer)是支付所得税(Einkommenssteuer)的问题。关于《德国刑法》第266条a的规定(正如从被告人W的情况所看到的)，主要损害部分已经跨越了4.5年。

(5)根据联邦法院的判例和第××刑事部以前的判例，对违反税法行为达数百万欧元的案件，刑事部初步审查了事实关系和法律关系，预计在认定有罪的情况下可能对以下几名被告人判处刑罚，但不能告知具体的刑罚幅度。

(5)-1　关于被告人X，刑事部预定对其判处缓刑。

(5)-2　关于被告人Y和被告人Z，在量刑的幅度内应当考虑他们的健康状况和高龄情况。需要查清他们在企业中的具体作用，这也与量刑有关。如果考虑他们全面认罪并全部赔偿损失的情节，不排除缓刑的可能。

(5)-3　关于被告人W，刑事部根据帮助犯和损害数额的大小，考虑对其判处缓刑。

H律师在与其他辩护人以及企业代理人达成合意后，从辩护的

275 角度提出了以下值得考虑的情节。

①透明度:企业没有两套账目。因此,诉讼基础的损失金额应当直接从账簿中计算出来。税法上的损害是税法关系,这是合同关系发生变化带来的必然结果。

②税法上的结果:合营者在合同中把履行税法规定的义务提高了。在此背景下,不能假设被告人故意脱逃所得税,因为按照被告人的理解,所得税是应当由合营企业申报和缴纳的,这部分税款已经抵销了。在所得税事前预付的情况下,也不能认为被告人在短暂的纳税期间存在故意。关于交易税(Umsatzsteuer)的损害,是一个"零和游戏"的问题。这是因为已经生效的预付税款已经由合营企业支付了。

③不存在"倾销"的问题:就有关合作经营者而言,他们是"最好的员工",他们得到了特别的报酬,他们可以自由地支配劳动时间,他们对自己的自由行业地位特别感兴趣。企业为了雇用到合格的销售人员,不得不遵从他们的意愿。在销售佣金方面,公司额外负担了约20%的费用。

④当局的要求:部分合作经营者是符合国家[私营公司(Ich－AG)]的明确要求的。由此可见,他们都相信签订的合同是合法的。

⑤当局的审查:关于所得税的审查,尽管作为程序对象的合同关系被审查了,他们也没有怨言。这里有信任的因素。

⑥"非频繁性的比例":在12年间,对于大约1000个合营企业,检察院认为可疑的合同关系企业只有48个。如果了解了企业不赚钱的经济状况,也不应认定他们承担故意的责任。

⑦损害赔偿:损害已经在"第一项请求"中进行了清算。

⑧期限:应该考虑的问题是,高额的损害数额是分摊在12年期间的。如果时效设定的开始日期早一些,就没有这么多的损害金额了。

辩护人K指出,第三方的参与没有得到澄清,其内容如下:高级检 276

察官E证实,到目前为止还没有作出回应。第××刑事庭主审法官指出了《德国刑法》第46条b(对王室证人减刑的规定)的基本概念,并指出该规定已过时效。此外,辩护人K提出,2006年社会地位考试的结果,特别是对非专业的被告人W来说,应该考虑在信任因素方面具有特殊意义。

M律师强调了以下几点:承包业务最初是从大众营销领域发展起来并引入企业的,合作者的重点是将销售佣金和工作时间的自我决定纳入企业的活动。这对受访者来说不是一个问题,旨在骗取社会保险费的制度并不是问题所在。

此外,必须特别考虑有罪判决对企业的影响。这些企业是家族企业,由两个伙伴的家具制造业务发展而来,如今是当地重要的经营者。这正是中小企业在市场上所固有的挑战。高级管理层X和W的领导对企业的存在至关重要。特别是,如果没有被告人X,被告人W不能领导企业。

高级检察官E的解释如下:辩方在提起诉讼时提出的论点已经通知了地区法院并得到了考虑。奥格斯堡检察官办公室还假设,对于犯罪嫌疑人X,鉴于他在企业中的长期行为和他的地位,判处缓刑是没有问题的。检察官办公室认为,X负有主要责任。在这个阶段,被告人Y和Z是否会被判刑还不好说。至于被告W,奥格斯堡检察院也认为此人属于"第二等级"。在整个行为期间,他没有处于负责
277 任的位置。在这一范围内,奥格斯堡检察院假设对缓刑的有罪认定是量化的。

从上述情况看,第××刑事庭的主审法官仍有一些不清楚的地方,再次指示没有对被告人X的具体量刑假设进行表述,在这个阶段也不能表述。特别是,没有提到对他的预期惩罚是2年3个月到2年6个月。

此外，刑事调查部的主审法官××说，根据他以前对被告人X的评估，同时判处罚款和自由刑是没有问题的。这是因为，一方面，根据以往刑事侦查部门有关损害严重、行为持续时间长的连续犯罪案件和损害不大的案件，已经肯定了《德国刑法》第47条第1款意义上的特殊情况（短期自由刑的例外）；另一方面，法院没有发现《德国刑法》第47条第1款意义上的特殊情况（避免短期自由刑）。另外，这不是一个适用于《德国刑法》第41条（罚金刑与自由刑的并科）的案件，因为被告人对企业存续的影响是全面考虑的一个标准。

辩护人K指出，不能把被告人W对期限的计算所做的改变理解为隐瞒的行为。相反，它应该被看作纠正缺陷的真正努力。关于他作为顾问的职位可能被操纵的说法是没有根据的。

辩护人H的观点是，只有2年多的自由刑，而对与自由刑一起判处的罚款才应进行特别严格的审查。

辩方承诺最迟在2015年1月底前发出其立场决定。

2014年12月4日，奥格斯堡主审法官A、法官C。 278

Ⅱ措施（Verfügung）

1. 给所有辩护人、代表诉讼参与人的律师和检察官的备忘录；

2. 已解决；

3. 最迟于2015年2月1日重新提交。

2014年12月4日

主审法官A

（评论）

（1）综上所述，德国《刑事诉讼法》第202条a第2段规定，“协商的主要内容应当有文字记录”。在这方面，德国《刑事诉讼法》第273条新增加了关于“书面合意”的第1款a项规定：“应当记录协商的主要经过、内容和结果。”正如“（六）制作协商记录”部分所指出的，2013 年宪法法院判例对书面合意的对象指出，“就制作笔录的义务而言，该规定的‘主要过程和内容’包括，谁提出的协商方案、所有参与人和法官各自的‘讨论内容’特别是他们是否对任何事实关系进行发言、他们对结果发表了什么看法”。上述协商记录是根据德国《刑事诉讼法》第 202 条 a 规定的协商记录，尽管其内容要避免涉及对预期判决的任何言论，但这份协商记录的内容基本相当于书面合意的记载事项。制作这个协商记录是从 2014 年 12 月开始的，当然是以宪法法院 2013 年 3 月的判例为基础。但是，备忘录并不是最终的文书，需要在对辩方立场确定之后重新提交。① 总之，公开协商的内容，并向达成合意协议的方向努力，这种方式是值得关注的。

（2）综上所述，宪法法院的判例表明，对透明度和文书化的要求
279 对于合意制度来说是非常必要的，这是公众对司法制度信任的基础。这是因为公开披露协商和合意程序的内容，才能使旁听人了解协商和合意的内容是否正当。

四、结语

（一）德国合意制度的未来

2013 年 3 月 19 日，联邦宪法法院的判例认为，在严格条件下的合意制度具有合宪性。这种严格条件下的合意制度，今后在德国是会逐渐淡出，还是会深深扎下根来？在这次对司法实务人员的采访调查中，N 审判长表示，“法官会更加谨慎”（zurückhaltend）。而 H 检察官认为，“在复杂的案件中，在保证透明度的条件下，有时会达成合

① 对于本案来说，能否达成合意的关键是辩方是否能接受对主犯 X 不适用缓刑。

意。但司法资源有限,省略这一程序也有其必要性。在以前,达成合意是秘密进行的。重要的是要保持透明度”。R律师补充说:“以前所有的合意都是非正式的。但是,制定了规范合意制度的法律,法院的判例也对此进行了严格的规制,以前旧的处理方式现在已被禁止。特别是,透明度非常重要,程序变得更加复杂,但比以前更好了。有些法官认为形成书面协商很烦琐,但我认为这是一种改进。”法院还指出,该程序已被禁止。特别值得注意的是,检察官和律师都提到了透明原则的重要性,并对合意制度给予了积极评价。德国的司法实务引入的透明性原则似乎在合意制度中扎下根了。

(二)联邦宪法法院的合宪性判断

这次采访调查的问题是以2013年联邦宪法法院判例对司法实务产生了重大影响为前提展开的。本部分没有对2013年的判例本身进行探讨,但笔者认为,这个判例对合意制度的合宪性的判断具有一定的合理性。众所周知,许多学说认为,合意制度是一种允许当事人进行处分的制度,因此,与德国刑事诉讼法核心内容之一的法院有 280
依职权调查证据的义务(德国《刑事诉讼法》第244条第2款)不相协调,有人批评说,合意制度不过是德国刑事诉讼法的一个例外。对此,也有人认为,2013年判例也是根据德国《刑事诉讼法》第244条第2款作出的,只要法院和公众对合意制度有充分的把控(Öffentlichkeit),合意制度纳入现有的德国《刑事诉讼法》是完全可能的。这两种立场的差异似乎源于对德国《刑事诉讼法》第244条第2款的不同理解。一方是以古典和意识形态的方式理解实体的真实主义,另一方则以实务和更现实的方式看待它。对于这个问题,笔者认为,德国《刑事诉讼法》还包含一系列规定,如暂缓起诉(德国《刑事诉讼法》第153条a)、数个行为的部分程序中止规定(德国《刑事诉讼法》第 154 条）、限制起诉的规定（德国《刑事诉讼法》第 154 条 a）、不经审判的处罚命令（Strafbefehl）制度（德国《刑事诉讼法》第 407 条）等，[①]现行法律本身已经脱离了严格的古典意识形态上的实体真实主义，转向了更灵活的相对实体真实主义。[②] 如果这样理解德国现行法，那么在理论上，合意制度完全可以纳入德国现行法律体系之中。同时值得注意的是，判例强调透明原则（Transparenz）是对程序规范性的重视。这是因为实体真实主义并不能成为规制一切的理由。

（三）与日本法的比较

281 与德国法相比，日本的合意程序中省略了协商程序则是侧重于为发现真相而获取证据。这一点似乎更接近美国法中的协助侦查型交易制度，[③]而与德国法不同。但是，日本法和德国法的相同之处是都强调发现真实，值得参考的内容很多，至少有以下 3 点。第一，关于日本法对协商和合意程序的透明度的要求，需要进一步深入探讨。透明度的要求最终是一个公众规制司法活动的问题。无论在职权主义还是当事人主义的刑事诉讼法中都特别强调这一点。修改后的日

---

① 参见亨宁·罗西瑙：《德国的答辩交易（所谓的协商）与宪法》，田口守一译，载《早稻田大学比较法学》第 47 卷第 3 号（2014 年），第 152 页。该文章第 160 页还强调现行法中还存在一个同意原则（Konsensprinzip）。在这方面参见，Sauer / Münkel, Absprachen im Strafprozess, 2. Aufl. 2014, S. 42。文章指出，现行法中终结程序的协商要素很多：（1）德国《刑事诉讼法》第 160 条以下条款规定的协商这一“对话要素”（das dialogische Element）；（2）德国《刑事诉讼法》第 153 条以下规定的起诉便宜主义；（3）《少年法》中的非刑罚处理（diversion）；（4）有关毒品的刑事法律中的中止程序制度；（5）德国《刑事诉讼法》第 407 条以下条款规定的处罚令制度；（6）《违反秩序法》（OwiG）中的同意要素；（7）自诉追诉程序中同意的要素。

② 关于所谓的相对实体真实主义，参见田口守一：《刑事诉讼的目的》（增补版）（2010 年），第 81 页以下。

③ 参见宇川春彦：《考虑交易性司法（10）》，载《判例时报》第 1599 号（1997 年），第 24 页。

本《刑事诉讼法》规定,法院应当对检察官、犯罪嫌疑人/被告人和辩护人共同签署的“书面合意”进行审查(日本《刑事诉讼法》第350条之三。关于被告人案件,为该法第350条之七;关于对他人案件,为该法第350条之八),但这个“书面合意”中应当包括哪些事项并不明确。鉴于合意制度中透明性原则的重要性,不仅应当记载协商和合意的结论,而且应当记载该过程的重要细节。① 第二,将“他人案件”纳入合意(不是德国法中的与法院达成合意),也是当事人之间的合意,在理论上也是可能的,但应当有“实体关联性”的限制,也就是说本人案件与他人案件的“关联性”(日本《刑事诉讼法》第350条之二第1款)主要就是共犯关系。② 例如,两个犯罪嫌疑人/被告人在程序上被羁押在同一看守所,这种情况就应当排除“程序上的关联性”。第三,关于操作的问题,被告人的供述要成为“真实的供述”(日本《刑事诉讼法》第350条之二第1款第1项)(有实体上的关联性),被告人的自白应当以被告人的案件为前提。例如,否认自己的犯罪,同时却供述共犯人实施了犯罪,这种情况的供述的真实性是很低的,为 282

---

① 参见田口守一:《协商和合意程序的透明性》,载《刑事法评论》第47号(2016年),第3页。此外,众议院关于修订后的《刑事诉讼法》的附带决议指出,应记录并保存协商的日期、时间和地点、协商当事人、协商概要[参见第189届国会法务委员会第35号(http://www.shugiin.go.jp/internet/itdb_。kaigiroku.nsf/html/kaigiroku/00041892015080)],但从透明性原则出发,至少应当在书面合意中记载协商的要点(附记:关于检察厅对这份附带决议的回复,参见本书本章第一节和第二节)。

② 参见川出敏裕:《因对侦查和审判提供协助的减免制度》,载高桥则夫等编:《曾根威彦先生、田口守一先生古稀祝贺论文集》(下卷)(2014年),第431页。文章指出,“关联性的内容应当是查明他人的犯罪事实必然要查清有关自己的犯罪事实”。关联性是实体问题的关联性,当然与被告人的口供有关。另外,将关联性限制为实体的关联性的效果,也涉及证据的开示。例如,如果他人案件有共犯关系,被告人案件的辩护人可以通过开示证据获得有关该案中被羁押的共犯人的信息(《刑事诉讼法》第316条之十五第1款第8项),这将有助于判断是否同意对被告人案件达成合意(《刑事诉讼法》第350条之三第1款)。关于关联性问题,参见本书本章第一节和第二节。

这类被告人提供利益而进行合意是不合理的。[①] 由此可见，将侦查审判协助型合意制度与自证其罪型合意制度作为相互排斥的制度是不合适的。我们应当继续进一步深入研究自证其罪型合意制度。[②]

① 对于这个问题，所谓的共犯人自白在被认为是真实的供述时才可能达成合意，但实际上需要有除口供外的证据证实口供的真实性。

② 值得研究的课题是，以企业犯罪为中心引入了否定自己有罪这种日本式辩诉交易制度，参见木目田裕、平尾觉：《日本式辩诉交易对企业活动的影响》，载《商事法务》第2052号（2014年），第26页以下；平尾觉：《日本式辩诉交易和企业的反应》，清文社2016年版，第86页。关于否定自己有罪的合意制度，参见本书本章第一节。

第六章

企业犯罪与刑事司法的国际趋势

摘 要 283

现在,企业犯罪已具有组织化、信息化和全球化的倾向,因此司法制度面临的国际挑战是,如何使包括侦查机关在内的更多机关联合起来,共同对付企业犯罪。本章重点关注作为刑事司法制度一部分,将来应当如何从程序法律方面处理企业犯罪,同时国际社会应当如何依据刑事法和行政法对付企业犯罪,以及企业本身应当如何应对企业犯罪。

第一节"日本法律对企业犯罪的反应",这部分内容由提交给2019年国际刑法学会第20届大会的英文论文《刑事司法与企业经营》(*Criminal Justice and Corporate Business*)翻译而成,这篇论文是按照国际刑法学会提出的问题撰写的,但主要内容是介绍日本有关企业犯罪的新动向,如《刑事诉讼法》中的合意制度、《反垄断法》中的免责制度或公司合规制度等。另外,关于《反垄断法》修改后的情况,用括号进行了少量补充。

第二节"德国的企业犯罪与违反秩序法",从对企业犯罪处理的角度出发,介绍了德国的违反秩序法中包括的实体法和程序法的详细内容。为了理解德国法中刑法和违反秩序法之间的关系,同时考虑今后日本法中刑事法与行政法之间的关系,收录了有价值的比较法资料。

第三节"企业犯罪的刑事对策和非刑事对策",介绍了本章第一节介绍的2018年筹备国际刑法学会第20届大会有关会议的内容,由此可以了解第20届大会选择"刑事司法与企业经营"这个主题的理由、国际学会意识到的问题、要求各个国家进行报告的问题等。

第四节“国际刑法学会关于企业犯罪的决议”，是新写的内容。这里探讨了国际刑法学会第20届大会第3分组会议通过的“决议”的意义，同时还翻译了决议的全文作为参考资料。在日本，最近关于企业犯罪的制裁制度的研究已成为热点，这项决议从“安全法”（security law）的新角度提出了这个问题，这些讨论将对日本的研究提供很大帮助。

附记：

关于国际刑法学会第20届大会的情况，参见高山佳奈子：《第20届国际刑法大会报告》，载《刑法杂志》第60卷第1.2.3号（2021年），第95页以下；关于各分组会的决议，参见杉本拓海：《第20届国际刑法会议（翻译）》，载《刑法杂志》第60卷第1.2.3号（2021年），第97页以下。

284 第一节 日本法律对企业犯罪的反应

一、引言

对企业犯罪的制裁制度已成为当今日本司法和立法最重要的课题之一。这个问题涵盖了发现企业犯罪、分析企业犯罪的结构、建立制裁和预防企业犯罪的制裁等各个方面。特别是对企业犯罪的刑事制裁和行政制裁，这两种制裁最近都进行了重大法律修改，而且还将进一步改革。换言之，日本法律正处于变革的过程中。本部分报告了日本法的现状。①

(一)企业犯罪的动向

1. 现代企业犯罪及其制裁制度

企业犯罪(corporate crime)或企业关联犯罪,是指企业经营活动时发生的或作为其活动的一部分而实施的犯罪。这一定义与经济犯罪的定义有所不同,企业犯罪是一个基于犯罪行为方式的社会学概念,特别是对犯罪现象的现状分析非常有意义。至于经济犯罪和企 285
业犯罪之间的关系,经济犯罪是以法益保护为基础的概念,而企业犯罪则包含以企业活动为目的的全部经济犯罪现象。② 现在的企业犯罪在很多方面都与传统犯罪不同。第一,企业犯罪是企业在经营活动过程中实施的,因此与企业的正常经济交易的区别往往很微妙。第二,企业犯罪的行为形态往往涉及复杂的组织结构和手段,企业犯罪很难被发现。第三,企业犯罪造成的损害主要是经济损失,如果损

---

① 2019 年 11 月在意大利(罗马)举行了主题为"刑事司法企业经营"的国际刑法学会第 20 届大会,本部分是向 2018 年 6 月 18～21 日在德国(弗莱堡)举行的国际刑法学会第 3 学科筹备会议提交的英文报告。在撰写这篇英文报告时,得到了北京师范大学周振杰教授的协助,他曾在早稻田大学留学并出版了英文著作《中国的经济犯罪》(2015 年),在此向他表示感谢。另外,作者的英文和德文论文有:Morikazu Taguchi, Corporate Compliance Program and Corporate Criminal Liability in Japan, in Soochow Law Journal. vpl. 8, no. 1, 2011, p. 131(Taiwan); id, Das Sanktionensystem gegen die Unternehmenskriminalität in Japan, in Arnd Koch und Matthias Rossi(Hrsg.), Gerechtigkeitsfragen in Gesellschaft und Wirtschaft, 40 Jahre Juristische Fakultät Augsburg, 2013, S. 31; id, Unternehmenskriminalität und Compliance – Programme in Japan, in Fünftes Internationales Thyssen – Symposion "Unternehmen im globalen Umfeld – Aufsicht, Unternehmensstrafbarkeit, Organhaftung und Schiedsgerichtsbarkeit in Ostasien und Deutschland", 24. – 27. September 2015 in Köln(未公开发表)。

② 参见芝原邦尔:《经济刑法》(2000 年);芝原邦尔:《经济刑法研究 1.2》(2005 年);神山敏雄、齐藤丰治、浅田和茂、松宫孝明编著:《新经济刑法入门》(2008 年);山口厚编著:《经济行为》(2012 年);等等。下面脚注引用的文献,除有说明的外,均为日文文献。

害在民事上得到恢复，可能就不需要再进行行政制裁或刑事制裁，[①]因此，需要对企业犯罪进行制裁的案件主要是比较严重的案件，而大多数不太严重的企业犯罪的根本原因往往没有得到充分解决。第四，现在企业经营活动呈现全球化趋势，很多企业往往在法律制度不同的几个国家开展经营活动，这使处罚企业违法行为的法律标准越来越复杂。由于这些原因，以传统犯罪为中心的传统法律制度已经无法应对现代的企业犯罪，这就需要顺应时代的变化，对企业犯罪采取新的法律对策。

对企业犯罪有两种法律制裁制度，即刑事制裁制度和行政制裁制度。当然，还有命令企业对被害人进行损害赔偿的民事制裁制度，但这里不能直接讨论这个制度。这里提到的刑事处罚（criminal punishment），包括刑法典中规定的对刑事犯罪的处罚和行政法规中规定的刑罚处罚。有关违反行政法规的刑法，也称为行政刑法（administrative criminal law）。
286 因此，刑事处罚包括两种制裁，即狭义的刑法规定的刑事制裁和行政刑法规定的刑事制裁。

行政处罚则是指对违反行政法规的行为给予的非刑事性行政处罚。但是，企业违反行政法规的违法行为，也可能成为刑事案件而受到刑事制裁。由于行政程序和刑事程序之间有密切联系，需要研究的重要问题是，行政程序调查的案件是否也是刑事程序侦查的对象。贴上行政程序的标签后，导致行政机关的决定标准缺乏透明度，进而导致对个人权利保护的漠视，这是不合理的。因此，由于对企业违法行为的刑事制裁和行政制裁在内容和程序上都具有密切关系，因此有必要同时考虑对企业犯罪采用刑事制裁和行政制裁。

---

① 参见芝原邦尔、古田佑纪、佐伯仁志编著：《经济刑法：实务与理论》（2017 年），第 15 页（古田佑纪执笔）。

2. 日本企业犯罪制裁制度的现状

日本法律规定了一些企业犯罪，特别是刑法中规定了妨害强制执行、操纵投标、对公职人员行贿等。但是，在实务中很少有企业因为刑事犯罪被调查，而大多数企业犯罪都是涉及民商法的案件。例如，违反《公司法》的特别失信行为、违反《所得税法》和《法人税法》等各种税法的行为、违反《金融商品交易法》的操纵市场和内幕交易等，最重要和最常见的企业犯罪是违反《反垄断法》的价格垄断和非法招投标等不公平交易行为。这些商事案件多数是违反行政法规的行为，一般根据行政法进行调查，其中重大案件通常作为刑事案件进行侦查和起诉。①

以 2016 年违反《反垄断法》案件为例，向作为行政机关的公正交易委员会报告的违反《反垄断法》案件数量为 7224 件。② 有关违反《反垄断法》的案件，公正交易委员会移送司法机关需要符合刑事追诉的诉讼条件，③有些重大案件一旦被公正交易委员移送就成为刑事 287
案件。换言之，如果没有公正交易委员会的移送，即使是重大案件也不能按刑事案件处理。在过去 5 年中，日本公正交易委员会移送的案件数量是：2012 年有 3 家公司 7 人（价格卡特尔案件），2013 年有 8 家公司 8 人（串通投标案件），2014 年没有移送，2015 年有 10 家公司 11 人（串通投标案件），2016 年没有移送。被刑事告发的公司，平均每年有 4.2 家、5.2 人。

---

① 以下的统计数据：参见（1）法务省编：《犯罪白皮书》（2016 年）；（2）最高法院事务总局编：《司法统计年报》（2015 年）；（3）最高法院事务总局编：《2014 年刑事案件概况（1）》，载《法制时报》第 68 卷第 2 号（2016 年），第 27 页以下；（4）法务省：《2015 年检察统计年报》（2016 年）；（5）公正交易委员会编：《公正交易委员会年度报告》；等等。

② 参见公正交易委员会编：《公正交易委员会年度报告》，第 32 页。另外，对于违反《反垄断法》的事实信息，可以通过互联网的电子报告系统向公正交易委员会网站报告，2016 年共收到举报 1150 份。

③ 《反垄断法》（全称为《关于禁止私人垄断和维护公正交易的法律》）第 76 条。

另外,2015 年侦查机关发现并受理的企业犯罪案件,刑法犯罪中的妨害强制执行罪 43 人,串通投标罪 23 人。[1] 在被受理的案件中,检察官向法院提起公诉的,作为刑法犯罪有 8 起是妨害强制执行罪,有 11 起是串通投标罪。在过去 5 年中,平均每年有 3 人被判处惩役刑,但都是缓刑,这一趋势在每年几乎相同。

从以上情况可以看出,对违反《反垄断法》的制裁主要是行政制裁,刑事制裁比较少见。行政制裁主要是整改命令和罚没命令,罚没命令与刑事制裁的区别存在很多需要研究的问题。过去 5 年的罚没命令中,被处罚人数和罚没金额情况分别是:(1)2012 年有 113 人,罚没金额为 250.7644 亿日元(折合 1.93 亿欧元);[2](2)2013 年有 181 人,罚没金额为 302.4283 亿日元(折合 2.33 亿欧元);(3)2014 年有 128 人,罚没金额为 171.4303 亿日元(折合 1.32 亿欧元);(4)2015年有 31 人,罚没金额为 85.1076 亿日元(折合 6600 万欧元);(5)2016 年有 32 人,罚没金额为 91.4301 亿日元(折合 7000 亿欧元)。如下文所述,从国际角度看,上述罚没总额并不算大。

日本《反垄断法》中的罚没制度是在 2005 年从罚没款减免制度(宽恕制度)而来的。实施了违反《反垄断法》行为的企业在事件被
288 查获以前,如果向公正交易委员会申报其违法行为的事实,并就该事实提交有关资料,对该企业的罚没款予以减免,最多有 5 家企业可以从减免制度中受益(附注:2019 年《反垄断法》修改时引入了自由裁量的罚没款制度,适用该制度的企业数量限制被取消了)。该制度实行以来,向公正交易委员会提出申报的事件共有 1062 件,平均每年约有 106 件是自行主动申报的。[3] 在引进该制度的时候,有人担心因

① 参见《刑法》第 96 条之三和第 96 条之六第 2 款。

② 在本书写作时外汇市场参考牌价为 1 欧元等于 130 日元。

③ 参见公正交易委员会编:《公正交易委员会年度报告》,第 31 页。

为违法者申报违法事实是为了减轻制裁,这种制度可能不符合日本社会及其文化传统,然而,上述统计数字表明,该制度已经完全适应日本社会了。

如后文所述,日本对企业犯罪的制裁制度的一个显著特点是,刑事制裁(刑罚)和行政制裁(罚没)可以并罚,而且《反垄断法》等特别法中的"双罚制度"除了处罚行为人以外还可以处罚企业。在适用这种制裁制度的司法实务中,有两个典型例子,①涉及违反《反垄断法》的案件,经行政机关调查和行政机关向司法机关举报后,有几家公司和多名被告人被作为刑事案件起诉。第一,2006 年的一起串通投标案,以刑事案件对企业处以罚金 7000 万日元(折合 53.9 万欧元)至 2.2 亿日元(折合 169.2 万欧元),对被告人判处罚金 140 万日元(折合 10 万欧元)至 170 万日元(折合 1.3 万欧元)或 1 年 4 个月至 2 年 6 个月的惩役(所有惩役均为缓刑);行政处罚是并罚罚没款共计 20.7189亿日元(折合 1593.7 万欧元)。第二,2012 年的一起价格垄断案中,在刑事制裁方面对企业处以 1.8 亿日元(折合 138.4 万欧元)至 3.8 亿日元(折合 292.3 万欧元)的罚金,对被告人处以 1 年至 1 年 2 个月的惩役(缓期执行);行政制裁为 133.6587 亿日元(折合 1.0281 亿欧元)罚款。

(二)关于企业犯罪的主要论点

有关刑事制裁的论点可以分为实体法问题和程序法问题。第 289
一,实体法的问题包括:一是关于法人的犯罪能力问题尚未得到解决,通说的观点是否定法人的犯罪能力,但最近肯定的观点转居上风。二是在承认法人刑事责任的前提下存在两种对立的观点,即以处罚自然人为核心的个人模式和以处罚企业本身的组织体模式。通

① 参见白石忠志等编著:《论点整理反垄断法》(2014 年),第 536 页以下。

说的观点是处罚个人模式。三是关于对企业犯罪同时处以刑事制裁和行政制裁是否违反宪法规定的禁止双重处罚原则，这个问题一直存在争议。通说和判例都认为并不违反宪法。四是今后对企业犯罪进行制裁制度的方法，在立法论上存在继续维持刑事制裁制度，还是尽可能地整合到行政制裁之中的问题，主流观点是前者的维持刑事制裁。

第二，关于与刑事制裁有关的程序法问题：一是关于企业犯罪的侦查程序，在一般刑事案件的侦查程序中自然也是如何保障犯罪嫌疑人的权利问题。二是如果行政案件移送后成为刑事案件，通过行政程序收集的证据是否在刑事诉讼中作为证据使用。三是新的问题，即 2016 年《刑事诉讼法》引入的合意制度将对企业犯罪的制裁和起诉产生什么影响。

预告行政制裁的论点还可以分为实体法问题和程序法问题。一是作为实体法问题争论的问题是，行政制裁的核心内容是罚没制度，这样的金额是否具有足够的威慑力？从国际比较看，争论的问题是提高制裁金额是否可能的问题。二是在程序法上争论的主要问题是，对于行政制裁的程序保障，特别是律师及其委托人的隐匿权保障(Attorney - Client Privilege)，是否需要进行改革，另外作为立法问题，是否有必要在自由裁量的罚没制度中允许考虑企业犯罪对调查提供协助的程度。

(三)最近法律修改情况和今后修改计划

有关刑事制裁制度有关的法律修改，主要是 2016 年《刑事诉讼
290 法》修正案引入了新的合意制度和刑事免责制度。其中合意制度适用的犯罪包括经济财税犯罪和毒品枪支犯罪。特别是，对于企业犯罪而言，下述程序已经合法化，即企业雇员作为企业犯罪的犯罪嫌疑

人可以与检察官进行协商，如果对证明企业代表人等他人犯罪提供协助，可以与检察官达成合意并获得检察官提供的有利待遇。这种新的合意制度将对企业犯罪的制裁制度造成哪些影响，值得关注。

关于行政制裁制度的法律修改，如上文所述，2005 年《反垄断法》修正案引入了罚没款减免制度，而且完善了公正交易委员会侦查企业犯罪的程序。此外，2013 年《反垄断法》修正案创设了行政制裁程序中的相关人员权利保障制度，其中包括建立听取相关当事人陈述意见的程序和完善证据公开制度，从而促进了行政处罚制度的法制化建设。在上述修正案之后，又开始探讨对《反垄断法》进行进一步修订。例如，有人提出，在以前的罚没制度中，罚没款的计算方法应当由法律严格规定，在修正案中应当酌情引入罚没制度。值得注意的动向是，日本法中的一种新方法是允许行政机关对行政处罚具有自由裁量权。（附记：如下文所述，2019 年《反垄断法》修正案引入了自由裁量的罚没制度）

二、刑事制裁

（一）刑事制裁制度概要

对企业犯罪的两种制裁制度，包括行政制裁和刑事制裁，但两种制裁制度的目的是各不相同的。[①] 行政制裁的目的是抑制将来的违法行为，而刑事制裁的目的不仅包括抑制将来的非法行为，而且包括对该行为进行道德非难。这种道德非难将给行为人打上“犯罪人”的烙印，因此刑事制裁是最严厉的法律反应。由于对企业犯罪实施的刑事制裁是如此严厉，因此刑事制裁只是作为法律反应的“最后手 291
段”（ultima ratio），对于性质恶劣的严重的企业犯罪才能适用。

---

① 德文参考资料：Vgl. Makoto Ida, Wirtschaftsstrafrecht, in：Harald Baum und Moritz Bälz（Hrsg.），Handbuch Japanisches Handels - und Wirtschaftsrecht，2011，S. 1461 ff。

应当受到刑事制裁的行为可以区分为两类。第一类是刑法犯罪,即刑法典中规定的犯罪,如妨害强制执行罪、串通投标罪等。这些犯罪与普通刑事犯罪一样处理。第二类是违反行政法规的犯罪,即在各种行政法规的罚则中规定的犯罪,如违反《反垄断法》、违反《金融商品交易法》、违反各种税法的等所谓的《行政刑法》规定的犯罪。这些违反行政法的行为与一般刑法犯罪的主要区别在于,违反行政法的行为往往会适用“两罚规定”,这意味着除了处罚行为人以外还可以处罚法人。例如,对于违反《反垄断法》的行为,依照两罚规定,根据案件的性质可以对法人处以罚金。对于违反《反垄断法》的自然人的处罚是“5 年以下惩役或者 500 万日元(38,460 欧元)以下罚金”,对于法人的处罚是“5 亿日元(3,846,000 欧元)以下罚金”。[①]

(二)刑事制裁的实体要件

1. 刑事制裁的实体要件

自然人实施企业犯罪时,无论是作为个人犯罪还是作为共犯,对该犯罪也适用一般的刑法理论,必须满足犯罪的客观要件和主观要件。在判处刑罚的程序方面,根据《刑事诉讼法》的规定,也要经过侦查、起诉和审判的程序,才能对其在法定的范围内判处刑罚。

另外,《刑法》没有关于处罚法人的一般性规定。因此,不能以企业活动过程中发生的业务上过失致死这类犯罪处罚法人。但是,企业犯罪是组织体犯罪的一种类型,为了预防这种犯罪,如果不同时处罚行为人和企业主双方,就不能达到法律的目的,因此日本法律自 1932 年以来在特别法中规定了所谓的“两罚规定”条款。此后,包含两罚规定的法律数量持续增加,如今,包括《反垄断法》《法人税法》

---

① 《反垄断法》第 89 条、第 95 条。此外,根据《金融商品交易法》的规定,除主刑外还有附加刑的没收。

《金融商品交易法》《知识产权法》在内约600部法律中都有两罚规定。292

但是,最初的两罚规定适用“企业主”是“自然人”的案件。判例也认为刑法中的“行为人”只有自然人,[①]原则上两罚规定的“企业主”也是自然人。后来,开始探讨处罚企业主的理论根据。传统的制度只处罚作为自然人的雇主,而不处罚从业人员,但这种转移处罚规定[代位责任(vicarious liability)]显然是违反责任主义原则的,现在已经没有人支持这种观点了。随后,企业主的无过失责任论盛行很长时间。这种观点的依据是,唤起企业主对法律规范的注意这一一般预防原则。但是,这一理论也明显违背责任主义。因此,有人提出了一种理论,即企业主违反管理监督义务的过失责任推定理论(过失推定说)。企业主只要不能证明自己对从业人员的违反规定行为不存在过失,就会受到处罚。判例对于自然人企业主采用了过失推定说,[②]这也是学术理论界的主流观点。再往后,人们一般认为,两罚规定中的“企业主”也包括法人,因而各种行政法规中的两罚规定也包括法人。判例对法人仍然采用过失推定说。[③]

2. 法人处罚的要件

即使在今天,对于法人的犯罪能力仍然存在争议。传统的学说是法人犯罪能力否定说,理由是,法人是没有固有的意志和肉体的观念形态,因此不能实施任何行为。对这一理论主要有两点批评意见:第一,法人通过其机关和代表作出意思表示的决定并作为法人实施

---

① 最高法院(大法庭)判决昭和10.11.25(1935年11月25日),载《刑集》第14卷,第1217页。

② 最高法院判决昭和32.11.27(1957年11月27日),载《刑集》第11卷第12号,第3113页。

③ 最高法院判决昭和40.3.26(1965年3月26日),载《刑集》第19卷第2号,第83页。

行为。第二,法人犯罪能力否定说也承认两罚规定,即承认法人具有接受刑罚的能力,但一方面否认行为能力,另一方面又只承认有受刑
293 罚处罚能力,这种分离是违反责任主义原则的。因此,犯罪能力肯定说在今天已经逐渐占据主导地位,其有两个理论构造。第一种观点是个人模式(Individual model),即通过个人的责任而处罚法人。目前采用的过失推定说以两罚规定为前提,在处罚自然人的前提下处罚法人的过失行为,因此更接近于个人模式。由此得出的结论是,只要不能证明作为自然人的行为人存在犯罪行为,就不能对企业进行处罚。这一理论被称为"等同理论"(principle of identification),因为这种理论的结构是,把对自然人的主观非难直接归因于法人的过失。第二种观点是组织体模式(organizational model),这种观点把违法行为看作组织体本身的违法行为,即使在不能确认实施违法行为的个人的情况下,也可以对企业本身追究刑事责任。这种理论认为,法人的刑事责任大部分是过失犯罪,过失犯罪的性质是存在违反义务的状态,之所以认为是法人本身事实的违法行为,是因为过失就是指违反了客观行为标准的状态,这种违反状态在现实中出现,即使在不能确定是哪个具体的行为人导致这种违反状态的情况下,也可以认定法人本身的过失,不必具体说明谁对过失负责。近年来,越来越多的年轻研究人员支持组织体模式。① 关于这个问题,如下文所述,也可以根据法人的合规计划的制定和实施这一客观事实作为认定法人管理监督过失的客观标准,如果适用这种标准,就不需要过失推定,而

① 参见川崎知已:《企业的刑事责任》(2004 年),第 481 页;樋口亮介:《法人处罚与刑法理论》(2009 年),第 151 页。

只要通过过失认定就可以确定法人本身的过失。[①]

(三)刑事制裁程序与权利保障

1. 刑事制裁的程序

有两种情况可以启动对企业犯罪的侦查。第一,侦查机关最初 294
是按照刑法犯罪开始进行侦查的,但数量不多。多数企业犯罪实际上都是由行政机关开始进行调查的。也就是说,很多企业犯罪是组织体的犯罪,而且往往是秘密实施的,很少能够从外部发现。因此,行政调查的大多数线索都来自企业内部的揭发检举。[②] 第二,刑事诉讼法上的侦查机关收到公正交易委员会的移送后,在先前行政调查的基础上,启动对企业犯罪的侦查。企业犯罪的侦查机关是警察机关和检察机关。另外,公正交易委员会的基本对策是,一方面,对于重大案件积极移送给侦查机关,要求给予刑事处分;另一方面,对提出罚没减免报告的企业主移送,也不移送公司管理层和员工。[③] 对于此类案件,检察机关一般按照刑法犯独立进行侦查。这一制度的目的是通过减免罚没制度鼓励企业自愿申报。

检察官将企业犯罪按照刑事犯罪向法院起诉。日本法采用起诉

---

① 从“过失认定说”的角度看,法人处罚应当在《刑法》总则中设定为一般性规定,而不是个别的两罚规定。参见芝原邦尔、古田佑纪、佐伯仁志编著:《经济刑法:实务与理论》(2017 年),第 15 页(樋口亮介执笔);川崎友巳:《法人处罚论的现代展开》,载濑川晃编:《大谷实先生喜寿纪念论文集》(2011 年),第 392 页。

② 日本还有《公益举报人保护法》[平成十六年(2004 年)法律第 122 号],该法禁止对举报违法行为的人进行解雇等不公平待遇。不过,即使没有解雇举报人,但有可能在公司内部受到转岗、调离等不利待遇,因此有必要进一步探讨对举报人的保护措施。2020 年制定了《公益举报人保护法部分修改的法律》[令和二年(2020 年)法律第 51 号],被保护的人员中追加了退休员工和高管,而且在保护的内容中增加了免除因举报而造成的损害赔偿责任。

③ 参见公正交易委员会:《关于公正交易委员会对违反反垄断法行为的刑事举报和犯罪案件调查的方针》(2005 年)。

便宜主义，[①]这意味着在某些情况下，检察官可以对一些案件暂缓起诉。但是，受理公正交易委员会移送的案件大多数都是媒体和公众关注的重大案件，对于这些案件不能暂缓起诉。审理企业犯罪的法院是普通刑事法院，没有特定管辖企业犯罪的法院。对企业犯罪的刑事起诉与普通犯罪一样，采用国家追诉主义，[②]只要检察官不提起公诉，法院就不会进行刑事制裁。

2. 实行新的刑事诉讼制度

2016 年《刑事诉讼法》修正案对企业犯罪的侦查和起诉程序有
295 以下三点重大影响。第一，检察官受理企业犯罪并对犯罪嫌疑人采取强制措施后，应当进行讯问并同步录音录像。[③] 第二，引入了新的合意制度，[④]企业犯罪是合意制度的主要适用对象。犯罪嫌疑人/被告人可以基于合意，就他人的犯罪事实，在侦查机关讯问和作为证人作证时进行如实陈述，也可以提交证据或提供其他必要的协助。检察官的合意包括不提起公诉、以较轻罪名的诉因和处罚条款提起公诉、撤回公诉、提出较轻刑罚的量刑建议等。第三，引入了刑事免责制度。[⑤] 检察官对于证人可能被刑事追诉的事项，可以请求法

---

① 日本《刑事诉讼法》第 248 条。

② 日本《刑事诉讼法》第 247 条。

③ 日本《刑事诉讼法》第 301 条之二第 1 款第 3 项。新的讯问同步录音录像制度于 2019 年 6 月 1 日施行。

④ 日本《刑事诉讼法》第 350 条之二，于 2018 年 6 月 1 日施行。

⑤ 协商和合意的主体是检察官、犯罪嫌疑人/被告人和辩护人三方（日本《刑事诉讼法》第 350 条之四第 1 款），不允许检察官在没有辩护人参与的情况下与犯罪嫌疑人/被告人进行协商或达成合意。如果没有达成合意，就不得使用犯罪嫌疑人/被告人的口供（第 350 条之五第 2 款）。

院对其予以刑事免责。[①] 适用的犯罪没有限制。免责的范围不是所谓的行为免责(transactional immunity),而是派生性使用免责(derivative use immunity)。下面的例子说明了合意制度和免责制度之间的关系。例如,一家公司的销售经理在公司总裁同意的情况下,与另一家公司就降低价格(价格卡特尔)达成合意,销售经理成为侦查的对象,但当侦查当局不能证明公司总裁参与其中时,试图考虑以对该销售经理减轻他自己的刑事责任为交换条件,让他就总裁参与此事进行作证,但销售经理认为这是对公司总裁的背叛,达成合意是很困难的。因此,如果检察官能够给予他刑事免责,并强制就总裁参与活动提供证言,销售经理可能会按照法律规定的作证义务提供证言,他不 296
仅有提供证言的动力,而且对有关总裁参与的事实提供证言的抵触情绪将有所缓和。

辩诉交易大致可分为两种类型:"自证其罪型",即犯罪嫌疑人/被告人承认自己有罪并配合侦查和追诉;"协助侦查审判型",即犯罪嫌疑人/被告人协助侦查和追诉第三方共犯人。在这次法律修改时,只引入了"协助侦查审判型"。但是,不承认自己有罪而协助侦查审判的情况几乎是不可能的。作为一项法律制度,不包括自证其罪的这种合意制度能否与《反垄断法》规定的罚没减免制度相协调,这也是一个问题。减免罚没制度包括两个方面:一是申报自己的犯罪事实;二是申报他人的犯罪事实,如果从申报自己的犯罪事实的角度看,正好与自证其罪的合意密切相关。[②] 今后的立法任务是,如何在

---

① 日本《刑事诉讼法》第157条之二、第157条之三,于2018年6月1日施行。关于日本此前的刑事免责的理论,see Masahito Inouye, *Witness Immunity and Bargain Justice: A Look at the Japanese Concept of the Adversary. System*, in Malcolm M. Feeley and Setsuo Miyazawa eds., The Japanese Adversary System in Context – Controversies and Comparisons, 2002, p. 173 – 192。

② 参见芝原邦尔、古田佑纪、佐伯仁志编著:《经济刑法:实务与理论》(2017年),第16页(川出敏裕执笔)。

刑事程序中将自证其罪型的合意制度予以制度化。[1]

3. 刑事制裁程序中的权利保障

关于刑事制裁程序中对企业犯罪的相关人员的权利保障，需要区分犯罪嫌疑人/被告人是自然人和法人的情况。到目前为止，权利保障问题的讨论只局限于自然人，而关于法人处罚时的法人的权利保障则很少展开讨论。[2]

第一，关于刑事程序中对犯罪嫌疑人/被告人的强制措施（侦查机关未经当事人同意而采取的措施），强制措施法定主义[3]、令状主义[4]、沉默权利和拒绝自证其罪的特权[5]等对自然人的权利保护规
297 定，当然也适用于企业犯罪。

第二，检察官进行刑事追诉时，如果存在“犯罪的客观嫌疑”这一诉讼条件，就可以提起公诉（通说）。此外，检察官对公诉的事实有说明的责任，而被告人方原则上没有证明自己无罪的责任。但是，被告人对于审理的争议点也有提出证据的责任。因此，对于企业犯罪，如果公司方对过失推定说推定的过失存在争议，并提出证据证明其在管理监督方面不存在过失时，检方就要再次承担说明的责任。法官要作出有罪的事实认定，就必须证明“排除了合理怀疑”。

第三，关于检察官掌握的证据对犯罪嫌疑人/被告人及其律师开示的制度，日本法不允许在侦查阶段开示证据。[6] 证据的开示是在提

---

① 参见田口守一：《刑事诉讼法》（第 7 版），第 178 页。参见本书第五章第一节。

② 如果法人是被告人，法人的代表人代理法人行使诉讼行为（《刑事诉讼法》第 27 条第 1 款）。但在多数情况下，法人的代表人同时也是被告人，因此法人的权利与代表人的权利有时是不一致的。

③ 《宪法》第 31 条，《刑事诉讼法》第 197 条第 1 款、第 222 条之二。

④ 《宪法》第 35 条第 1 款，《刑事诉讼法》第 199 条第 1 款、第 218 条第 1 款等。

⑤ 《宪法》第 38 条第 1 款，《刑事诉讼法》第 198 条第 2 款、第 311 条。

⑥ 《刑事诉讼法》第 47 条。当然，《反垄断法》的侦查程序中，也不开示证据。但是，2013 年修改后的《反垄断法》允许在整改措施命令之前的听证程序中阅览和复制证据（《反垄断法》第 50 条、第 52 条）。

起公诉之后庭审开始之前的庭审整理程序中进行的，开示的证据包括：(1)检察官在庭审中请求调取的证据；(2)与上述证据有关联的证据；(3)与争议问题具有关联性的其他证据。①

第四，关于受到询问时的权利，当事人在侦查阶段被采取强制措施的时点，辩解的权利受到保障。② 如果需要继续羁押犯罪嫌疑人，应当在被采取强制措施后72小时内移送法官，犯罪嫌疑人有接受法官逮捕讯问的权利。③

第五，关于辩护人的隐秘特权，辩护人对于其持有或保管的物品有拒绝扣押权，④但如下文所述，不存在一般的律师与委托人之间的隐秘特权。因此，犯罪嫌疑人/被告人手中的由辩护人书写的文书是可以扣押的。但是，最近一个下级法院的判例是，检察官拿到令状后，搜查了被羁押在看守所的被告人房间等场所，并扣押了辩护人发 298
来的信件等，对这个案件，判例认为，防御的内容应当是对侦查机关的隐匿权（保密权），本案的扣押是违法的。⑤ 因此可以说，判例承认了律师与委托人之间在这个限度内的隐秘特权。

第六，关于诉讼程序的透明性，2016年《刑事诉讼法》修正案中引入的讯问同步录音录像制度非常重要。⑥ 这项制度适用的案件除了杀人案件以外，还包括检察官独立侦查的案件和举报案件等。即使在现在，几乎所有检察官独立侦查的案件都需要同步录音录像，因此检察官讯问企业犯罪的犯罪嫌疑人时也都要进行录音录像。但应

---

① 《刑事诉讼法》第316条之十四、第316条之十五、第316条之二十等。

② 《刑事诉讼法》第203条第1款等。

③ 《刑事诉讼法》第61条、第222条。

④ 《刑事诉讼法》第105条。

⑤ 大阪高等法院判决平成28.4.22(2016年4月22日)，载《判例时报》第2315号，第61页。

⑥ 《刑事诉讼法》第301条之二。修订后的《刑事诉讼法》于2019年6月开始施行，但司法实务上已经提前实施了。

该指出的是，非强制讯问和询问参考人时不使用录音录像。另外，行政诉讼中对个人进行讯问时也不进行录音录像。关于这个问题需要进一步探讨。

4. 与其他国家及国际法律制度的关系

对企业犯罪根据《反垄断法》进行行政调查，收集违法行为的资料。这里值得探讨的问题是，在适用《刑事诉讼法》的刑事裁判程序时，是否可以原封不动地使用这些资料。这个问题将在后面讨论。

关于国内法的问题是，对于企业犯罪进行刑事制裁时，自然会发生禁止双重危险原则（一事不再理效力）。① 有人提出，对企业犯罪并罚罚没款是否违反《宪法》第 39 条规定的双重处罚，对此，判例和通说都认为，这种处罚不构成双重处罚。

另外，关于国际上的一事不再理，日本法律明文规定，“尽管已在外国受到被确定判决，也不妨碍对同一行为另行给予处罚”②，因此不能说日本法承认国际上的一事不再理原则。日本法上的问题可能
299 是检察官的追诉裁量权，但是在全球化的时代，有必要对该制度重新审视。③

（四）小结

关于相关人员权利的程序保障，对企业犯罪进行刑事制裁时的权利保障与对自然人的权利保障，在日本的整个刑事司法制度中完全是重合的。企业犯罪的刑事制裁程序特有的问题是，如律师与委托人之间的隐秘特权，依照《反垄断法》进行行政调查对关系人讯问时，律师是否可以在场，这些问题将在后面讨论，但这些问题在侦查

---

① 《宪法》第 39 条、《刑事诉讼法》第 337 条第 1 款。

② 《刑法》第 5 条。但是，可以减轻或者免除处罚。

③ 参见高山佳奈子：《国际上的一事不再理》，载三井诚等编：《铃木茂嗣先生古稀祝贺论文集》（下卷）（2007 年），第 599 页以下。

程序中是否得到承认，也存在疑问。

关于刑事制裁的有效性，尽管刑事制裁的数量很少，但是意义重大。对企业犯罪的制裁大多是行政制裁，这不应该掩盖对真正需要刑事制裁的严重犯罪进行刑事制裁的固有功能。不应低估刑事制裁的象征意义，这种刑事制裁向社会表明，这些违法行为应当受到道义的谴责。①

作为整体的评价，对企业犯罪的刑事制裁制度也面临许多问题。尽管学术界对法人处罚根据的观点认识并不一致，但是为了进行深入探究，需要对具有组织体犯罪特征的企业犯罪进行实证研究。另外，还需要仔细观察从2018年6月1日开始实施的合意程序在企业犯罪的程序处理方面发生了哪些变化。特别应当注意的是，适用这种合意制度，能否更好地对这种取证难的企业犯罪查明事实真相。

三、行政制裁

(一)行政处罚制度概述

1. 行政处罚的目的和内容

刑事制裁本质上是对过去犯罪行为的法律非难，行政制裁是为 300
了抑制未来的违法行为而对违法行为进行的处罚。② 刑事制裁重视报应和预防，对企业违法行为的行政制裁包括多种多样的行政处罚，如解散法人命令、撤销营业执照、暂停业务处罚、暂停投标处罚、业务整改命令、支付罚没款命令、警告和告诫等。其中，行政制裁制度发挥作用最大的是支付罚没款命令。

---

① 参见佐伯仁志：《制裁论》(2009年)，第128页；甲斐克则、田口守一编：《企业活动和刑事规制的国际动向》(2008年)，第105页(田中利彦执笔)。

② 参见反垄断法研究会：《反垄断法研究会报告书》(2017年)，第7页(http://www.jftc.go.jp/houdou/pressrelease/h29/apr/170425_1.html)。

《反垄断法》规定，为了防止合谋哄抬物价、操纵投标等违法行为，公正交易委员会可以命令违法企业主支付罚没款。[①] 2006年至2015年的10年间，命令企业缴纳的罚没款，最高年份一年为720.8亿日元（折合约5.5446亿欧元），最低年份一年为85.1亿日元（折合约6546万欧元），每年平均向140个企业主征收金额为280.9亿日元（折合约2.16亿欧元）的罚没款。[②]

2. 罚没款减免制度

2005年《反垄断法》引入了罚没款减免制度。该制度规定，如果企业的经营者实施了限制不正当交易等违法的行为，企业的经营者可以在调查开始以前向公正交易委员会报告该违法行为的事实并提
301 交有关材料，就可以减免罚没款。[③] 罚没款减免制度的实质效果是，对最早报告违法行为的企业经营者完全免除罚款，对第二个报告的经营者减免50%罚款，对第三个至第五个报告的经营者减免30%罚款。在调查开始之日以后提出违法行为报告的，可减免30%罚款。换言之，罚款被减免的企业最多是5家（补充信息：2019年6月《反垄断法》修改后，对第一位报告人全额免除，对第二位报告人免除20%，对第三位至第五位报告人免除10%，对第六位报告人免除5%，对调查开始后提交报告的3家企业免除10%，以后的企业免除5%。根据下文所述的酌情减免制度，按照对调查的配合程度进行了

① 参见《反垄断法》第7条之二第1款等。

② 参见反垄断法研究会：《反垄断法研究会报告书》（2017年），附件资料第21号。关于罚款金额，2010～2014年的5年间，与国际社会的情况相较，日本的企业经营者平均被罚款约2.21亿日元（折合约170万欧元）；欧盟与卡特尔及操纵投标有关的经营者平均被罚款为56.01亿日元（折合约4300万欧元）；美国的企业经营者平均被罚款约为38.99亿日元（折合约3000万欧元）（参见上述报告书附件资料第19号）。由此可见，日本的罚款数额明显低于国际标准。但是，在过去5年中，日本被罚款的企业经营者的数量为855人，而欧盟为192人，美国为104人。也就是说，日本的罚款金额很低，但被罚的企业经营者人数很多。

③ 参见《反垄断法》第7条之二第10款以下。

调整，在调查开始前提交报告的最高可减免40%，在调查结束后提交的最高可减免20%。连同上述减免比例计算，第二位企业将获得最高60%的减免，第三位至第五位的企业也可以获得最高50%的减免）。

（二）行政制裁的实体要件

1. 罚款支付命令的实体要件

罚款数额是相关营业额的10%。相关营业额，是指在违法行为实施期间与违法行为有关联的商品和服务的销售金额。违法行为的期限最长为3年（补充信息：2019年6月《反垄断法》修改后，违法时间可以往前追溯10年）。从罚款数额的国际比较看，欧盟的罚款计算率为30%，而且没有违法期限的上限，与日本相比，罚款数额相差很大，因此有人主张，日本应当上调罚款的数额。[①] 此外，判处罚款的实体要件，并不要求主观要件。判例认为，"《反垄断法》第7条之二规定的征缴罚款的要件并不要求主观要件，即不要求经营者及其从业人员存在故意、过失、违法性意识或者违法性意识的可能性。罚款制度是区别于现行刑事处罚的，为了抑制个别违反《反垄断法》行为的行政措施，从这一立法宗旨出发，撇开立法问题不谈，应当认为宪法没有要求这些主观要素的要件"[②]。这是一个重要的判例，其中论及了刑事处罚和行政处罚之间的区别。刑事处罚的本质是"非难"， 302
而罚款的本质是行政政策上要求的抑制违法行为。

罚款支付命令的程序性要件是，罚款支付命令必须是书面的，将支付命令的副本送达给经营者，在支付命令中应当写明罚款的数额、

---

① 参见反垄断法研究会：《反垄断法研究会报告书》（2017年），第133页。但是，应该指出的是，日本被罚款的企业经营者人数是欧盟的4倍。

② 东京高等法院判决平成24.2.17（2012年2月17日），LEX/DB 25480234（请求撤销判决的案件）。

罚款计算的依据、与罚款有关的违法行为、支付的期限。①

2. 行政处罚与刑事处罚的关系

第一个问题是，双重处罚的问题。对于同一违法行为处以刑事处罚和行政处罚是否违反《宪法》第 39 条②禁止双重处罚的规定。通说和判例认为，刑法是对过去实施的行为进行道义上的非难，而罚款是为了抑制未来的违法行为，两种制裁的目的和性质是不同的，因此不构成双重处罚。根据通说提出的理由，如果罚款数额高到与刑罚相当的程度，就可能触及双重处罚的问题。因此，法律应当通过规定调整罚款和罚金，在制度设计上避免上述风险的发生。这个问题将在后面讨论。

第二个问题是，罚款和罚金的并科，有以下调整制度。避免罚款和罚金的并科形成双重处罚，应当注意以下两点：一是罚款和罚金并科时，这两种制裁在总量上不能过大，根据罪行均衡原则，罚款不应该大于刑罚的程度。③ 二是尽管罚款与罚金的目的是不同的，但两者的共同点都是为了防止违法行为的发生而作出的金钱制裁。因此，在实施并科的情况下，有必要建立一个调整这两种制裁的共同部分的制度。法律上应当规定一种调整范围，在同时作出两种制裁的情况下，公正交易委员会应当将罚款命令中的罚款金额调控到罚金金
303 额的 1/2 左右。④ 恰当地适用并科主义，需要有制度保障，实践中已有很多具体的案例。但应该注意的是，这个 50% 的减免只是一项政策措施而已，而不是理论上的比例。

---

① 参见《反垄断法》第 62 条第 1 款至第 3 款。

② 《宪法》第 39 条规定："对于任何人在实行的当时为合法的行为或者已经被判定为无罪的行为，不得追究刑事责任。此外，对于同一犯罪，不得重复追究刑事责任。"

③ 参见佐伯仁志：《制裁论》(2009 年)，第 95 页；最高法院判决昭和 33. 4. 30(1958 年 4 月 30 日)，载《民集》第 12 卷第 6 号，第 938 页。

④ 参见《反垄断法》第 63 条。

(三)行政制裁程序与权利保障

1. 行政制裁的程序

第一,必须明确行政制裁程序是如何开始的,以及该程序的执行机关。例如,违反《反垄断法》的价格垄断和操纵投标行为自然是秘密进行的,发现这种违法行为往往是由于企业有关人员提供了信息。① 公正交易委员会根据这些线索认为存在违反《反垄断法》行为时,就会进行“案件调查”这种非强制调查,②在这个阶段并不采用强制措施。该调查结果显示案件涉嫌存在一定违法行为时,在下一个阶段进行“行政调查”。作为行政调查的一部分,公正交易委员会可以进入企业等有关场所进行现场检查。现场检查,是指进入涉案人员的经营场所等必要场所,对经营状况、财产状况、账簿和文件等物品进行检查。同时,可以向有关人员发出命令,要求他们提交这些物品。如果拒绝接受上述行政调查,可能构成拒绝行政调查罪,最高可判处 1 年以下惩役或者 300 万日元以下罚金。③ 因此这种行政调查是间接的强制措施。

在许多情况下,企业有关人员都不会拒绝这种行政调查,当事人也能够自愿接受公正交易委员会官员的“询问”,询问的结果将制作成当事人“笔录”。如果对上述非强制调查不予配合,公正交易委员 304
会可以进行“审理讯问”,④这是行政调查的一种类型,也是间接的强

① 日本还有《公益举报人保护法》[平成十六年(2004 年)法律第 122 号],该法禁止对举报违法行为的人进行解雇等不公平待遇。但是,即使没有解雇举报人,也有可能在公司内部受到转岗、调离等不利待遇,因此有必要进一步探讨对举报人的保护措施。2020 年制定了《公益举报人保护法部分修改的法律》[令和二年(2020 年)法律第 51 号],被保护的人员中追加退休员工和高管,而且在保护的内容中增加了免除因举报而造成的损害赔偿责任。

② 《反垄断法》第 47 条。

③ 《反垄断法》第 94 条。

④ 《反垄断法》第 47 条第 1 款。

制措施。但在实践中,对上述情况主要采用约谈,“审理讯问”制度很少被使用。

此外,如果公正交易委员会认为案件重大,可以对刑事犯罪进行调查。① “违法案件调查”实际上就是《刑事诉讼法》中规定的侦查程序。公正交易委员会可以进行非强制调查,包括讯问犯罪嫌疑人或询问证人,检查和留置物品,也可以采取强制措施,包括获得法官的令状进行现场检查、搜查和扣押等,但不得拘留犯罪嫌疑人。为了保护犯罪嫌疑人的合法权利,公正交易委员会必须按照《刑事诉讼法》的规定,出示搜查令并交付被扣押财产的记录。

第二,作为行政制裁决定的机关,与刑事制裁不同,由公正交易委员会对罚款等行政处罚作出决定。对这种决定不服提出复议的,以前是向公正交易委员会本身提出,由于人们提出由作出行政处罚决定的机关审查复议是否合适的疑问,因此 2013 年废止了由公正交易委员会审查处理的程序。如今,对行政处罚提出的复议交由司法机关的法院处理。在这个意义上,行政制裁的正当性也最终由司法法院控制。

2. 行政调查程序中的权利保障

关于行政调查程序中的权利保障,有人特别主张作为上述非强制措施的讯问时的权利保障,包括律师在场、讯问过程中录音录像、笔录完成后向陈述人交付笔录副本、陈述人在接受讯问时记录笔记、否定自证其罪的特权、律师与委托人之间的保密特权等。② 但是,行
305 政调查程序并没有这些权利保障规定,在实务中也没有得到承认。其原因是,从国内法律协调的角度来看,与行政调查程序接近的刑事

① 参见《反垄断法》第 101 条。

② 参见日本律师协会联合会:《对〈反垄断法研究会报告书〉的意见书》(2017 年)(https://www.nichibenren.or.jp/activity/document/opinion/year/2017/170)。

侦查程序中对这些权利保障的规定也不完善，很难在《反垄断法》中优先保障这些权利。应当说，日本法的重大立法任务是从国内法律协调的角度全面探讨刑事程序和行政程序的关系。

行政制裁程序中的违法行为的证明标准也存在问题。例如，为了证明《反垄断法》规定的价格垄断，关键的事实是，在某个时间点上，实施价格垄断的具体内容已经确定并最终达成合意，这些要件事实的证明标准是按照刑事程序中的标准掌握的。因此，对于这些事实的存在，证明需要达到具有"高度的可能性"程度，依据间接证据进行事实推定很少被接受。① 行政调查也必须是详细的事实调查，因此就会出现偏重讯问的倾向，如对法律上规定采取非强制措施的有关人员进行一问到底的彻底讯问等。因此，许多企业犯罪的相关人员强烈要求，要强化行政程序中的权利保障。这个问题在传统的行政法或刑事法中都没有得到充分考虑。今后，应当从正面认真探讨行政调查程序中的权利保障这一重要问题。

3. 与其他国家国内法和国际法制度的关系

首先，与国内刑事程序的关系。关于与刑事程序的关系，日本法规定，行政调查本身不是为了侦查犯罪而进行的。② 但是，行政调查收集的材料被刑事程序继续使用时，就要慎重探讨行政程序与刑事程序之间的关系。第一，法律规定，关于在被指控时交出被留置物品和扣押物品的义务，"该物品被视为依照《刑事诉讼法》规定被扣押的物品"③。这种情况下扣押物品要经过犯罪调查程序，这个程序类似《刑事诉讼法》的程序。这种扣押是依据法官签发的搜查令进行 306
的，因此一般认为这种扣押具有一定的合理性。第二，由纯粹的行政

① 参见反垄断法研究会：《反垄断法研究会报告书》(2017 年)，附件资料第 45 号。
② 参见《反垄断法》第 47 条第 4 款等。
③ 《反垄断法》第 116 条。

调查获得的材料是否可以作为刑事案件的证据使用。判例认为，即使在行政调查中获得的材料可以作为刑事案件的证据，但也不能由此认为该调查就是刑事犯罪的侦查手段。① 判例虽然没有完全排除在刑事诉讼中使用在行政调查中获得的材料，但使用行政调查资料是有限制的。《宪法》第 38 条第 1 款②规定的拒绝自证其罪特权在行政程序中也应当适用于言词证据，因此缺乏这种权利保障的供述笔录不得用于刑事程序。相比之下，《宪法》第 35 条③规定的令状主义不能直接延伸到行政程序，实物证据可以在刑事程序中使用。④ 但是，值得注意的是，关于非法证据排除规则的判例认为，在非法行政调查中收集的证据不得用于刑事裁判。然而，在行政调查是否违法不能判定的情况下，或者是否适用非法证据排除规则并不明确的情况下，应当如何确定行政调查的违法性标准，是今后需要研究的课题。

其次，与国际社会的协调问题。例如，在国际卡特尔案件中，只有日本法中没有规定程序性保障，⑤其他国家都承认律师与委托人之
307 间的隐秘特权，日本却不承认。从当今企业活动国际化的角度考虑，特别是，程序性权利的国际协调是对企业犯罪制裁制度的一个重要要求。这是日本未来一个重要立法问题。

---

① 参见最高法院裁定平成 16.1.20(2004 年 1 月 20 日)，载《刑集》第 58 卷第 1 号，第 26 页。

② 《宪法》第 38 条第 1 款规定，“不得强迫任何人作出对自己不利的供述”。

③ 《宪法》第 35 条第 1 款规定：“任何人的住宅、文件以及财物，享有不受侵入、搜查和扣押的权利。除第 33 条的规定以外，没有基于正当理由签发的并且明示搜查场所及扣押物品的令状，该权利不受侵犯。”

④ 参见芝原邦尔、古田佑纪、佐伯仁志编著：《经济刑法：实务与理论》(2017 年)，第 171 页(川出敏裕执笔)。但是，有必要通过个案认真仔细探讨程序是否存在违法和违法程度。

⑤ 参见矢吹公敏：《违反反垄断法案件中审查和审判程序与罚款制度的未来》，载《法律时报》第 85 卷第 12 号(2013 年)，第 47 页。

(四)《反垄断法》修正计划

1. 修正的理由和内容

公正交易委员会成立的研究会在 2017 年发表了一份报告,①其中主张要对《反垄断法》再次进行修改(补充信息:《反垄断法》在 2019 年 6 月进行了修订,引入了后面提到的裁量罚款制度,但考虑截至 2018 年年底以前关于法律修订的争论有一些意义,因此将该文原封不动地收录进来)。修改的主要理由有三个:第一,当前计算罚款数额的方法很僵化,不允许对计算的数额进行酌情裁量。因此,在申报违法行为时,尽管协助调查的内容和程度因案件而异,但必须按照法定的统一利率进行征缴。第二,虽然有减免罚款制度,但企业缺乏协助调查的动力。这是因为,如果满足了一定的要件,就一律减免,这对于超过一定程度的协助没有激励作用。此外,缺乏这样一种动力机制,即行政机关能自愿和主动调查违法行为,企业自愿制定合规制度的动力机制。第三,在跨国企业的情况下,计算罚款要优先考虑外国当局的调查,这就形成了国际社会不重视配合日本调查的趋势。因此,需要对日本的制度进行修正,以便与国际社会更加一致。基于上述修改理由,目前正在考虑的修正案是,在引入酌情裁量罚款制度的同时,在一定程度上扩大程序权利的保障。

据说这项反垄断修正案将提交给 2018 年的议会会议。② 立法计
划在 2018 年 1 月突然改变,提交时间被推迟了。理由是公正交易委 308
员会提出了以下企业界意见。产业界人士认为,引入自由裁量罚款制度会增加企业咨询律师的需求,因此在引入自由裁量罚款制度的

① 参见反垄断法研究会:《反垄断法研究会报告书》(2017 年),附件资料第 45 号。

② 参见宇贺克也:《反垄断法的罚款:反垄断法研究会报告书的经历和概括》,载《法学家》第 1510 号(2017 年),第 14 页以下。

同时,应当引入律师与委托人间的保密特权,而且对律师与委托人间的保密特权是否应当纳入《反垄断法》中,以及其与其他国家国内法的关系,应当进行广泛的讨论。

2. 引入裁量罚款制度

引入裁量罚款制度时,最重要的理论问题是自由裁量罚款是否会改变以前设想的罚款制度的法律性质。在1977年引入罚款制度时,就有人提出,罚款与刑罚不同的是,罚款不承认裁量而刑罚允许自由裁量权。但是,随后的理论探讨表明:第一,罚款与刑罚的制度目的是不同的,即使在罚款制度中引入自由裁量权仍然会保持罚款和刑罚之间的性质差异;第二,即使引入自由裁量权,日本的罚款制度与刑罚的自由裁量权仍有本质的区别,而且是有限度的。因此,即使引入裁量罚款制度,也不会发生双重处罚的问题。

引入裁量罚款制度的好处是,如果企业的经营者积极配合公正交易委员会的调查,就可以获得减免罚款。由此在确保对配合调查实行激励措施,并期待对违法行为的调查更迅速、更顺利进行的同时,企业的经营者也会更加积极地制定和实施企业的合规计划。另外,也需要进一步确保对妨害调查的行为起到抑制作用。[①] 从这个角度来看,应当提出两个方案:对妨害调查的行为应当引入增加罚款一定比例的制度;对于妨害检查行为也应当同时提高对法人的罚金
309 金额。

3. 修正案中的权利保障

有人主张,随着自由裁量罚款制度的引入,应当加强调查过程中对涉案人员的权利保障。争议最大的是律师与委托人间的保密特权,对此有3种对立的观点。一是“消极说”,认为日本现行法律体

---

① 参见岸井大太郎:《强化配合调查奖励制度》,载《法学家》第1510号(2017年),第50页。

系，无论是《反垄断法》还是《刑事诉讼法》，都没有直接规定这种权利，而且从习惯法的角度看，社会也没有普遍承认这种权利。[1] 这种观点强调国家机关最大限度地查清和抑制企业犯罪。二是“积极说”，即如果委托人的咨询内容被披露，就可能被用来损害委托人的利益，出现萎缩效应，导致委托人对律师隐瞒重要信息，或者不愿意向律师进行咨询。其结果是，获得律师援助的权利实际上得不到保障。因此，法律应当明确规定律师与委托人间的保密特权。[2] 这一观点重视由企业自身已开展调查活动和企业制定执行合规计划的重要性。三是“限定的积极说”，这种观点介于上述两种理论之间，认为裁量罚款制度可能会使企业为申请减免而增加向律师咨询的次数，为了进一步发挥新的罚款减免制度的作用，在不限制律师与委托人间利用新制度方面的交流且不损害查明案件真相的范围内，完善防止销毁证据等措施，在这种前提下“试行”保密特权。这是公正交易委员会下属研究会的观点，该研究会小组承认保密特权，并认为该制度可以对罚款减免制度发挥作用。

对于这个问题，既然行政调查的实务上要求保障企业涉案人员的权利，那么坚持消极说就不合适了。此外，限定的积极说认为，只有在自愿申报违法行为的情况下，才能保障保密特权，而对违法行为提出质疑的企业则不应承认保密特权，但这在法律制度上是不完善 310
的。另外，积极说主张应当建立保密特权制度，但在与刑事程序的整

---

① 参见东京高等法院判决平成 25.9.12（2013 年 9 月 12 日），载《诉讼月报》第 3 卷第 60 号，第 613 页。

② 参见日本律师协会联合会：《对〈反垄断法研究会报告书〉的意见书》（2017 年），第 1 页、第 7 页（https://www.nichibenren.or.jp/activity/document/opinion/year/2017/170）；芝原邦尔、古田佑纪、佐伯仁志编著：《经济刑法：实务与理论》（2017 年），第 69 页（大田洋执笔）。

合方面还存在一些问题。但是,考虑下级法院的判例①已经承认《反垄断法》中的律师与委托人间的保密特权需要立法化,使之成为刑事程序中保密特权的一种类型,因此才能与刑事程序相协调起来。换言之,即使行政程序中承认这种特权,也不会与刑事程序中的权利保护状况发生直接的冲突。因此,应该在立法论和基础理论上承认行政程序中的保密特权。②

(五)小结

第一,关于日本法的现状,从案件数量而言,绝大部分行政制裁都是罚没。从金钱制裁的角度看,不可否认罚款与罚金以及没收具有共同特点,在经济罚没这些制裁方面的差别是相对的。③ 因此,有人主张,今后的立法应当把对企业犯罪的制裁都统一到行政制裁制度上来。④ 但是,不能否认的是,重大的违反反垄断法案件是刑事案件,应当给予道德非难并明确评价为犯罪行为。⑤ 相反,也有人主张,对企业犯罪的制裁统一采用罚款制度,其优点是可以同时维持行政制裁和刑事制裁的不同性质。因此,日本现在采用了中间立场,即刑罚与罚款的并科,这种制度有一定的合理性。⑥

第二,原来计划引入的裁量罚款制度,将允许非国家机关的案件

---

① 大阪高等法院判决平成 28.4.22(2016 年 4 月 22 日),载《判例时报》第 2315 号,第 61 页。

② 参见川出敏裕:《律师与委托人间保密特权的现状和课题》,载《刑事法评论》第 49 号(2016 年),第 38 页;川出敏裕:《程序性保障》,载《法学家》第 1510 号(2017 年),第 57 页以下。

③ 参见高山佳奈子:《经济刑法的基础理论与国际化影响》,载《刑法杂志》第 55 卷第 1 号(2015 年),第 3 页。

④ 参见高山佳奈子:《行政制裁法中的问题:总论》,载《法律时报》第 85 卷第 12 号(2013 年),第 4 页、第 6 页。该文建议,对于企业犯罪原则上应当只给予行政制裁。

⑤ 参见本书本章第一节第二小节第(四)目。

⑥ 参见佐伯仁志:《制裁论》(2009 年),第 132 页。

关系人参与调查违法行为，期待他们对查清案件作出贡献，这将有助于采用组织化、全球化和电子信息化的方式解决查明企业犯罪真相 311
的难点问题。

另外，授予国家机关自由裁量权也意味着可能增加滥用自由裁量权或者不当行使权力的危险。因此，需要有对相关人员权利的制度保障配套措施。第一，行政机关进行讯问时对相关人员的权利保障问题，解决该问题需要把保障刑事诉讼中犯罪嫌疑人/被告人的权利问题放在一起综合探讨。第二，关于律师与委托人间的保密特权，要从与国际社会相协调的角度进行认真彻底的探讨，并考虑在立法上确立下来[附记：新的罚款减免制度随着2019年《反垄断法》修正案的出台而变得更加实用，从实质上保护委托人向律师咨询的保密性的观点看，根据《反垄断法》第76条制定的规则和指南，在限制不正当交易的行政调查程序（《反垄断法》第3条第2段）中，如果企业的经营者与律师之间的秘密文书只要满足一定条件，审查员就可以不进行查阅并及时退还给企业经营者。可以说，已经在一定范围内承认了律师与委托人间的保密特权]。

四、没收财产

（一）没收财产制度概述

日本《刑法》规定了没收制度，对组成犯罪行为之物、供犯罪行为使用或将供犯罪行为使用之物、犯罪行为产生之物、犯罪行为取得之物、作为犯罪行为的报酬所得之物，可以没收。① 刑法还规定，主刑有死刑、惩役、禁锢、罚金、拘役和罚款，附加刑有没收。② 没收是附加

① 参见《刑法》第19条第1款。

② 参见《刑法》第9条。

刑,不能单独适用。换言之,如果没有作出有罪判决就不能没收财
312 产。① 此外,不能没收财产时可以追缴财产。②

没收制度有两个特征:在剥夺利益方面,即不允许犯罪人获得违法所得;在保安处分方面,即剥夺危险物品以防止今后的犯罪。但不应忽视,没收的法律性质是刑罚。也就是说,刑罚是对违法行为进行道德非难,并使其蒙受“犯罪人”的耻辱,这一点与行政制裁有根本的区别。从这个角度来看,没收的独特之处在于,向犯罪人表明,被没收的财产是与犯罪有关的“被污染之物”。没收作为一种刑罚的意义具有象征性功能,即向犯罪人明确表示该财产的非法性。③

《刑法》上的没收仅限于“物”,即“有形物”,但适用于有组织犯罪的特别法即《有组织犯罪处罚法》将没收的范围扩大到“金钱债权”,而且《金融商品交易法》将范围扩大到包括非法买卖有价证券、操纵股票市场、散布谣言等获得的财产及其对价。④ 另外,《反垄断法》中没有规定没收的条款。

(二)没收财产的要件

《金融商品交易法》中的没收,与《刑法》中的没收一样,都是一种附加刑。因此,在违反《金融商品交易法》的行为判处刑罚的情况下,可以处以作为附加刑的没收。由于《金融商品交易法》中的没收也属于刑罚的一种,因此没收的程序性要件是,从行政调查转换为对

---

① 但是,经济犯罪以外的行政法中也有单纯的行政没收。例如,《禁止未成年人吸烟法》规定,对于未成年人,香烟和用于吸烟的烟具应当给予作为行政处罚的没收。根据法规定,如果未成年人本身不受处罚,将处罚他们的监护人和销售者。因此,这种没收不是附加刑。

② 参见《刑法》第19条之二。

③ 参见山口厚编著:《经济刑法》(2012年),第363页以下(樋口亮介执笔)。

④ 参见《有组织犯罪处罚法》(全称是《关于处罚有组织犯罪和规制犯罪收益的法律》)1999年第13条、《金融商品交易法》第198条之二。

企业犯罪的刑事调查，经过证券交易监督委员会的移送后，在判处主刑的前提下，可以宣告没收这种附加刑。

（三）财产没收程序与权利保障

关于保障当事人在没收程序方面的权利：第一，没收的物品只限
于行为人本人所有，但在行为人以外的第三人知情的情况下获得的 313
物品，可以予以没收。① 第二，对于违反《金融商品交易法》的行为，可以同时并科行政制裁和刑事制裁。② 但是，并科的结果必须避免对违法行为加重制裁。因此，《金融商品交易法》设置了没收和罚款并科情况下的调整规定。③ 在司法实务中，尽可能避免重复制裁，但从制度的角度看，这也是可能的。

（四）小结

没收和罚款并科的问题，类似上文讨论的罚金与罚款的并科。即使承认这种并科，也应当避免违法行为与并科之间失衡的过度制裁。虽然《金融商品交易法》规定了上述调整条款，但具体适用的例子很少，这是今后需要继续研究的问题。

---

① 参见《刑法》第 19 条第 2 款。

② 有些条款规定，由于先执行没收而无法征收罚款时（《金融商品交易法》第 185 条之七第 17 款），可以先执行罚款，在被判处没收后再调整罚款的金额（《金融商品交易法》第 185 条之十八第 7 款）。

③ 这个问题本书没有涉及，但日本也有处罚洗钱的规定，即为了防止利用犯罪所得实施未来的犯罪而处罚洗钱行为。处罚洗钱罪的法律主要是《有组织犯罪处罚法》，该法对实施洗钱罪的企业和从业人员实行两罚规定。《麻药特例法》（全称是《在国际合作基础上防止助长有关管制毒品的违法行为而对麻醉药品和精神药品进行管制等特例法律》，1991 年）、《防止转移犯罪收益法》（全称是《关于防止转移由犯罪所得的收益的法律》，2007 年）等法律中，也规定了洗钱罪。

五、企业犯罪制裁制度与合规计划

（一）合规计划的概要

合规计划（compliance program）是企业治理的内部规范，最初被视为美国法中企业犯罪的量刑标准要素，后来逐渐成为法律上制裁和预防企业犯罪的重要手段，并被纳入各国的公司治理（corporate
314 governance）和企业法律制度之中。合规计划的内容多种多样，其中包括：（1）企业遵守法律法规从事经营活动；（2）在企业的经营活动中应努力保护人权和保护环境；（3）企业应努力对员工进行合规计划的教育；（4）企业应设立一个负责合规计划的部门，发现违反法律法规的情况应及时报告；（5）违法行为被发现后应当完善和启动内部调查机制。

日本《公司法》在2006年修改时采用了企业合规的概念。新法明确规定，董事会的职责是“确保董事执行职责能够符合法律法规和公司章程，确保股份公司业务的正当性，根据法务省的规定制定相关制度”①。因此，这一职责不能委托给个别董事，而必须由董事会负责制订合规计划。这一规定的影响是重大的。因为没有制定合规计划，不是个别“董事”一个人的责任，而是“董事会”这一企业组织本身的责任。

（二）企业犯罪制裁制度与合规计划的意义

企业制订和实施合规计划的状况，对企业犯罪的制裁制度也有重大影响。对企业犯罪给予刑事制裁时的实体法问题是，合规计划是判断企业有无过失责任和决定量刑的重要因素。换言之，如果一

---

① 《公司法》第362条第4款第6项。自2015年以来，东京证券交易所要求，在该交易所第一部上市的公司有义务公布公司治理守则。

个企业已经制定并实施了合规计划，但从业人员实施了企业犯罪时，就可能否定企业在管理监督方面的过失，即使认定企业存在过失，在量刑方面也可以成为减轻刑罚的理由。

合规计划对刑事制裁程序也会产生影响。企业犯罪成为刑事制裁程序的对象时，行政机关在判断是否应当将案件移送给检察官时，
或者检察官收到被移送的案件后判断是否向法院起诉时，都要考虑 315
企业是否制定和实施了合规计划这一对企业有利的事实。[1]

合规计划在刑事制裁方面的意义也完全适用于行政制裁的情况。特别是如果在《反垄断法》的罚款减免制度中引入自由裁量制度，企业是否制定和实施了合规计划可能会对减免罚款产生影响。[2]此外，如上所述，行政机关在判断是否对公司的违法行为进行刑事告发时，不会像以前那样只判断损失的大小和再犯的可能性，而可能要更多地考虑企业合规计划的实施情况。

（三）合规计划的情况调查

企业犯罪的状态与社会的快速全球化和信息化有关。因此，关于对企业犯罪的法律制裁，不仅要从传统的法律概念进行理论分析（如法人的犯罪能力理论），还要考虑适应企业活动现状的法律对策。为此，有必要对企业活动的实际状况进行更多的实证研究。

早稻田大学企业法制与立法综合研究所于 2010 年对 7 个国家

---

① 参见田口守一：《企业犯罪的刑事程序》，载田口守一、甲斐克则、今井猛喜、白石贤编著：《企业犯罪与合规计划》（2007 年），第 269 页以下；佐伯仁志：《制裁论》（2009 年），第 46 页。

② 参见曾和俊文：《裁量型罚款的引入与协调执法》，载《法学家》第 1510 号（2017 年），第 49 页。该文指出，在计算罚款数额时，应当考虑的因素包括企业的合规计划体制的完善状况和对违法行为是否主动采取补救措施等。

316 的企业合规计划进行了调查。①对日本企业的合规计划，分别在2004年和2010年进行了两次调查：2004年的调查对象是3100家上市公司，有942家公司作出了回答（回答率约为30%）；2010年的调查对象是2496家上市公司，其中448家作出了回答（回答率约为18%）。关于企业犯罪制裁制度的问卷调查，有以下5个主要结果。

第一，关于是否应当处罚法人的提问是，“在国外，增加了处罚法人本身的规定。而日本除两罚规定外，并没有处罚法人本身的规定。请问日本是否应该引入处罚法人的规定”，对此55.4%的企业回答“最好是处罚法人本身”，35.9%的企业回答“最好像现行法律那样，主要处罚个人”。有超过一半的企业认为应当处罚法人。应该指出的是，这一结果偏离了刑法学的通说观点，即否认法人犯罪能力的观点。刑法学也应当重新思考，已制订合规计划的企业本身可以肯定法人的犯罪能力。

第二，关于判断企业是否需要承担刑事责任的问题，仅就是否有助于企业履行管理监督义务的项目，问卷调查的结果可以概括为以下4点：(1)关于在企业内部进行合规计划培训的情况，每年培训一次的企业为27.2%，每年培训数次的企业为62.9%，基本没有培训的企业为8.0%。(2)关于向员工宣传合规计划的方式方法，82.6%的企业是通过内部研讨会，70.5%的企业是通过互联网或通过电子邮件发布，53.6%的企业是通过内部通信或小册子（多选答案）。(3)关于是否有外部第三方委员会来企业检查合规计划的有效性，17.2%的企业说有，77.7%的企业说没有。(4)关于公司是否制定了

---

① 被调查的国家有美国、英国、澳大利亚、德国、意大利、中国和日本。参见甲斐克则、田口守一编：《刑事合规计划的国际动向》（2015年）；早稻田公司法和社会研究所刑法小组编：《比较法研究材料：企业合规计划及其法律效果》（第1卷）（2012年）、《企业合规计划比较法研究材料》（第1卷）（2012年）、《企业合规计划及其法律效果》（第2卷）（2013年）（上述资料为英文，未发表）。

违规行为被发现时的处理程序,74.8%的企业已经制定,24.3%的企业没有制定。这些信息为判断该企业是否违反管理监督义务以及违反的程度提供了客观的判断依据。关于制订和实施合规计划的信息,也明确显示是企业作为组织决策机构的意思决定,这一点为判断该企业组织是否有责任提供了有益的资料。 317

第三,关于制裁法人的提问是:“日本对企业的刑事制裁只有罚金,作为对企业的刑事制裁,只用罚金刑是否充分?”有41.3%的企业回答“只需罚金刑即可”;有51.8%的企业回答“必要增加刑事处罚,如公布企业名单、保护观察(命令企业制定合规计划,并观察执行情况)[①]、禁止企业参与投标等”。给人们留下的印象是,企业对抑制违法行为的认识是积极的。

第四,程序法的问题是合规计划与刑事法上的法律效力的关系,问卷提问是“您认为检察官对于试图努力遵守法律的企业是否可以不适用两罚规定,避免进行刑事起诉?你认为是否可以在适用两罚规定的基础上,考虑该企业已注意遵守法律的事实而判处较轻的刑罚?”有19.2%的企业(主要是大公司)认为“应当避免刑事追诉”,有61.3%的企业表示“应该给予更轻缓的刑罚”,有12.1%的企业认为“没有必要”。半数以上的企业认为,企业实施了犯罪行为,刑事制裁是理所当然的。尽管日本企业或日本社会存在法律或正义的观念,但如果提问中包括可能给予行政处罚的内容,那么回答的结果可能就不一样了。

第五,关于行政制裁中的权利保障,提问是:“依据《反垄断法》进行行政调查时,优先考虑查明真相,对此是否有必要考虑保障律师

---

① 关于制订企业合规计划(不包括刑罚处罚),可以考虑建立一种制度,即由行政结果或能够提供具体编制方案的民间组织对企业进行指导。例如,东京证券交易所规定上市公司有义务公布公司治理规则等。

的在场权和保密特权等权利?”有53.8%的企业回答“有必要考虑保障权利”。大多数企业认为,即使在行政程序中,也要保证程序性权利。

(四)小结

关于合规计划在制裁企业犯罪方面的意义,应当注意3点。

第一,掌握合规计划的制订和实施情况,对于判断法人是否存在
318 监督过失,提供了客观标准,而且也为检察官的追诉裁量提供了客观标准。这种方法对行政制裁也是有效的,可以为行政制裁的必要性和程度提供客观标准。

第二,促进企业制订和实施合规计划,也将起到防止未来发生企业犯罪的效果。这是因为企业本身的作用对预防企业犯罪当然是最有效的。从企业犯罪的全球化趋势看,行政机关很难监测企业在外国的活动。因此,企业本身自主制定的规制要比外部的规制更有效,即使这种规制是由行政机关制定的,也是一样。

第三,也是最重要的一点,企业努力制订和实施合规计划,在发生违反合规计划的情况下,企业已经形成了惯例,即自主地开展内部调查,并配合行政机关和侦查机关的调查和侦查活动。换言之,对企业犯罪进行的行政制裁或刑事制裁并不是由国家单方面行使权力,而是由企业自身将对违法活动进行的调查和预防活动有机地结合在一起。① 制订和实施企业合规计划可能对未来整个执法状况产生重要影响。②

---

① 关于企业自主内部调查中的人权保障,协助内部调查的雇员应得到《公益举报人保护法》的保护。《公益举报人保护法》[平成十六年(2004年)法律第122号]规定,禁止对举报违法行为的人施以解雇等不公平待遇。

② 参见田口守一、原田和往、松田正照:《刑事合规计划与制裁程序的诸问题》,载甲斐克则、田口守一编:《刑事合规计划的国际动向》(2015年),第42页。

六、总结和建议

(一)总结

第一,日本的企业犯罪包括违反《刑法》的刑法犯和违反行政法规的行政犯。刑法犯被发现后,警察和检察官开始进行侦查。但大多数企业犯罪被认为是违反行政法规的民商案件,从程序上讲,一般由行政机关为查明案件而进行行政调查。行政调查的结果,一般只是 319
给予罚款等行政处罚,诉讼程序也随之结束。如果是重大案件,行政机关将案件移送给侦查机关,由侦查机关开始进行侦查,由检察官将案件起诉到法院。最后,法院按照行政法规规定的刑事制裁判处刑罚。

这里涉及的问题是,对已经作为行政处罚的同一案件再次给予刑事制裁,是否属于宪法禁止的“双重处罚”。通说和判例都认为,刑事制裁是对企业的违法行为进行道义上的非难,行政制裁的目的是抑制未来的违法行为,两者的目的和内容是不同的,不构成双重处罚。但是,在对同一行为同时给予行政制裁和刑事制裁时,未来应避免造成过度制裁,应当设置协调两种制裁的规定。

此外,企业犯罪违反行政法时,主要是违反《反垄断法》等行政法规,这些法规都规定了两罚规定,既处罚行为人,也处罚法人。但即使在今天,关于法人的犯罪能力仍然存在否定说和肯定说的对立。但最近多数人肯定了法人的犯罪能力,承认它们在违反监督义务方面存在过失。

第二,关于企业犯罪的制裁程序,学术界还没有对有关人员的权利保障制度进行充分讨论。在刑事制裁程序中,一般犯罪的侦查程序对犯罪嫌疑人的权利保障问题,也应当直接适用于保障企业犯罪的相关人员。特别是,讯问同步录音录像、讯问时有律师在场等都是需要急迫解决的问题。此外,行政机关以行政调查的方式对企业犯罪进行调查，如现场检查、命令提交物品等，在保障有关人员权利方面的法律制度还不健全。行政处罚肯定会对相关人员造成严重的不利影响，因此应当进一步完善行政制裁程序中的权利保障制度。

320 第三，日本对企业犯罪的制裁程序随着现代社会的发展变化，新的制度也正在出台。在刑事制裁程序方面，《刑事诉讼法》在2016年进行了重大修改，引入了新的合意制度和刑事免责制度，这一制度于2018年开始施行了。特别是，包括追诉机关和相关人员交易内容的新的合意制度将对侦查、追诉这些企业犯罪带来什么变化，需要密切关注未来司法实务的动向。此外，《反垄断法》修正案拟定引入自由裁量的罚款制度，预计有关立法在不久的将来就会出台。行政制裁引入裁量制度，可以鼓励企业自主地对违法行为进行内部调查，对于今后普及合规计划和提高质量都具有重要意义（补充：2019年的《反垄断法》修正案采用了裁量罚款制度）。

第四，企业自主制订和实施合规计划，对于企业犯罪的制裁制度具有重要意义。过度强调对企业犯罪的制裁，可能导致社会经济活动的萎缩。因此，即使要加强对企业犯罪的制裁，也需要建立相关机制，尽量减少上述萎缩效应的发生。在这个方面，笔者认为，最有希望的方法就是合规计划。

（二）建议

1. 应制定一个多样化的针对企业犯罪的侦查程序和制裁制度。太单一的制度无法处理当今复杂的企业犯罪问题。应该根据每个案件的不同特点决定使用这些不同制度中的哪一个。

2. 在刑事程序的调查阶段如何保障犯罪嫌疑人的权利方面，应当进一步提高程序的正当性，这种正当性程序在企业犯罪的刑事制裁程序中也是适当的。

3. 在追诉企业犯罪时，应当努力确保《刑事诉讼法》中新引入的协助侦查和审判型合意制度能够得到适当适用；此外，也应当加快对自己负罪型合意制度的立法。321

4. 即使对企业犯罪给予行政制裁，由于行政制裁肯定会给有关人员带来严重损失，因此应当考虑保障有关人员在行政制裁程序中的权利，特别是应当考虑建立律师与委托人间的保密特权制度。

5. 关于对企业犯罪的行政制裁，《反垄断法》修正案已拟定引进裁量罚款制度，但为了查清企业犯罪案件，为了使企业能够自主地开展调查活动，配合国家机关的执法活动，为了建立一个与其他国家法律制度相一致的制度，需要在这些方面加快立法。

6. 为了查清企业犯罪的案件、是否需要对企业进行制裁以及制裁的程度、防止企业犯罪，应当进一步促进企业自主制定和实施合规计划，并进一步提高合规计划的质量。

7. 鉴于企业犯罪的全球化趋势，为了建立有效制裁企业犯罪的制度，应当从比较法的角度对各国的法律制度进行考察，这一点无论在现行法律的适用还是新的立法工作方面都十分重要。

第二节　德国的企业犯罪与违反秩序法 322

一、引言

德国对企业犯罪①的制裁主要有两种类型：《德国刑法》规定的

---

① 德国的企业犯罪被称为“经济犯罪”（Wirtschaftskriminalität），但企业的违法行为分为“犯罪行为”和“违反秩序行为”。严格地说，违反秩序行为不是“犯罪行为”。因此，下文中使用了“企业违法行为”这一表述，其中既包括企业的违法行为也包括违反秩序行为。

“刑罚”(Strafe)和《违反秩序法》规定的“罚款”(Geldbuße)。罚款与刑罚不同,是行政处罚的一种。判处刑罚的实体法依据是《刑法》,程序法依据是《刑事诉讼法》;此外,还有特别法《经济刑法》。判处罚款的实体法依据是《违反秩序法》[Gesetz über Ordnungswidrigkeiten (OWiG)]和一系列特别法,程序法依据同样也是《违反秩序法》。换言之,《违反秩序法》包括实体法和程序法。对企业的其他制裁包括没收(Verfall)、追缴(Einziehung)、命令支付不当得利、禁止营业等。

上述制裁从对自然人和法人角度的区分,大体分为以下情况。对自然人的制裁包括《德国刑法》规定的刑罚和《违反秩序法》规定的罚款;对法人的制裁不允许采用刑罚(通说和判例)。其原因是:(1)刑罚必须有行为,但法人没有固有的行为;(2)刑罚是道义非难,它以存在主观意识为前提,而法人不具备这种意识。因此,传统的立场认为“法人不能犯罪”(Societas delinquere non notest)。因此,对法人的制裁主要是罚款,而不是刑罚。因为罚款与刑罚不同,它不是以社会道德谴责为前提的。

323 上述德国法律规定的对企业犯罪的制裁中,应特别注意的是对企业的违法行为是适用《违反秩序法》规定的罚款,而不是适用《德国刑法》规定的刑罚。[①] 下面以德国法中的违反秩序法为中心,介绍

---

① 日本没有相当于德国《违反秩序法》的法律。日本有一部《轻犯罪法》,但德国的《违反秩序法》是一部规定了罚款的庞大的特别法,两者无法简单进行对比,因为德国《违反秩序法》是一部普通法。另外,日本《反垄断法》等规定了“罚款制度”,但该法是针对特定法领域的个别法律,不能与德国《违反秩序法》进行对比。

该法中的实体要件和程序要件。①

二、德国《违反秩序法》概述

（一）《违反秩序法》的历史

《违反秩序法》是在第二次世界大战后制定的，但该法的观念在战前就已经存在。1871 年《德意志帝国刑法》在分则第 29 章中规定了重罪“Verbrechen”、轻罪“Vergehen”，同时还规定了“违警罪”（Übertretung）（第 360 条至第 370 条）。其内容是对不服从国家规制的行为给予处罚，但它与其他犯罪类型的不同之处是，不处罚该行为的未遂，可以由行政机关给予训斥而终止程序。也有通过警察的简易当场处分（Strafverfügung）或行政机关的通告处分（Strafbescheide）来终止程序的。这些虽然是行政制裁，但其作用与司法裁判相同。当事人可以选择接受这种处分，也可以申请法院进行裁判。

第二次世界大战后，特别刑法（Nebenstrafrecht）的数量不断增加，随之而来的是行政机关的权限也在扩大，有必要将不适合给予刑 324
罚处罚的企业违法行为与犯罪区分开来，以便使用更简单的程序处理。

因此，经济刑法理论试图把行政刑法从刑法中区分出来，基于经济刑法采用的法律制度是把经济违法行为明确区分为经济犯罪和违

---

① 以下讨论主要参考文献有：Walfang Mitsch, Recht der Ordnungswidrigkeiten, zweite, überarbeitete und aktualisierte Aufgabe, 2005; Hellmann/Beckkemper, Wirtschaftsstrafrecht, 2004; Joachim Bohnet, Ordnungswidrigkeitenrecht, Grundriss für Praxis and Ausbildung, 2. Auflage, 2004; Joachim Bohnet, Grundriß des Ordnungswidrigkeitenrechts, 1996。参见神山敏雄：《经济犯罪行为与违反秩序行为之间的界限（1）：以德国法律制度、理论和判例为中心》，载《刑法杂志》第 24 卷第 2 号（1984 年），第 149 页以下；神例康博：《德国的企业活动正常规制形成的法律制度：制裁体系的现状》，载甲斐克则、田口守一编：《企业活动与刑事规制的国际动向》（2008 年），第 107 页以下。文章详细讨论了德国企业犯罪的制裁制度，其中包括《违反秩序法》的内容。

反秩序行为，对前者适用刑罚，对后者给予罚款。这就是 1949 年 7 月 26 日制定的《给予经济刑法简易化的法律》（Gesetz zur Vereinfachung des Wirtschaftsstrafrechts, WiStG 1949）［所谓的经济刑法（Wirtschaftsstrafgesetz）］，这部法律区分了狭义的犯罪和违反秩序行为。1949 年《经济刑法》第 6 条规定了一个区分原则，即由执法官员根据个别具体情况，把构成要件该当行为确定为犯罪还是违反秩序行为。

1952 年 3 月 25 日的《违反秩序法》（Gesetz über Ordnungswidrigkeiten，OWiG 1952）[①]确立的实体法和程序法框架，比 1949 年《经济刑法》更加完善，并为所有破坏秩序的行为建立了实体法和程序法框架。根据该法的规定，单纯的违反行政秩序的行为（如违反经济管控法律法规的行为）与犯罪行为分开处理。但是，该法律并没有对具体违反秩序行为规定构成要件，而是留待各种行政法规加以规定。值得注意的是，当时在《刑法》中仍然保留重罪、轻罪和违警罪这三种犯罪类型，《违反秩序法》也没有改变这种划分标准。当时，在后来制定的违反秩序的法律法规中，不再专门对违警罪进行立法，与此同时，违反秩序行为无论在数量上还是在重要性上都进一步增加。

在 20 世纪 60 年代刑法改革的潮流和道路交通法的非犯罪化的趋势中，1968 年 5 月 24 日制定了新的《违反秩序法》（Gesetz über Ordnungswidrigkeiten，OWiG 1968）。这部法律规定了更简单、更实用的程序，放宽了以前严格区分的刑事程序和罚款程序的界限，这两种
325 程序可以互换，也可以合并组合在一起。此外，1968 年《违反秩序法》没有以分则的形式规定违反秩序行为的构成要件。但是，在《违反秩序法》之外，即以前的《道路交通法》中的违警罪和若干《道路交

① 关于 1952 年的《违反秩序法》，参见汉斯 · 艾伯哈德：《违反秩序法解说》，安西温校阅、富田丰译，载《法务资料》第 389 号（1965 年）。

通法》中的轻罪，都被改为违反秩序行为。[①]

1969年7月4日《第二次刑法改正法》（Zweite Gesetz zur Reform des Strafrechts）废除了违警罪这种犯罪形式。结果出现了争议：违警罪的构成要件是被界定为违反秩序行为，还是升格为轻罪，或者是被取消了。1974年3月2日的《刑法施行法》（Einführungsgesetz zum Strafgesetzbuch, EGStGB）将很多刑法中的违警罪转化为违反秩序行为。

随着《刑法典》的结构发生变化，《违反秩序法》也需要重新构建，因此1975年对《违反秩序法》进行了修改。[②]

（二）《违反秩序法》的法律框架和违反秩序的含义

1.《违反秩序法》的法律框架

《违反秩序法》法律框架的特色是，在同一部法律中同时规定了实体规范和程序规范。现行《违反秩序法》自1968年以来分为三个部分。第一部分（第1条至第34条）相当于违反秩序法的总论，规定了一般性制裁和法律效果的条件；第二部分（第35条至第110条）是关于罚款的程序性规定；第三部分（第111条至第130条）相当于违反秩序法的分论，规定了各个具体行为的构成要件。但是，分论的大部分内容由各类行政法律来规定。[③]

《违反秩序法》第三部分（第111条至第130条）规定的违反秩序

---

① Vgl. , Art. 3 Nr. 6 EGOWiG.

② 此后的部分修改有，Gesetz zur Bekämpfung der Korruption vom 13. 8. 1997, Gesetz zur Änderung des Gesetzes über Ordnungswidrigkeiten undandere Gesetze vom 26. 1. 1998, Gesetz zur Änderung des Ordnungswidrigkeitenverfahrensre chts vom 26. 7. 2002。

③ 例如，《道路交通法》（Straßenverkehrsgesetz, StVG）、《税法》（Abgabenordnung, AO）、《联邦狩猎法》（Bundesjagdgesetz, BjagdG）、《普通商业法》（Gewerbeordnung, GewO）、《食品及必需品法》（Lebensmittel – und Bedarfsgegenständegesetz, LMBG）、《水管理法》（Wasserhaushaltsgesetz, WHG）等其他法律。

行为的构成要件,是以前《刑法》中违警罪的构成要件,这些要件在任
326 何行政法规中都没有规定,既没有升格为轻罪也没有被废除。例如,《违反秩序法》第 117 条(不被允许的噪声)和第 118 条(干扰公众行为),就是从已被废止的《刑法》第 360 条第 1 款第 11 项规定的违警罪转移而来的。①

2. 违反秩序的意义

《违反秩序法》第 1 条规定了"违反秩序行为"的定义:"违反秩序行为(Ordnungswidrigkeit)是违法的、可非难的、符合处以罚款(Geldbuße)的构成要件的行为。"对于这个概念的实质含义,将在下文与犯罪行为的区别部分讨论。《违反秩序法》是一部公法,规定了国家与处于从属关系的市民之间的法律关系。该法的性质不是私法上的平等关系,而是支配从属的关系。而且,《违反秩序法》属于广义上的刑法,是对人的违法和有责的过错态度进行非难,是对这种行为给予带有抑制性(repressiv)的制裁。制裁的对象是人对规范的违反行为,是对违反法益保护的法律禁止或命令的行为。狭义的刑法将这种行为称为"犯罪行为"(Straftat),而违反秩序法将其称为"违反秩序行为"(Ordnungswidrigkeiten)。

值得研究的问题是违反秩序行为与犯罪行为之间的区别。相对古老的理论是"质的差异说",认为违反秩序法是行政刑法。这种观点是制定《违反秩序法》的理论基础,后来这种观点随着历史的发展被修正了。

根据"质的差异说"(Qualitative Theorie),犯罪行为是对法益的侵犯,而违反秩序的行为是行政上的不法行为或不服从。违反秩序的行为对社会没有危害性,只是不符合行政上的要求。违反秩序行

① 这一部分内容大致相当于日本的《轻犯罪法》,其中重要的新条款是第 130 条"经营活动和企业违反监督义务"。

为的不法内容是对国家行政活动的侵害。这种“质的差异说”在违反秩序法这一新的法律领域的形成时期具有说服力。但是,后来违反秩序法已被明显扩大,渗透到市民生活的方方面面。不能否认违反 327
秩序行为包括法益侵害,现在人们对“质的差异说”已不能再维持了。

相反,根据“量的差异说”(Quantitative Theorie),犯罪行为和违反秩序行为在违法性和责任的程度上是有差异的。即使是侵害法益,但违反秩序法保护的法益价值较轻,即使侵害了刑法保护的法益(如健康、人身安全),但侵害的程度也较轻(如违反秩序行为侵害的不是具体的危险,而是抽象的危险,而且没有未遂、预备等)。

但是,应当注意的是,这种定量的梯度结构是在抽象的构成要素的层面上。换言之,在具体案件中,违反秩序行为侵犯的严重程度很有可能比犯罪行为更严重。严重违反秩序行为有时比轻微犯罪行为严重得多。因此,现行法中的区分标准不应该是纯粹的质或量上的差异,而应当将质量和数量结合起来进行判断。

现在的多数说和判例采用“质量差异说”(Quantitativ - qualitative Theorie)。换言之,量的差异越大,质的差异也就越大。对于核心领域(Kernbereich)(如谋杀、强奸、暴行、放火等),从社会伦理无价值判断上看,罚款还不足以谴责这种行为。刑罚和罚款都是对过去行为的非难,但刑罚是社会伦理上的谴责,而罚款是为了促使行为人履行义务,为不涉及社会伦理的谴责。但是,两者区别边界似乎只能是量的差异,某一违反秩序行为被认定为是犯罪还是违反秩序,这是一个立法政策上的问题。

此外,在这种理解背后还有程序性的考量。也就是说,《基本法》(GG)第 92 条规定,刑罚只能由独立法官宣告,这意味着行政官员不能对当事人科处刑罚。因此,行政官员可以科处罚款,有必要在实体法的非难层面上,确定罚款与刑罚相区别的基础。然而,如上所述, 328

具体的违反秩序行为造成巨大损失的，往往被判处巨额罚款。罚款有时会远远超过平均的罚金数额。① 而且，一些州的文化遗产保护法规定了极高的罚款数额。②

总之，如果称为违反秩序行为，那么其法律效果就是罚款。罚款和处罚的区别在于，如果是罚款，就没有前科，也不会被记入“联邦中央登记册”。在不缴纳罚款的情况下，也不能用自由刑代替。但是，如后所述，如果不支付罚款，法院可以命令对其强制拘禁（《违反秩序法》第 96 条）。而且，罚款的决定不必说明理由（同上第 66 条第 3 款），也可以通过向地区法院提出异议来撤销罚款（同上第 67 条）。罚款作为一种社会伦理上的中立性制裁，即与狭义的责任无关的制裁，可以适用于法人和个体企业（同上第 30 条）。从某种程度上说，罚款充分发挥了企业的社会答责性。

3. 犯罪行为与违反秩序行为的竞合

关于犯罪行为与违反秩序行为之间的竞争关系，《违反秩序法》第 21 条（犯罪行为与违反秩序行为的竞合）规定如下：

“一、同一行为既是犯罪行为又是违反秩序行为的，只能适用刑法进行处罚。其他法律规定了附随法律后果的，可以适用之。

二、于本法第 1 款的情况下，该行为未被判处刑罚的，可以按照
329 违反秩序行为处罚。对违反秩序的行为可以进行制裁。”

根据这一规定，当犯罪行为和违反秩序行为之间发生竞合时，优先适用《刑法》（第 21 条第 1 款），但如果对不作为犯罪行为进行追诉

---

① 《有价证券法》[39 Abs. 1 Nr. 1, 2, Abs. 2 Nr. 2a, Nr. 3, Abs. 4 Gesetz über den Wertpapierhandel (WpHG)] 规定，处以 150 万欧元（约 2.5 亿日元）的罚款；《限制竞争法》[130 Abs. 4 S. 1 OWiG, 81 Abs. 2 S. 1 Gesetz gegen Wettbewerbsbeschränkungen (GWB)] 规定，处以 100 万欧元（约 1.7 亿日元）的罚款。

② 例如，《勃兰登堡州文化财产保护法》（Vgl., 31 Abs. 4 Brandenburgisches Denkmalschutzgesetz) (BbgDSchG)（现在为 Gesetz zur Neuregelung des Denkmalschutzrechts im Land Brandenburg vom 24. Mai 2004, 26 Abs. 4）规定，处以最高 50 万欧元（约 8000 万日元）的罚款。

时(关于对犯罪行为适用起诉便宜主义,将在后面探讨),可以按照违反秩序的程序进行诉讼(《刑法》第21条第2段)。

三、《违反秩序法》的实体法

(一)实体法的构成

《违反秩序法》的实体法规定了值得非难的态度和法律效果。该实体法和刑法一样,也包括总则和分则。总则(第一部分由七章组成,第1条至第34条)作为一般原则,包括构成要件、正当化理由、不作为、未遂、共犯、行为竞合的规定。分则(第三部分由五章构成,第111条至第130条)规定了违反秩序行为的特殊行为类型。但是,内容很少,与违反秩序行为的构成要件整体相比,其数量可以忽略不计。《违反秩序法》分则的大部分内容都规定在各种特别的违反秩序法律(Nebenordnungswidrigkeitenrecht)中。这些法律在最后部分都有违反秩序行为或罚款规定。

违反秩序行为的实体成立要件与犯罪的成立要件基本相同。从违反秩序行为的定义可以看出,该行为是违法的、值得非难的、符合罚款处罚构成要件的行为(《违反秩序法》第1条第1款)。因此,不法构成要件、故意过失、正当化事由、免责事由与《刑法》的规定相同。《违反秩序法》明确规定的正当化事由只有正当防卫(第15条)和紧急避险(第16条)。违反秩序行为还涉及“行政机关批准”这一特殊问题,因此也涉及构成要件该当性的问题。此外,答责性、错误、未遂、不作为等按照《刑法》的规定理解即可。

违反秩序行为的法律后果是罚款。罚款的目的是:(1)使行为人意识到必须停止不法行为,而不是给他打上犯罪人的烙印(制裁目的);(2)一般预防的目的;(3)剥夺不当得利的目的。

330 ## (二)企业的违法行为与违反秩序法

1. 总则规定

关于对法人和人合组织的罚款,由于采用责任主义,罚款的法律规定也只能将自然人视为实施了违反秩序的行为。法人和人合组织没有实施行为的能力,但法人和人合组织可以对违反秩序行为支付罚款。这就是所谓的受刑能力。根据《秩序行为法》第 30 条的规定,法人在一定范围上可能有受刑能力。该法第 30 条与《违反秩序法》第 9 条和第 30 条密切相关,其目的是剥夺不当得利。第 30 条的目的也是抑制和防止违法秩序的行为。通常的适用对象是,股份公司(AG)、有限公司(GmbH)、已登记的社团(eV)、合作企业(Genossenschaft)、基金会(Stiftung)等私法上的法人,公法上的法人、如无权利能力的社团、个人公司[无限合伙(OHG)、有限合伙(KG)]。

对企业的违法行为具有重要意义的是,《违反秩序法》第 9 条(为他人实施的行为)和第 30 条[对法人(juristische Personen)和人合组织(Personenvereinigungen)的罚款处罚]。

第 9 条和第 30 条的规定如下:

第 9 条规定:"一、在实施行为时,某项法律规定可以对特定的人、关系或情况(人的特定要素)进行非难,即使行为人本人不具有代表人这些特定要素,但对该行为人也可以适用:

1. 法人有代理权限的机构或此类机构的成员;

2. 具有权利能力的人合组织;

3. 其他的法定代表人。"

第 30 条规定:"一、下列行为人实施了犯罪或者违反秩序行为,导致法人或人合组织违反义务,或者法人或人合组织因此获利或者可能获利的,可以对法人或人合组织处以罚款:

1. 法人有代理权限的机构或该机构的成员；

2. 无权利能力社团的董事会或该董事会的成员； 331

3. 有权利能力的合伙公司的具有代理权限的合伙人；

4. 概括性代理人或者高级管理人员或者法人的行为代理人，或者本款第2项或第3项所列人合组织的全权代表人；

5. 为法人或为本款第2项或第3项所列的人合组织的经营或业务活动承担责任的领导人——这里的领导人还包括以领导地位对企业进行管理或其他行使监管权限的领导人。

二、罚款的数额：

1. 故意实施犯罪行为的，最高为1000万欧元；

2. 过失实施犯罪行为的，最高为500万欧元。

罚款数额的上限，依照违反秩序行为中可处罚款的最高限额确定。法律规定适用本法的，针对该法律规定的构成要件，可处罚最高十倍于本款第2段规定数额的罚款。一行为同时为犯罪行为和违反秩序行为，因违反秩序被处罚款的最高数额高于本款第1段规定的数额的，也适用于第2项。"

（第3款、第4款、第5款略）

上述规定的结构是：(1)有权代表法人的机构或该机构的成员（第1款第1项），或在法人的全权代理人及其在经营中处于管理（指导）地位的实际控制人（业务代理人）或商业代理人（同上第4项）；(2)实施犯罪或违反秩序的行为；(3)因而违反法人义务，或者法人获得或试图获得利益被认定为违反秩序行为的，对法人处以罚款。

2. 分则规定

分则中设置的有关"监督义务"是第130条（公司和企业的义务）规定，这项规定对企业的违反行为具有至关重要的意义。规定的 332

内容如下：

第130条规定："一、实业或企业的所有人(Inhaber)在企业活动中对于防止违反义务行为应当采取必要的监督措施,因故意或过失未采取必要的监督措施的,对负责人本人处以刑罚或者法定罚款,如果该违法行为已经发生,且如果对该违法行为进行监督,就可以防止该行为实施或者可以使该违法行为难以实施的,也应予以处罚。必要的监督措施包括,对监督人员的任命、认真选拔和督导。

二、本条第1款规定的实业或企业包括公共企业。

三、违反义务行为应受刑罚处罚的,对该违反秩序行为可处100万欧元以下罚款。对违反义务的行为规定了罚款的,对违反监督义务行为处罚的罚款上限,按照对违反义务行为规定的罚款上限处罚。第2项适用于对违反义务行为同时规定了刑罚和罚款的情况,也适用于对违反义务行为规定的罚款上限超过第1项规定的上限的情况。"

根据上述规定,对公司的从业人员实施的应被制裁的行为没有采取避免措施的人,也可能给予制裁。第130条是与第9条相对应的。这两项规定都填补了组织(Organisation)中可能出现的"空隙",即被制裁人和实行行为人不是同一人的情况。根据这项规定,法人和人合组织的代表人实施了犯罪行为或违反秩序行为(如违反《犯罪法》第130条规定的监督义务),因而违反了团体的义务,或者团体获利或可能获利时,也可能对法人和人合组织处以罚款。第130条是这种情况的独立的构成要件,目的是防止实业或企业的所有者对他人授权后放任不管。此外,第130条是捕捉性构成要件(Aufangtat-
333 bestand),适用于关系人不是行为人的情况。

解释论上的重要问题是,企业的代表人的行为应当满足犯罪构成要件,而不是要求确定实施具体行为的特定行为人。这一点需要注意。在早期的时候，考虑的范围很窄，对于企业代表人的行为只是在处罚相关行为时才作为附随效果适用的，到 1986 年，对企业代表人的处罚才从处罚关联实行行为中独立出来。换言之，即使是对犯罪行为或违反秩序行为不启动或终止刑事程序，或者免除刑罚，对代表人的行为也可以处以罚款。在证明该行为是违法行为方面，"机关或主要负责人的直接行为不是企业犯罪的根据，而是相关行为违反《违反秩序法》第 130 条规定的监督义务，即这个问题是，下属人员的行为违反监督义务的结果如何，该结果是否容易发生、是否需要监督与被监督的因果关系。根据德国《违反秩序法》第 130 条的规定，如果进行适当的监督，下属就很难违反义务，只要出现这种情况就足够了。换言之，不需要证明到如果进行适当的监督就不会违反义务的程度"①。

从上述内容可以看出，《违反秩序法》第 130 条是德国对制裁企业犯罪具有重要意义的法律。根据该法的规定，企业主可能由于以下原因受到制裁：(1)未任命监督员；(2)草率任命；(3)任命了适当的监督员但未对其进行督导；(4)进行了督导但未采取必要的措施；
(5)如果采取了必要措施，下属的行为难以实施或可以预防等。应当 334
指出的是，这种制裁的范围非常广泛。这样一来，这似乎使它更接近于"企业组织问题"，而不是"个人企业主问题"。如果存在组织性的缺陷，那么无论企业主有没有故意或过失也将被认定为存在违反秩序行为，即"组织本身的违法行为"。的确，处罚法人只有在《秩序行

---

① 乌尔里希·齐白：《预防企业犯罪的合规计划：经济犯罪领域中建立刑法共同规制的新尝试》，田口守一、原田和征、二本柳诚、冈部雅人、萩野贵史、小野上真也译，载早稻田大学 21 世纪 COE 企业法法制与法律创新研究所：《季刊企业与法律创新》第 2 卷第 2.3 合并号(2006 年 3 月)，第 147 页、第 163 页；沃尔沃冈·海因茨：《刑法对经济犯罪的预防：德国刑法、特别是制裁法的新展开》，载《神山敏雄先生古稀祝贺论文集第 2 卷：经济刑法》(2006 年)，第 433 页以下。

为法》第 30 条规定的范围内才能肯定法人的受刑能力,但第 30 条规定的可以处罚法人的前提条件是违反秩序行为,不仅第 30 条规定的企业领导人实际实施了违法行为(作为犯),而且第 130 条规定的企业领导人违反秩序行为还包括不作为,[①]如此看来,第 30 条对企业进行的罚款制裁,其实就是针对"企业本身的违反秩序行为"。

四、《违反秩序法》的程序法

(一)总论

1. 整体结构

《违反秩序法》的程序法(第二部分由十一章组成,第 35 条至第 110 条)的结构与《刑事诉讼法》一样,是按时间顺序排列的。在事实认定程序(Erkenntnisverfahren)中规定了主管机关对违反秩序行为的认定。在该行为被确定的情况下,就会判断是否应该给予制裁;如果应当给予制裁,就要确定制裁的类型和金额。执法程序(Vollstreckungsverfahren)规定了制裁的实施程序和程序所需费用。程序法中有三类规定:第一类是继承了《刑事诉讼法》的程序规定;第二类是与《刑事诉讼法》不同的,违反秩序法特有的规定;第三类是违反程序行为和犯罪行为在程序上合并组合在一起的相应规定(例如,在一个程序中,可以同时审理违法秩序行为和犯罪行为)。

《违反秩序法》的程序法并不像《刑事诉讼法》那样成体系,下面
335 介绍该程序的整个情况:

(1)罚款程序

①侦查程序(第 35 条以下)

---

① Joachim Bohnert, Ordnungswidrigkeitengesetz Kommentar, 2. Auflage, 2007, S. 600. 该文指出,第 130 条处罚的是因故意或过失而没有采取监管措施的不作为,即作为一种抽象危险犯的真正不作为犯。

②警告程序(第 56 条至第 58 条)

③罚款决定程序(第 65 条以下)

(2)复议程序

①中间程序(第 69 条)

②审理程序

② -1 地区法院的程序(第 71 条以下)

② -2 抗告法院的程序(第 79 条以下)

换言之,罚款程序由两部分组成。一是罚款裁定(Bußgeldbescheid)程序,二是复议程序。前者是从最初的怀疑阶段到作出罚款裁定,其中又包括两个部分:首先是警告程序(第 56 条至第 58 条);其次是对违反秩序有嫌疑的前程序(Vorverfahren),对违反秩序的怀疑转变为对犯罪行为的怀疑后开始侦查程序。也就是说,前程序是向刑事诉讼法上的侦查程序转移(第 41 条以下)。警察的侦查程序(第 53 条)和行政机关的程序之间存在过渡关系,而且是有变动的。对于上述程序,是对罚款的复议程序,这种后程序包括中间程序(第 69 条)和审判程序。后者是法院的程序,分为地区法院的程序和对地区法院判决不服的上诉程序。

2. 程序的管辖

原则上,如果警察不参与侦查,那么前程序就由行政机关管辖。《违反秩序法》第 35 条第 1 款(行政机关的追诉和处罚)规定:“对违反秩序行为的追诉,由行政机关管辖。但是,本法规定由检察机关或个别具体行为由法院代替进行追诉的情况除外。”如上所述,在犯罪行为与违反秩序行为之间存在竞合的情况下,优先适用《刑法》,但如果检察官不进行追诉,行政机关可以根据《违反秩序法》(第 21 条)推进程序。 336

中间程序的管辖分为行政机关的管辖和检察机关的管辖,前者处理对罚款裁定提出的异议,后者则是与法院程序相连接。法院的一审程序由地区法院管辖(《违反秩序法》第 68 条),上诉程序由高等法院管辖。

3. 与刑事诉讼的关系

查明怀疑是最初的程序阶段,类似于刑事诉讼中的侦查程序,但该阶段的判断是由行政机关作出。《违反秩序法》第 69 条规定的中间程序与《刑事诉讼法》第 199 条(开始审理的决定)相同,但不是刑事诉讼法那样的开始审理决定本身。法院的审理程序与刑事诉讼法程序几乎相同。

4. 程序参与人

(1)原则上,《违反秩序法》并没有规定诉讼参与人。

(2)行政机关是追诉机关,也是制裁机关(第 35 条)。

(3)检察机关是在对罚款裁定提出异议后的中间程序才参与到程序中的。检察官判断是否将案件提交给法院(第 69 条第 4 款),并在审理过程中证明是否有罪。检察机关处理移送来的有犯罪嫌疑的案件(第 42 条),或者将犯罪嫌疑的证据不足的案件退给行政机关,检察机关的处理决定具有约束力(第 43 条)。

(4)参与审理的法院包括地区法院和作为其上级法院的高等法院。

(5)警察和其他机关。《违反秩序法》第 53 条(警察的职责)规定,警察具有与追诉犯罪时的相同权限。

(6)辩护人和辅助人。辩护权依照《刑事诉讼法》(《违反秩序法》第 46 条准用《刑事诉讼法》第 137 条以下条款)的规定执行。《违反秩序法》第 60 条(辩护)规定,在行政机关的诉讼中也可以命令律师提供援助。第 88 条(对法人或人合组织的罚款程序)还规定,在有法人的情况下,也需要有辩护人参加诉讼程序。

原则上，由关系人自己指定律师。对辅助人（Beistand），行政机关根据关系人的配偶或关系人的法定代表人的申请，可以予以批准（《违反秩序法》第46条第1款准用《刑事诉讼法》第149条第1款和第2款）。如果案件对当事人来说极其复杂，行政机关可以给当事人指定必要的辩护人（《违反秩序法》第60条第1段准用《刑事诉讼法》第140条第2款）。关于辩护人的地位，辩护人作为诉讼程序中独立的法律机构（selbständiges Organ der Rechtspflege），代表关系人 337
主张对关系人有利的情况。

5. 基本原则

（1）裁量主义。虽然刑事诉讼法采用了法定主义原则（Legalitätsprinzip）[《刑事诉讼法》，但裁量主义（Opportunitätsprinzip）也适用于罚款程序。裁量主义的表现形式是“可以”（Kann – Formulierung）]。根据裁量主义，诉讼程序在任何时候都可以中止，在任何时候都可以重新开始，因此程序是可以反复适用的。

（2）自主性。罚款程序被认为是“有义务的裁量”（pflichtmäßiges Ermessen）。也就是说，《违反秩序法》第47条（对违反秩序行为的追诉）规定：“①对违反秩序行为的追诉，是追诉机关的裁量义务。只要程序正在由追诉机关处理，追诉机关就可以中止程序。”因此，这种“义务”是“自主”决定（Willkür）。简言之，这种判断是“自由”的。但是，由于它是有“义务的”，不能超过“不允许的判断”的限制[例如，不能基于私人利益作出无意义的考虑（unsachliche Erwägung）]。但是，这个界限并没有固定的标准。因此，“不给予罚款制裁”就意味着该行为既不具有可罚性，也不违反秩序。当然，没有理由的追诉和罚款制裁也可能被认定为犯罪行为[《德国刑法》第344条第2款第1项（对无辜者的追诉）]。

（3）法定原则。《违反秩序法》与《德国刑法》一样，都适用“没有法律,就没有制裁”(Keine Ahndung ohne Gesetz)的原则。换言之,《德国刑法》第1条规定了没有法律就没有刑罚的原则,但对于违反秩序的行为,法律规定这种行为在实施前就具有可罚性,也可以对该行为进行制裁。

(二)行政机关的罚款追缴程序

1. 普通法和特别法

如果说《刑事诉讼法》是《违反秩序法》的“一般法”,那么《刑事诉讼法》就是《违反秩序法》的总则(第46条第1款)。与刑事程序
338 的重要区别是,剥夺自由的处罚(第46条第3款)。特别是,它是禁止审前拘留。

也就是说,《违反秩序法》第46条(适用刑事诉讼有关的规定)规定:“一、除非本法另有规定,对于罚款程序适用有关刑事诉讼的一般法律规定,即适用《刑事诉讼法》、《法院组织法》和《少年法院法》的规定。二、追诉机关在罚款程序上具有与追诉犯罪的检察机关同等的权利和义务,本法另有规定的除外。”根据这一规定,《刑事诉讼法》具有一般法律的效力。

2. 罚款程序的各种原则

(1)如前所述,裁量主义是违反秩序程序中最重要的原则。由于该原则的效果在违反秩序的构成要件中以“可以”的立法形式表现出来,所以它也属于罚款的实体法。

(2)职权主义(Offizialprinzip)。此外还有职权探知主义(Instruktionsprinzip)。国家的追诉机关依职权探究犯罪。在探究犯罪时,要对不利的事实和有利的事实进行调查,并进行客观评价(《违反秩序法》第46条第1款准用《刑事诉讼法》第160条第2款)。在侦查涉嫌行为的当时,关系人并不是当事人,而是识别嫌疑的手段。关

系人提供口供,这些口供成为证明他人是否存在犯罪行为的证据。这些关系人的口供还不是任何非难的根据。

(3)无罪推定原则(《欧洲人权公约》第 6 条第 2 款)是正确的。然而,无罪推定在罚款裁定中是有限制的。罚款裁定是更简化的程序,它是提议对关系人进行某种临时(etwas vorläufiges)的制裁。全面的调查工作由事实审的法官负责。

(4)弹劾主义(Akkusationsprinzip)被修改后仍然适用。法院不能自己开展活动。适用弹劾主义的诉讼条件,应当是存在行政机关罚款的裁定和复议请求(第 69 条第 4 款)。

(5)听证权。关系人的听证权这种宪法权利受到保障(《基本法》第 103 条第 1 款),但在行政程序中的参与程度很弱(第 55 条)。

(6)一事不再理原则(ne bis in idem)在违反秩序程序中也受到制约。警告(Verwarnung)只具有有限的既判力效果(第 56 条第 4 款)。罚款裁定当然可以排除另一个罚款制裁,但并不妨碍对同一事
件以犯罪进行追诉(第 84 条第 1 款)。在前一款已经规定了判决的 339
既判力的效果(第 84 条第 2 款)。

(7)司法保障(《基本法》第 19 条第 4 款)是保障法院避免来自行政侵害的权利。这种司法保障是通过地区法院对罚款裁定的再次审理实现的。

(8)《刑事诉讼法》上的直接主义、公开主义和口头主义等各项原则,只在罚款程序中的庭审程序中有效。

3. 行政机关的程序

(1)行政机关的调查中有“警告”和“罚款通知”程序。罚款通知发出以前的程序,类似于刑事案件的侦查程序,除非另有规定,适用《刑事诉讼法》的规定。主管的行政机关原则上拥有检察官在《刑事诉讼法》中享有的同等权力。原则上,被调查对象享有与刑事诉讼相

同的权利。

(2)管辖权。前程序是由行政机关执行的。在这种情况下,行政机关接管了检察厅在刑事侦查程序中的法律地位(第46条第2款)。赋予行政机关制裁权,这并不违反《基本法》第92条。这是因为刑罚只能由法官裁定,而罚款不是刑罚。如前所述,该论点的根据是,罚款缺欠刑罚中典型的非难性无价值判断,而只存在不法(Unrecht)。

(3)程序的启动。如果行政机关掌握了实施违反秩序行为的证据,可以启动违反秩序程序。在这种情况下,如果缺乏某种犯罪行为的具体盖然性,就不允许启动程序。在这种情况下,嫌疑是否指向具体的人或潜在的具体人并不是一个标准。对于最初的嫌疑只是允许启动程序,但不是强行启动。行政机关有义务考虑程序是否有关公共利益,是否有可能进行制裁(第47条第1款)。程序的范围并不是固定的,这取决于犯罪的严重程度。

(4)警察的程序。警察的程序是临时性措施。警察的义务是将这种结果"毫不拖延地"移送给行政机关(第53条第1款第2段)。

(5)收集证据。权力的行使可能伴随外部的侵害,对于侵权行为
340 可以向法官申诉,由法官(《违反程序法》第46条第1款准用《刑事诉讼法》第162条)发布命令。《违反秩序法》排除了刑事诉讼中的特别处置,禁止拘禁性措施(《刑事诉讼法》第112条以下规定的监所收容、拘押;第127条规定的临时拘留),但是允许进行轻微的身体搜查。而且,允许为了确定身份和为了抽血,而短暂剥夺自由。但禁止为了进行搜查而将他人带离到其他场所。在这种情况下,可以适用比例原则,也应当对这种情况下收集的证据予以禁止。

4. 终结判断

违反秩序程序的终结判断,包括由行政机关决定终结程序的情况或者决定程序继续进行。换言之,(1)如果行为人没有责任或不能

证明其有责任，则终结程序，不给予制裁；(2)程序因缺乏公共利益而终结，这种判断是基于裁量主义作出的；(3)不中止程序时，给予告诫；(4)在通常情况下，作出罚款裁定。

5. 行政机关的制裁决定

(1)告诫。行政机关的制裁一般采取两种形式，即告诫和罚款裁定。告诫是一种警告，包括单纯的警示(Ermahnung)或告诫金(Verwarnungsgeld)。告诫适用于轻微的犯罪。是不是轻微犯罪的标准取决于违法行为的频率、法益侵犯的程度、违法的持续时间、收益、未来守法态度的可能性、非难的程度。告诫的权限属于该行政机关(第56条第1款)。告诫程序分为事实认定的部分和制裁的部分。告诫通常以口头形式进行，但也可能是书面的。

(2)罚款裁定。罚款裁定是违反秩序法中主要的判断形式。罚款裁定是一种要式行为，以书面形式作出。其内容规定在第66条第1款和第2款，具体内容包括：①对关系人有明确的表示(第66条第1款第1项)；②被制裁的事实被记载下来，包括行为的地点、时间以及适用的罚款条款的法律构成要件要素(第66条第3项)；③披露必要的证据方法(第66条第4项)；④记载法律效果的罚款和附随的效果(第66条第5项)和有关根据。 341

(三)法院的征收程序

1. 程序概要

当事人对行政机关的罚款裁定提出复议，案件将进入中间程序，并移送地区法院进行普通审理程序。在这种情况下，法院不应审查行政机关的罚款通告是否得当，而应开始审查违反秩序行为是否成立，在存在该行为时确定罚款的数额。通常情况下，对处罚命令提出复议时，原则上适用《刑事诉讼法》的规定(也适用缓和的直接主义和证明标准）。

此外，行政机关怀疑有关事实构成犯罪时，必须将案件送交检察厅（第41条）。

2. 复议程序

《违反秩序法》第67条（复议）规定，对行政机关的罚款裁定，可以在两周内向行政机关提出复议。对罚款裁定的复议由该行政机关管辖区域内的地区法院负责处理，地区法院的法官单独进行裁判（第68条）。

3. 庭审程序

地区法院的程序应当遵守《刑事诉讼法》中关于对处罚命令的规定（第71条）。

4. 上诉

上诉（Rechtsbeschwerde）（第79条）由高等法院管辖。

5. 刑罚和行政处罚

关于刑罚和行政处罚的“双重制裁”，《基本法》第103条第3款规定，“对任何人不得依照一般刑法（allgemeines Strafrecht），就同一行为重复进行处罚”，这就是刑罚与行政处罚的“双重制裁”问题。《基本法》中所称的“一般刑法”的概念，判例认为，并不包括惩戒制裁、《违反秩序法》中的罚款、法院为维持秩序作出的制裁、以预防为目的的制裁。因此，对这些处罚与刑罚进行并科，并不违反《基本法》
342 第103条第3款的规定。但是，可以按照法治国原则内容之一的比例原则进行规制。

综上所述，同一行为同时构成犯罪行为和违反秩序行为时，只适用《刑法》。但是，在没有判处刑罚的情况下，可以按照违反秩序行为给予制裁（《违反秩序法》第21条）。此外，刑罚或者征收罚款生效后，两者互相发生一事不再理效果。《违反秩序法》第84条规定：

“一、罚款裁定已生效的，或者法院对事实认定为违反秩序的行为或犯罪行为且该裁定已生效的，对同一事实不得再以违反秩序为由进行追诉。二、对违反秩序的事实作出生效判决后，不得再对该事实以犯罪行为进行追诉。”

6. 强制留置

罚款与罚金是不同的，对于未缴纳罚款的行为不得剥夺自由。但是，对于这个问题，《违反秩序法》第 96 条第 1 款规定“强制留置(Erzwingungshaft)的命令”，“本法第 95 条第 1 款规定的期限届满后(没有缴纳罚款)，法院可以根据执行机关的请求或者法院自己有执行责任时，可以依职权下达强制留置命令”。这种强制留置的期限为 6 周，涉及数个行为时，强制留置的期限最长为 3 个月。这种强制留置适用《刑事诉讼法》第 451 条第 1 款和第 2 款(执行机关)的规定。

五、罚款程序与刑事程序

(一)适用于经济犯罪的刑事程序

1. 经济犯罪部和重点检察局

上文介绍了德国法中对企业犯罪的制裁制度主要是依据《违反秩序法》的。但是，德国法在通过一般刑事诉讼法处理企业犯罪方面也下了很大功夫。例如，德国《法院组织法》第 74 条 c 对大规模经济犯罪设立了专属管辖，在地方法院设立了专门的经济犯罪部(Wirtschaftsstrafkammer)。与此相对应，检察机关也成立了一个重点检察局(Schwer－punktstaatsanwaltschaft)。这个特别检察局的检察官都经过特殊的培训，同时还有专职的经济学家和经营学者[经济官 343
员(Wirtschaftsreferent)]予以协助，而且不依赖外部的鉴定。

2. 重大经济事件的对策

为了对付重大经济事件，还需要采取其他各种措施。例如，

(1)对强制起诉的限制(法定主义);(2)强化检察局在庭审前程序中的权限;(3)审理程序的停止和公诉时效期限的延长;(4)对直接主义的限制(对阅读书面证据进行限制);等等。这里值得一提的是,德国法对起诉法定主义的修改:《刑事诉讼法》第 152 条第 2 款规定:“除法律另有规定,检察院有责任对一切可以追诉的有充分的事实根据的犯罪进行追诉。”这就是所谓的起诉法定主义的大原则,也是德国刑事诉讼法的一大特色。但是,放宽这项原则的条款不断出台,对这项原则规定了一些例外情况,例如,《刑事诉讼法》第 153 条(轻罪不起诉)、第 153 条 a(征收事项或遵守事项的履行)、第 153 条 b(可免除刑罚的情况)、第 153 条 e(积极的悔改)、第 154 条(不重要的余罪)、第 154 条 a(限定追诉)、第 155 条 a(和解的可能性)。

在上述例外情况中,对企业犯罪来说具有重要意义的是《刑事诉讼法》第 153 条 a,下面引用该条文。①

第 153 条 a 规定:

“一、检察官认为,如果对轻微案件适用征收事项或遵守事项优于通过刑事追诉获得的公共利益,且责任程度轻微,经有管辖权的法院和犯罪嫌疑人的同意,可以暂缓起诉,并对犯罪嫌疑人科处征收事项或遵守事项。征收事项或遵守事项可以考虑以下内容:

344 (一)为恢复犯罪行为造成的损害而支付特定的补偿;

(二)向公共机构或国库支付一定款项;

(三)向其他公共事业提供金钱;

(四)履行一定金额的抚养义务;

(五)真诚努力与被害人达成和解[行为人与被害人和解(Täter – Opfer – Ausgleich)],在此过程中,努力为恢复因自己的犯罪行为所造成的全部损失或大部分损失,或者努力恢复损害(Wiedergutma-

① 该条款引用自松尾浩也主编:《德国刑事诉讼法典》(2001 年,法曹会出版)。

chung)；

（六）参加《道路交通法》第2条b第2款第2段或第4条第8款第4段规定的培训。

检察官为了使当事人履行征收事项或遵守事项，对第2段中的第1项至第3项和第5.6项规定的事项，确定6个月以下的期限；对第2段第4项规定的事项，确定1年以下的期限。检察官可以在事后撤销征收事项或遵守事项，或者将履行期限延长3个月，但仅此一次。经犯罪嫌疑人同意，也可以在事后决定或者撤销征收事项或遵守事项。如果犯罪嫌疑人已经履行了征收事项或遵守事项，可以不以轻罪追诉该犯罪行为。犯罪嫌疑人未履行征收事项或遵守事项，已经支付的款项不予退还。第153条第1款第2段适用于第2段第1项至第5项的情况。

二、提起公诉后，法院经检察官和被告人的同意，在审理阶段终结以前，可以暂时中止程序，同时也可以对被告人判处前款第1段和第2段规定的征收事项或遵守事项。在这种情况下，适用前款第3段至第6段的规定。第1段规定的裁判，以裁定的形式作出。对于该裁定不得提出上诉。依照第1段规定判处的征收事项或遵守事项也是如此。

三、履行征收事项或遵守事项所附随的期间正在进行时，追诉时效停止。” 345

根据这一规定，实施了企业犯罪的行为人，如果向国库支付了一定数额金钱，就有中止刑事程序的可能性。对起诉法定主义的这种修正，对于追诉企业犯罪具有重要意义。换言之，尽管有起诉法定主义，但也可以依据《违反秩序法》的制裁（罚款）处理犯罪行为，这种制度成为刑事司法制度之上的制度。虽然刑事制裁（刑罚）是大前提，但由于起诉便宜主义的运用，通过刑事程序之外的制裁（征收事项或遵守事项）来处理是完全可能的，如果不能给予刑罚制裁，则可以给予行政制裁（罚款），刑罚与行政制裁是互相联动的。在这种情况下的刑事程序以外的征收金钱等“征收事项或遵守事项”与罚款制裁程序之间事实上是很接近的。

（二）刑事程序存在的问题

对企业犯罪的各种制裁是多种多样的，这种多样性也给刑事司法带来一些重大问题。克劳斯·蒂德曼指出，“最近，在重大复杂的案件中，从被告人那里意外获得口供并不罕见。当然，这种口供有时是由辩护人、追诉方和法官通过协商（Verständigung）对量刑达成协议。根据德国人的理解，这种‘谅解’根据《德国刑事诉讼法》的基本结构是受到限定的。因此，美国刑事程序中的辩诉交易不能解决德国刑事诉讼的各种问题，德国刑事诉讼采用职权探知主义和实体的真实主义，因此就给刑事法院带来持续繁重的负担的问题。但是，立法者在 1974 年的《刑法施行法》引入了一个备受批评的条款，即《德国刑事诉讼法》第 153 条 a 规定的事前程序。例如，根据这一规定，可以命令当事人向公共组织支付一定金额的金钱，由此换得终止刑事程序的结果”。这种措施通常适用于不太严重的经济犯罪案件，但最近也出现了在刑事程序之外处理重大企业犯罪的案件，这是今后
346 需要研究的重大课题。①

---

① 参见克劳斯·蒂德曼（Klaus Tiedemann）：《德国和欧盟的经济犯罪和经济刑法》（1990 年），西原春夫、宫泽浩一编译，第 397 页。所谓曼内斯曼（Mannesmann）案（2006 年）是根据《刑事诉讼法》第 153 条 a 规定的“向国库缴费”的方式中止了重大企业犯罪的程序。对这种措施的争议一直存在，但这种争议也揭示了对企业犯罪的刑事制裁方法的根本问题。当然，这是基于德国《刑事诉讼法》在 2009 年还没有引入合意制度时的理解。参见正井章筰：《向收买企业的经营者支付赏金：从曼内斯曼诉讼看德国的企业治理与刑事司法制度》，载《早稻田法学》第 82 卷第 3 号（2007 年），第 59 页以下。

六、结语

以上通过《违反秩序法》的罚款制度考察了德国对企业违法行为进行制裁的制度，罚款制度对企业违法行为确实发挥了重要作用，但这里想谈一下“对《违反秩序法》的补充性”问题，①即在罚款不足的情况下对企业是否有需要进行刑罚制裁的问题。

从宪法上讲，制约国家权力的原则包括必要性、相当性和比例原则。刑罚是最后的手段（ultima ratio），是对其他国家手段的补充（subsidiär）。如果通过罚款可以有效地抑制这种行为（必要性原则），而且适用刑法带来的弊端与由此获得的利益不相称时（比例原则），就不应当使用刑罚手段进行规制。这样一来，迄今为止的问题是犯罪行为向违反秩序行为的过度，但也可能向相反的方向转化。卡特尔法中的操纵投标行为最初属于刑法规制的行为。联邦法院对这种行为倾向于以诈骗罪予以处罚，②因为依照违反秩序法对该行为进行非难是不够的。因此，《德国刑法》第298条规定，对这种行为按照犯罪行为给予处罚。③

可以说，针对非犯罪化的趋势，所谓犯罪化也是一个问题，这是

① Walfang Mitsch, Recht der Ordnungswidrigkeiten, zweite, überarbeitete und aktualisierte Aufgabe, 2005, S. 21.

② Vgl. ,BGHSt 38,186ff.

③ 《德国刑法》第298条第1款（串通限制投标竞争）（Wettbewerbsbeschränkende Absprachen bei Ausschreibungen）规定，“行为人在有关商品或经营性服务的招标中，招标人以使特定人中标为目的，基于违法串通投标而进行招标的，处五年以下自由刑或者罚金”。《德国刑法》第299条第1款（商业贿赂）（Bestechlichkeit und Bestechung im geschäftlichen Verkehr）规定，“经营实体的从业人员或代理人，在商业交易过程中，对竞争性商品或下达供应品订单招标时，以不正当的方法为他人提供便利而为自己或者第三人要求、承诺或者收受利益的，处三年以下自由刑或者罚金”。第300条进一步规定，对于犯罪情节特别严重的，处3年以上5年以下自由刑。根据第301条的规定，第299条原则上是亲告罪。在某些情况下，可以适用《德国刑法》第73条d规定的财产刑和延长剥夺权利（第302条）。德国刑法条文引用自宫泽浩一主编：《德国刑法典》（2007年，法曹会出版）。

因为“应当如何对企业的违法行为进行刑事制裁”已经成为当今的问题。2007 年 5 月 17 ~ 20 日,德国刑法学者在奥斯纳布吕克举行了一
347 次会议(Strafrechtslehrertagung),会议的主题是“刑法:经济规制的调节器”(Strafrecht—Regelungsinstrument der Wirtschaft),具体讨论了“作为经济控制手段的刑法”“抑制经济犯罪的刑法外和刑法上的措施”“对刑事追诉和风险预防之间的灰色地带的监督权的事先调查”“经济犯罪的失信行为”等问题。因为有些企业犯罪对社会有非常大的影响,不可避免地要涉及刑事制裁问题。但是,企业违法行为的犯罪化将进展到什么程度,还有待观察。

总之,德国目前的企业犯罪的制裁制度及其运作情况是非常多样化的。由于企业犯罪的多样性,制裁制度及其适用当然也呈现多样性。德国制裁制度在实体法和程序法方面的多样性,很值得我们参考。

348 第三节 企业犯罪的刑事对策和非刑事对策

一、引言

今天,对企业犯罪的法律反应是一个重要的时代问题。值得注意的是,从国际视角看,在实体法方面,在企业活动全球化的背景下,对国际企业犯罪的刑事责任进行了大量研究,在程序法方面,对企业犯罪的非刑事对策进行了大量研究。

从国际刑法学会的讨论中可以了解到对企业犯罪的法律反应的国际趋势。下一次国际刑法学会第 20 届大会定于 2019 年 11 月在意

大利罗马举行,[1]主题是"刑事司法与企业经营"(Criminal Justice and Corporate Business)。国际刑法学会有4个分组会,分别是刑法总论、刑法分论、刑事程序法和国际刑事法,每个分组会都在举行筹备会议,为下届大会起草议案。其中,刑事程序法第三分组会的筹备会议于2018年6月在德国弗莱堡举行,为期4天。[2] 在本部分概括地介绍国际刑法学会意识到的问题,并在此基础上介绍第三分组会的准 349
备情况。[3]

二、国际刑法学会认识到的问题

国际刑法学会副会长卡塔林·里盖蒂(Katalin Righetti)教授(卢森堡大学)在国际刑法学会网站上明确提出了国际刑法学会大会的主题是"刑事司法与企业经营"。[4]

---

① 参见国际刑法学会(Association Internationale De Droit Pénal, AIDP)的网站,http://www.penal.org/en/information。国际刑法学会大会每5年举行一次(本文写于2018年)。

② 第三分组会筹备会议由两部分组成,第一部分是全体大会,第二部分是研究分组会,两个部分连续举行。第一部分全体大会的主题是:"Prevention, Investigation, and Sanctioning of Economic Crime: General Conference on Section Ⅲ of the XXth AIDP International Congress of Penal Law 'Criminal Justice and Corporate Business', in Honour of the 80th Birthday of Professor em. Dr. Dr. h. c. mult. Klaus Tiedemann, Freiburg, Germany 18 – 20 June 2018";第二部分研究分组会的主题是:"Special Colloquium, Discussion of the Resolutions for Section Ⅲ of the XXth AIDP International Congress of Penal Law 'Criminal Justice and Corporate Business', Freiburg, Germany 20 – 21 June 2018"。蒂德曼教授在第一部分的全体大会上首先致辞(详细的致辞以书面形式发给参会者),但大约在一个月后,他于2018年7月22日去世(享年80岁)。

③ 笔者出席了第三分组会的筹备会议,并代表日本提交了一份报告[See Morikazu Taguchi, New Developments in Investigation Proceedings and Sanction Systems for Corporate Crime in Japan(日本企业犯罪的侦查程序和制裁制度的新发展)]。参见本书第五章第一节。日本的松宫孝明教授(立命馆大学)和冈部雅人副教授(爱媛大学)也参加了此次筹备会议。

④ Katalin Righetti, Criminal Justice and Corporate Business, Concept Paper(AIDP: Association Internationale De Droit Pénal), http://www.penal.org/en/information. 卡塔林·里盖蒂教授是国际刑法和比较刑事诉讼方面的专家。

他指出,“随着企业在社会中的作用不断增加,企业也成为刑事司法的关注对象,不仅涉及企业中个人的刑事责任,而且涉及企业本身的刑事责任问题”①,而且“企业可能实施各种各样的犯罪行为,或者容易被作为犯罪工具使用。在这个意义上,企业也可能成为各种罪行的幕后推手,包括故意杀人(manslaughter)和反人类罪”②,“应当从这个更广泛的视角来理解第20届国际刑法大会的主题”③。

这里简单介绍4个分组会的研究内容。④ 第一分组会(刑法总论)的议题是“企业参与国际犯罪时的个人责任”(Individual Liability for Business Involvement in International Crimes),企业涉及战争犯罪的案例在第二次世界大战的纳粹犯罪中就可以看到,而现在仍然有
350 企业参与国际侵犯人权的情况。因此,第一分组会会议重点讨论的议题是企业参与国际犯罪时企业高管的刑事责任问题。第二分组会(刑法分论)的议题是“食品监管与刑事司法”(Food Regulation and Criminal Justice),主要内容是研究食品标签的欺诈和在食品中使用药物等违法行为,特别是这些行为的犯罪化和制裁等问题。第三分组会(刑事程序法)的议题是“企业经营和刑事司法领域中的行政执法和刑事执法的相互关系”(The Interplay between Administrative and Criminal Enforcement in the Area of Corporate Management and Criminal Justice),从犯罪预防的视角看,对企业犯罪给予行政处罚是很重要的,但这些措施像刑事法的措施一样会有副作用,行政处罚的标签也涉及程序法上的人权保障问题。因此,第三分组会确定研究刑事法和行政法中的人权保障问题。第四分组会(国际刑事法)的议题是“对企业国际犯罪的追诉:管辖权问题”(Prosecuting Corporations for

① Katalin Ligeti, Criminal Justice and Corporate Business, Concept Paper Ligeti, 1.

② Katalin Ligeti, Criminal Justice and Corporate Business, Concept Paper Ligeti, 2.

③ Katalin Ligeti, Criminal Justice and Corporate Business, Concept Paper Ligeti, 2.

④ Katalin Ligeti, Criminal Justice and Corporate Business, Concept Paper Ligeti, 3.

International Crime – The Jurisdictional Issues)，环境犯罪等侵犯国际人权行为涉及多国间的管辖和各国的司法合作，因此需要研究刑事管辖权的竞合问题。

三、第三分组会研究的问题

第三分组会基于对上述问题的认识，要求各国提供关于"对企业犯罪和企业相关犯罪的侦查和制裁的替代制度"(Alternative Investigation and Sanctioning Systems for Corporate and Corporate – Related Crime)的报告。[①] 上述报告的调查表是由国际刑法学会副主席兼第三分组会召集人乌尔里希·齐白教授(当时任弗莱堡马克斯·普朗克外国和国际刑法研究所所长)编写的。[②]

调查表主要围绕以下 3 点展开：[③](1)大多数企业犯罪很复杂， 351
难以侦查，而且往往是国际性的。因此，有必要采取前瞻性的预防措施，而不是采取传统刑法的报应性措施。企业犯罪的法律对策中，预防功能是非常重要的。(2)因此，作为传统刑法的替代措施，抑制犯罪的适应性应当更强、不需要形式主义和官僚主义的措施，更务实的犯罪预防替代措施(alternative measures)在国内和国际上具有重要意义。(3)虽然替代性执法模式在预防犯罪方面比传统刑法更有效，但同时也可能对刑法自启蒙时代以来建立的传统人权保障体系构成威

① 2017 年 8 月向各国提出了提交报告的要求，截止日期为 2018 年 1 月。

② 该调查表已在国际刑法学会网站上对外公开。Ulrich Sieber，Questionnaire：Prevention，Investigation，and Sanctioning of Economic Crime – A Comparative Analysis of Major Normative Control Systems (AIDP：Association Internationale De Droit Pénal)，http://www.penal.org/en/information(International Colloquia).

③ 向各国报告的执笔者发送调查表时还有附件"研究计划书"(Ulrich Sieber，Project Description and Questionnaire for Section Ⅲ of the XX. AIDP International Congress of Penal Law on Criminal Justice and Corporate Business，Part 1：General Project Description)。本部内容是这份 3 页纸的"研究计划书"的摘要。

胁。基于上述观点，调查研究最重要的方面不仅是对国内法和欧盟法等国际法进行比较研究，而且应当对刑事法处理犯罪、行政法处理犯罪、民营企业应对犯罪等方面的功能进行比较研究，即对传统制度和替代制度的功能进行比较研究。①

在这一基本观点和调查研究方法的基础上，制定了一份详细的调查表。该调查表由5个主要部分组成。第一部分是序言，从总论的角度向各国询问，企业犯罪动向、主要的论点、法律是否已被修改、是否有可替代的规制等问题。第二部分是关于刑事制裁的问题，主要包括三节：第一节是刑法的目的和性质。第二节是刑事制裁的实体问题，包括：对企业犯罪的制裁类型、制裁的实体要件和权利保障
352 制度、对自然人的制裁与对法人的制裁等。第三节是制裁程序中的权利保障，提问的内容十分详细，包括：(1)企业犯罪的侦查机关、追诉机关、裁判机关的内容和权限，司法机关与行政机关之间的关系；(2)关于侦查程序，包括侦查的权限、是否需要企业配合侦查、拒绝自证其罪的特权等；(3)辩护人对强制侦查权具有的权利、企业犯罪的证明标准、查阅笔录的权利、听证的权利、利用秘密证据(secret evidence)的可能性、程序的透明度等；(4)关于刑事追诉，程序启动时起诉法定主义和起诉便宜主义、关于程序缓期和停止的追诉延期的合意(deferred prosecution agreement)、不起诉的合意(non – prosecution agreement)或其他同意程序(consensual proceeding)、信息提供人(informant)等核心证人(crown witness)的刑事免责和从宽处理等；(5)国内法和国际法有关的其他制度；等等。以上是第二部分关于刑事制裁的问题，这些提问也适用于第三部分的行政制裁、第四部分的

① Ulrich Sieber, Project Description and Questionnaire for Section Ⅲ of the XX. AIDP International Congress of Penal Law on Criminal Justice and Corporate Business, Part 1: General Project Description, 4.

没收问题和第五部分的遵守制度，这三个部分同样也涉及制裁制度的目的、实体要件和程序性保障等问题。

各国提交的报告都是按照提问内容回答的，但有的国家只回答了主要问题，有的国家按照本国的情况进行回答。日本的报告基本上按照上述提问的要求进行回答，具体而言，包括实体法的问题有法人处罚问题；程序法的问题有侦查程序中讯问犯罪嫌疑人、行政调查中获得的材料作为证据使用等情况。同时介绍了日本的最近动向，其中包括2005年《反垄断法》修正案引入的宽大处理制度、2016年《刑事诉讼法》修正案引入的合意程序和刑事免责制度、2017年《反垄断法》修正案规定的裁量征缴罚款制度以及律师与委托人之间的保密特权等，此外还介绍了早稻田大学COE企业法制与法律创制研究所对企业合规计划状况进行的调查。① 在第三分组会筹备会议之前，包括日本在内的18个国家提交了报告，预计其他国家随后也会提交，这些报告将在2018年年底前汇总后公布。② 353

四、第三分组会筹备会议

2018年6月，第三分组会筹备会议的"大会"在梅尔茨豪森的国际会议中心举行（弗莱堡）。大会的第一部分议题为"有关抑制经济犯罪的替代制度的出现"（The Emergence of Alternative Regimes for Controlling Economic Crime），讨论的主要内容是对传统刑事制裁和

---

① Morikazu Taguchi，New Developments in Investigation Proceedings and Sanction Systems for Corporate Crime in Japan（日本企业犯罪的侦查程序和制裁制度的新发展）。《反垄断法》将引进裁量征收罚款制度，但因法案推迟向国会提交，没有附在这个报告中，但在2018年7月校对本报告书的印刷稿时，对延期向日本国会提交的情况进行了说明。

② 计划对外公布的报告包括24个国家。包括日本在内的9个国家提交的报告书，被刊登在国际刑法学会杂志上。Cf.，U. Sieber ed.，*Prevention*，*Investigation*，*and Sanctioning of Economic Crime – National Perspectives*，RIDP，Vol. 90，Issue 1，2019. 其余国家的报告书将由马克斯·普朗克外国和国际刑法研究所出版系列丛书。

替代制度进行比较：(1)刑事制裁的意义；(2)超国家的行政刑法和权利保障；(3)欧盟反垄断法；(4)欧盟银行法；(5)预防性的行政督查；(6)联合国和欧盟的智能制裁(Smart Sanctions)；(7)反洗钱制度；(8)没收制度；(9)企业合规制度。除与国际法有关的主题外，如欧盟法律，其他所有主题都与日本法直接相关，主要内容有："刑事"制裁对象的犯罪的判断标准这一根本问题；民间企业对可疑洗钱交易的协助；不涉及有罪认定的没收制度(non – conviction – based confiscation)；企业合规计划与法律制度的理论关系；国家机关的非正式援助体制；等等。

大会的第二部分议题是，"人权保障的界限"(The Limits of Human Rights Protection)，并侧重于制裁程序中的人权保障：(1)刑事制裁和行政制裁中的人权保障；(2)非刑事制裁中的人权保障；(3)传统的权利保障对法人的适用；(4)一事不再理原则；(5)非正式的执
354 法(informal enforcement)；(6)企业的内部调查(internal investigation)。其中，刑事制裁程序中的人权保障问题已经被国际社会公认为是侦查程序中的问题，但行政制裁程序等非刑事措施中的人权保障问题是一个新的问题，也是这次国际刑法学会的主要特点之一。换言之，上述(1)和(2)非刑事制裁中的人权保障问题是新提出来的问题，与刑事诉讼中的证据排除规则有关；上述(3)涉及法人的刑事程序，是责任主义原则下的权利保障问题；上述(4)一事不再理是一个深刻的问题，包括行政制裁与刑事制裁的双重处罚问题、国际上的一事不再理等问题；上述(5)涉及的是企业与国家机关的交涉(negotiation)和追诉延期程序的透明性问题；上述(6)涉及企业内部侦查程序的公正性与企业合规计划中的个人信息保护等问题。

筹备会议的"大会"之后，在马克斯·普朗克外国和国际刑法研究所(弗莱堡)举行了一个"特别研究会议"。各个国家提交报告书

的作者，对第三分组会决议将向国际刑法学会大会提交的决议草案进行了闭门讨论。该决议草案通过电子邮件一直讨论到 2018 年年底，最终由第三分组会召集人塞伯教授撰写。

以上概括介绍的国际刑法学会第三分组会的讨论包括了许多内容。卡塔林·里盖蒂教授的基本认识是企业在现代社会中的作用越来越重要；齐白教授提出了对传统制裁制度寻找替代措施及其人权保障，成为分组会讨论的出发点。对企业犯罪的刑事措施和非刑事措施，似乎没有一个是二选一择的逻辑问题，而是需要通过适当平衡来解决。例如，企业合规计划等制度，就需要国家的执法职能和民间的犯罪对策结合起来，形成国家力量与民间力量的适当互动（cooperation）。与传统的刑事司法制度理论相比，这些课题需要一种范式的转变。 355

五、结语

在日本，对企业犯罪已经开始进行实体法研究和程序法研究。[①] 关于企业合规计划制度的比较研究也在不断推进。[②] 对此，在司法实务中，对企业犯罪的程序性法律对策的前景仍不明朗，因为涉及企业犯罪的刑事程序或行政程序有许多制度上的变化和新的观点。在这种理论和实务状况下，国际刑法学会第三分组会选取了企业犯罪的

---

① 例如，最早对企业合规计划进行研究的是佐伯仁志：《制裁论》（2009 年）。有关研究的著作还有，山口厚编著：《经济刑法》（2012 年）；芝原邦尔、古田祐纪、佐伯仁志编著：《经济刑法：实务与理论》（2017 年）。杂志专刊有，《（专辑）行政制裁法中的课题》，载《法律时报》第 85 卷第 12 号（2013 年）；《（专辑）律师与委托人保密特权的现状》，载《刑事法评论》第 49 号（2016 年）；《（专辑）企业犯罪的调查和审理程序》，载《刑事法评论》第 50 号（2016 年）；《（专辑）征收罚款制度改革的方向》，载《法学家》第 1510 号（2017 年）；等等。

② 例如，田口守一、甲斐克则、今井猛嘉、白石贤编著：《企业犯罪与合规计划》（2007 年）；甲斐克则、田口守一编：《企业活动和刑事规制的国际动向》（2008 年）；甲斐克则、田口守一编：《刑事合规的国际动向》（2015 年）；甲斐克则：《企业犯罪与刑事合规》（2018 年）。

议题，为日本的企业犯罪理论提供了有益的启示。特别是，第三分组会的核心议题，如非刑事措施作为传统刑事法的替代措施的重要性、非刑事措施中的人权保障等，对我们具有很大的参考价值。

笔者认为，处理刑事案件的刑事司法制度应当是多元化结构。因为多元化的程序措施才能有效应对各种各样的具体案件。这种多元化的司法制度非常适用企业犯罪的情况。但是，应对企业犯罪的多元化体系也是多样化的，美国法的多元化方向是在重视刑事制裁的基础上构建多样化体系；欧洲法的方向是强调行政制裁的同时重视与欧盟法的国际关系；等等。日本应该建立一个适合日本的多元化制度，特别是应该考虑行政制裁程序的多元化制度，在适用这种制
356 度时应当充分考虑企业合规计划制度的实施状况，并制定和完善相应法律，在整个程序中保障人权。尽管对企业犯罪的程序法措施是刑事司法制度中一个各论研究的问题，但这个问题可能对日本整个刑事司法制度的未来产生重大影响。

357 第四节　国际刑法学会关于企业犯罪的决议

一、引言

国际刑法学会第 20 届大会于 2019 年 11 月 13 ~ 16 日在罗马举行，主题是“刑事司法与企业经营”。[①] 该学会第三分组会通过了“关于通过替代性执法制度来预防、侦查和制裁经济犯罪的决议”（Resolutions on Prevention, investigation, and sanctioning of economic crime

① 参见本书本章第三节。

by alternative enforcement regimes),该决议直接表达了国际社会关注有关企业犯罪的法律措施。[1] 这里首先讨论该决议的特点和意义,其次探讨值得日本参考的基本要点,最后收录了该决议的译文。

二、决议的要点及其意义

(一)国际刑法学会第三分组会决议的要点

这个决议的要点可以概括为以下 5 点:第一,提议建立一个新的"安全法"(security law),以此应对企业犯罪。第二,决议指出,应对企业犯罪的前提条件是,在刑事法领域进行"从处罚法向预防法的范式转变"。第三,决议建议建立多种非刑事的制度,并提出"在刑事法外部的许多领域,如行政法、警察法、情报法甚至战争法,更多地使用法律替代性的预防制度来抑制不断增加的复杂的企业犯罪"。基于以上几点,提出了解决这些问题的对策措施。第四,指出在这种非刑 358
事制度方面"缺乏自启蒙时代以来在实体刑法和刑事程序法中发展起来的权利保护制度"。第五,得出的结论是,"任何新的安全法律结构从一开始就必须有一个与之相适应的法律权利保障体系作为补充"。

顺便说一下,这项决议是由德国的乌尔里希·齐白教授负责起草的,他是国际刑法学会第三分组会的召集人。[2] 构成决议核心的"安全法"理念也是齐白教授的长期主张。该决议的上述要点与齐白

---

① 第三分组会(刑事程序法)的决议和第一分组会(刑法总论)的决议(企业参与国际犯罪时的个人责任)、第二分组会(刑法分论)的决议(食品规制与刑事司法)和第四分组会(国际刑事法)的决议(对企业国际犯罪的追诉:管辖权问题)一起,刊登在国际刑法学会的网站(http://www. penal. org/en/resolutions - last - congress)。

② 关于在弗莱堡举行的第三分组会的筹备会议,参见本章第三节。

教授最近发表的题为《安全法的新结构》[①]论文内容进行对比，其含义就更加清楚了。第一点，安全法的构想正是齐白教授在上述文章中提出的观点，他认为，在全球信息化社会和危险社会中，为了抑制犯罪就必须有一个超越刑法的新的法律制度，因此提出了安全法的构想。第二点，从处罚法到预防法的转变也是因为刑法正在向预防刑法转变，即决议中所认同的“从刑罚到预防的范式转变”。第三点，在刑事法外部也需要有多种多样的可替代刑事法的各种制度，并详细分析了7类替代制度：(1)预防刑法；(2)行政刑法；(3)危险防止
359 法(如警察法、移民法等)；(4)特殊机密信息传递制度(如情报活动法、反洗钱制度、收集电信数据、收集个人所在位置和旅行记录的信息等)，在这个领域，可能把毫无嫌疑的市民也当作潜在的危险人员；(5)例外的特别措施(如定向制裁、武装冲突法等)；(6)民间的规范制度(企业合规计划、公共机关和民间机构之间的合作机制等)，这里的合作机制可以在上述秘密信息传递制度中的电信企业、金融机构或航空公司等合作体系中看到；(7)上述制度相结合的系统性制度。这些类别与本决议中对各种系统的分析基本是重叠的。

从对企业犯罪的程序法措施的角度来看，最重要的是第四点及以后的几点内容。第四点是意识到了这些新制度中缺乏人权保障的内容。这一点是齐白教授的安全法概念的核心。也就是说，新制度在增加了社会安全的同时，也导致市民自由的丧失。例如，预防刑法将刑事责任置于行为的非常早期阶段，从而影响了责任主义和个人的自己决定权。从抽象风险的角度出发，扩大警察的权力，在行为的早期阶段就

① 乌尔里希·齐白：《安全法的新结构：全球化危险社会的犯罪抑制》，田口守一、松田正照译，载《刑事法评论》第60号(2019年)，第104页。原文是：Ulrich Sieber, The New Architecture of Security Law – Crime Control in a Global Risk Society, in Ulrich Sieber, Valsamis Mitsilegas, Christos Mylonopoulos, Emmanouil Billis, Nandor Knust ed., Alternative Systems of Crime Control – National, Transnational, and International Dimensions, 2018, p. 3。

进行干预，这导致行政权限模糊不清，导致任意使用非法限制自由的措施和行政权力。第五点的结论，几乎与决议的结论相同，主张安全法的新结构必须补充建立与每个安全法相应的市民自由保护结构，安全法的措施必须与人权保障原则相一致。关于支撑这些论点的基本思想，齐白教授说，“刑法学只能闭上眼睛，在重要领域刑法学正在逃避或回避这样的事实；刑法学的任务是对其他法律制度补充这一事实；刑法的核心权利保障可能被重新贴上标签（例如，替换贴上行政制裁或私法上的没收的标签）而遭到破坏的事实。如果是这样的话，就好比一个人把房前大门完全锁上，却不知道他的后门正开着”①，他强调克服古典刑法学缺陷的必要性。齐白教授对这些问题的认识，在这项决议的基本理念中得到了充分的体现。② 360

（二）决议的意义

这项决议的全局性意义，应注意两个要点。第一点，国际刑法学会的立场似乎为未来世界的刑事法提出了研究课题，③而第 20 届大会的主题设置为“刑事司法与企业经营”也提出了刑事法学在未来应该解决的问题。此前，2014 年在里约热内卢举行的国际刑法学会第 19 届大会的主题是“信息社会与刑事法”（Information society and penal law），这个主题此后成为很多国家刑事法研究的课题。这次大会的主题似乎也表明了国际刑法学会的立场。安全法的问题是一个尚未开发的领域，很明显这是一个需要未来的刑事法解决的问题，这个

---

① 乌尔里希·齐白：《安全法的新结构：全球化危险社会的犯罪抑制》，田口守一、松田正照译，载《刑事法评论》第 60 号（2019 年），第 127 页。

② 卢森堡的卡塔林·里盖蒂教授论述了整个国际刑法学会大会的整体问题意识（参见本书本章第三节），但对于第三分组会设定的议题，与齐白教授完全相同。

③ 笔者在国际刑法学会筹备会议的午餐时间对齐白教授说：“国际刑法学会过去的决议都非常先进，日本的立法已经跟不上了。”他回答说：“德国也是如此。国际刑法学会的任务是从学术角度指出当今时代面临的重大课题。”这一观点也反映在这次决议中。

课题已经超越了传统法律学的框架,具有重大意义。第二点,这项决议的出发点是对“从处罚法向预防法的范式转换”。由此可能对刑事法的方向有两个态度取向:一是从安全法的角度强调犯罪预防,突破刑事法的框架,可能会导致刑事法的原则受到破坏。因此,有人认为,在这个时代保持传统的刑事法原则是很重要的。二是认为安全法这一新的法律结构是必要的,因为今天的信息化社会已经产生的犯罪类型与以往的犯罪类型不同,特别是对个人隐私的侵犯。因此需要构建一个新的在安全法结构下的人权保障制度。这次大会的决议当然选择了后一条道路。正如该决议所指出的,今天最主要的问题是,直接面对正在形成安全法的新法律结构这一现实,如何在这种
361 新法律构造下建立一个人权保障体系。决议的观点是有说服力的。然而,正如该决议指出的那样,欧洲人权法院提出的恩格尔标准(Engel criteria),在人权保障方面仍未完全发挥作用。[①] 目前还不清楚该决议中提到的以人权为导向的比例原则(principle of proportionality)是否能够充分发挥作用。换言之,安全法的构想是必要的,但以人权保障为补充的新安全法结构的具体形式还没有成型。但是,在每个领域追求新的安全法结构,并在国内和国际上积累完善这种制度,可以为企业犯罪理论开辟新的前景。这项决议的最大意义在于,它表明了这种愿景的可能性。

---

① 关于《欧洲人权公约》第 6 条中的“刑事责任”(criminal charge)的含义,欧洲人权法院在 1976 年恩格尔(Engel)案(Engel and Others v. the Netherlands, 8. June 1976, Series A No. 22)中提出了所谓的恩格尔标准,该标准包括 3 项内容:(1)根据国内法的分类,该行为是否被认为是犯罪;(2)该行为是否被认为是实质的犯罪;(3)被判处刑罚的严重程度。兹维佰(Zwieber)教授对恩格尔标准的不明确性评价说,“欧洲人权法院没有广泛承认传统的权利保障,而是通过将其作为特殊案例,例如关于轻微制裁的案例,来弥补已扩大的范围”。参见乌尔里希·齐白:《安全法的新结构:全球化危险社会的犯罪抑制》,田口守一、松田正照译,载《刑事法评论》第 60 号(2019 年),第 127 页。

三、对日本法的启示

该决议中的一些问题可能对日本法律中未来处理企业犯罪的程序法方法产生重要影响。就目前而言，应当关注以下5点。[①]

第一，包括行政程序在内的非刑事程序中的人权保障制度化，是本决议的重点，这一观点对日本法来说也是重要的课题。考虑与刑 362
事程序的关系，非刑事程序中的人权保障制度这一课题已经超越了传统刑事司法制度的框架，因此需要采取跨学科的研究方法。刑法中的处罚阶段提前也意味着强调对犯罪的预防性处罚，但也必须同时解决一个新的问题，即在程序法的侦查程序上，对于入罪阶段提前的犯罪（早期化犯罪），如何保障当事人的人权。

第二，决议所重视的人权保障的理论根据，是宪法的基本权利和“比例原则”这一法律一般原则。[②]“国家权力对基本权利的任何侵害都必须是为了实现合法的目的，必须是为实现该目的而适当和必需的，因（有意或无意）侵害而造成的损失不得与收益失衡。在这个意义上，对基本权利的侵害才是合理的。”这种比例原则自然也适用于刑事处罚，同时也应广泛适用于企业犯罪的非刑事程序中。此外，行政处罚之前的行政预防措施，应当以违法行为的危险性为标准，正如决议所指出的那样，这种预防措施可能比制裁更具有侵犯性。在这个意义上，必须根据比例原则对行政预防措施进行对照、检查。

第三，在决议涉及的刑事措施和非刑事措施中，今后适用较多的

---

① 关于日本最近对这些问题的讨论，参见笹仓宏纪：《对企业违法行为的行政制裁和刑事制裁：从程序法的视角》，载《刑事法评论》第58号（2018年），第51页；稻谷龙彦：《对企业犯罪的刑事程序措施：美国法中的DPA和NPA》，载《刑事法评论》第58号，第69页；原田和征：《企业犯罪中合规计划的程序法意义》，载《刑事法评论》第58号，第77页以下。

② 参见笹仓宏纪：《行政调查：从刑事程序法的角度》，载《法律时报》第85卷第12号（2013年），第25页以下。该文讨论了比例原则也是行政处罚的一般法律原则。

应该是没收制度和反洗钱规制。在这些领域,扩大处罚措施伴随的权利保障问题、与刑事司法机关以外的司法和行政机关以及民间组织的合作机制,是保障市民人权的重大课题。

第四,与民间组织合作的特殊问题是制订企业的合规计划。特别是,对于已经引入合意制度的日本法来说,在企业是行为人的情况下,需要进一步考察企业合规计划的实质内容。其中一个重要问题
363 是由企业进行内部调查。该决议还指出,“如果(企业)内部调查是应国家的要求或为了国家的利益而进行的,那么对有关雇员的权利保障也应当符合刑事诉讼法的标准”。日本法在这一点上也应该采取措施。例如,日本《反垄断法》中规定的新的裁量减免征收罚款制度,《刑事诉讼法》中的新的合意制度,在企业内部的调查委员会提交报告的情况下,[①]被调查的员工的人权保障问题和有关律师的权限问题,应该成为刑事司法的重要探讨课题。

第五,企业犯罪的全球化,犯罪信息的数字化已经成为常态。因此,一方面现存的有关企业犯罪的数个不同法律规定会发生冲突,另一方面出现了执法的国际管辖权问题。未来对企业犯罪的法律措施,不可避免地要在国际法层面调整法律关系。而且,信息的数字化也给查明企业犯罪案件带来困难,在这种情况下就需要国际社会的合作。

四、结语

未来如何处理企业犯罪问题,不再是从法律学的体系区分开始,而应当关注现实中发生的企业违法行为本身,从哪些法律措施可以

---

① 有学者指出,引入新的合意制度后,法人成为合意主体时提交的证据(《刑事诉讼法》第 350 条之二第 1 款第 1 项)也可以是法人设立的第三方委员会根据对雇员等相关人员的调查结果撰写的调查报告。参见吉川崇、吉田雅之:《关于修正部分刑事诉讼法的法律(2016 年法律第 54 号)(3)》,载《法曹时报》第 70 卷第 1 号(2018 年),第 75 页。

查明案件事实入手,从哪些措施能够抑制这种违法行为入手。这些方法与传统法学处理法律现象的方法不同。这次国际刑法学会的决议就是立足于这种新的方法论,这种新的方法论本身也为未来日本法中的刑事司法制度理论提供许多论点。以这种新的方法论为基础 364
探讨应对企业犯罪的新的刑事司法制度理论,不仅会对第三节讨论的企业犯罪这一特定犯罪类型产生影响,也会对一般犯罪的刑事司法制度这一重大问题产生影响。

附件：

国际刑法学会第三分组会
关于企业犯罪的决议（全文）

（原文的斜体字部分表示强调重点。译文中的括号是作者的补充说明）

关于通过替代性执法制度来预防、
侦查和制裁经济犯罪的决议

序言

2018 年 6 月 18 日至 20 日第 20 届国际刑法学会大会第三学科分组会准备会议的与会者和 2019 年 11 月 4 日在弗莱堡（德国）举行的第 20 届国际刑法学会大会“刑事司法与企业经营”（Criminal Justice and Corporate Business）的出席者，注意到：

鉴于在全球化风险社会中，经济犯罪不仅带来新的风险，而且变得更加复杂和超国界，并且这使利用传统的刑事司法制度预防、侦查和起诉经济犯罪变得更加困难。

考虑：

与此同时，预防、侦查和制裁经济犯罪的其他法律制度正在形成，并在新的框架或者新的“结构”下与刑法融合，成为一部具有更大

潜力的综合性“安全法”。

考虑这些法律制度对基本保障措施造成严重的威胁,这些基本保障措施不仅包括国际人权(特别是《公民权利和政治权利国际公约》、《欧洲人权公约》、《欧洲联盟基本权利宪章》、《美洲人权公约》和《非洲人权和人民权利宪章》),而且包括传统刑法和公法中形成的宪法保障和其他法律保障措施,得出结论是: 365

应评估和利用这些替代执法机制的潜力以及与之相关的新的刑事政策构架,以改进对经济犯罪的预防、调查和制裁;

但同时,应当认识到对这些系统的法律权利保障措施的必要性,通过适当的法律权利保护机制或结构来平衡、建立一个安全的新的法律结构,特别是基于非刑事法律的执法组织。

同时考虑:

国际刑法学会第 15 届大会(里约热内卢,1994 年),主题为“保护犯罪人和保障人权的改革运动”,国际刑法学会第 16 届大会(布达佩斯,1999 年),主题为“面对有组织犯罪挑战的刑事司法制度”,国际刑法学会第 18 届大会(伊斯坦布尔,2009 年),主题为“尊重人权与特别程序措施”。

通过以下决议,特别是针对法律学(见下文一)和法律学者及法律政策制定者(见下文二)的决议:

一、探讨新的法律安全结构

1. 在研究有关控制经济犯罪的实际问题时,法学研究者和立法者必须明白,当代危险社会的刑事政策已经发生了普遍的根本性的变化:在客观上,复杂的犯罪威胁正在出现;在主观上,这种风险增加了普通民众对犯罪的恐惧。这一发展在许多领域导致刑事政策发生了范式转变,即从惩罚性法律(ius puniendi)转向预防性法律(ius

praeveniendi)。今天,在许多领域,刑事政策不再是传统的追溯惩罚问题,而是受预防危险和危险的概念的支配。

366 2. 在法律政策方面,在抑制复杂犯罪的领域的这种范式转变不仅发生在刑法的核心部分之内,也发生在核心刑法之外。在核心刑法之内,许多国家加强把预备行为确定为犯罪,从而形成了预防性刑法。在核心刑法之外,在许多领域,如行政法、警察法、情报法,甚至战争法,越来越多地使用法律上的替代性预防制度来控制正在增加的复杂的犯罪。因此,刑法正在成为一个综合性框架的一部分,该框架应称为"预防性安全法的新结构"。刑法与替代性执法机制之间的这种新结合,对于预防犯罪来说可能非常有效,但传统的核心刑法领域之外的新法律制度缺乏自启蒙时代以来在实体刑法特别是刑事程序法中发展起来的权利保障(制度)。

3. 在经济犯罪(包括有组织犯罪实施的经济犯罪)领域,这种替代性和预防性法律制度的新发展的可能性和危险性已经变得很明显,法学界必须对此进行分析,特别是在以下关键领域:预防性行政制裁、惩罚性行政制裁、扩大刑事没收和非定罪的没收(所谓的"民事"没收)、"有针对性"的预防性制裁、预防性反洗钱制度、私营企业合规制度以及对私营企业的合规制度。

4. 刑法学不应再忽视或断然拒绝这些新的法律制度的发展。第一,这些新制度为控制犯罪提供了很有希望的新机会,应该仔细研究。第二,当其他法律制度在重要领域承担刑法的任务时,刑法学不能视而不见,因为在这些法律制度中,刑法的核心权利保障可能会以各种"非刑事"标签为幌子而被规避。因此,新的安全法律框架从一开始就必须建立在一个与之相适应的法律权利保护的新结构之上。

二、法律权利保障的综合结构的展开

A. 确定方法 367

1. 刑事和替代性执法机制的新结构所需的法律权利保障措施,可以从刑法的权利保障措施(以同样的方式或修改的方式)转移到其他法律制度中,也可以在人权法、宪法和基本法律原则的基础上独立构建保障措施。

2. 扩大刑法的权利保障制度的最著名的方法是欧洲人权法院用于确定是否存在“刑事指控”(criminal charge)的3项所谓的恩格尔标准。在刑法的广泛领域中,欧洲人权法院区分为刑法的核心领域(刑事权利保护完全适用)和由其他类型的刑法组成的第二类次要领域(这些权利保护措施并不完全严格适用)。通过使用这样非常广泛的“刑法”的概念,欧洲人权法院的判例防止在刑法权利保障方面通过简单地给制裁贴上不同的标签而产生漏洞。

3. 然而,恩格尔标准本身就是模糊的。此外,它们没有在非刑事制裁的保障制度中制定标准。此外,在解释“刑事制裁”的概念上,寻求法治保障的适用性,而不是直接根据刑法的特别人权保障的理论基础确定是否适用法治保障,这也是不必要的迂回,在方法上也存在问题。

4. 因此,有必要制定一种前所未有的新方法,首先要确定有关特定法律权利保障制度的理由,然后探索这一理由是否也适用预防性(非刑事)制度中的权利保障制度。在这种方法中,基本权利和比例原则(principle of proportionality)——普遍适用,不仅限于刑法——占据非常大的比重。根据被广泛认为是法律的一般原则的比例原则,国家权力对基本权利的任何侵犯都必须是为了实现合法的目的,为实现这一目的必须是适当和必要的,而且必须是相称的和均衡的

368 (故意的和非故意的)。处置所造成的损失必须是实质性的,即它不能与它的利益失衡。在审查处置的合法性时,比例原则是确保尊重基本权利的基石(因此,这一原则超越了刑法的原则,即惩罚的严重程度必须与罪行相适应)。

B. 预防性行政措施

1. 监管当局在考虑采取惩罚性制裁之前,必须适用具体规定并酌情制定适用于有效经营活动的标准。监管机构应当依法执行监督措施的法律。预防风险和未来的危险是这些任务的核心要素。这种措施通常是预防性的,而不是惩罚性的。

2. 刑法的人权保障(制度)一般不适用于此类预防活动。然而,这些措施必须遵守行政法规则,并遵守基本权利。如上所述,适用这些基本权利的核心因素是上述比例原则。在适用于风险预防领域时,这一原则并不是将制裁的严重程度与过去违法行为的严重程序相匹配,而是将预防措施的干预与所造成的危险程度联系起来。

3. 侵犯基本权利时必须有法定依据,要求立法者在采用重大预防措施时,明确描述有关危险状况和与此相应的被允许的措施。这一法定原则(principle of legal certainty)是一项功能上的原则,尽管不那么严格,但相当于刑法中的"没有法律就没有犯罪"(nullum crimen sine lege certa)原则。刑法中的罪刑法定主义原则不适用于预防性的行政处罚。例如,对于预防性行政措施,禁止追溯处罚可由具有预见可能性的要件代替,以保持预防危险措施所需的灵活性。立法者应当将这一点与行政法中其他法律权利保护(制度)一起加以界定并制定法律。

369 4. 这些非惩罚性规制,原则上应当优先于行政制裁和刑事制裁,并应严格遵守比例原则。风险越大,就越有理由采取侵入式的预防措施。然而,在选择预防性措施和惩罚性措施时,决策者应当牢记,由于潜在预测判断的不确定性和法律确定性的降低,会使预防性措施可能比惩罚性行政制裁更具有侵入性。

C. 惩罚性行政制裁

1. 惩罚性行政处罚法的一般特点是,行政机关在调查和裁决违法事实方面发挥主导作用,放弃了羁押性的制裁,减弱了对权利的程序性保护。惩罚性行政制裁的目标及其适用领域是两个方面:(a)减轻刑事司法系统对不太严重的——特别是大规模的——违法行为的负担;(b)通过将复杂的经济案件的调查和制裁交给专门的行政机关,使案件处理更加容易。一般来说,这些行政制裁被认为是具有追溯性和惩罚性的。

2. 惩罚性的行政制裁往往不符合刑法的要件,只能由独立且中立的法院判处。但是,判处惩罚性行政制裁,应当符合以下要件:

a)轻微的行政违法行为最好由行政当局起诉和处罚,这时的条件是,被告人有权要求一个独立和中立的法院对行政决定进行司法审查,该法院有权在法律和事实上进行全面审查。

b)但是,这些要件与轻微(特别是大规模)的犯罪有关,而对于严重的行政制裁(如反垄断法、金融市场法或银行法)来说是不够的。在这种情况下,对于这种(重大的)案件,公正的(法院)的权力由监管当局从初审程序阶段就开始行使。各行政当局应将调查和起诉部门与裁决机构分开。裁决机构的成员应被赋予准司法的独立性。在 370
这些一审程序中,被告人必须有充分参与诉讼的权利和向法院上诉的权利。

3. 从明确性和法律稳定性的观点看,立法者应该全面规定适当的实质性和程序性权利保障措施,适用于各自法律秩序中的所有行政惩罚性制裁。特别是,这些保障措施制度应包括辩护权、举证责任、无罪推定、不自证其罪的特权(针对个人和公司)、发表意见和口头陈述的权利、文件披露、(事实上和法律上的)获得有效救济的权利,以及禁止追溯性制裁的制度。侵犯性较强的犯罪行为应当比侵犯性较弱的犯罪行为需要更严格的权利保障措施。

4. 为了确定犯罪和决定各种制裁的轻重,应当有更加明确的规制。在通常情况下,普遍的做法是设定较高的制裁上限,并与广泛的行政自由裁量权相结合,这不仅导致对犯罪人的不平等待遇,而且还可能在辩诉交易方面给犯罪嫌疑人带来不适当的压力。量刑标准应当由法律明确规定,并规定不溯及既往的准则,以便法院能够适用该准则。最重要的是,绝不允许行政机关实施监禁处罚。

D. 有针对性的制裁法

1. 定向制裁(targeted sanction)是由行政机关(安全理事会和欧洲理事会)在联合国和欧盟层面采取的超国家强制性措施。这些制裁措施包括冻结个人和企业的资产,从而将他们与其他经济行为者完全隔离开来。这些犯罪尤其涉及资助恐怖主义行为,通过自然资源的非法贸易支持武装团体以及国家官员贪污国家资金。

2. 联合国系统内的定向制裁的程序和保障措施制度没有充分满足许多基本权利的要求。特别是,指导方针应包括三权分立、提供中
371 立而有效的再审查、免遭自证其罪的特权、查阅文书、其他(获得)信息和参与(程序)的权利、程序启动时有足够高的证据门槛、可接受的证据(包括未披露的情报、传闻证据和媒体报道)的性质。定向性制裁的实体要件很模糊,使用的术语也过于含糊。

3. 最重要的是,需要对定向制裁的概念进行彻底的重新定义。首先,实体法必须更明确地界定有针对性的违法行为,以证明超国家有针对性的制裁是合理的。其次,必须确保制裁具有严格的预防性。对这种制裁的限制应从保护财产和相称性原则出发。在程序法方面,欧盟法院过去几年中制定的法律保障措施必须进一步发展。应

加强目标对象参与程序的权利,完善证据的标准。

E. 没收法

1. 没收犯罪所得和犯罪工具的法律制度,有两个主要的不同理由或模式,在一些法域中分为三个:(a)基于刑事上的有罪裁定,没收犯罪活动收益;(b)不基于刑事上的有罪裁定,没收犯罪收益或不能说明来源的财产(相当于民法中的不当得利概念),这是在非刑事程序中进行的(也称为"民事"没收);(c)预防性没收,不是基于刑事上的有罪裁定,而是基于避免发生危险而进行的没收。

2. 传统的"基于刑法的没收"的要件是,被没收的收益来源于行为人已被认定的罪行(或在患病或逃跑的情况下本可能被认定有罪)。扩大没收是基于刑事定罪确定的没收的一个子概念,其要件是行为人实施了获得经济利益的犯罪且被确定有罪。在这种有罪认定中,如果法院确信某人与合法收入不相称的财产源于犯罪行为,允许 372
对该财产予以没收。这种扩大的没收,不需要证明具体获利的犯罪,也不需要证明获利的犯罪与将要没收的收益之间有因果关系。这种构造符合基本权利,是对付有组织犯罪的有效手段。

3. 不基于刑事上有罪决定的犯罪收益或违法收益("民事")的没收,更进一步:它不需要任何刑事定罪,而是基于一个非刑事("民事")程序,只证明资产来源于犯罪或非法获利即可。这导致证明标准(如优势证据)明显弱于刑事诉讼的"排除合理怀疑的证明"和"疑罪有利于被告人"这一刑事程序标准。

然而,在不基于刑事上的有罪判决(民事)的没收程序中,如此大幅度地降低证据标准,无论其标签如何都必须予以拒绝,因为这违反了基本财产权和相称性原则。因此,这种类型的没收应当要求有很高的证据标准。但与此同时,如果资产极有可能来自犯罪或其他非法活动,则应当考虑允许有关人员无法或不愿意令人信服地解释资产来源的情况。反对自证其罪的特权(nemo tenetur)原则不适用于民事诉讼。由于不承认在不以刑事上有罪决定为基础的(民事)程序中存在“反对自证其罪特权”,因此提供该程序直接或间接强制获得的自证有罪的供述,必须保证对该供述者不适用刑事程序。即使它为进一步的侦查活动提供了线索,也是如此。

4. 预防性没收的基本思想是,(潜在)犯罪人(特别是有组织犯罪)掌握下的资产有可能被用于未来的犯罪活动。基于这一理由,并为防止滥用预防性没收,预防性没收只有在存在这种(资产)被使用
373 的明显风险时才能使用。此外,鉴于相称性原则,应当认真评估永久性没收(而不是仅仅暂时冻结)是否可以作为预防性措施以及在多大程度上可以作为预防性措施。

F. 反洗钱法

1. 反洗钱制度(Anti - Money Laundering,AML)可以通过防止非法收益融入正常经济和向调查犯罪的刑事司法机关提供调查刑事犯罪的信息,帮助预防、发现和起诉经济犯罪。该制度以金融情报机构(Financial Intelligence Units,FIUs)收集的金融数据为基础,这些数据主要是通过私营部门的合作进行收集。

2. 目前,抑制洗钱方面存在的不足主要是,反洗钱制度和主管的FIUs所要实现的目标仍未实现,也没有得到一贯的执行。因此,法律科学和实践应该在基本问题上达成一致,特别是关于反洗钱的目的、私人客户尽职调查对客户的不利影响(如冻结银行账户)、金融情报机构的性质及其权力、反洗钱(制度)与《信息保护法》之间的关系。

3. 金融情报机构应被视为信息收集机构,而不应成为刑事司法制度的一个组成部分。鉴于秘密监控、情报分析和传输数百万普通市民的金融信息的高度侵入性,以及隐私和信息保护的重要性,只有在严重犯罪的情况下,才应与检察机关和警方分享来自各金融情报

部门的信息。此外,应在国际层面予以特别关注。这是因为,如今各国金融情报机构的组织性质、资质和权限存在很大差异,因此,金融情报机构之间的跨境数据传输很可能轻易破坏隐私和数据保护权法的保障。

4. 在预防犯罪领域与民营企业进行合作——无论强制性的还是自愿性的,都正在增加,随着国家职能部门的外包(这是反洗钱发展 374
中的必然结果),必须在更广泛的背景下仔细分析和评估,而不仅仅局限于经济犯罪。

G. 合规计划制度

1. 合规计划制度是企业采取的私人措施。它们追求两个不同的(并分别实施的)目标:第一,预防犯罪和不道德行为;第二,调查企业犯罪以支持国家刑事调查。

2. 应进一步鼓励合规计划的预防方面[例如,设定"高层的基调"(tone of the top)]。科学研究应更深入分析使合规计划成为更加有效和有用的备选方案,以便区分有效的合规计划和单纯的"遮羞布"活动。

3. 应当更加详细地规制合规计划中调查的各个方面[特别是内部调查(internal investigation)]。这些规制必须确保与劳动法和数据保护法相一致,并应明确规定企业内部调查的范围、线索、标准和权利保障。如果内部调查是应国家的要求或为了国家的利益而进行的,对有关雇员的权利保护应符合类似的刑事诉讼标准。这些规制还应当明确规定律师和法律顾问可能享受的特权,以及对扣押内部文件的限制。

4. 应明确合规制度与刑事制裁法和行政制裁法之间的关系。企业责任应主要基于违反有关公司的监督和职责的行为。因此,为了给企业提供更有力的激励,健全的合规计划不仅应减少企业责任,而

且应消除这种责任。此外，刑法中规定的高管人员个人责任必须仍然是控罪企业犯罪的一个核心要素，不应因为侧重于合规制度而被
375 忽视。

H. 综合各种制度来抑制犯罪

为抑制犯罪而将公共和私人的不同法律制度结合起来，这种相互作用应以有效的方式组织起来，而且不得导致侵犯人权和基本权利。

1. 信息从一种法律制度转移到另一个法律制度，通常意味着会导致信息的使用目的与收集信息的最初目的出现差异。为新的目的而使用必须有法律依据，并与最初收集数据时采用的方法一致。一些基本原则如下：

如果在一个制度中使用侵入式调查措施（如《刑法》规定的秘密网上搜索）收集信息，而立法者选择在另一个制度（如行政制度）中不采用这种措施，则不应该将信息转移到另一个制度。

反洗钱组织的信息只应在严重犯罪的情况下才能移交给刑事司法组织。

如果非刑事法律制度强迫个人作出自证其罪的陈述，则不得将由此获得的信息转移到刑事诉讼中，并在刑事诉讼中使用。

2. 应通过早期的协调，避免不同组织在不同的法律制度下进行的过度（特别是未经协调的）重复侦查，从而确保遵守比例原则。这种早期协调还可以避免阶段出现“一事不再理”原则的问题。

3. 在两个有差异的法律制度之间出现双重制裁，应当限制适用“一事不再理”的原则。在欧洲联盟和欧洲委员会的成员国中，不是
376 将刑事制裁和惩罚性行政制裁这两种具有不同目标的程序结合起来合并成制度的一部分，而是在并科的情况下可以适用这一原则。这一点也应适用于拥有自由边境口岸的欧洲国家，如在一个国家规定

是刑事制裁而另一个国家规定是惩罚性行政制裁。应该考虑这种方法是否也可以适用于其他具有密切合作机制的区域机构。此外,“一事不再理”原则不能防止双重制裁和并罚措施的情况(如预防性行政措施或预防性民事措施),第二个制裁决定或措施必须是有关人员可以预见的、最初的决定已考虑的,而且从整体上必须保持平衡,以避免带来过大的负担。

术语索引

（术语按照日文原文顺序排列，括号内为中文译文。原文中为英文的，予以保留。后缀页码为原著页码）

[え]

[お]

[か]

[せ]

[そ]

[た]

[ち]

[ふ]

[へ]

[ほ]

[ま]

[み]

[む]

[め]

[も]

[や]

[ゆ]

[よ]

译 后 记

日本著名刑事法学者田口守一教授的新作《刑事诉讼的构造》由日本成文堂(2022 年)出版后,在日本学界引起极大关注,该书的出版标志田口守一教授独特的刑事诉讼法理论体系已经形成,即建立了以《刑事诉讼法》体系性教科书为中心,以刑事诉讼目的论和刑事诉讼构造论为两翼的"三位一体"的刑事诉讼法理论体系。

田口守一教授的体系性教科书《刑事诉讼法》早在 2000 年被翻译成中文(刘迪、张凌、穆津译,卞建林审校,法律出版社 2000 年版),成为我国学者了解日本刑事诉讼法学的重要资料。该书的第一章把"刑事诉讼法的目的"和"刑事诉讼法的构造"作为刑事诉讼法学的两大基础理论,而侦查、公诉、审判、裁判、救济等程序以及证据法理论都是建立在这两大基础之上的。田口守一教授明确提出,刑事诉讼法的目的是实体真实主义与保障人权,而最终的目的是解决刑事案件和迅速审判,前者是理论层面的目的,后者是实践层面的目的,对于司法者和刑事诉讼当事人来说,解决刑事案件更具有实际意义。在田口守一教授看来,刑事诉讼法的目的是否能够实现,主要取决于有什么样的刑事诉讼构造,不同的刑事诉讼构造不仅影响实体真实主义的实现和人权保障,而且会影响刑事案件的处理,日本采用了把当事人放在庭审重要地位的当事人主义,同时也注重发挥职业法官能动性的职权主义,即建立了当事人主义与职权主义相融合的诉讼构造。田口守一教授的刑事诉讼法学理论也是围绕这两条主线展开的。进入21世纪后,日本对现行的刑事诉讼制度进行了大刀阔斧的改革,建立了一系列刑事诉讼法律制度,特别是裁判员制度、庭审前整理程序等,均对日本刑事司法制度改革带来了巨大影响。刑事诉讼法新制度的确立和适用,不断丰富和完善了田口守一教授的刑事诉讼法学理论,他于2016年出版的《刑事诉讼法》(第7版)(张凌、于秀峰译,法律出版社2019年版)不仅全面反映10多年来日本刑事司法制度改革的成果和理论动向,而且使其《刑事诉讼法》教材完全定型。田口守一教授在2019年参加他的《刑事诉讼法》中文版出版发布会时指出,日本大规模的刑事诉讼法修改和刑事司法改革已经告一段落,其体系性刑事诉讼法教科书在短期内也不会修改再版了。

刑事诉讼的目的一直是田口守一教授潜心研究的主要课题。早在2006年,田口守一教授出版了《刑事诉讼的目的》一书(张凌、于秀峰译,中国政法大学出版社2011年版),深入探讨了“刑事诉讼的目的到底是什么”这个原点问题。田口守一教授认为,日本刑事诉讼法规定发现真实与保障基本人权是程序性目的,但刑事诉讼的最终目的是解决刑事案件,为了解决刑事案件就要给予被告人诉讼主体地位,同时应当让被告人能够接受对自己作出的判决。在田口守一教授看来,如果刑事案件得不到解决,如果被告人的诉讼主体地位得不到保障,刑事诉讼的目的就是空中楼阁;如果被告人不能理解和接受对自己的判决,那么可以说,刑事案件还没有得到彻底解决。换言之,刑事诉讼的最终目的就是解决刑事案件,解决刑事案件就是要使市民能够理解刑事判决,被告人能够接受对自己的刑事判决。因此,为了实现刑事诉讼的目的就必须制定相关法律,建立相关制度,如市民参加刑事程序制度、被告人诉讼权利保障制度、被告人的程序处分权、合意制度(辩诉交易)等。

刑事诉讼的构造论是田口守一教授长期重点研究的基础理论课题，主要研究成果汇集在新出版的《刑事诉讼的构造》一书中。长期以来，日本的刑事诉讼理论采用的是当事人主义诉讼构造，但随着社会的发展，日本的当事人主义诉讼构造发生了重大的变化：一方面，当事人主义的内核发生了一些变化；另一方面，职权主义的作用得以强化，形成了当事人主义与职权主义相融合的诉讼构造。从当事人主义的变化角度看，犯罪嫌疑人/被告人的刑事诉讼对象地位、诉讼主体地位得到充分强化和保障，被告人在程序进程和程序类型确定上具有更大的主动权、在案件处理方面也具有较大的选择权，从而可以在很大程度上保证被告人能够接受对自己的判决。从职权主义角度看，法官毕竟是刑事审判程序的主导者，也是事实认定的决定者，如果过分强调当事人主义，法官的能动性就很难发挥。如果过分强调职权主义，当事人（特别是被告人）的权利就无法保障，在当事人主义已经得到充分贯彻的情况下，如何使法官在顺利解决刑事案件中发挥作用是日本刑事诉讼构造的重要问题。强化职权主义需要一系列制度来支撑，例如，通过诉因制度来限定审理的范围、通过诉因变更制度来限定检察官的公诉权、通过庭审前整理制度确定当事人（被告人和检察官）的争点和证据、法官有义务要求当事人（特别是检察官）对证明目的进行解释说明等。田口守一教授认为，在当事人主义和职权主义相融合框架下的刑事诉讼构造是一个多元化的构造，其中，包括诉讼主体的多元化（如普通市民的裁判员、犯罪被害人参加诉讼）、事实认定的多元化（如裁判员参与事实认定）、刑事程序的多元化（普通刑事程序、略式程序、即决程序等）等。田口守一教授在《刑事诉讼的构造》一书中还特意从比较法角度增加了“合意制度与企业犯罪”的内容，合意制度与企业犯罪问题，在理论上是与当事人主义诉讼构造密切相关的问题，也是各国刑事法理论普遍关注的问题，田口守一教授对日本 2018 年引入合意制度的背景、内容以及适用案例进行了详细的阐述，具有较大的参考价值。

到目前为止，田口守一教授的 3 部主要著作都与我国刑事法学者见面了，我们作为译者感到由衷的欣慰。通过这 3 部著作不仅可以全面了解田口守一教授的学术思想，同时也可以全面了解日本的刑事诉讼法制度以及日本刑事司法改革。田口守一教授长期以来积极参加中日刑事法学术交流活动，是我国刑事法学界熟悉的学者，他非常关注中国的刑事诉讼制度和司法改革动向并发表过多篇论著，他与陈光中先生等中国刑事诉讼法学者建立了深厚的友谊，并期待中日刑事诉讼法学术交流不断取得进展。

最后，本书的出版要感谢杨大康先生，没有他的积极推动，本书不可能顺利出版，对他再次表示感谢！

张凌　于秀峰

2025 年 3 月

图书在版编目(CIP)数据

刑事诉讼的构造 / (日) 田口守一著 ; 张凌, 于秀峰译. -- 北京 : 法律出版社, 2025
ISBN 978 -7 -5197 -8514 -7

Ⅰ. ①刑… Ⅱ. ①田… ②张… ③于… Ⅲ. ①刑事诉讼－研究 Ⅳ. ①D915.304

中国国家版本馆 CIP 数据核字(2023)第 210556 号

刑事诉讼的构造
XINGSHI SUSONG DE GOUZAO

[日]田口守一 著
张 凌 于秀峰 译

策划编辑 杨大康 毛镜澄
责任编辑 毛镜澄
装帧设计 汪奇峰

出版发行 法律出版社
编辑统筹 法治与经济出版分社
责任校对 张翼羽
责任印制 吕亚莉
经　　销 新华书店

开本 A5
印张 13.75 **字数** 369 千
版本 2025 年 8 月第 1 版
印次 2025 年 8 月第 1 次印刷
印刷 中煤(北京)印务有限公司

地址:北京市丰台区莲花池西里 7 号(100073)
网址:www. lawpress. com. cn
投稿邮箱:info@ lawpress. com. cn
举报盗版邮箱:jbwq@ lawpress. com. cn

销售电话:010 - 83938349
客服电话:010 - 83938350
咨询电话:010 - 63939796

书号:ISBN 978 -7 -5197 -8514 -7
定价:116.00 元

凡购买本社图书,如有印装错误,我社负责退换。电话:010 - 83938349